Rainer Schäfer

Was Freiheit zu Recht macht

Quellen und Studien zur Philosophie

Herausgegeben von
Jens Halfwassen, Dominik Perler
und Michael Quante

Band 120

Rainer Schäfer

Was Freiheit zu Recht macht

Manuale des Politischen

DE GRUYTER

ISBN 978-3-11-037043-0
e-ISBN 978-3-11-036615-0
ISSN 0344-8142

Library of Congress Cataloging-in-Publication Data
A CIP catalog record for this book has been applied for at the Library of Congress.

Bibliografische Information der Deutschen Nationalbibliothek
Die Deutsche Nationalbibliothek verzeichnet diese Publikation in der Deutschen Nationalbibliografie; detaillierte bibliografische Daten sind im Internet über http://dnb.dnb.de abrufbar.

Druck: Hubert & Co. GmbH & Co. KG, Göttingen
♾ Gedruckt auf säurefreiem Papier
Printed in Germany

MIX
Papier aus verantwortungsvollen Quellen
FSC® C016439

www.degruyter.com

Für Irene, Margaretha und Heinrich

[...] das menschliche Leben ist einsam, armselig, ekelhaft, tierisch und kurz.
Hobbes

Um politische Gewalt richtig zu verstehen und sie von ihrem Ursprung herzuleiten, müssen wir sehen, in welchem Zustand sich die Menschen von Natur aus befinden.
Locke

Government [...] is the empire of laws and not of men.
Harrington

Es ist für die anderen zu teuer, dass ein Mensch über der Menschheit sei.
Montesquieu

Der Mensch ist frei geboren, und überall liegt er in Ketten.
Rousseau

Eine bloß empirische Rechtslehre ist (wie der hölzerne Kopf in Phädrus' Fabel) ein Kopf, der schön sein mag, nur schade! dass er kein Gehirn hat.
Kant

The Constitution of a Country is not the act of its Government, but of the People constituting a Government. [...] A Constitution, therefore, is to a Government what the laws made afterwards by that Government are to a Court of Judicature.
Paine

Power controlled or abridged is almost always the rival and enemy of that power by which it is controlled or abridged.
Hamilton

Der Staat an sich ist nichts, als ein abstrakter Begriff; nur die Bürger, als solche, sind wirkliche Personen.
Fichte

Wenn der Gedrückte nirgend Recht kann finden,
greift er hinauf getrosten Mutes in den Himmel und
holt herunter seine ew'gen Rechte,
die droben hangen unveräußerlich und
unzerbrechlich wie die Sterne selbst.
Schiller

Das Prinzip der modernen Staaten hat diese ungeheure Stärke und Tiefe, das Prinzip der Subjektivität sich zum selbständigen Extreme der persönlichen Besonderheit vollenden zu lassen und zugleich es in die substantielle Einheit zurückzuführen und so in ihm selbst diese zu erhalten.
Hegel

Danksagung

Die hier abgedruckte Studie ist das Resultat zahlreicher Vorlesungen, Seminare und Vorträge an den Universitäten Heidelberg, Bonn, Köln, Peking und Taipei, gehalten im Zeitraum zwischen 2008 bis 2014. Ich bedanke mich bei den Studenten, die mir in zahllosen Diskussionen Anregungen gaben und beitrugen, meine Gedanken mit größerer Klarheit und Präzision zu artikulieren.

Auch bei Kollegen und Freunden darf ich mich für Inspiration und Kritik bedanken, namentlich bei Markus Gabriel, Christian Hanewald, Wolfram Hogrebe, Han Shuifa, Liu Zhe, Jan Opsomer, Ulrich Port und Stephan Zimmermann. Für moralische Unterstützung und lehrreiche Einblicke in das Juristische danke ich Brankica und Jürgen Pelka. Darüber hinaus danke ich den Kollegen vom Department of Philosophy und besonders vom Department of Foreign Philosophy der Peking University für das inspirierende Arbeitsklima und die freundliche Unterstützung.

Mein Dank gilt auch dem De Gruyter Verlag und dort Frau Dr. Grünkorn sowie den Herausgebern der *Quellen und Studien* für die freundlichen Anregungen und die Aufnahme in die Reihe. Die freundliche Unterstützung von Herrn Jens Halfwassen darf ich hervorheben.

Ich danke herzlich Irene und Ute Pelka für ihre grandiose Anteilnahme und stets bereicherndes Politisieren.

Peking im März 2014
R.S.

Inhalt

Einleitung

Die Politische Philosophie ist eine Disziplin der Philosophie, der derzeit großes Interesse entgegengebracht wird. Oft liegt in einem breiten Interesse natürlich die Gefahr der Verflachung, besonders da in der Politischen Philosophie äußerst komplexe Theorien diskutiert werden, die oftmals in ihrer Anwendbarkeit auf die reale Politik nicht unmittelbar einleuchten, und dann werden die Versuchungen der Vereinfachungen, die oftmals Verunstaltungen sind, laut. Andererseits gibt es neuerdings die These, die Politische Philosophie sei eine contradictio in adjecto, weil man entweder nur Philosophie oder nur Politik machen könne, beides zugleich gehe nicht; so deutet es in einer Melange aus Neomarxismus, Neomaoismus und Neostalinismus Alain Badiou.[1] Das Ereignis des Politischen sei so konkret, dass es sich der philosophischen Ebene entziehe. Nach Badiou besteht das Politische in einer logisch-intelligiblen Entscheidung in einer konkreten Situation, die keine doktrinäre Disposition oder Vorentscheidung zulässt. Die Intelligibilität des Politischen sei aber auch nicht einfach eine subjektivistische Meinung, sondern ergibt sich aus den Sequenzen konkreter Handlungen. Mit dem Politischen findet eine Entscheidung Ausdruck in einem gedanklichen Bruch (mit der Tradition, überkommenen Verhaltensweisen etc.). Das reduziert das Politische auf Extremsituationen, so ist für Badiou die Résistance paradigmatisch, ebenso die recht blutrünstigen Entscheidungen von Saint-Juste in der Französischen Revolution sowie jene Maos und Stalins. Badiou richtet sich damit gegen den demokratischen Parlamentarismus, dieser strebe den Konsens an und der bestehe in einer Verweigerung des Denkens. Denken führe automatisch zu Widerstand. Mit solchem Extremismus steht Badiou Carl Schmitts These, das Politische manifestiere sich im „Ausnahmezustand", ungewollt nahe. Badious These ist logisch unhaltbar, weil Denken nicht analytisch Widerstand impliziert. Man kann durchaus auch friedfertig denken oder mit Denken zu friedfertigen Resultaten kommen oder durch Denken eine bestehende politische Situation bestätigen. Wenn Badiou Philosophie als Denken des Denkens begreift, scheint es mir auch nicht so unmöglich, eine Politische Philosophie zu betreiben, eben als Denken entscheidender Intelligibilität. Wenn sich Badiou in einer anderen Hinsicht gegen die Demokratie wendet, trifft das eigentlich nur ein sinnleeres, philosophisch eben nicht reflektiertes, zugegebenermaßen gegenwärtig weit verbreitetes Demokratieverständnis, das der Mehrheit immer Recht und Wahrheit zuordnet. Dass das falsch ist, kann man Badiou z. B. angesichts demokratischer Mehrheiten für Hitler zugeben, es trifft aber nicht den philosophisch begründeten Demokratiebegriff,

1 Vgl. Alain Badiou *Über Metapolitik*, Zürich/Berlin 2003.

der das komplexe Resultat einer geistesgeschichtlichen Bewegung von Rechts-, Staats- und Politischer Philosophie seit der frühen Neuzeit ist. Demokratie und Rechtsstaat sind nicht formalistisch in einem trivialen Sinne, sondern nur aus dem Geist der Freiheit zu begründen. Ich argumentiere dafür, dass die Begründung von Rechtsstaat und Demokratie zwar auch etwas Formalistisches hat, aber dieses ist gerade die Stärke und nicht die Schwäche des Rechtsstaates. Wenn sich Badiou hinsichtlich des Politischen gegen doktrinäre Vorentscheidungen wendet, ist gerade seine „Inspiration" durch Stalinismus und Maoismus irritierend.

In diesem Buch soll es darum gehen, einerseits auf einer systematischen Ebene zu klären, was das Politische, Recht/Gesetz und politische Freiheit sind, d. h., es soll ein a-historischer Versuch gemacht werden zu klären, was das Wesen oder die „Essenz" des „Politischen", des „Rechts" und der „politischen Freiheit" ist und wie wir mit dieser aus philosophischer Sicht umgehen können. Verdeutlichend kann man die folgende Implikationskette aufstellen: Das Politische impliziert (äußere) Freiheit,[2] Freiheit impliziert Recht, Recht impliziert einerseits das Naturrecht und andererseits einen Staat und der Staat impliziert einen Gesellschaftsvertrag. Hierbei begreife ich den Gesellschaftsvertrag in einem weiteren Sinne, nämlich, als einen semantisch-deklarativen Akt bei dem mehrere Subjekte ihre freie Zustimmung zu einer regelhaften Wirklichkeit geben, die sie mit diesem Akt selbst hervorbringen. Das Besondere dieses deklarativen Aktes ist, dass er einer (Verhaltens)Regel Präsenz einräumt, die damit erst erschaffen wird. Dieser semantische Akt erschafft sich also selbst seine Wirklichkeit, die er bezeichnet. Diese Erschaffung ist nicht willkürlich, weil sie regelhaft verläuft und sich anderen Regeln sub- oder koordinieren muss. Die Intersubjektivität als Geltungsbereich der politisch rechtlichen Regeln kann als ein Willkürblocker fungieren. Durch Intersubjektivität wird zwar nicht immer und nicht a priori Willkür vermieden, aber durch die Öffentlichkeit bietet sich doch die höhere Wahrscheinlichkeit, dass sich gegen allzugrobe Willkür irgendwann Protest regt. Der Gesellschaftsvertrag bringt also ein wesentliches Moment der Semantik des Politischen auf den Begriff, nämlich die intersubjektive Wirklichkeitsproduktion durch deklarative Akte.

2 Das besagt natürlich nicht, dass es nicht auch unfreie Politik geben könnte. Die Politik der Unfreiheit (z. B. in Diktaturen) ist aber gegenüber der Politik aus Freiheit parasitär, denn sie setzt diese voraus und verkehrt sie in ihr Gegenteil. Diese Pervertierung der Politik der Unfreiheit wird dort deutlich, wo sie die von mir aufgezeigte obige Implikationskette unterbricht, nämlich genau an der Stelle, wo das Recht Naturrecht impliziert; die Politik der Unfreiheit kann sich meist nur entweder auf von ihr selbst erlassenes positives Recht berufen oder auf solche Lücken im Recht, die ihre Eingriffe zulassen. Die Pervertierung besteht also darin, die Implikationskette nur zum Teil mitzumachen und dann willkürlich abzubrechen um andere Konsequenzen zu ziehen.

Andererseits sollen in einer historischen Hinsicht die wichtigsten Denker des „Politischen" aus der Geschichte der neuzeitlichen Philosophie dargestellt werden. Diese Darstellungen sind selbst philosophisch, d.h., es geht nicht um eine historische Auflistung verschiedener Positionen, sondern um eine argumentative Auseinandersetzung mit diesen diversen, auch divergenten oder konkurrierenden Politikkonzepten. Dabei müssen in den unterschiedlichen Theorien die grundlegenden Bestimmungen des Politischen, sofern sie wahr sind, identisch sein. Die identischen Aspekte werden also lediglich in unterschiedlicher Perspektive, Beleuchtung und Kontextualisierung gesehen und ergänzen sich daher zu Einem.

Meine These besagt, dass das Politische, politische Freiheit sowie der Begriff des Rechts genau zwischen dem Reich des Apriori und dem Reich des Aposteriori liegen und zwischen beiden vermitteln. Besonders beim Recht wird dies deutlich, es ist eng mit dem Politischen verknüpft. Das Recht ist einerseits empirisch-aposteriori, in dieser Hinsicht tritt es als positives Recht auf und wird in der Erfahrung als Rechtserhaltung, z.B. als Gewalt, mit der der Staat sein Recht durchsetzt, u.a. leiblich erlebbar; andererseits ist das Recht aber mit normativen und freiheitlichen Aspekten verbunden und somit auch z.B. dort, wo Rechtssetzung stattfindet, ein nur aus apriorischen Gründen verstehbares Ereignis. – Das soll nicht bedeuten, dass alles Normative apriorisch ist, aber dort, wo das Normative nur im Kontext von Freiheit zu begreifen ist, gehört es sicherlich in den Bereich des Apriori. Hinzu kommt, dass das Recht auch ein „Vorklang" auf „Gerechtigkeit" ist. Das wiederum soll nicht bedeuten, Recht und Gerechtigkeit seien identisch, aber zumindest kann man Recht als eine implizit auf Gerechtigkeit hinarbeitende und notwendige Bedingung für Gerechtigkeit deuten, zumindest soweit es die Freiheit befördert. Das Recht stellt die Möglichkeit dar, unsere bösartig-gierige Seite mit unserer eigenen Zustimmung einzugrenzen. Mit Kants berühmtem Diktum: „selbst für ein Volk von Teufeln (wenn sie nur Verstand haben)" muss es möglich sein, einen Rechtsstaat zu errichten.[3] Die Einhegung des Teuflischen in uns mit unserer eigenen Zustimmung ist also ein Kriterium für einen legitimen Rechtsbegriff. „Einhegung" bedeutet nicht, dass das Teuflische in uns mittels der Politik abgeschafft oder therapiert werden könnte oder sollte – das ist eine Überforderung der Politik, die oft in sozialistischen Bewegungen begangen wird und einen Eingriff in die Freiheit darstellt –, es soll nur im interpersonellen Kontext unschädlich gemacht werden, kann aber in uns durchaus weiter existieren, solange es nicht schädlich für andere werden darf. Das Teuflische in uns und unser Wissen von ihm sind uns aber nur empirisch zugänglich, man kann nicht a priori deduzieren, dass man auch schlechte oder bösartige Eigenschaften

3 Vgl. Kant *Zum ewigen Frieden*, Hamburg 1992, 79.

hat, a priori ließe sich höchstens zeigen, dass man auch schlechte oder böse Eigenschaften haben *kann*; jedoch ist sowohl die Fähigkeit, sich aus Freiheit für schlechte Handlungen zu entscheiden als auch sie eingrenzen zu wollen, a priori und normativ. Politik der Freiheit ist analog dazu die Durchsetzung von Recht und vertieft somit die Mittlerfunktion des Rechts zwischen dem Apriori und dem Aposteriori.

Politik des Rechts und politische Freiheit begreife ich im Kontext dieser Untersuchungen nicht so sehr als ein Problem der Praktischen Philosophie – das sind sie sicherlich auch – aber der Aspekt am Politischen, der mich hier interessiert, würde in einer traditionellen Einteilung eher der Theoretischen Philosophie oder der Erkenntnistheorie zufallen: Wenn Rationalität darin besteht, gute Gründe a) zu erkennen, ihnen b) zuzustimmen und c) den aufgestellten Regeln zu folgen, dann ist Rationalität an ihrer Wurzel mit der Konvention und Konventionalisierung verbunden. Das heißt nicht, dass jede Konvention rational sein müsste, aber es zeigt sich, dass im Verlangen, Geben und Annehmen von Gründen eine Deckung von Konvention und Rationalität vorliegen kann. Das hat der späte Wittgenstein deutlich gesehen, seine Thesen zu Abrichtung, Regelfolgen und Übereinstimmung sind in dieser Richtung zu deuten.[4] Es geht mir also in den folgenden Analysen darum, den Zusammenhang von Konvention, Norm, Übereinstimmung und Zustimmung in den Grundlagen der Semantik des Politischen zu klären. Die Norm und ihre Konventionalisierung werden nicht (bloß) als Akte dezisionistischer, leicht veränderlicher und instabiler Willkür verstanden, sondern auf einer philosophischen Ebene auch als rationales, theoretisch erklärbares, regelfolgendes und legitimierbares Ereignis, das in bestimmten Lebensformen verwurzelt ist. Eine weitere These von mir besagt, dass unsere politischen und rechtlichen Lebensformen durch philosophische Theorien geprägt sind, der englische und amerikanische Rechtsstaat sind nicht ohne Locke, der französische nicht ohne Rousseau und der deutsche nicht ohne Kant zu begreifen. – Selbstverständlich kann man auch ohne philosophiehistorische Bildung ein rechtstreuer Bürger sein, aber die Philosophiegeschichte hat einige wesentliche Bestimmungen auf den Begriff gebracht, die sonst nur in einer geradehin gerichteten Einstellung und ohne Reflexion vollzogen werden würden. Es ist natürlich auch klar, dass mit Ausnahmen die philosophischen Konzepte meist subkutan und chthonisch und langfristig wirken. Eine Ausnahme ist die offensichtliche Auswirkung Rousseaus auf die

4 Vgl. hierzu z.B. Stanley Cavell *Der Anspruch der Vernunft. Wittgenstein, Skeptizismus, Moral und Tragödie*, Frankfurt a.M. 2006, 41ff. Damit soll also nicht gesagt sein, dass jedes Regelfolgen und jede Konvention rational seien (so klingt es manchmal bei Cavell); denn freilich ist es oft rational, einer Regel nicht zu folgen; manchmal folgt man dann vielleicht auch nur einer anderen Regel oder man begeht eine Revolution im Sinne von Kuhns Wissenschaftstheorie.

Französische Revolution. – Daher sind die Analysen dieser Philosophen zugleich Analysen von konkreten Lebensformen bzw. von Argumenten, die in diesen Lebensformen als akzeptabel angesehen werden.

Der Akt freier, vernünftiger, deklarativer Zustimmung zu einer Gemeinschaft und ihrer Regelform (= Recht) beschreibt die Entstehung einer Konvention auf basaler Ebene und kann auch als Gesellschaftsvertrag bezeichnet werden. Mit den Denkern der Neuzeit sehe ich in dem Akt der freien, vernünftigen, deklarativen Zustimmung und damit den Akt der Konventionsbildung keine allgemeine Menschennatur am Werk, die essentiell in jedem anwesend wäre. Denn wenn wir von Natur aus soziale oder politische Wesen wären, würde unerklärlich, weshalb für das Individuum der Staat, das Öffentliche und das Politische *auch* Zumutungen sind. Weshalb soll man sich für die Nachrichten aus Washington, China oder eventuelle Korruption im Bundestag etc. wirklich interessieren? Oft beschleicht einen bei medialer Berichterstattung das Gefühl der Aufdringlichkeit. Bezüglich der existentiellen Probleme des Einzelnen und fundamentaler Sinnkrisen lassen einen Staat und Öffentlichkeit „zunächst und zumeist" ohnehin und naturgemäß allein, denn es geht den Bereich des Öffentlichen nichts an, soweit nicht die Freiheit anderer durch individuelle Sinnkrisen tangiert wird. Das Politische, Öffentliche ist also in gewisser Hinsicht auf- und zudringlich, penetrant, unfein, vereinnahmend. Die große Leistung der neuzeitlichen abendländischen Staatsphilosophie ist es, dass sie rationale Gründe aufzeigt, weshalb sich der Staat gegenüber der Freiheit des Individuums zurückzuhalten hat und (s)einen Zweck am besten erfüllt, wenn er die Freiheit des Individuums befördert. Schon Rousseau betont, dass es eine Leistung des modernen Staates ist, wenn er sozial und politisch wenig integrierbare Randexistenzen zulässt – inwieweit sich Rousseau dabei selbst im Auge hat, mag offen bleiben.

Will man das Politische erklären, kann das logisch gesehen auf zwei Wegen geschehen: Entweder erklärt man das Politische aus Politischem oder aus Nichtpolitischem. In der ersten Perspektive begreife ich die meisten essentialistischen Argumentationsfiguren. Dort gibt es metaphysische Wesenheiten, Ideen oder eine ewige Natur/Eidos des Menschen, die in sich schon politisch sind, und aus diesen wird dann die konkrete, empirisch politische Verfasstheit des Menschen erklärt. Das sind jeweils Zirkelargumente, ob es sich dabei um notwendige oder fehlerhafte Zirkel handelt, ist mir hier nicht wichtig, betont werden soll nur, dass es zirkuläre Argumente sind. Mit dem neuzeitlichen Gesellschaftsvertragstheorem ändert sich das seit Hobbes, denn hier wird der zweite Erklärungsweg des Politischen beschritten, das Politische wird aus Nichtpolitischem erklärt. Der Naturzustand (mutatis mutandis bei Hobbes, Locke, Rousseau oder Kant) ist eine Metapher für diese Erklärung des Poltischen aus dem Nichtpolitischen. Das Politische ist eine emergente Eigenschaft, die aus der nichtpolitischen Gesinnung von Menschen entsteht, sofern sie zusammenwirken. Diese Emergenz versinnbildlicht der Leviathan auf Hobbes' berühmtem Titelbild sehr gut. Der große Vorteil dieser neuzeitlichen Gesellschaftsvertragsargumentationen besteht darin, dass sie keinen Zirkel begehen.

Den Gesellschaftsvertrag begreife ich dialektisch: Einerseits bildet sich in ihm die Nähe des Individuums zum Staat ab, andererseits aber auch seine Ferne; beides kommt im rationalen deklarativen Akt der freien Zustimmung des Individuums zum Staat zum Ausdruck. Wären wir von Natur aus soziale oder politische Wesen, gäbe es überhaupt kein Legitimationsproblem für das Politische. Fragen wie die folgenden: „Warum soll man überhaupt in einer Gesellschaft leben?" oder „Darf man sich mit anderen vergesellschaften?" oder „Darf man es von sich oder anderen verbindlich verlangen, auf andere oder die Gesellschaft Rücksicht zu nehmen – wo das doch die eigene und die Freiheit der anderen (auch) beschneidet?", solche Fragen also wären schlicht unverständlich, wenn wir immer schon und unumgänglich politische Wesen wären. Weshalb hätte sich die Politische Philosophie des Gesellschaftsvertrages mit solch starken Argumenten zu bewaffnen, dass sich sogar ungesellige „Teufel (wenn sie nur Verstand haben)" auf diesen Bund einlassen sollten?

Ein weiterer Aspekt des politischen Rechts besteht darin, dass es eine institutionalisiert legitim freiheitliche Ordnung ermöglicht, die a priori sinnvoll ist. Die Apriorizität von legitimem politischem Recht zeigt sich daran, dass Souveränität nicht teilbar ist. Teilbar ist das raum-zeitlich und empirisch Gegebene, also z. B. die konkrete Macht *im* Staat, aber nicht die Macht *zum* Staat; sofern es zur Würde des Menschen gehört, sich selbst zu bestimmen, kann er weder seine Würde noch seine Freiheit an andere delegieren oder mit anderen teilen. Es ist ein analytisch wahrer Satz, dass *meine* Würde oder *meine* Freiheit nicht an einen anderen abgegeben werden kann oder ich sie mit anderen teilen kann, weil es sonst eben nicht mehr meine Würde/Freiheit wäre. Rein intelligible Bestimmungen sind in diesem Sinne unteilbar. Souverän und frei ist letztlich immer nur der Wille des Einzelnen. – Daher werden im Folgenden z. B. Hobbes, Locke und Rousseau untersucht, weil diese Unteilbarkeit von Souveränität bei ihnen reflektiert ist, wenngleich dort natürlich meine Konzeption noch nicht vorhanden ist, so lassen sich doch Elemente finden. – Im Unterschied hierzu ist die aposteriorische Form, mit der diese Souveränität realisiert wird, durchaus teilbar, denn sie ist eine raumzeitliche Erscheinung von Macht. Das Prinzip der Gewaltenteilung ist apriorisch, ebenso wie die ideale Einheit dieses Prinzips, da sie vernunftgemäß und insofern unteilbar ist – dafür werde ich im Kant-Kapitel plädieren. Doch ist dann die konkret ausgestaltete Gewaltenteilung eine empirische Erscheinung freiheitlicher politischer Souveränität in den Institutionen des Staates. – In dieser Hinsicht untersucht sie z. B. schon Montesquieu am empirischen Beispiel der englischen

Verfassung. – Die aposteriorische Erscheinung politischer Freiheit kann dieser natürlich mehr oder weniger angemessen sein. Von hier aus können Kriterien für Angemessenheit oder Unangemessenheit von konkreten Staatsformen an die apriorische Rechtsfreiheit entwickelt werden.

Sieben zentrale Themen, die das Wesen des „Politischen“ in systematischer und historischer Hinsicht innerhalb der neuzeitlichen und gegenwärtigen Politischen Philosophie bestimmen, sind:

I. Die Freiheit *zum* Staat – Dies wird hier mittels des Verhältnisses von Gesellschaftsvertrag, Staat und absoluter Souveränität im *Leviathan* von Thomas Hobbes untersucht. Besonders im Kant-Kapitel werde ich jedoch die Vernunftgemäßheit der Gewaltenteilung erklären. Hiermit wird eine paradigmatische Position des Kontraktualismus sichtbar und eine begriffliche Inkohärenz eines absolutistischen Kontraktualismus aufgedeckt, die zu der Einsicht führt, dass nur ein demokratischer Kontraktualismus legitime politische Machtausübung garantieren kann.

II. Freiheit und Gesetz *im* Staat – Dieses Grundproblem des Politischen wird im Rahmen des demokratischen Liberalismus und seiner Version des Gesellschaftsvertrags als politische Legitimation in John Lockes Abhandlung *Über die Regierung* analysiert.

III. Sitte, Sittlichkeit und Gewaltenteilung im Staat – Um diesen Sachverhalt genauer aufzuklären, wird Montesquieus *Geist der Gesetze* untersucht. Hier wird sich zeigen, dass Gewaltenteilung nicht Schwächung, sondern Stärkung der Macht ist und welchen apriorischen Status die Normativität rechtlicher und politischer Gesetze im Unterschied zu Naturgesetzen hat. Damit wird die kategoriale Differenz zwischen Natur und Politik näher bestimmt, die die Politische Philosophie grundsätzlich schon in den Naturzustands- und Naturrechtskonzeptionen von Hobbes bis Rousseau beschäftigt. Wenn von *Natur*recht gesprochen wird, muss dort die Natur natürlich eine andere Bedeutung haben als die natürliche Natur.

IV. Das Verhältnis von Gemeinwille und Toleranz im Staat als Grenze der Gesellschaft im Lichte freiheitlicher Selbstbestimmung – Anhand von Jean-Jacques Rousseaus *Gesellschaftsvertrag* wird der Unterschied zwischen Freiheit als Ungebundenheit und bürgerlicher Freiheit als Autonomie aufgeklärt. Autarkie und Autonomie sind nach Rousseaus Einsicht nicht dasselbe, weil ungebunden z. B. auch der in der Wildnis lebende Einsiedler sein kann, er hat jedoch keine Autonomie im Sinne politisch-rechtlich-staatlicher Freiheit, weil ihm die interpersonale Gesetzgebung fehlt.

V. Das Apriori des Rechts – Der philosophisch rekonstruierte apriorische Begriff des Rechts bildet den zentralen Dreh- und Angelpunkt in Immanuel Kants Entwurf einer vernünftig organisierten Republik. In dieser treten äußere Freiheit/ Recht, Willkür und legitimer Zwang als Konstituentien des Rechtsstaates in ein apriorisch-transzendentales Argumentationsverhältnis zueinander, allerdings, und das ist das Attraktive in diesem Entwurf, ohne ontologisch essentialistische Präsuppositionen.

VI. Das Verhältnis von Nation und transzendentalem Recht – Hier wird das Verhältnis von Anerkennung, Intersubjektivität, Staat und Nation geklärt; Johann Gottlieb Fichtes philosophische „Begründung" des deutschen Nationalismus sowie seine Theorie von Krieg und Frieden werden herangezogen. Das Scheitern dieser Begründung des Nationalismus ist dazu geeignet, darauf hinzuweisen, dass sowohl der Staat wie das Politische und das Recht auch aposteriorische und damit nicht deduzierbare Aspekte haben. Dass diese politische Differenz nicht nur deutsche Bedeutung hat, wird z. B. durch den unterschiedlichen Sprachgebrauch der Worte: nation, state und country im amerikanischen Raum belegt.

VII. Sittlichkeit und Freiheit als Substanz des Staates – Hier ist z. B. das Verhältnis von Religion und Staat zu thematisieren; es ist bereits bei Hobbes, Montesquieu und Rousseau reflektiert, man kann es aber in einer noch weiter gehenden Reflexion, die schon fast zu einem philosophisch legitimierten Laizismus führt, in Georg Wilhelm Friedrich Hegels Staats- und Rechtsphilosophie beobachten.[5]

1 Terminologisch-etymologische Wurzeln des Politischen in der Antike

Die Griechen haben das Politische für das Abendland entdeckt und bei dieser Entdeckung und im Vollzug des Politischen zugleich die Terminologie, wesentli-

5 Im Hintergrund dieser sieben Themen, die wesentliche Aspekte des Politischen bilden, stehen vor allem die folgenden Denker und ihre Hauptwerke zur Politischen Philosophie: Platon *Politeia, Nomoi, Politikos*; Aristoteles *Nikomachische Ethik, Politik*; Augustinus *De civitate Dei*; Thomas Hobbes *Leviathan, De cive*; John Locke *The Second Treatise of Government*; Charles-Louis de Secondat Baron de Montesquieu *L'esprit des Loix*; Jean-Jacques Rousseau *Contract Social*; Alexander Hamilton, James Madison, John Jay *The Federalist Papers;* Immanuel Kant *Zum ewigen Frieden, Metaphysik der Sitten I. Teil, Rechtslehre*; Johann Gottlieb Fichte *Grundlage des Naturrechts; Reden an die deutsche Nation*; Georg Wilhelm Friedrich Hegel *Rechtsphilosophie* aus der *Enzyklopädie; Grundlinien der Philosophie des Rechts*; John Stuart Mill *On Liberty; Considerations on Representative Gouvernment*; Karl Marx *Pariser Manuskripte zur Nationalökonomie und Philosophie; Die Deutsche Ideologie; Das Kapital*; Carl Schmitt *Der Begriff des Politischen; Politische Theologie*; Hannah Arendt *Vita activa oder vom tätigen Leben*; John Rawls *A Theory of Justice.*

che Sprachspiele bzw. das Grundvokabular des Politischen entfaltet.[6] Diese Termini sind entscheidend:

πόλις	=	die politisch qualifizierte Bürgerschaftsgemeinde
πολιτεία	=	Bürgerschaftsrecht, Bürgerschaftsordnung, Bürgerschaftsverfassung
πολίτης	=	der politische Bürger
ὁ πολιτικός	=	der politische Mensch
τὸ πολιτικόν	=	das Politische

Auf den Ursprung des Wort- und Sinnfeldes verweist das Verb πολίζω mit der Bedeutung: „die Mauern einer Stadt bauen". Für die Entwicklung des Vokabulars ist das Adjektiv πολιτικόν wichtig, denn von ihm ausgehend bildet sich in den neueren Sprachen das Vokabular des Politischen; zuerst bei Herodot nachweisbar, verbindet es sich mit allem, dem ein politischer Charakter zugesprochen werden kann, im Unterschied zu solchem, dem dieser Charakter abgeht. Es kommt zu der Substantivierung des Adjektivs: τὸ πολιτικόν, und dies hat die Bedeutung: „das, worin das Bürgersein aller Bürger besteht, was allen Bürgern zukommt und sich an allen als dasselbe äußert". Was das ist, zeigt sich an der Doppelung, die nun vorgenommen wird, nämlich einmal τὰ πολιτικά πράγματα: „die politischen Angelegenheiten betreffend, d. h. die die Polis betreffenden Angelegenheiten"; zum anderen: ἡ πολιτική τέχνη bzw. ἐπιστήμη: „das politische Wissen". Es gibt also einerseits die politische Sache und andererseits das politische Wissen. In der Epoche des Hellenismus und später in der römischen Kaiserzeit wird πολιτικόν zu einem Fachterminus der Rhetorik, mit der Spezialbedeutung „zivilisiert", „gebildet", „fein". In der patristischen Literatur bedeutet es „weltlich", als Gegensatz zu „geistlich" und „kirchlich".

Ins Lateinische wird das Adjektiv politicum und das Substantiv politia – zuerst wohl von Cicero und seinem Kreis – übernommen; auch die anderen griechischen Vokabeln tauchen auf, vielfach in griechischer Schrift belassen und mit Fremdwortcharakter. Die lateinische Sprache hat für den Sachverhalt ein eigenes Vokabular bereit: vor allem res publica, publicum und civitas, civile.

6 Vgl. hierzu den Artikel „Politik" im *Historischen Wörterbuch der Philosophie*; zu den klassischen Quellen des Naturrechts und Staatsbegriffs vgl. Leo Strauss *Natural Rirght and History*, Chicago/London 1953, Kap. III-IV; dt.: *Naturrecht und Geschichte*, Frankfurt a.M. 1977, 83 ff.

2 Probleme mit dem „Politischen", begriffliche Bedeutungsmetamorphosen und der Syllogismus der Nomokratie

Man kann sich natürlich bereits hier fragen, ob es so etwas wie das Wesen des „Politischen" oder das Politische überhaupt gibt. Wenn man vom Wesen des Politischen spricht, impliziert das nämlich einen Essentialismus, der einige Voraussetzungen machen muss, Voraussetzungen, die auch ontologischen Charakter haben, z. B. dass es Wesenheiten/Essenzen gibt. Man kann jedoch z. B. mit dem späten Wittgenstein bei zumindest einigen Begriffen in Zweifel ziehen, ob sie überhaupt so etwas wie ein einheitliches „Wesen" bezeichnen. Wittgenstein führt bekanntlich den Begriff der „Familienähnlichkeit" ein. Es kann danach unter einem Begriff das Verschiedenartigste subsumiert sein; teilweise Dinge, die einander ausschließen. Z.B. ist unter den Begriff des „Spiels" Gegensätzliches subsumiert; es gibt einerseits Spiele, die sehr stark auf Gewinnen, Verlieren und Konkurrenz angelegt sind, und andererseits völlig zweckfreie Spiele; es gibt Spiele, die für mehrere Mitspieler, andere, die nur für einen Einzelnen geeignet sind, einige fordern einen Einsatz, der bis zum Tod gehen kann, andere sind völlig verlustfrei etc. Es könnte sein, dass auch das „Politische" ein solcher Begriff ohne eine feste Essenz ist. Es könnte sein, dass unter dem „Politischen" die diversesten und gegensätzlichsten Phänomene subsumiert sind, vom Terror bis zu Friedensverhandlungen, von Bildungs- und Familienpolitik bis Kriegspolitik, von Demokratie bis Tyrannei und Diktatur, von Gerechtigkeit bis Ungerechtigkeit; und all diesen Phänomenen ist gemeinsam, dass sie „politisch" sind. Die etwas dünne, aber dafür verbindende und umfassende begriffliche Einheit, die man hier festhalten kann, besteht darin, dass es bei dem Politischen jeweils um einen interpersonalen, von gegenseitigen Ansprüchen gebildeten, kodifizierbaren Zusammenhang geht, der mit Mitteln von Recht, Macht, Gewalt reguliert wird. – Damit ist nicht gesagt, dass das Politische in interpersonaler Anerkennung besteht, es kann genauso in versagter Anerkennung bestehen oder darin, zwar nicht eingesehene Anerkennung, aber doch zumindest Koordination der Subjekte zu gewährleisten, indem sie sich einer Gewaltandrohung aussetzen. –

Gegen diesen Definitionsversuch spricht, dass dann ein macht-, gewalt- oder androhungsfreies Verhältnis von Menschen nicht politisch wäre. Dem kann man jedoch z. B. mit Habermas widersprechen, da er in seiner Kommunikationstheorie gerade einen herrschaftsfreien Raum, den Raum der Gründe, in dem ausschließlich das bessere Argument zählt, als Grundlage für gesellschaftliche Interaktion ansieht. Es ist also schwierig zu sagen, dass es so etwas wie ein „Wesen des Politischen" gibt, sofern eine Wesenheit, ein Eidos, einen festen, einheitlichen, widerspruchsfreien Kern oder ein Bedeutungszentrum impliziert.

Es gab aber umgekehrt auch Denker des „Politischen", die durchaus ein „Wesen" des Politischen annahmen. Berühmt ist Carl Schmitt mit seiner Definition des Politischen, die besagt: „Das Politische [...] bezeichnet [...] den *Intensitätsgrad* einer Assoziation oder Dissoziation von Menschen".[7] Das heißt genauer ausgeführt und mit einer anderen Wendung von Schmitt, dass das Politische in der „Unterscheidung von Freund und Feind" besteht; in dieser Unterscheidung erreicht das Politische seinen höchsten Intensitätsgrad. – Dieser Bestimmung schließen sich z. B. Karl Löwith und Leo Strauss an. – Politisch souverän ist nach Schmitt derjenige, der über die Ausnahmesituation zu entscheiden hat,[8] und die Ausnahmesituation definiert sich wiederum dadurch, dass es für sie keine vorgeschriebene gesetzmäßige Regelung gibt; insofern ist Souveränität für Schmitt ein „Grenzbegriff". Das Politische hat also nach diesem dezisionistischen Verständnis seinen genuinen Ort dort, wo existentielle Entscheidungen gefällt werden müssen, die nicht durch einen verwaltungsmäßigen Rahmen vorherbestimmt abgewickelt werden können. In der Ausnahmesituation hat der politische Souverän also darüber zu entscheiden, wer Freund und Feind in einer die Existenz betreffenden Situation ist. Die vom Staat eingeführten Gesetze und die gesetzliche Staatsmacht begrenzen in gewissem Sinne den Bereich des Politischen, heben die existentielle Entscheidungssituation zugunsten legaler Regelhaftigkeit auf. Dem Politischen folgt erst die Bildung eines Staates und dieser wiederum ist rechtssetzend. In diesem Konzept sind Staat und Recht also erst Wirkungen des Politischen und nicht selbst das genuin Politische.

Oder nehmen wir Max Weber, der das „Politische" folgendermaßen definiert: „›Politik‹ würde für uns also heißen: Streben nach Machtanteil oder nach Beeinflussung der Machtverteilung, sei es zwischen Staaten, sei es innerhalb eines Staates zwischen den Menschengruppen, die er umschließt."[9] – Hierin klingt noch die Politik-Definition von Friedrich dem Großen im *Politischen Testament* von 1752 an: „Die Politik ist die Kunst, mit allen geeigneten Mitteln stets den eigenen Interessen gemäß zu handeln."[10] – Jedenfalls wird klar, dass Politik mit einer Begründung oder Rechtfertigung von Macht bzw. Staatsmacht einhergeht und dass diese Macht auch gewaltgebunden ist, was sich im Rahmen des Politischen an

7 Carl Schmitt *Der Begriff des Politischen*. Text von 1932 mit einem Vorwort und drei Corollarien (1963); Berlin 2002, 7. Aufl., 38. Vgl. hierzu auch Ernst-Wolfgang Böckenförde *Der Begriff des Politischen als Schlüssel zum staatsrechtlichen Werk Carl Schmitts*, in ders.: *Recht, Staat, Freiheit. Studien zur Rechtsphilosophie, Staatstheorie und Verfassungsgeschichte. Erweiterte Ausgabe*; Frankfurt a.M. 2006, 344–366.

8 Carl Schmitt *Politische Theologie* (1922), Berlin 2009, 9. Aufl., 14.

9 Max Weber *Politik als Beruf (1919)*, Stuttgart 2008, 7.

10 Friedrich der Große *Politisches Testament von 1752*, Stuttgart 2007, 39.

Worten wie *Gewalten*teilung oder Gewaltmonopol zeigt. Eine Macht, die ihre Ziele nicht – zumindest potentiell – auch mit Gewalt umsetzen kann, ist nicht politisch, denn Politik zielt auf Ideen*realisierung*. Dabei müssen natürlich legitime und illegitime Gewaltausübung differenziert werden; Gewalt ist nicht gleich Gewalt, auch zielt nicht jede Gewalt auf Ideenrealisierung und nicht jede Idee, die realisiert werden soll, ist eine legitime oder eine politische Idee. Daran schließt sich aber die Frage nach der Ausübung der Macht; dies zeigt sich z. B. daran, dass der Staat ein Monopol auf die Gewalt bzw. die Ausübung einer bestimmten Macht erhebt. Es zeichnet manchmal die Politische Philosophie aus, dass sie es ist, die das Macht- und Gewaltmonopol des Staates und seiner Institutionen in seiner Legitimation rational rechtfertigt. Man kann also sagen: Es ist faktisch so, dass das Politische in Macht und Machtausübung in gesellschaftlichen Zusammenhängen besteht und sich dazu des Rechts bedient, und es ist des Weiteren Aufgabe der Politischen Philosophie, dies einerseits zu analysieren und andererseits Legitimationsgründe anzugeben bzw. zu kritisieren. Hiermit ist vorgegeben, dass in gewissem Sinne die Politische Philosophie der Rationalisierung und der Legitimation von Macht dort, wo gute Gründe vorliegen, denen die Beherrschten zustimmen können, zuarbeitet und – in Anlehnung an Hegels berühmtes Wort – „die Eule der Minerva ihren Flug immer erst in der Dämmerung beginnt", weil die Politische Philosophie nur auf das reflektieren kann, was schon geschehen ist.

Andererseits gibt es aber auch Denker, wie z. B. Jacques Derrida, die genau das in Frage stellen; die also in Frage stellen, ob es überhaupt möglich ist, Macht und Machtausübung rational zu rechtfertigen. Denn so Derridas Argument dagegen: Auch die Ansetzung von Rationalität als Kriterium, ob Macht gerechtfertigt ist, ist selbst schon eine sowohl politische als auch Macht ausübende Annahme. Rechtfertigung und Legitimation sind danach politische Machtformen, sie konstituieren sie nicht erst. D.h., wenn man Macht rational rechtfertigt, dann begeht man nach Derrida einen Zirkel, weil man Macht durch Machtausübung rechtfertigt. Man kommt nach Derrida zwar nicht aus diesem Zirkel der Macht heraus, aber man kann ihn sich durch eine solche dekonstruktive Reflexion des Phänomens der Machtrechtfertigung klarer machen. Sonst würde man einen Zirkel unhinterfragt praktizieren. Meiner Meinung nach kann man hier sehr gut mit einer Wendung ins Politische Wittgensteins Regelfolgenproblem analysieren; um einen unendlichen Regress in der Machtlegitimation zu vermeiden, kann man eigentlich nur noch in den Dezisionismus flüchten; der „Spaten biegt sich zurück" an der konkreten Lebensform der Machtausübung; in gewissem Sinne kann man hier das Politische und das Recht als Kultur verorten.

Indem man sich die Probleme eines Zirkels oder eines unendlichen Regresses in der Gesetzes- bzw. Machtlegitimation klar macht, hat man sicherlich bereits politische Verantwortung übernommen. Die Macht, und damit auch politische

Macht, gründet sich nach Derrida in sich selbst, es handelt sich um einen „dunklen", letztlich „mystischen" Grund, der einfach ergriffen und vollzogen wird, der nicht nochmals in etwas Anderem, Höherem begründet werden kann, denn wenn man ihn in etwas Anderem begründen könnte, hätte man schon wieder Rationalität in Anspruch genommen und damit schon wieder Macht ausgeübt. Insofern gibt es einen unlegitimierbaren Grund der Macht. Der Grund der politischen Macht und des Gesetzes ist selbst nicht rechtlich oder unrechtlich, er liegt dieser Disjunktion voraus, da er sie allererst erschafft.[11] – Derrida schließt sich damit einer auf Dezisionismus hinauslaufenden Argumentation von Pascal, Montaigne sowie Walter Benjamin (*Zur Kritik der Gewalt*) an,[12] die allerdings auch dem politischen Dezisionismus eines Carl Schmitt sehr nahe steht. – Diese grundlose Macht verwandelt für Derrida nicht nur terroristische oder den Terrorismus aktiv unterstützende Staaten in „Schurkenstaaten" – natürlich eine Aufnahme des berüchtigten Terminus der George W. Busch (Jr.)-„Ära" –, sondern in gewissem Sinn sind für Derrida alle Staaten Schurkenstaaten, weil Macht diesen grundlosen Charakter hat.[13] – Man kann hier natürlich auch Max Webers Wort vom „Erzwingungsstaat" assoziieren. – Die allgemeine Schurkenstaaterei ist nach Derrida nur durch einen staatenlosen Weltbund der Menschheit zu überwinden. Die Legitimität staatlicher Macht wird von ihm also in einen „mystischen Grund"

---

11 Vgl. Jacques Derrida *Gesetzeskraft. Der „mystische Grund der Autorität"*, Frankfurt a.M. 1991, 28. Nach Derrida stehen Gesetz und Gewaltanwendung in einem analytischen Verhältnis zueinander. D.h.: Im Begriff des Gesetzes ist unmittelbar und notwendig die Gewalt/Gewaltanwendung enthalten, es gibt kein Gesetz ohne Gewalt (vgl. a.a.O., 12f., 97), letztere ist nicht nur ein unerwünschtes Epiphänomen. Kritisch zu sehen ist an dieser Argumentation allerdings, dass die Differenz zwischen rechtsstaatlich legitimierter Gewalt und illegitimer und illegaler Gewalt nivelliert wird. Es ist schlicht etwas anderes, ob ein Rechtsstaat von seinem demokratisch legitimierten Gewaltmonopol Gebrauch macht oder ob illegitim (wenn auch legal) in einer Diktatur Gewalt angewendet wird.

12 Vgl. Derrida *Gesetzeskraft*, 24f. 28, 54; insbesondere Montaignes traditionalistisch-skeptischer Argumentation – Gesetzen wird aus dem sich selbst ermächtigenden Grund der Autorität gefolgt; von Menschen gemachte Gesetze sind nie gerecht; Gerechtigkeit und Gesetz schließen sich gewissermaßen aus – folgt Derrida. Er spielt auch auf Kafkas *Vor dem Gesetz* an, wo der Wartende nie bei einem gerechten Gesetz ankomme (vgl. a.a.O., 25). Der Gedankengang scheint mir jedoch problematisch, denn einerseits schließen sich Gerechtigkeit und Gesetzlichkeit nicht logisch notwendig aus. Selbst wenn bislang alle von Menschen (oder Göttern) erlassenen Gesetze nicht gerecht gewesen wären, folgt daraus nicht logisch, dass sie es auch nie sein können. Auch der Verweis auf Kafka scheint mir problematisch, denn in Kafkas *Vor dem Gesetz* geht es genau genommen um ein komplizierteres Problem, nämlich darum, dass der Wartende auf ein *individuelles* Gesetz wartet; also auf eins, das ihn als Einzelnen nicht nivelliert und genau nur sein Gesetz ist, und ein solches individuell passendes Gesetz ist vielleicht wirklich nur als kafkaeske Aporie zu erwarten.

13 Vgl. Jacques Derrida *Schurken*, Frankfurt a.M. 2003.

dekonstruiert; ein mystischer Grund, der seine Schrecken und seine mit Vernunft nicht mehr erfassbaren Gegebenheiten dort zeigt, wo sich der Staat zumindest ähnlicher Mittel bedient, wie die Terroristen, die er bekämpft.

Man kann dagegen wiederum argumentieren, dass die Hinterfragung von Machtausübung mit den Mitteln der Rationalität selbst noch keine Machtsetzung ist, da für jede Rechtfertigung gilt, dass sie notwendigerweise rational sein muss, aber nicht jede Rationalität eine Machtausübung und schon gar nicht eine politische Machtausübung bedeutet. Rationalität ermöglicht allererst die Anwendung von Macht, sie kann also selbst noch gar keine Machtanwendung sein. Sonst wäre das Ermöglichende selbst ein Teil des von ihm Ermöglichten. Des Weiteren stellt sich das Unbehagen ein, dass die Argumentation Derridas die Differenz zwischen Rechtsstaat und Terror- oder Unrechtsstaat untergräbt. Diese Nivellierung geschieht aufgrund der fehlenden Unterscheidung zwischen legitimer, allgemeingültiger und durch Gewaltenteilung akzeptabler Machtausübung – die insofern auch nicht in einem mystischen, sondern aufgeklärten Grund wurzelt – und einer solchen Machtausübung, die zwar auch staatlich, aber nicht rechtsstaatlich geschieht.[14]

In gewissem Sinne bleibt Derrida mit seiner Deutung des Staates als Schurkenstaat hinter seinen eigenen Möglichkeiten zurück und widerspricht seiner eigenen ersten Analyse des mystischen Grundes von Gesetzeskraft und politischer Macht: Wenn Derrida einerseits argumentiert, dass die Gesetze und Macht setzende Kraft selbst weder rechtens noch unrechtens ist, weil sie diese Differenz erst mit ihren Setzungen hervorbringt, dann klingt es andererseits doch wieder so, als sei diese Macht unrecht, wenn Derrida den Staat als „Schurken“ bezeichnet. Der Recht und politische Macht ermöglichende Staat, der Gesetze konstituiert, ist, wenn man Derridas ersten Ansatz konsequent weiterdenkt, weder rechtens noch unrecht. Der Staat als mystischer Grund ist weder rechtens noch unrecht, erst dann wenn seine Gesetze gesetzt, d. h. promulgiert sind und auf sie mit Gehorsam oder Verweigerung reagiert wird, entsteht jene Differenz.

Gegen Derrida lässt sich einwenden, dass der moderne Rechtsstaat mit demokratischer Gewaltenteilung genau gegen jene Aporie ankämpft, indem er den Akt der Setzung von Recht rechtlich legitim zu vollziehen sucht. Denn z. B. in der BRD setzt der moderne Rechtsstaat nicht einfachhin Recht überhaupt, sondern er setzt spezifischere Rechtsartikel, die mit dem Grundrecht – in gewissem Sinne ist dies ein Recht überhaupt, dem alle von ihm Beherrschten zustimmen können – kompatibel sind. Das gibt dem modernen Rechtsstaat zwar mitunter den Anschein

14 Zum Staatsterror vgl.: Wolfgang Sofsky *Die Ordnung des Terrors: Das Konzentrationslager*, Frankfurt a.M. 1997.

einer bloßen Verwaltungsmaschinerie oder, wie Carl Schmitt wohl unken würde, einer Demokratie für Weichlinge, die ohne das Politische Staat zu machen versucht, einer Demokratie, der die existentielle Entscheidung fehlt, aber mit dieser objektivierbaren Verfahrenstechnik wird eine interne Legitimation von Machtausübung vollzogen. Mit Luhmann könnte man sagen, dass sich hier ein System mit sich selbst zusammenschließt. – Das soll natürlich nicht besagen, dass eine solche Gesetzeskraft nicht auch solche Gesetze konstituieren kann, die ungerecht sind, die vielleicht legal, aber nicht legitim sind, denen eben die Legitimation fehlt und die dennoch politisch und mit Gewalt durchsetzbar sind; sonst hätte man wohl zuviel bewiesen, denn dann wären die vom Rechtsstaat konstituierten Gesetze immer auch gerecht; nach meiner Argumentation *können* sie gerecht sein, müssen es aber nicht. Der moderne demokratische Rechtsstaat mit Gewaltenteilung ist höchstens eine notwendige, noch keine zureichende Bedingung für gerechte Gesetze. –

Wenn man eine wesentliche Bedeutung des „Politischen“ herauszustellen versucht, ergibt sich die spezifische Schwierigkeit des „Politischen“ und diese besteht darin, dass das „Politische“ in einer Performanz besteht, die zu einer bestimmten Zeit und in einem bestimmten historischen Umfeld vollzogen wird, und diese in historische Horizonte eingeschmolzene Performanz ist der Grund dafür, dass die Bedeutung des „Politischen“ sich in den Zeiten wandelt. Das „Politische“ erhält so ein immer neues Gesicht.

Im frühen Christentum und im Mittelalter hat das Politische – mit Augustinus *De civitate Dei* – stärker die Gegensatzbedeutung einer kreatürlichen, fleischlichen Ordnung in Abhebung zur himmlischen Ordnung, die sich nicht an der Schöpfung, sondern am Schöpfer orientiert.[15] Das Bild des weltlichen Staates bei Augustinus besteht darin, dass der Staat als die von Menschen im Diesseits zu erschaffende Rahmenbedingung dafür ist, dass die Guten inmitten der Bösen überleben können. Wobei „gut“ und „böse“ natürlich letztlich theologisch fundierte Kategorien sind. In Augustins Konzept des Gottesstaates findet das gesamte Mittelalter seine theologische Politik bzw. seine theologische Politikfundierung. Augustinus orientiert sich wiederum am Apostel Paulus. Nach Augustinus gibt es zwei Staaten und zwei Arten von Politik, die Politik des Fleisches und die geistige Politik. Mit der Politik des Fleisches ist ein Staat gemeint, der sich dem Menschen verschrieben hat. Der Eigenwille und die Selbstbezüglichkeit der endlichen Seele werden hier als Prinzip angenommen. Dies ist eine Politik der Sünde, die sich immer mehr der Kraft des Bösen, d. h. dem kreatürlichen Eigenwillen verschreibt. Dagegen hat der Gottesstaat die Gottesliebe, die caritas zum Prinzip. Alle Wesen,

15 Vgl. Augustinus *De civitate Dei*, XIV/1 ff.

die in diesem Staat leben, richten sich auf Gott und die Liebe zu ihm aus, die sie auch durch die Nächstenliebe manifestieren; dagegen verachten sie Eigenliebe und Hochmut. Nach Augustinus entstehen die beiden Staatstypen mit dem Engelssturz, also nicht erst auf der Erde, sondern bereits im intelligiblen, metaphysisch-theologischen Reich, mit der Entstehung des Teufels, der sich aus freiem Eigenwillen von Gott abwendet. Insofern kann man nicht sagen, dass die Politik des Fleisches immer eine diesseitige und der Gottesstaat immer eine jenseitige Politik wäre. Vielmehr kann es die Politik der Sünde im rein intelligiblen Reich ebenso wie im irdischen Bereich geben. Genauso kann es die Liebes- oder Geistespolitik ebenso im himmlischen wie im irdischen Bereich geben. Das liegt daran, dass nach Augustinus nicht das Fleisch an sich böse ist, sondern nur der freie Wille böse sein kann; er kann sich zwar des Fleisches dazu bedienen, um seine bösen Ziele zu erreichen, aber das Fleisch ist dabei nur Mittel. Das betont Augustinus gegen den Platonismus, der seiner Ansicht nach undifferenziert den Körper überhaupt als Prinzip des Bösen ansetzt. Er dagegen setzt den freien Willen als „Prinzip" der Perversion des guten Willens an. Insofern kann es zwei Reiche geben, das gute Reich, in dem sich der freie Wille dazu entscheidet, die über ihm stehende Weisheit Gottes zu achten, und das Reich des Bösen, in dem der freie Wille sich nur seiner kreatürlichen Natur zuwendet und vom Schöpfer abgefallen ist. Eine solche Abgrenzung finden wir so in der Antike natürlich noch nicht und das zeigt die historische Performanz des Politischen.

Auch das Verständnis der Macht hat sich grundsätzlich gewandelt. So ist nach Augustinus und im Anschluss an den Römerbrief von Paulus Macht bei dem heiligen Papst Gregor dem Großen folgendermaßen verstanden worden: „Gott ist höchste Macht und höchstes Sein. Alle Macht ist von ihm und ist und bleibt in ihrem Wesen göttlich und gut. Sollte der Teufel Macht haben, so ist auch diese Macht, insofern sie eben Macht ist, göttlich und gut. Nur der Wille des Teufels ist böse. Aber auch trotz dieses immer bösen, teuflischen Willens bleibt die Macht an sich göttlich und gut." Wichtige Reste von dieser Machtanschauung finden sich auch bei Luther in seiner Gehorsamsethik, die vorsieht, dass man genau dann den Willen Gottes berücksichtigt, wenn man die fürstlichen Gesetze einhält; wer sich gegen sie auflehnt, ist des Teufels.

Daraus folgt, dass der Begriff des Politischen sich durch die Zeiten hindurch wandelt, es ist ein Begriff, dessen Inhalt mit verschiedenen Bedeutungen gefüllt wird. Offenbar, und das ist philosophisch äußerst interessant, gibt es Begriffe, die ihre Bedeutung über die Zeit ändern. Man kann zu diesem begrifflichen Problem jedoch nicht sagen, dass sich halt einfach die eine Bedeutung aufgehoben hat und wir nun einen neuen Begriff haben, der mit dem alten nichts mehr zu tun hat. Man kann diesem Problem auch nicht mit Freges Unterschied von Sinn und Bedeutung beikommen, indem man etwa wie bei „Morgenstern" und „Abendstern" zwei

Sinne mit derselben Bedeutung differenziert, weil es eben in der Geschichtswandlung gar nicht ein und dieselbe Bedeutung eines zugrundeliegenden Politischen gibt. Ein Spezifikum des Politischen scheint mir zu sein, dass dieser Begriff zugleich eine gewisse Einheitlichkeit hat, die sich geschichtlich in den mannigfachen Bedeutungsverschiebungen durchhält. Dieses Einheitliche wäre z. B., dass das Politische eine interpersonale Ebene beschreibt, in der Machtverhältnisse regulierend und systembildend wirken können. Man kann dies als eine Art Leerform dieses Begriffes ansehen, dessen Bedeutung in den verschiedenen Epochen der Menschheit und in verschiedenen Kulturen mit unterschiedlichstem Inhalt gefüllt werden kann. Diese Inhalte können sich in gewissen Fällen sogar ausschließen, wenn eine Kultur unter dem Politischen oder dem Recht etwas konträr anderes versteht als eine andere Kultur, und an dieser Stelle der Bestimmung des Politischen spielt die Toleranz natürlich eine entscheidende Rolle für die merkwürdige wechselhafte Bedeutung des Politischen. Dies ist offensichtlich ein Begriff, der nicht einfach eine abstrakte Allgemeinheit ist, die unwandelbar ein und dieselbe Bedeutung hat, sondern eine wandelbare und konkrete Bedeutungseinheit.

Meine schon angedeutete These zum Politischen lautet daher: Das Politische nimmt zwischen Apriori und Aposteriori eine Mittelstellung ein. Es ist z. B. nicht die reine apriorische Freiheit, sondern der Bereich des Politischen betrifft die apriorische Freiheit, sofern es um ihre Verwirklichung durch das Recht, mit dem Mittel der intersubjektiv eingesetzten Machtausübung geht. Das Politische ist kein bloß aposteriorischer Begriff, denn es geht darum, apriorische Bestimmungen (Recht und Freiheit) zu realisieren. Insofern ist das Politische ein *inter-esse* im wörtlichen Sinn. Weil das Politische und mit ihm als Realisationsinstanz Phänomene wie Recht und interpersonale Freiheit genau zwischen Apriori und Aposteriori stehen, sind sie dialektische Bestimmungen, d. h. Begriffe, die ihre Bedeutung darin haben, die Möglichkeit eines Vermittlungsgeschehens zu eröffnen. – Dialektik ist hier nicht in einem Hegelschen Sinn als ein Vermittlungsgeschehen gemeint, das sich in einem Geistesprozess durch Produktion und Destruktion von Widersprüchen in eine höhere Form aufhebt oder sich systematisch deduzieren ließe. Dialektik meint hier nur das notwendige Oszillieren oder Changieren zwischen zwei Polen. – Aus diesem Sachverhalt folgt aber auch, dass das Politische kein statisches Wesen haben kann, es ist meiner Meinung nach verfehlt, das Politische invariant und essentialistisch erfassen zu wollen, weil es kein eigenes, starres Wesen gibt, das das Politische ausmacht. Das Politische ist eben jenes Oszillieren zwischen zwei Polen, zwischen der apriorischen Bestimmung von Recht und Freiheit einerseits und der geschichtlichen Machtausübung konkreter Personen andererseits. Ich vertrete also die These, dass der oszillierende Begriff des Politischen weder a priori noch a posteriori ist, weil er dazwischen liegt, dialektisch ist, und zugleich hat dieser Begriff keine festgeprägte Essenz, er hat eine sich verflüssigende Essenz, metaphorisch gesprochen hat er die Konsistenz von Quecksilber. Dass im Begriff des Politischen die Bestimmungen Recht und Staat auf eine variable aber doch konstante und begriffslogische Weise impliziert sind, soll im Folgenden dadurch argumentativ begründet werden, dass diese Implikationskette in den verschiedenen neuzeitlichen Kontraktualismen von Hobbes bis zu Kant und Fichte nachgewiesen wird. Hegel bildet in dieser Hinsicht eine Gegenstimme; Rawls lese ich als Weiterführung von Kants Rechtsphilosophie.

Auch der Begriff des Rechts kann eine solche Mittelstellung einnehmen: Er hat einerseits, sofern man ihn als einen normativen Vernunftbegriff mit dem Ziel der Herstellung äußerer Freiheit sieht, eine reine, apriorische Seite, er hat aber auch eine aposteriorische Seite, nämlich das kodifizierte, positive, in konkreten Staaten bestehende Recht. Soweit das Politische und das Recht – das gilt also auch für den Begriff des Rechtsstaates – in apriorischer Perspektive gesehen werden, sind sie formal und ermöglichen die Wirklichkeit von interpersonaler Freiheit. Sie geben keine konkreten Inhalte an, die frei sind, sondern nur eine formale Regelung für mögliche Freiheit mehrerer Personen. Der Inhalt dieser Begriffe wird geschichtlich, aposteriorisch *gemacht*; gemacht im Sinne einer konkreten Herstellung von Macht in konkreten Gesellschaften und historischen Verfassungen, die inhaltlich bestimmen, bis wohin eine Gesellschaft die Freiheit zulässt oder sie zu unterdrücken wünscht oder zu unterdrücken gezwungen wird.

Pervertierungen des Politischen oder des Rechts ergeben sich in meiner Konzeption aus der Offenheit der apriorischen Formalität, die eine inhaltliche Grenze der Freiheit nicht genau bestimmt (bzw. nicht bestimmen kann), sondern gerade für die konkrete Bestimmung durch Institutionen, Situationen und Personen offen lässt. Recht, Staat, Politisches sind notwendigerweise formal offene Gebilde, denn nur als solche sind sie in die Geschichte integrierbar; sie müssen für den Wandel historischer Verhältnisse offen sein. Man kann Recht, Staat und das Politische immer wieder neu interpretieren und damit rekursiv feststellen, ob ein bestimmtes konkretes politisches Gebilde seinem Begriff und seinen Normen angemessen war oder neu entwickelten Normen gerecht wird. In dieser Hinsicht ist es auch möglich, veraltete Rechtssysteme im Lichte neuer Rechtssysteme zu bewerten. Es ist also nicht a priori illegitim oder illegal, ältere Verbrechen, die vielleicht im älteren Rechtssystem gar nicht als Verbrechen galten, unter den Regeln neu geschaffenen Rechts zu bewerten. Sonst wären z. B. im Rahmen des nationalsozialistischen Staatsterrors gemäß den damals geltenden Rassegesetzen legale Handlungen nicht nachträglich als Verbrechen jusitiziabel gewesen. Ist einerseits die Geschichte ein synthetisches Gebilde, in das verschiedene Epochen, Schichten, Klassen, Individuen etc. ihre spezifischen und inhaltlich erfüllten

Einsichten einbringen, so ist andererseits Staat, Recht, Politisches die Leerform – ein unbestimmtes tertium comparationis –, in der sie miteinander interagieren können. Die apriorische Bedeutung des Rechts ist es, die Freiheit der Interaktion zwischen Personen zu ermöglichen und zugleich zu begrenzen. Die apriorische Bedeutung des Politischen ist es, das Recht in die Wirklichkeit umzusetzen, das Politische ist also in dieser spezifischen Hinsicht institutionalisiertes Recht.

Die hier gegebenen Bestimmungen zum Verhältnis von Recht, Staat, Politischem und Geschichtlichkeit finden sich ähnlich bei Ernst-Wolfgang Böckenförde. Dieser schreibt in seinem Buch: *Recht, Staat, Freiheit. Studien zur Rechtsphilosophie, Staatstheorie und Verfassungsgeschichte* in einem Kapitel mit dem Titel „Staat als notwendige Bedingung der Freiheit" (in gewissem Sinne kann man diesen Titel auch umkehren):

> Der Staat als politische Organisation, in dem die Gesamtheit der einzelnen als Subjekt auftritt, ist unerlässlich, um jedem einzelnen Schutz gegenüber der Bedrohung der Gewalttätigkeit zu vermitteln. Die Freiheitsbedrohung durch Gewalttätigkeit, die zunächst in der Gesellschaft diffus zerstreut ist, wird durch den Staat kraft des von ihm errichteten Monopols legitimer Gewaltausübung zusammengefasst und einer Regelung und Entscheidung unterworfen, die den innerstaatlichen Friedenszustand und – dadurch vermittelt – Sicherheit als Voraussetzung der Freiheitsbetätigung herstellt. Politische Organisation ist ferner notwendig zur Erbringung von Gemeinschaftsleistungen, zu denen die einzelnen als solche unvermögend sind, die aber Bedingungen individuellen Lebens und Bei-sich-selbst-sein-könnens hervorbringen (z. B. Landgewinnung, Verkehrserschließung, allgemeine Schulbildung). Schließlich ist der Staat notwendig zur Gewähr (und heute auch: Gestaltung) des Rechts, das seinerseits [...] Bedingung für Bestand und Betätigung der Freiheit ist. Der Rechtszustand, der Freiheit gewährleistet, macht sich nicht von selbst, er bedarf auch der Instanz, die das Recht gegebenenfalls festlegt, es konkret ausspricht und seine Befolgung gegenüber Widerstrebenden sichert. Recht fordert den Staat als Institution seiner eigenen Gewährleistung (I. Kant).[16]

Dem ist nicht sinnvoll zu widersprechen. Die apriorischen und aposteriorischen Aspekte dieser Bestimmungen möchte ich klar trennen und damit zu einem präziseren Begriff des Poltischen, des Staates, des Rechts und damit auch des Rechtsstaates beitragen. So ist z. B. im Begriff des Rechtsstaates nicht analytisch enthalten, dass er als Sozialstaat realisiert sein muss. Es ist allerdings eine gegenwärtige, geschichtlich konkrete Erfüllung der Leerform des Rechtsstaates, dass er z. B. in der BRD *auch* als Sozialstaat begriffen wird. Während der Sozialstaat die Einheit der Gesellschaft betrifft und ein zu starkes Auseinandergleiten gesellschaftlicher Schichten verhindert, in gewissem Sinne Fragen distributiver Ge-

---

16 Ernst-Wolfgang Böckenförde *Recht, Staat, Freiheit. Studien zur Rechtsphilosophie, Staatstheorie und Verfassungsgeschichte* (Erw. Ausg.), Frankfurt a.M. 2006 (1. Aufl. 1991), 51.

rechtigkeit betrifft, so hat der Rechtsstaat nur die Funktion, z. B. Rechtsgleichheit, äußere Freiheit, Eigentum sowie Leib und Leben seiner Mitglieder zu schützen. Eine Verbindung zwischen Rechts- und Sozialstaat besteht darin, dass eine bestimmte Gesellschaft es aus aposteriorischen Gründen für notwendig hält, die Verwirklichung des Rechtsstaates an den Sozialstaat gekoppelt zu sehen. Das Argument lautet dann: Kein sozialer Frieden, keine öffentliche Ordnung; keine öffentliche Ordnung, kein Rechtssaat. Dies ist aber keine analytische oder begrifflich notwendige Verknüpfung, sondern eine kontingente, aus konkreten Erfahrungen gewachsene, denn öffentliche Ordnung ließe sich auch mit anderen Mitteln als denen des Sozialstaates herstellen – z. B. vielleicht mit gesteigerter Härte der Bestrafung Unwilliger. Aber die Gesellschaft unserer bestimmten Epoche hat sich dazu entschlossen, den kontingenten und insofern synthetischen Zusammenhang von Rechts- und Sozialstaat auf diese Weise zu konstruieren. (Das bedeutet natürlich nicht, dass jede synthetische Begriffsverbindung kontingent sein muss, aber diese ist es.)

In den folgenden Analysen der Politischen Philosophie, z. B. von Hobbes, Locke, Montesquieu, Rousseau, Kant, Fichte und Hegel, steht im Hintergrund, dass hier einerseits die Realgenese des abendländischen politischen Freiheitsdenkens in der Neuzeit zurückzuverfolgen ist und sich andererseits gerade in den philosophischen Konzepten das argumentative Apriori zeigt, also eine gewisse Art der Idealgenese des apriorischen Anteils von Recht, Politischem und Staat. Philosophie- und Ideengeschichte sind eine Einheit von Real- und Idealgenese von Bestimmungen.

Dabei zeigt sich aber auch die Gefahr der hier zentral beleuchteten Begriffe, wenn nämlich die Formalität des Apriori in eine problematische inhaltliche Bestimmung umschlägt, dann findet eine Art politische Dialektik – jetzt im Sinne Kants als „Logik des Scheins“ – statt. Die inhaltliche Bestimmung kann eigentlich nur das Aposteriori der konkreten Geschichte geben. Ob eine inhaltliche Bestimmung der apriorischen Form angemessen war oder nicht, kann zunächst und zumeist erst rekursiv festgestellt werden – Hegels berühmte „Eule der Minerva“, die, immer zu spät kommend, erst in der Dämmerung ihren Flug beginnt. Es gibt natürlich auch solch krasse Inkohärenzen, die von vornherein schon als unangemessene Realisierungsversuche erkannt werden können; wenn man z. B. einen Rechtsstaat durch Zuhilfenahme von Sklaverei zu realisieren trachtet. Doch zumeist ist man erst hinterher schlauer! Auch die genannten Philosophen tappen oft in die Falle, das Formale des Apriori überspringend und übereilend auffüllen zu wollen; z. B. wenn Kant einerseits die politisch/rechtliche Freiheit auf ihren apriorischen Begriff bringt, dann aber hinterher zu bestimmen versucht, wer konkret als freier Bürger seines Rechtsstaates zu gelten hat, und die Unterscheidung aktiver und bloß passiver Bürger aufstellt, die er nach dem äußerst aposteriorischen Kriterium der Gestaltung des Lebensunterhalts bewertet, ebenso wenn er das ganze „schöne Geschlecht“ von der aktiven Bürgerschaft ausschließt. Mit diesem Schritt wollte Kant offenbar zuviel und Absurdes beweisen.

In gewisser Hinsicht bilden Staat, Gesellschaft und Gemeinschaft und wie er/sie hinsichtlich von Recht und Freiheit einzurichten sind, Hauptthemen der Politischen Philosophie. Es geht daher auch darum, wie Staat, Gesellschaft und Gemeinschaft *organisiert* sein sollten, d.h., wie einerseits die Herrschaftsausübung beschaffen und gerechtfertigt sein kann und wie andererseits die Beherrschten sich in den über sie ausgeübten Machtstrukturen wiederfinden können, ohne unterdrückt zu sein. Es geht in der Politischen Philosophie darum, zu erklären und zu legitimieren, wie ein guter Staat oder eine gute Gesellschaft oder Gemeinschaft beschaffen ist/sein soll. Deswegen ist die Politische Philosophie eine normative Disziplin, sie ist keine deskriptive Disziplin. Es geht ihr also nicht darum, zu beschreiben, wie Staat und Gesellschaft real beschaffen sind. Das sind Aufgaben der Soziologie und der Politikwissenschaft. Dies sind empirische Wissenschaften, die sich z.B. statistischer Methoden und wiederholbarer Experimente bedienen können, um wissenschaftliche Thesen zu stützen. In einer normativen Wissenschaft wie der Politischen Philosophie, zumindest soweit sie danach fragt: „Wie *sollte* der Staat gerechterweise aufgebaut sein?“ und „Wie *soll* überhaupt gesellschaftliche Gerechtigkeit bestimmt sein?“, soweit die Politische Philosophie also normativ ist, kann sie gerade nicht als empirische Disziplin auftreten, und sie kann auch nicht Experimente machen, um ihre Thesen zu stützen. Daran wird wieder der apriorische Aspekt deutlich. Ein Element der Politischen Philosophie besteht daher in einer apriorischen Begriffsanalyse zentraler Begriffe, die die Eckpfeiler der Gesellschaft betreffen.

Es ist somit problematisch, wenn gegen philosophische Konzeptionen von Gesellschaft, Recht oder Staat eingewendet wird, dass diese so doch gar nicht in der Wirklichkeit bestehen, wie die Philosophen sich das ausgemalt haben. Das ist trivial, natürlich bestehen der gerechte Staat und ein vollständig legitimiertes Recht nicht in der Wirklichkeit, aber das ist natürlich kein Einwand dagegen, dass sie bestehen *sollten*. Bloß weil das „Gesollte“ nicht wirklich ist, ist es nicht irrelevant. Diese Normativität zeichnet die Politische Philosophie bereits von Anbeginn aus; so konzipiert z.B. bereits Platon mit der *Politeia* einen Idealstaat, der natürlich nur am Ideenhimmel existiert, und keinen Realstaat. Es ist daher billig, Platon vorzuwerfen, dass sein Staatskonzept offensichtlich zu irreal war und nicht funktionierte, schließlich ist er gleich zweimal daran gescheitert, als er versuchte, es in die Wirklichkeit umzusetzen. Doch bloß weil die Wirklichkeit nicht so *ist*, wie sie sein *soll*, folgt nicht, dass das, was sein *soll*, falsch sein muss; es kann vielmehr das, was *ist*, falsch sein und genau aus dem Grunde, weil das, was *ist*, falsch ist, kann es sein, dass das, was sein *soll*, nicht – oder noch nicht – ist.

Auch wenn z. B. Habermas in seiner Kommunikationstheorie eine ideale Kommunikationssituation als eine Art regulativer Instanz für das Gelingen von interpersonalen Akten entwirft, die dann die Grundlage des Politischen bilden, ist dies normativ argumentiert und nicht einfach deskriptiv. In der Wirklichkeit findet man keinen völlig herrschaftsfreien Diskurs, in dem ausschließlich das bessere Argument von allen akzeptiert wird und alle nach Wahrheit streben. Aber bloß weil das nicht so *ist*, spricht einerseits nach Habermas nichts dagegen, dass es so sein *sollte*, dass ein Konsens nicht einfach in einem Kompromiss besteht, sondern darin, dass das schlüssigste Argument mit der besten Rechtfertigung im Diskurs den Sieg davonträgt. Und andererseits ist es nach Habermas sogar so, dass der wirkliche Diskurs, bei dem z. B. eine Lüge eingesetzt wird, um über den anderen Macht und Herrschaft auszuüben, mit seinen herrschaftsdurchfurchten Kommunikationsstrategien immer schon den herrschaftsfreien Diskurs voraussetzt. Nach Habermas ist der „Diskurs" des Lügners in gewissem Sinne nämlich gegenüber dem idealen Diskurs parasitär; denn der Lügner erwartet vom Belogenen, dass dieser ihm glaubt, was auf der Praxis des Principle of Charity basiert und darauf, dass man dem anderen nicht primär mit der Erwartung gegenübertritt: „So, nun werde ich belogen", denn mit einer solchen Erwartung funktioniert keine Kommunikation mehr; keiner würde einem anderen mehr etwas glauben, der Akt der sprachlichen Mitteilung würde sinnlos. Die normative Ebene ist in diesem Fall also sogar die Erklärungsbedingung für die dann deskriptiv explizierbare Ebene der Realität. Auch dieser Aspekt spricht dafür, das Recht und das Politische als semantische Grundakte zu verstehen, die nicht nur für die praktische Philosophie, sondern ebenso für die Epistemologie zentral ist.

Die Politische Philosophie hat als eine normative Disziplin auch einige Verwandtschaft mit der Moralphilosophie und Themen wie Freiheit und Recht im Staat klingen auch nach moralphilosophischen Themen. Hier gibt es freilich Berührungspunkte, die schon oft untersucht wurden. Auch die Moralphilosophie ist eine normative Disziplin, die nicht durch eine schlechte Wirklichkeit widerlegt werden kann. Selbst wenn alle Menschen im wirklichen Leben Mörder wären, wäre das kein Argument dafür, dass Mord moralisch ist und jeder ein Mörder sein *soll*. Als normative Disziplinen gehen sowohl die Moral als auch die Politische Philosophie präskriptiv vor und nicht deskriptiv. Es werden Normen vorgeschrieben, gemacht, gesetzt und nicht einfach Wirkliches beschrieben.

Doch gegenüber der Moral kann man die Politische Philosophie insofern abgrenzen, als es hier unterschiedliche Geltungsbereiche gibt. Die Politische Philosophie versucht die guten und gerechten Gesetze für das Zusammenleben von Menschen in der Öffentlichkeit anzugeben, wogegen die Moral einen weiteren Geltungsbereich hat, denn Moralität wird auch dort erfordert, wo gar keine Pluralität von Individuen vorhanden ist. Ein Einzelner auf einer einsamen Insel ist immer noch ein moralisches, aber kein politisches Wesen. Ein politisches Wesen ist ein einsamer Mensch auf einer Insel nur noch der Möglichkeit nach. D.h., die Moral gilt für den Einzelnen unter allen Umständen, ob er nun in einer Gemeinschaft lebt oder allein ist; was natürlich nicht festlegt, welche Moral für ihn gilt. Auch wenn man allein ist, hat man immer noch moralische Pflichten; wie Kant sagt, gibt es ethische Pflichten auch gegen sich selbst. Allerdings gibt es natürlich auch solche moralischen Pflichten, die insbesondere gelten, wenn man die interpersonalen Beziehungen berücksichtigt, z. B. das Lügenverbot, denn zunächst und zumeist lügt man jemand anderen an, wenngleich man sich auch selbst belügen kann. Die Politische Philosophie betrachtet dagegen ausschließlich das Zwischenreich zwischen den Mitgliedern von Staat, Gesellschaft und Gemeinschaft. Sie thematisiert insofern nicht die Regeln, denen der Einzelne schlechthin folgen soll, sondern die Regeln, die interpersonal gelten. Dies zeigt sich, wenn sie fragt, wer herrschen soll, wie Herrschaft legitimiert werden kann, welche Institutionen bestehen sollen und welche Rechte diese haben sollen. Eine typische Aufgabe der Politischen Philosophie ist es z. B., auf einer normativen Ebene zu klären, welche Institutionen bestehen sollen, denn man kann auf philosophischer Ebene argumentativ und durch eine Begriffsbestimmung zeigen, dass eine Gemeinschaft von verschiedenen Individuen mit verschiedenen Interessen jeweils eine regulierende Instanz braucht, die die Reichweite der verschiedenen Interessen reguliert und deren Eingreifen in den Lebensraum des anderen begrenzt. In diese Aufgabe der Legitimation von Institutionen spielen natürlich sowohl moralphilosophische Aspekte als auch rechtliche hinein.

Das Politische ist somit ein Begriff, der nach meinem Konzept genau in der Mitte zwischen den Begriffen a priori und a posteriori steht, sie sozusagen als Mittelbegriff zusammenschließt, weil er beiden gegenüber homogen ist. Das Politische bildet auch einen Mittelbegriff zwischen dem Bereich des Normativen und des Deskriptiven. Einerseits enthält der Begriff des Politischen normative Aspekte, die etwas darüber aussagen, wie der Staat verfasst sein soll, d. h., es handelt sich nicht um einen bloß empirischen Begriff, denn ein solcher kann nicht aussagen, was sein soll, sondern nur, was ist. Gerade bei der Analyse bestehender Staatsgebilde kann man sehr gut sehen, wie bloß deskriptive Staatsanalysen der Soziologie oder der Politikwissenschaften nicht aus sich selbst heraus schon ohne Weiteres einen normativen und kritischen Impetus entwickeln müssen, dazu ist vielmehr eine philosophisch-normative Dimension zu betreten, die vorschreibt, wie ein guter Staat angelegt sein soll/muss und worin gute Politik besteht. Das zeigt z. B. das Scheitern des Rechtspositivismus, der die Gesetze nur als das, was faktisch im historisch-kulturell bedingt entstandenen je einzelnen Gesetzesbuch

Stehende begriff.[17] Die normative Ebene des Rechtsstaates und des Politischen ist nicht ein einfach empirisch vorliegendes Faktum, sondern befindet sich auf einer apriorischen Ebene.

Andererseits ist das Politische nicht unabhängig von der Geschichte und empirischen Geschehnissen. Das zeigen die großen Wandlungen in unserem Verständnis des Politischen von der Antike zum Mittelalter und zur Gegenwart. Also ist das Politische offenbar auch kein rein apriorischer Begriff. Vielmehr muss es etwas zwischen dem Apriori und dem Aposteriori bezeichnen. Das Politische bezeichnet jenen Zwischenbereich zwischen Apriori und Aposteriori und zwischen Normativ und Deskriptiv, der dazu nötig ist, normativ apriorische Regeln auf Aposteriorisches anzuwenden, also auf empirisch reale Situationen. Diese aposteriorische Seite des Politischen zeigt sich insbesondere daran, wie (empirisch reale) Institutionen dazu notwendig sind, jene apriorischen Konzepte durchzusetzen, wirklich zu machen. Das Politische bezeichnet ein öffentliches, d.h. intersubjektives Handeln, in dem Gesolltes seiend gemacht wird; das Seiend-Machen, Verwirklichen geschieht durch die Installation konkreter Institutionen.

Dies ist die Doppelnatur des Politischen, es steht zwischen Sein und Sollen, zwischen Apriori und Aposteriori. Aus dieser Doppelnatur des Politischen erklären sich viele konkrete politische Probleme. Wenn man Politik als Gestaltung ziviler und gesellschaftlicher Verhältnisse versteht, kann sich der in der Verantwortung stehende Politiker angesichts konkreter Probleme einerseits immer wieder auf die bestehenden Sachverhalte berufen, die seine Gestaltungsmöglichkeiten faktisch begrenzen, er kann aber auch andererseits auf seine normativen Ziele verweisen,

---

17 Besonders klar hat gegen den Rechtspositivismus, Historismus und Relativismus des Rechts argumentiert: Leo Strauss *Naturrecht und Geschichte*, Frankfurt a.M. 1977, 10 – 82. Als Beispiel für einen vorsichtigen, ausgewogen argumentierenden, problembewussten und subtilen Rechtspositivismus, der sich durchaus seiner eigenen Erklärungslücken bewusst ist, mag gelten: Bernd Rüthers *Rechtstheorie. Begriff, Geltung und Anwendung des Rechts*, München 1999, 34 ff. Mit sehr subtilen Argumenten verteidigt Sybille Tönnies *Der westliche Universalismus. Die Denkwelt der Menschenrechte*, 1995, 3. Aufl. 2001, ein rationales Naturrecht – sie bevorzugt die Bezeichnung „Universalismus" – gegen aktuelle Angriffe von z.B. Luhmann (kritisiert die Dysfunktionalität der Menschenrechte bzw. des Naturrechts), Habermas (der den überkommenen Idealismus kritisiert und eine materialistische Basis vermisst) und Parsons (der es als zu egozentrisch kritisiert), aber auch gegen Angriffe aus dem Lager des Feminismus (Menschen- bzw. Naturrechte sind zu „malestream"). Insbesondere hinsichtlich des Konzepts grundlegender universeller Rechte folge ich Tönnies und sehe die Grundlage der Universalität in der Vernunft, weshalb man den Titel Naturrecht besser durch Vernunftrecht ersetzt. Dessen ideengeschichtliche Genese begreife ich zugleich als sich entwickelnde systematische Argumentation für das universelle Vernunft- oder Menschenrecht. Diese Genese zeigt aber nicht, dass das Vernunftrecht a posteriori ist, sondern nur, dass sich unser Begreifen der apriorischen Aspekte des universellen Rechts geschichtlich, in einem rationalen Dialog zwischen den Epochen und Denkern entfaltet.

um derentwillen er Entscheidungen durchzusetzen hat. In dieser Doppelnatur des Politischen liegt also die Wurzel für einerseits ein Verständnis der Politik als einen bloßen Verwalter der Verhältnisse, der bloß regulierend das Bestehende verwaltet und andererseits der Politik als visionären Zukunftsentwurf. Der visionäre Zukunftsentwurf kann nun wiederum entweder in ethischer Verantwortung gipfeln oder in demagogisch ideologischer Verführung der Massen oder in einer der unzähligen Abstufungen dazwischen.

Diesen Kontext kann man sich an Gedanken von Friedrich dem Großen klar machen. Der König von Preußen und „erste Diener des Staates" führt aus:

> Auch die Politik hat ihre eigene Metaphysik. Wie es keinen Philosophen gibt, der nicht sein Vergnügen daran gehabt hätte, sein System aufzustellen und sich die abstrakte Welt seinem Denken gemäß zu erklären, so darf auch der Politiker in dem unendlichen Gefilde chimärischer Entwürfe lustwandeln. Können sie doch bisweilen zur Wirklichkeit werden, wenn man sie nicht aus den Augen verliert und wenn einige Generationen nacheinander, auf dasselbe Ziel losschreitend, Geschicklichkeit genug besitzen, ihre Absichten vor den neugierigen und scharfen Augen der europäischen Mächte gründlich zu verbergen. Machiavell sagt, eine selbstlose Macht, die zwischen ehrgeizigen Mächten steht, müsste schließlich zugrunde gehen. Ich muss leider zugeben, das Machiavell recht hat. Die Fürsten müssen notwendigerweise Ehrgeiz besitzen, der aber muss weise, maßvoll und von der Vernunft erleuchtet sein.[18]

Friedrich schildert hier genau jenen spezifischen Zwischen-Bereich, den das Politische zwischen Idee, Zweck, Mittel, Wirklichkeit und geschickter Tat einnimmt. Die Politik ist in dieser Hinsicht tatsächlich keine Wissenschaft, sondern eine Art Kunst, natürlich nicht im ästhetischen Sinne, sondern im Sinne einer Kunstfertigkeit, die einerseits intuitive Aspekte hat, nämlich in der unmittelbaren Einsicht, welche Möglichkeiten eine Situation bergen könnte, und dies andererseits mit rationaler Klugheit eines Abwägens von Vor- und Nachteilen taktierend verknüpft. Das Politische arbeitet also immer mit hypothetischen Imperativen. Die Frage hinsichtlich der machtpolitischen Mittel ist in dem Zitat Friedrichs natürlich, wer Weisheit, Maß und Vernunft definiert: Wenn diese Definition der Fürst selbst vornimmt, liegt ein Absolutismus vor, wenn die Staatsunterworfenen Definitionshoheit haben, eine Demokratie; dass Friedrich selbstredend ersteres vor Augen hatte, wird deutlich, wenn er ausführt:

> Sowenig Newton in gemeinsamer Arbeit mit Leibniz und Descartes sein Gravitationsgesetz hätte entdecken können, sowenig kann ein politisches System aufgestellt werden und sich behaupten, wenn es nicht aus einem einzigen Kopfe hervorgeht. Es muss aus dem Geiste des Herrschers entspringen wie die gewaffnete Minerva aus Jupiters Haupt: das heißt, der Fürst

18 Friedrich der Große *Politisches Testament* (1752), 80.

> muss sein System entwerfen und es selbst zur Ausführung bringen, denn da seine eigenen Gedanken ihm mehr am Herzen liegen als die der anderen, so wird er seine Pläne mit dem Feuer betreiben, das zu ihrem Gelingen nötig ist, und so wird seine Eigenliebe, die ihn an sein Werk fesselt, auch dem Vaterlande zum Nutzen gereichen.[19]

Daran fällt zweierlei auf: Zum einen kann man es als problematisch ansehen, wenn einem Herrscher die eigenen Ideen mehr am Herzen liegen als die der Beherrschten – ist er dann noch ihr Diener? Zum anderen stellt sich natürlich die Frage, wer denn die Kriterien dafür angibt, worin der Nutzen des Vaterlandes liegt? Bestimmt auch wiederum der Herrscher, was dem Vaterland nützt? Das geschieht bei Friedrich allerdings nicht (nur) aus einseitigem Egoismus, sondern aus einem politischen Pflichtgefühl, das höchste Maßstäbe im Dienst des Fürsten für den Staat verlangt. – Hierdurch will er sich von Machiavelli abgrenzen; denn in seinem *Antimachiavell* will er die „Menschheit gegen dieses Scheusal" noch schützen. Wie es Johann Georg Hamann so treffend formulierte, entwickelte sich Friedrich vom „Anti-Machiavelli" zum „Meta-Machiavelli". – Nutzen begreift Friedrich als Potenzierung der Macht, der „Wille zur Macht" erscheint hier in einer genuin politischen Gestalt:

> Eine gut geleitete Staatsregierung muss ein ebenso fest gefügtes System haben wie ein philosophisches Lehrgebäude. Alle Maßnahmen müssen gut durchdacht sein, Finanzen, Politik und Heerwesen auf ein gemeinsames Ziel steuern: nämlich die Stärkung des Staates und das Wachstum seiner Macht. Ein System kann aber nur aus einem Kopfe entspringen; also muss es aus dem des Herrschers hervorgehen. Trägheit, Vergnügungssucht und Dummheit: diese drei Ursachen hindern die Fürsten an ihrem edlen Berufe, für das Glück ihrer Völker zu wirken. Solche Herrscher machen sich verächtlich, werden zum Spott und Gelächter ihrer Zeitgenossen, und ihre Namen geben in der Geschichte höchstens Anhaltspunkte für die Chronologie ab. Sie vegetieren auf dem Throne, dessen sie unwürdig sind, und denken nur an das liebe Ich. Ihre Pflichtvergessenheit gegen ihre Völker wird geradezu strafbar. Der Herrscher ist nicht zu seinem hohen Rang erhoben, man hat ihm nicht die höchste Macht anvertraut, damit er in Verweichlichung dahinlebe, sich vom Mark des Volkes mäste und glücklich sei, während alles darbt. Der Herrscher ist der erste Diener des Staates. [...] Aber er muss ein offenes Ohr für alle Klagen haben, und wem Vergewaltigung droht, dem muss er schleunig sein Recht schaffen. Ein Weib wollte einem König von Epirus [es handelte sich vielmehr um Philipp von Mazedonien; Einf. R.S.] eine Bittschrift überreichen. Hart fuhr er sie an und gebot ihr, ihn in Ruhe zu lassen. ›Wozu bist du denn König‹, erwiderte sie, ›wenn

---

19 Friedrich der Große *Politisches Testament* (1752), 104 f.; auch diese Argumentation des nach eigenem früherem Verständnis „antimachiavellistischen" Friedrich steht natürlich in gewisser Nähe zu Machiavellis *Il Principe* und zeigt sehr gut wie sich Friedrich im Laufe der Zeit machiavellisiert hat.

nicht, um mir Recht zu schaffen?‹ Ein schöner Ausspruch, dessen die Fürsten unablässig eingedenk sein sollten.[20]

Wenn im Folgenden historische Positionen der Politischen Philosophie dargestellt werden, dann ist das in keinem Falle eine bloß historische oder antiquarische Erinnerung daran, wie es früher war, sondern es geht jeweils darum, ein Modell des Politischen darzulegen, in dem ich die von mir angenommene Doppelnatur des Politischen nachweisen will. Hierbei wird angenommen, dass die verschiedenen Denker in ihren Modellen des Politischen jeweils entweder die apriorische oder die aposteriorische, die normative oder die deskriptive Seite mehr betonen können, woraus sich die Unterschiedlichkeit der verschiedenen Konzepte ergibt. Jedenfalls geht die Geschichte der neuzeitlichen Politischen Philosophie mindestens subkutan und hinter den maßgeblichen Texten mit einem wachsenden Bewusstsein dieser Janusköpfigkeit und Doppelnatur des Politischen einher. Besonders deutlich wird das wachsende Bewusstsein der Doppelnatur des Poltischen bei Philosophen wie Montesquieu oder Fichte. Sie spiegelt sich auch in grundlegenden Phänomenen des Politischen, z. B. dem Begriff des juristischen Gesetzes, es sagt einerseits etwas über einen bestehenden Zustand eines Staates aus, es drückt aber auch etwas darüber aus, wie der betreffende Staat gerne wäre. Wenn z. B. in unserem Grundgesetz der erste Artikel aussagt, dass die Würde des Menschen unantastbar und alle staatliche Gewalt dazu verpflichtet ist, diese zu achten und zu schützen, bedeutet das nicht, dass die Würde des Menschen in der BRD nicht faktisch tagtäglich verletzt wird. Es sagt nur etwas darüber, dass im normativ-grundrechtlichen Selbstbild der BRD niemand rechtmäßigerweise in seiner Würde verletzt werden soll oder darf.

Die Doppelnatur zeigt sich auch daran, wie wichtige Begriffe des Politischen „entdeckt" werden, so z. B. die Begriffe „rechts" und „links" für grundlegende politische Orientierungen. Zwar wurden diese beiden Begriffe in einer konkreten Situation „gefunden", nämlich während einer Abstimmung der Französischen Nationalversammlung am 11. September 1789, in der es darum ging, ob der König noch ein absolutes oder nur ein suspensives Vetorecht haben solle. Man entschied sich dadurch, dass jene, die ein nur aufschiebendes Vetorecht des Königs wollten sich in der St. Louis-Kirche in Versailles, wo die Sitzung stattfand, nach links und jene, die für ein absolutes waren, nach rechts begeben sollten. Dies war die Geburtsstunde von „rechts" und „links". Daran wird deutlich, dass ursprünglich die rechte Seite durch eine eher hierarchische Weltsicht und die linke Seite eher durch eine egalitäre Weltanschauung geprägt war. Danach gab es dann im National-

20 Friedrich der Große *Politisches Testament* (1752), 53 f.

konvent die Sitzordnung, in der die Jakobiner auf der linken und die gemäßigten Girondisten auf der rechten Seite saßen. Mit der Herrschaft der Jakobiner verschwand diese Anordnung dann, denn während der *terreur* war es ziemlich gefährlich und man war natürlich schnell eine Kopflänge kürzer, wenn man sich rechts von ihnen befand und man schon dadurch als „Feind der Revolution" denunziert wurde. Im 19. Jh. setzte sich im Demokratisierungsprozess der europäischen Staaten diese parlamentarische „rechts-links" Sitzordnung durch.

Die Unterscheidung bzw. der politisch grundlegende Antagonismus von „links" und „rechts" ist also zwar in einer bestimmten historischen Situation so benannt worden, doch wenn man die Antagonismen von Patriziern und Plebejern, Guelfen und Ghibellinen sowie den Whigs und Tories denkt, wird deutlich, dass die politische Differenz von links und rechts eine sehr lange Tradition hat. Auch Norberto Bobbio weist darauf hin, dass diese Unterscheidung eine gewisse Durchgängigkeit und historische Invarianz besitzt.[21] Dieser grundlegende politische Antagonismus entsteht immer dort, wo eine Gesellschaft eine gewisse Breite und soziale Differenziertheit der Unterschiede ihrer Individuen erreicht; also immer dort, wo es soziale Ungleichheit gibt. Und hier zeigt sich dann wieder die Doppelnatur des Politischen, denn einerseits ist es eine normative Frage, ob man und wenn ja in wie weit man soziale Ungleichheit als legitim betrachtet, inwieweit sie also normativ gerechtfertigt werden kann, andererseits ist Ungleichheit der Menschen aber auch einfach ein Faktum. In gewissen Sinne impliziert politische Freiheit Ungleichheit bis zu einem gewissen Grade; denn durch die freie Entfaltung bilden sich Differenzen und Handlungsspielräume heraus. Insofern ist eine politische Freiheit, die zugleich eine Gleichheit aller postuliert, unsinnig; was natürlich nicht die Rechtsgleichheit aller betrifft, diese geht mit politischer Freiheit Hand in Hand; soziale, kulturelle oder geistige Gleichheit und politische Freiheit schließen sich dagegen aus. Daher sind solche politischen Utopien, die Freiheit und völlige Gleichheit aller fordern, gefährlich – bestenfalls naiv – und können immer nur entweder das eine oder andere zu Lasten des jeweiligen Gegenteils verwirklichen.

Um also auf die eingangs gestellte Problematik zurückzukommen, ob das Politische bloß einen Begriff im Sinne einer Familienähnlichkeit bildet, antworte ich, dass dies auf das Politische nicht zutrifft, denn es ist nicht bloß ein Begriff, unter den Beliebiges subsumiert werden kann und bei dem es bloß von der jeweiligen Konvention abhinge, was darunter subsumiert werden kann. Dafür gibt es zu viele Invarianzen und konstante Aspekte des Politischen. Dann wäre das

---

21 Vgl. Norberto Bobbio *Rechts und Links – Gründe und Bedeutungen einer politischen Unterscheidung*, Berlin 2006, 44 ff.

Politische auch seine normativen Aspekte los, denn diese erfordern für ihre Geltung mehr als bloß Konventionen. Aber ich glaube auch nicht daran, dass es eine ewig geltende, absolut unveränderliche und mit der jeweiligen Wirklichkeit der Menschen nichts zu tun habende Essenz des Politischen gibt. Die Apriorizität des Politischen kann sich immer nur soweit entfalten, wie es die empirisch konkret aktiven Menschen auch zulassen. Mit einem Wort von Plessner, zeigt sich die „exzentrische Positionalität" des Menschen gerade im Politischen.

Begriffslogisch lässt sich mein Argument für den liberalen, demokratisch legitimierten Rechtsstaat in zwei Syllogismen folgendermaßen schematisieren:

1. Prämisse: Äußere Freiheit ist ein Ziel/Zweck aller Menschen.
2. Prämisse: Alle Menschen sind nur in einer Nomokratie politisch angemessen vertreten.
3. Konklusion: Äußere Freiheit kann nur eine Nomokratie herstellen.

Der terminus medius, der erste und zweite Prämisse miteinander verbindet, ist „alle Menschen". Daran wird besonders deutlich, dass es sich um ein begriffslogisches Argument handelt, weil damit natürlich nicht die Klasse aller empirischen Menschen die tatsächlich je existiert haben oder existieren, gemeint sein kann, denn nicht alle historischen oder gegenwärtigen Menschen haben ihren Zweck in äußerer Freiheit gesehen. Der Zusammenschluss von Oberbegriff (äußere Freiheit) und Unterbegriff (Nomokratie) erfolgt in der Konklusion regelkonform durch Eliminierung des Mittelbegriffs.

Der zweite Syllogismus lautet:

1. Prämisse: Die Demokratie ist diejenige Methode, Nomokratie herzustellen, in der alle Menschen/Staatsunterworfenen an der politischen Willensbildung angemessen teilhaben können.
2. Prämisse: Die Demokratie wird im liberalen Rechtsstaat legitim, stabil und mit Anspruch auf Rechtsgleichheit realisiert.
3. Konklusion: Die Nomokratie impliziert den liberalen Rechtsstaat.

Erläuterungsbedürftig sind offenbar die zweite Prämisse und die Konklusion des ersten Schlusses; dies in besonderer Weise, weil in diesem Syllogismus der liberale Rechtsstaat nicht vorzukommen scheint; des Weiteren ist die Konklusion des zweiten Syllogismus zu erklären. Erst der zweite Syllogismus klärt auf, weshalb im ersten der liberale demokratische Rechtsstaat noch nicht vorkommt, denn dieser zweite Syllogismus hebt in der Konklusion hervor, dass die Demokratie notwendige Bedingung einer Nomokratie ist. Die Nomokratie bezeichnet eine Form des Politischen, in der ausschließlich das Gesetz/Recht für alle herrscht und nicht einzelne, einige oder die meisten politisch Aktiven. Im Unterschied zur Nomokratie ist ein liberaler Rechtsstaat dasjenige politische Gebilde, in dem durch demokratische Partizipation aller Fähigen und Willigen, Recht eingesetzt wird. In gewissem Sinne ist die Demokratie die Methode, die zur Nomokratie führen kann. Sie muss nicht notwendig dazu führen, dass das Gesetz herrscht, aber sie kann dazu führen, wenn alle angemessen vertreten sind, deswegen ist die Demokratie nur notwendige und nicht zugleich zureichende Bedingung. Ein Argument, das Demokratie und Nomokratie miteinander verbindet, besteht in Folgendem: Als Herrschaft des Gesetzes bedeutet die Nomokratie, dass sowohl die Herrschaftausübenden als auch Beherrschte dem Gesetz unterworfen sind. Wenn in einer Demokratie das Volk der Souverän ist und gleichzeitig dem Gesetz unterworfen, dann herrscht dort also eigentlich eine Nomokratie. Die zweite Prämisse des ersten Schlusses bedeutet, dass die Nomokratie im Unterschied zu Demokratie, Aristokratie oder Monarchie nicht Herrschaft der meisten, einiger oder von einem bedeutet, sondern tatsächlich von allen, weil die Herrschaft des Gesetzes nicht ein bestimmtes Gesetz mit einem bestimmten Inhalt meint und somit auch nicht ein spezifisches Interesse oder bestimmte Inhalte herrschen, vielmehr herrscht die Allgemeingültigkeit und die Verallgemeinerbarkeit von Gesetzlichkeit selbst, und in diesem Sinne herrschen tatsächlich alle, denn der grundlegenden Bestimmung oder Form, dass Allgemeingültigkeit herrschen soll, können alle zustimmen.

Demokratie führt nicht notwendig zu Nomokratie, es kann durchaus sein, dass sich die Mehrheit für besondere Inhalte entscheidet, die nicht auch allgemeingültig sind. Aber wenn die Mehrheit herrscht, ist es zumindest möglich, dass damit Allgemeingültigkeit realisiert wird; wenn nur einer oder einige herrschen, ist das schon per se ausgeschlossen, oder es wäre zumindest ein bloßer Zufall, wenn das, was dem einen oder einigen entspricht, auch das wäre, was allen entspricht, doch solange nicht alle das Recht haben mitzubestimmen, kann es sich dabei prinzipiell nicht um eine Nomokratie im hier vorgeschlagenen Sinn handeln. Natürlich muss der Nomos dann so beschaffen sein, dass darin auch alle ihre äußere, politische Freiheit gewahrt und beschützt sehen können. Der demokratische Rechtsstaat hat somit nicht nur für Schutz von Leben und Eigentum seiner Bürger zu sorgen und die Gefahrenübernahme zu tragen, sondern er hat vor allem dafür zu sorgen, dass die Freiheit aller koordiniert bestehen kann; dass z. B. jeder einzelne nicht nur das Recht hat, politisch am Staat zu partizipieren, sondern ebenso das Recht hat, sich nur minimal am Staat zu beteiligen, nämlich insofern er die Nomokratie nicht zu zerstören trachtet, er aber auch seinen Teil zu ihrer Erhaltung beiträgt, weil er zuvor eingewilligt hat in ihr leben zu wollen.[22]

---

22 Vgl. hierzu Robert Nozick *Anarchie Staat Utopie*, München 2006, 51 ff. (Orig.: *Anarchy, State, and Utopia*, New York 1974).

Diese Nomokratie hat einige Ähnlichkeit mit Robert Nozicks libertaristischem Minimalstaat. In gewissem Sinne kann man sogar sagen, dass Nozicks Minimalstaat in dieser Art von Nomokratie aufgehoben ist. Solche Gebilde, die die Gemeinschaft über die individuelle Freiheit aller einzelnen stellen – gleichgültig ob die Gründe dafür von rechts oder links kommen –, können schon aus begrifflichen Gründen keine Nomokratie hervorbringen, weil dort nicht ausschließlich die Gesetzmäßigkeit selbst regiert, sondern letztlich ein spezifischer Begriff von moralischer Gerechtigkeit vorausgesetzt wird. Nozick bestimmt seinen Minimalstaat folgendermaßen: Ein Staat ist legitim konstituiert, wenn er 1. ein Gewaltmonopol hat (notwendige Bedingung eines Staates, der dann ein Ultraminimalstaat ist) und wenn er zusätzlich 2a) einen Rechtsschutz für seine Mitglieder bietet und 2b) diesen Rechtsschutz durch Umverteilung von Eigentum erreicht (es handelt sich nun um einen Minimalstaat).[23] Sehr nachvollziehbar sind Nozicks Argumente, um den Moloch Staat zu begrenzen, z. B. bezüglich der Umverteilung von Eigentum, vereinfacht: Steuern, die nicht mehr nur dem Rechtsschutz dienen, sind unangemessen. In gewisser Weise würde ich aus dieser Bestimmung des Staates jedoch von Nozick auch abweichen, denn zum einen gibt er einigen seiner Argumente eine moralische Grundlage.[24] Das würde ich mit Hobbes für problematisch halten, denn welche Moral man akzeptiert, führt in weitere Schwierigkeiten und ein Volk von Teufeln würde wohl gar keine akzeptieren. Und des Weiteren halte ich die Existenzsicherung des Rechts- oder Minimalstaates für ein gutes Argument, um über einen bloßen Minimalstaat zu einem Sozialstaat hinauszugehen – in Vermeidung des Arguments der Gerechtigkeit/Verteilungsge-

---

23 Vgl. besonders klar Nozick *Anarchie*, a.a.O., 158.

24 Vgl. z. B. Nozick *Anarchie*, a.a.O., 166, wo Nozick bezüglich des Übergangs aus dem Naturzustand zum Ultraminimalstaat und weiter zum Minimalstaat erläutert: „Wie erklärt sich das Entstehen eines Minimalstaates? Die vorherrschende Schutzvereinigung mit ihrem Monopolcharakter ist *moralisch* verpflichtet, die Nachteile auszugleichen, die sie denjenigen auferlegt, denen sie die Selbsthilfe gegenüber ihren Mitgliedern verbietet. Es kann aber sein, dass sie tatsächlich diese Entschädigung nicht leistet. Die Repräsentanten eines Ultraminimalstaates sind *moralisch* verpflichtet, ihn in einen Minimalstaat überzuführen, aber vielleicht tun sie es nicht. Wir haben vorausgesetzt, dass die Menschen im allgemeinen ihren *moralischen* Verpflichtungen nachkommen. [...] Es ist aber festzuhalten: Auch wenn sich *keine ausreichenden außermoralischen* Anreize oder Ursachen für den Übergang vom Ultraminimalstaat zum Minimalstaat finden und sich die Erklärung weiter stark auf die *moralischen* Motive der Menschen stützen muss, so unterstellt sie ihnen doch nicht das Ziel, einen Staat zu errichten." (Hervorhebungen R.S.) Letzteres wendet sich zu Recht gegen antikisierende teleologische Staatsargumentationen. Die optimistische Sicht der Moralität des Menschen Nozicks teile ich ähnlich wie Hobbes und Kant nicht, man sollte auf diesem dünnen Eis keinen Staat errichten. Der Mensch ist zwar sicherlich der Moral fähig, aber das macht ihn noch lange nicht zu einem guten moralischen Wesen.

rechtigkeit, wie sie bei Rawls zu finden ist, weil diese wieder ein moralischer Aspekt wäre –. Wenn die öffentliche Ordnung aufgrund von sozialer Ungleichheit gefährdet wird, wankt auch der Rechts- oder Minimalstaat. Die Existenz bzw. Existenzsicherung des Rechtsstaates ist das Argument für einen Sozialstaat.

3 Die philosophischen Parteien und das Programm

Die sieben Themen der hier vorgelegten Kapitel zum Politischen lassen sich wie folgt näher eingrenzen: Ihnen allen ist gemeinsam, dass es um grundsätzliche Fragestellungen und Ordnungsmodelle des Politischen geht, welche epochenübergreifend für die ganze Neuzeit gelten. Jeweils stehen legitime Machtausübung, politische Freiheit und Recht im Mittelpunkt. In diesem Buch werden die systematischen Sachthemen des Politischen in einer Einheit mit ihrer geschichtlichen (philosophiegeschichtlichen) Entstehung bei Meisterdenkern gesehen, die man sozusagen als Parteien bestimmter Grundpositionen verorten kann. Daher legitimiert sich in methodischer Hinsicht das humanistische ad fontes, der Rückgang zu Gründungstexten der Politischen Philosophie der Neuzeit in den jeweiligen Kapiteln. An diesen Quelltexten sind die Fragestellungen der grundlegenden politischen Themen sicherlich noch vereinfacht, aber in gewissem Sinne auch noch eidetisch deutlicher als in den Vermischungen späterer Zeiten. Vielleicht ist z. B. die Thematik der Gewaltenteilung bei Montesquieu noch nicht so komplex durchgeführt, wie dies im gegenwärtigen Rechtsstaat zu beobachten ist, wo es vertikale und horizontale sowie zeitliche Gewaltenteilungen gibt, aber dafür wird bei Montesquieu das wesentliche Argument deutlicher. Insofern ist der Rückgang ad fontes zugleich bewusste Vereinfachung und Verwesentlichung.

Das Verhältnis von Macht, Freiheit und Recht wird hier jeweils im Horizont der Vertragstheorie bzw. des Gesellschaftsvertrags gesehen: Er ist natürlich eine der wichtigsten Argumentationsfiguren der Politischen Philosophie der gesamten Neuzeit.[25] Ausgangspunkt ist jeweils ein hypothetischer Zustand, der „Naturzustand". In diesem gibt es noch keinen Staat, der eine öffentliche Ordnung garantieren könnte; dennoch wird angenommen, dass die existierenden Individuen bestimmte Rechte haben. Diese Rechte sind natürlich unkoordiniert, denn jeder legt seine Rechte zu seinem Vorteil aus. Es bedarf daher einer äußeren Macht, die ein friedliches und geregeltes Miteinander oder auch nur Nebeneinander garan-

25 Vgl. hierzu bes. die Studien von Wolfgang Kersting *Die politische Philosophie des Gesellschaftsvertrags*, Darmstadt 1996, und ders.: *Zur Logik des kontraktualistischen Arguments*, in: *Der Begriff der Politik. Bedingungen und Gründe politischen Handelns*, (Hrsg.) V. Gerhardt, Stuttgart 1990, 216 – 237.

tiert. Auf diese hypothetische Situation folgt ein hypothetischer Vertrag; dieser ist Ausdruck eines generellen Einverständnisses über die Notwendigkeit der Einrichtung einer solchen Macht. Die verschiedenen Vertragstheorien differieren jedoch voneinander. Die Differenzen bestehen z. B. hinsichtlich der Bewertung des Naturzustands, der Bedeutung des Vertrags selbst oder hinsichtlich der Konsequenzen bezüglich der Machtausstattung für die Instanz, auf die sich die Gesellschaftsmitglieder geeinigt haben. Die wichtigsten Vertreter in der frühen Neuzeit sind Thomas Hobbes in seinem *Leviathan*, John Locke in der zweiten der *Zwei Abhandlungen über die Regierung* sowie Jean-Jacques Rousseau in seinem *Gesellschaftsvertrag*. Fortführung findet dies im Liberalismus bei Kant und in der *Theorie der Gerechtigkeit* bei John Rawls. Interessant für die deutsche Geschichte ist in diesem Kontext auch die Politische Philosophie Fichtes, denn auch dieser vertritt einen Kontraktualismus, der gerade Anfang des 19. Jh.s auf einen Boden des einerseits sozialen und des andererseits nationalen Umschwungs fällt. Daraus ergibt sich, dass man Fichtes Staatsphilosophie einerseits mit einem „sozialistischen“ Impetus verstehen kann – so war auch Ferdinand Lassalle von ihm beeinflusst –, andererseits kann man aber Fichte auch „nationalistisch“ verstehen, genauer: national-chauvinistisch, in einer Tendenz, die ihn durchaus als Vordenker des „Nationalsozialismus“ in einem wörtlichen Sinne erscheinen lässt. Es gibt also nicht nur einen Links- und Rechtshegelianismus, sondern ebenso einen Rechts- und Linksfichteanismus.

Als einem weiteren wesentlichen Thema der Politischen Philosophie werden wir uns dem Problem einer Sittlichkeit im Staat zuwenden. Denn innerhalb dieses Themenbereichs werden Lücken geschlossen, die offensichtlich beim Thema des Gesellschaftsvertrags als einem rechtlichen Phänomen noch bestehen bleiben. Es geht darum, unter welchen Bedingungen genau ein Bürger die Ordnung eines Staates annehmen kann und welche Kompetenzen ein vertraglich geschaffener Souverän haben darf. Schon Platon erörtert dies in seinen Dialogen *Politikos*, *Politeia* und *Nomoi*. Dort geht es darum, dass die Herrscher über gewisse Kunstfertigkeiten verfügen müssen, um für politische Herrschaftsausübung geeignet zu sein. Natürlich ist auch das Verhältnis von Staat und Religion bei Hobbes und Rousseau zu untersuchen. Hegel vertritt in seiner Rechtsphilosophie die Position, dass der Staat nicht nur eine zweckmäßige Einrichtung ist, um Eigentum oder Leben seiner Bürger zu schützen, das ist er zwar auch, aber nicht nur, vielmehr sei der Staat die Verkörperung, die Realisierung einer Idee der Sittlichkeit und der Freiheit. Hier werden wir uns also auch mit Hegels Staatstheorie zu beschäftigen haben. Insbesondere zeigt sich das sittliche Problem der Freiheit des Staates bei Hegel darin, wie der Staat mit der Religionsfreiheit umgeht. Hegel hat für den Ansatz des Laizismus eine interessante dialektische Position gefunden. An diesem

Verhältnis von Staat und Religion geht im Übrigen auch die Hegel-Deutung auseinander, nämlich in den Rechts- und in den Linkshegelianismus.

Die Aktualität dieser Fragen sieht man auch daran, dass Charles Taylor diesen Gedanken eines Zusammenhangs von Sittlichkeit und Staat weiterführt, denn er macht mit Hegel auf die Problematik eines unbegrenzten modernen Individualismus aufmerksam. Der Individualismus wird von Taylor als Tendenz der Neuzeit gesehen, seit z. B. mit Descartes und dessen prinzipieller und fundierender Rolle der Subjektivität das Ich Einzug in die Philosophie gehalten hat. Dagegen wendet sich Taylor/Hegel mit dem Gedanken, dass Individualität immer nur im Zusammenspiel mit anderen Individuen verwirklicht werden kann. Das Individuum kann nicht einfach überzogene Ansprüche stellen, weil sich diese selbst zersetzen würden. Eine mehr oder weniger intakte Wertegemeinschaft ist nach Taylor die Voraussetzung dafür, dass sich Individuen verwirklichen können. Und eine solche erfordert sittliche Maßstäbe.

Der dritte Themenkreis: Freiheit in der Gesellschaft, schließt sich nahtlos an. Wenn Einigkeit über eine legitime Ordnung des Staates erreicht werden soll, besteht auch Klärungsbedarf hinsichtlich der Freiheit *von* staatlichem Zwang; kann und soll es diese geben, und wenn ja, wie viel? Hierin besteht eine negative Freiheit; d. h., man ist frei von etwas. Positive Freiheit besteht darin, Freiheit zu etwas zu haben. Die Freiheit um die es hier zunächst gehen soll, ist die negative Freiheit, nämlich die Freiheit *von* staatlichem Zwang. Die positive Freiheit besteht u. a. in dem Akt des Vertragsschlusses unter den Bürgern, also in der Freiheit *zum* Staat. Dort wird von der Freiheit, etwas zu tun, positiver Gebrauch gemacht, nämlich von der Freiheit, seine Rechte einzusetzen. In diesem Themenkomplex, Freiheit und Gesellschaft, soll es jedoch um die Freiheit von staatlichem Zwang gehen. Im Gegenzug zu dem Thema der Sittlichkeit, wo gegen das Individuum die Rechte des Kollektivs geltend gemacht werden, stehen hier die Rechte des Individuums im Vordergrund. Dieser Kontext wird zunächst anhand der Bestimmung der Freiheit bei Locke und in Kants politischen und rechtsphilosophischen Schriften erörtert. Als Weiterführungen haben die Grundgedanken des Liberalismus und des Utilitarismus, wie sie in John Stuart Mills Schrift *Über die Freiheit* zu finden sind, zu gelten. Sie gipfeln in dem Postulat Mills, dass der Bürger ein Recht auf Exzentrizität hat. Der Bürger kann so exzentrisch sein, wie er will, sofern er damit keinen Dritten schädigt; in England wird davon ja auch reichlich Gebrauch gemacht. Dies ist die wichtige Freiheit des Einzelnen von der Meinung der Mehrheit. Der Macht der demokratischen Mehrheit müssen auch Grenzen gesetzt werden. In diesen Kontext gehört auch Karl Marx' Kritik an der bürgerlichen Freiheitsauffassung.

Das vierte Thema, welches alle Kapitel durchzieht, ist die Gerechtigkeit in der Gesellschaft. Dieses Thema hat natürlich sowohl rechtliche als auch moralische

Aspekte. Gerechtigkeit betrifft das Verhältnis der Individuen untereinander sowie das Verhältnis des Staates zu den Individuen als auch das Verhältnis der Staaten untereinander. Unter dem Thema der Gerechtigkeit befinden sich z. B. Fragen der Verteilungsgerechtigkeit von Rechten und Pflichten unter allen Bürgern; aber auch die Voraussetzungen für den Warenaustausch unter Privatleuten, sprich: gerechte Bedingungen für den Handel, die Verteilung von Ressourcen, Entschädigung und Wiedergutmachung zwischen den Individuen einerseits und staatlichen Institutionen und Individuen andererseits. Dieser Themenkomplex hat seine Wurzeln in den antiken Klassikern wie Platon (*Politeia*) und Aristoteles (*Nikomachische Ethik*, *Politik*), in ihren Auffassungen und Definitionen von Gerechtigkeit. Klassisch ist hier Platons Definition der Gerechtigkeit als: „Das Seine tun"; die noch im Mittelalter als einer der juristischen Grundsätze fungierte; das berühmte „suum cuique". Diese Traditionslinie reicht bis in die die Gegenwart prägende Theorie der Gerechtigkeit von John Rawls.

Demokratie und politische Legitimation werden das fünfte Thema sein. Die Demokratie als wichtigste politische Ordnungsform der Gegenwart beteiligt das „Volk", ob auf direkte oder indirekte Weise, an der Ausübung der politischen Macht. Demokratie als Herrschaft der Vielen ist bereits Gegenstand der Ausführungen von Platon und wird bei Aristoteles ebenfalls untersucht. Bei Rousseau begegnet uns ein engerer Demokratiebegriff, der eine wesentliche Ergänzung zu seinem Gesellschaftsvertrag bildet. Die Demokratie ist dort eine Regierungsform, die der Ausführung von Gesetzen dient. Die Grundgedanken einer demokratischen Republik sind hier zu entwickeln. Mittels der Demokratie werden nach Rousseau die vom souveränen Volk verabschiedeten Gesetze ausgeführt. In der Gegenwart werden deliberative und diskursive Demokratietheorien vertreten; dort wird insbesondere die Beteiligung des Volkes an der Gesetzgebung postuliert. Habermas vertritt eine Diskurstheorie der Demokratie und John Rawls eine deliberative Demokratiekonzeption. Beide sind im Spiegel ihrer ideengeschichtlichen Quellen bei Rousseau und Kant hier zu analysieren.

Das sechste Thema wird die Gewaltenteilung sein. Sie ist ein wesentliches Element der Bändigung und Kontrolle der Staatsgewalt und dient somit der Freiheit des Einzelnen im Staat und der Mehrheit. Die Gewaltenteilung darf nicht mit dem Problem der Arbeitsteilung verwechselt werden; geht es dort darum, effizient zu arbeiten, so hat die Gewaltenteilung zwar vielleicht auch Effekte der Effizienz, doch diese sind nur Nebeneffekte. Zumeist führt in diesem Bereich Gewaltenteilung eher zu weniger Effizienz. Doch dies muss in Kauf genommen werden zwecks einer Kontrolle der Staatsgewalt, die die Freiheit des Einzelnen schützt. Es gibt zwei Formen der politischen Gewaltenteilung: zum einen die strikte Trennung der Gewalten. Jede Gewalt bekommt ihren spezifischen Aufgabenbereich und hat darüber hinaus keine Kompetenzen. Zum anderen kann es aber auch die Form der Gewaltenverschränkung geben; hier wird eine Balance zwischen den einzelnen Staatsgewalten hergestellt, indem sie sich wechselseitig kontrollieren. Dies ist natürlich nur dann möglich, wenn der Machtbereich der einen Gewalt zwar einen Schwerpunkt hat, aber auch auf einen anderen übergreifen kann, wobei er Fehler aufdecken kann, die auch bestraft werden können. Es muss Institutionen geben, die untereinander Kontrollfunktion ausüben. Bei einer strikten Trennung ist das nicht möglich, denn es wäre ein Eingriff einer Gewalt in den Machtbereich der anderen. In diesem Kontext ist natürlich auf Montesquieus *Vom Geist der Gesetze* einzugehen, wo die Quellen dieses Gedankens liegen. Alexander Hamilton hatte auch schon diesen Gedanken gegen Hobbes vertreten und er fand bekanntlich über James Madison und John Jay mit den berühmten *Federalist Papers* Eingang in die Verfassung der USA.

Das siebente Thema sind die internationalen Beziehungen. Dies thematisiert insbesondere Kant in seiner Schrift *Zum ewigen Frieden.* Kant versucht, eine dauerhafte Lösung für das Zusammenwirken der Staaten vorzulegen. Damit soll einerseits die Souveränität der Staaten gewahrt werden, andererseits aber auch eine Verbindlichkeit expliziert werden, an die sich die Staaten zu halten haben. Es ist dann wieder John Rawls, der 200 Jahre später die Gedanken Kants sowie seine eigene Gerechtigkeitstheorie auf die zwischenstaatlichen Beziehungen anzuwenden versucht.[26] Ebenso zeigen die Theorien von Höffe[27] und Habermas die Aktualität dieser Kantischen Quelle.

---

26 Zum Kantianismus von Rawls vgl. Robert Taylor *Reconstructing Rawls. The Kantian Foundations of „Justice as Fairness“*, Pennsylvania 2011. Natürlich ist bekannt, dass Richard Rorty (*Solidarität oder Objektivität?*, Stuttgart 2001, bes. Kap. I, *Solidarität oder Objektivität* und Kap. III *Der Vorrang der Demokratie vor der Philosophie*) die weitere Denkentwicklung Rawls' nach der *Theory of Justice* im Sinne seines eigenen ethnozentrischen Pragmatismus geradezu als Anti-Kantianer deutet. In Rortys konsequentem Pragmatismus entfällt jede apriorische oder universalistische Fundierung des Gesellschaftsvertrages, bei dem Rawls der *Theory* stand der Weg dorthin mit der Einführung des Begriffs der Würde als unumgänglicher Bestimmung aller Vertragspartner durchaus noch offen. Ob Rortys Deutung berechtigt ist oder nicht, mag dahingestellt sein; wenn er seinen eigenen ethnozentrischen Pragmatismus der Solidarität jedoch zu verteidigen trachtet, indem er ihn gegen den Relativismus abgrenzt, ist das wenig evident, denn selbstredend ist ein an einzelnen Ethnien orientierter Pragmatismus relativistisch und obendrein politisch brandgefährlich. Denn: Welche Ethnie und welcher Teil der Ethnie setzt politische Kriterien der Solidarität? Und: Von welchem Zentrum ist in diesem Ethno*zentrismus* die Rede? Geht es um das Zentrum der Welt oder handelt es sich z. B. nur um eine inneramerikanische Angelegenheit, die für andere Ethnien irrelevant sein könnte? Rorty deklariert offensiv einen Führungsanspruch amerikanischen Politik- und Wissenschaftsverständnisses. Aber auch in Amerika ist die Politik in den seltensten Fällen durch wissenschaftliche Erkenntnisse geleitet. Rorty scheint mit der amerikanischen Solidaritätssetzungsethnie auch nur die Intellektuellen von Eliteuniversitäten im Auge zu haben (böse Zungen könnten sagen: Er spricht also in ge-

4 Der Gesellschaftsvertrag als neuzeitliches Modell zur Entstehung und Legitimation des Staates

In der neuzeitlichen politischen Philosophie seit Thomas Hobbes ist der Gesellschaftsvertrag die wichtigste Argumentationsmethode zur Legitimation und zur Erklärung dafür, weshalb überhaupt ein Staat und mit ihm politische Macht existiert. Der Gesellschaftsvertrag dient der Legitimation politischer Macht im Staat. Hieran ist interessant und weiterhin vertretbar, dass das Politische aus Unpolitischem erklärt wird, also ein Zirkel in der Argumentation vermieden wird. Mit dem Gesellschaftsvertrag werden die Gehorsamspflicht, aber auch die Grenzen des Gehorsams des Bürgers gegenüber dem Staat gerechtfertigt: Wenn der Staat seinen Verpflichtungen nachkommt (also z. B. Gefahrenübernahme), schuldet der Bürger ihm Gehorsam, wenn der Staat seinen Verpflichtungen nicht nachkommt, kann der Bürger seinen Gehorsam aufkündigen. Meine Deutung besagt, dass Natur- oder Vernunftrechtstheorien der Neuzeit von Hobbes, Locke, Montesquieu, Rousseau, Kant, Fichte und Hegel mutatis mutandis und bei manchen der Genannten sicherlich nur mit Einschränkungen eigentlich zu einer Nomokratie führen, wenn man die Tendenzen und Argumente auf einen Begriff bringt. James Harrington bringt es auf den Punkt: „Government [...] is the empire of laws and not of men". Vernunft- oder Naturrecht ist ein Recht, in dem das Gesetz der Freiheit selbst herrscht. Sofern diese Freiheit in politischer Autonomie besteht, schließt sie die Herrschaft von konkreten Menschen nicht aus, sondern vielmehr ein. Diese Menschen-Gesetzes-Herrschaft impliziert (mindestens), a) dass alle Gesetzesunterworfenen angemessen an der Gesetzgebung beteiligt sein sollen und b) sich

---

wissem Sinne von sich selbst). Diejenigen Teile der amerikanischen Gesellschaft, die mit Rassismus, fanatischer Religiosität oder strikter Ablehnung jeder Sozialstaatlichkeit nicht gerade durch Solidarität auffallen, bleiben in seinem Bild der amerikanischen Solidaritätsethnie ausgeblendet. Der Einfluß von Intellektuellen auf die amerikanische Politik sollte, realistisch gesehen, wohl auch nicht überschätzt werden. Ein gutes Gegenbeispiel, das durchaus für einen solchen Einfluß Intellektueller auf amerikanische Politiker spricht, kann natürlich in den Wirkungen von Leo Strauss auf den rechten Flügel der Republikaner gesehen werden, aber ob das a) zu einer solidarischen Außenpolitik der USA geführt hat und b) Rortys Intentionen trifft, darf bezweifelt werden. Rortys Solidaritätspragmatismus touchiert daher mitunter einerseits Wunschdenken und andererseits scheint mir Solidarität ein viel zu unscharfer Begriff, um von ihm her Politik inhaltlich genauer bestimmen zu können. Letzteres liegt wohl auch daran, dass Solidarität eine Gefühlskomponente enthält, die mit politischen Mitteln schwer zu gebieten sein dürfte. Mit wem soll man sich wie weit solidarisch fühlen und mit welcher neu zu erschaffenden Solidaritätsinstitution ist das durchsetzbar?

27 Vgl. Otfried Höffe *Demokratie im Zeitalter der Globalisierung*, München 1999, ders.: *Ist die Demokratie zukunftsfähig?* München 2009 sowie ders.: *Kant's Cosmopolitan Theory of Justice and Peace*, Cambridge 2006.

jeder dabei seine eigene Freiheit und die der anderen zum Regulativ seiner politischen Entscheidungen machen soll. Daraus ergibt sich auch die Methode der Nomokratie und nomokratischer Herrschaftsausübung, nämlich die Vermannigfaltigung von Freiheit. Die koordinierte Freiheit aller als Grundgesetz und Regulativ ist so zu spezifizieren, dass spezifischere Gesetze mit diesem Grundgesetz koordinierbar sind. Die Spezifikationen des Grundgesetzes der Freiheit folgen aber nicht analytisch rein a priori aus diesem, sondern ergeben sich aus konkreten historischen Situationen.

Die Argumentationsstruktur in allen Vertragstheorien ist einfach und gleich: Die vorstaatlichen, noch apolitischen Einzelindividuen schließen miteinander einen Vertrag, durch den sie einen Staat, eine Verfassung sowie politische Verpflichtungen allererst bilden. Die der Staatsgewalt Unterworfenen selbst sind es, die den Staat zur Entstehung bringen. Modern ist daran, dass der Staat und seine Macht durch diejenigen begründet wird, die ihm selbst unterworfen sind, und der Staat somit aus etwas Nichtpolitischem begründet wird. Der Staat wird also gegenüber den Individuen nicht essentialistisch oder externalistisch begründet, er fällt im wahrsten Sinne des Wortes nicht vom Himmel oder existiert unabhängig vom Willen der Individuen, d. h., er besteht nicht von Gottes Gnaden, sondern wird durch eine Rechtssituation konstituiert; die Beherrschten selbst sind es, die der Beherrschung zustimmen. Der Staat ist also ein Artefakt, das durch einen Kontrakt zustande kommt, er ist weder etwas Natürliches, das einfach in der Biologie des Menschen liegt, noch ist er etwas Metaphysisches, das durch göttliche Verordnung vorliegt.

Es ist zwischen einer deskriptiven und einer normativen Ebene des Gesellschaftsvertrages zu unterscheiden. Man kann nämlich einerseits den Gesellschaftsvertrag als eine Tatsachenbeschreibung betrachten, dann handelt es sich um einen Beschreibungsversuch der Realgenese eines Staates. In diesem Erklärungsmodell geht man zumeist davon aus, dass es tatsächlich einmal zu einem historischen Datum ein Treffen von Subjekten gab, die sich auf einen tatsächlichen Staat geeinigt haben. Mit Hume kann man diese Variante als empirisch unzutreffend kritisieren und verwerfen. Davon ist die normative Version zu unterscheiden, die zwar auch annehmen kann, dass es vielleicht irgendwann einmal der Fall war, dass ein solcher Vertrag tatsächlich geschlossen wurde, doch legt diese normative Version das Gewicht auf einen anderen Aspekt, nämlich darauf, worin das Schließen eines Vertrags und das Übertragen von Rechten und von Macht selbst besteht. Wir unterscheiden also den Gesellschaftsvertrag als Modell der Realgenese des Staates von dem Gesellschaftsvertrag mit seinen normativen Aspekten als der Idealgenese des Staates. Hier wird wieder die Mittelstellung des Politischen zwischen Apriori und Aposteriori sowie zwischen Normativität und Faktizität deutlich. Bezüglich der normativen Variante spielt es keine Rolle, ob sich tatsächlich jemals eine solche historische Situation zugetragen hat, bei der sich Individuen trafen und sich darauf einigten, ihre Macht an einen unabhängigen Dritten zu delegieren. Die Kritik Humes trifft dieses Modell also nicht.

Bei der normativen Variante, die die Idealgenese des Staates argumentativ nachzeichnet, kann man wiederum zwei verschiedene Alternativen unterscheiden. Einerseits gibt es eine normative Variante, die davon ausgeht, dass die Individuen in einem tatsächlichen Akt dem Vertragsschluss zustimmen müssen, dies kann als Aktualisierungsmodell bezeichnet werden. Der tatsächliche Akt der Zustimmung erfolgt z. B. zu tatsächlichen Institutionen, über die abgestimmt wird oder von denen Gebrauch gemacht wird, denen damit also implizit zugestimmt wird. Man kann auch eine permanente tatsächliche Zustimmung darin sehen, dass z. B. jemand in dem Staat Bürger bleibt und nicht auswandert. Und dann gibt es andererseits noch eine Variante des normativen Modells, die keinen tatsächlichen Akt des Vertragsschlusses braucht, sondern sich mit einem impliziten Einverständnis aller Beteiligten begnügt. Dies ist das Hypothesemodell. Es reicht hier die hypothetische Annahme aus, dass die Bürger dem Vertrag zustimmen würden, wenn sie rational über ihn nachdächten. Das schlägt sich auf die Situation des Vertragsschlusses nieder, denn man kann nun innerhalb dieses hypothetischen normativen Modells des Gesellschaftsvertrages konzipieren, dass es eine herrschaftsfreie Situation geben könnte, in der alle Beteiligten der Erschaffung eines Staates oder einer Verfassung aus guten Gründen zustimmen könnten.[28]

Gesellschaftsvertrag

Deskriptiver, realistischer Staatsvertrag
= Realgenese des Staates

Normativer Staatsvertrag
= Idealgenese des Staates

Aktuelle Zustimmung
= Aktualisierungsmodell

Hypothetische Zustimmung
= Hypothesemodell

Philosophisch relevant ist die Variante des normativen Staatsvertrages, denn es kann durchaus sein, dass in Wirklichkeit nie eine tatsächliche, historische Situation stattgefunden hat, in der sich einige Individuen tatsächlich trafen und beschlossen haben: „Wir gründen nun einen Staat!". Hierbei kann auch ein weiteres Problem aufgedeckt werden: Der Gesellschaftsvertrag soll ein politisches

28 Vgl. zu dieser Einteilung die subtilen Unterscheidungen in: Johannes Schmidt und Reinhard Zintl *Gesellschaftsvertrag und Staat*, in: M. Becker, J. Schmidt, R. Zintl *Politische Philosophie*, Paderborn/München 2006, 28 ff.

Wesen und den Staat, in dem Rechte und Pflichten gelten, allererst begründen. Doch wenn sich einige Individuen treffen und in einer tatsächlichen Situation darüber einig werden, dass sie ihre Rechte einschränken, um sie einer unabhängigen dritten Instanz zu übertragen, dann ist dies selbst schon ein politischer, und man kann sagen: staatlicher bzw. rechtlicher Akt; denn es wird nach den Regeln der Abstimmung ein Beschluss gefasst. Die Zusammenkunft, die Verhandlung über ein gemeinschaftliches Interesse und die Abstimmung sind selbst schon politische Institutionen. Die Performanz und der deklarative Charakter des Politischen zeigen sich in diesen Akten deutlich. Ein hervorragendes Beispiel für die performativ-deklarative Ontologie des Politischen ist in der Erklärung zur amerikanischen Verfassung zu sehen, wo es heißt: „We the People of the United States [...] do ordain and establish this Constitution". Die Deklaration setzt die Verfassung in Existenz. Wird mit einer solchen Vertragssituation nicht schon vorausgesetzt, was erst durch diese begründet werden soll? Denn einerseits ist es im obigen Beispiel die Konstitution, die so etwas wie die Einheit der Menschen der Vereinigten Staaten von Amerika ermöglicht, andererseits sind es die Menschen Amerikas, die die Konstitution ermöglichen. Dass beides offenbar problemlos zusammenfallen kann, zeigt das vorgenannte Beispiel der amerikanischen Verfassung und dieses Problem stellt sich im Rahmen des hypothetischen Modells so nicht. Denn dort geht es um eine Analyse der „Bedeutung" dessen, was es heißt, einen Beschluss zu fassen und z. B. seine Macht zu begrenzen. Auf der Ebene der Realität stellt sich diese Zirkularität allerdings schon ein und sie scheint mir unumgänglich, wenn man die Staatsbildung durch einen realen Gesellschaftsvertrag erklären will. Hier ist auch in gegenwärtigen Diskussionen der Punkt erreicht, wo einige ihre Zuflucht zum politischen Aristotelismus nehmen: Man sagt mit Aristoteles, dass der Mensch immer schon ein ζῷον πολιτικόν ist, denn der Mensch ist ein Lebewesen, das auf ein glückliches Leben ausgerichtet ist, und er ist deswegen auch von Natur her und immer schon darauf ausgerichtet, eine Polis zu bilden; denn nur in einer politischen Gemeinschaft lässt sich für ihn ein glückliches Leben realisieren. Man kann den Menschen in dieser Hinsicht nicht ohne Hang zur Staatenbildung definieren; ob man so weit gehen muss wie Aristoteles und darin das Wesen des Menschen sehen muss, lasse ich jedoch dahingestellt; für meine Zwecke reicht es, dem (einigen) Menschen einen Hang zur Gemeinschaft zu attestieren. Jedenfalls wird in dieser deklarativ-performativen Seinsweise des Politischen ein Charakteristikum der Freiheit deutlich, sie erschafft sich ihr Sein selbst, Setzen und Sein kommen hier zur Deckung.

Der Gesellschaftsvertrag wird in der Forschung oft als „kontraktualistische Legitimation des Staates" bezeichnet. Kontrakt oder Vertrag besagt dabei: Es wird ein Akt der freiwilligen Selbstbindung an Rechte und Pflichten zwischen Subjekten vorgenommen. Restriktionen werden von einer Seite der Vertragspartner freiwillig anerkannt und dafür erhält diese Gegenleistungen. Nur dann, wenn der Vertragschließende dem Vertrag tatsächlich zustimmt, besteht ein Vertrag. Es reicht also für einen Vertagsschluss nicht aus, nur die Bereitschaft zu signalisieren, in der Zukunft eventuell unter bestimmten Bedingungen einen Vertrag eingehen zu wollen. Dies wären einfach nur unbestimmte Pläne, aber noch kein Vertrag. Der Vertrag bildet also eine objektiv bestehende, wechselseitige Bindung beider Vertragsteilnehmer. Aus diesem objektiven Bestehen kann allererst die Vertragsverletzung zureichend verstanden werden: Derjenige, der sich nicht an den von ihm tatsächlich geschlossenen Vertrag hält, verletzt bestehende Bindungen. Dagegen verletzt niemand eine Bindung, der ein für die Zukunft und unter bestimmten Bedingungen geplantes Projekt doch nicht realisiert.

Seit dem Römischen Recht und dem Mittelalter entwickelte sich der rechtliche Grundsatz: pacta sunt servanda. Der philosophische Gedanke der wechselseitigen Verpflichtung durch einen Vertrag hat also seinen Niederschlag in der tatsächlichen Rechtsgeschichte. Schon im klassischen Römischen Recht des 1. bis 3. Jh.n.Chr. entwickelte sich der Grundsatz, dass Verträge einzuhalten sind. Jedoch bezog sich dieser erst nur auf solche Verträge, die in einem Konsens zweier Parteien bestanden, der schriftlich niedergelegt wurde; nur solche waren verbindlich und klagbar. Dies ist der contractus; im Unterschied dazu ist das formlose und daher unklagbare pactum zu sehen. Bei einem pactum war nur eine bona fides-Klage möglich. Erst die mittelalterliche Kanonistik entwickelte pacta sunt servanda zum auch heute noch allgemein geltenden Grundsatz, eben nicht nur die contractūs. Mündliche Absprachen gelten danach ebenso wie schriftliche. Dies zeigt, inwiefern sich ein rechtliches Prinzip mittels einer Verallgemeinerung tatsächlich in der Wirklichkeit niederschlägt. Auf der Ebene der Wirklichkeit spielen natürlich nicht nur die Aspekte der Objektivierung moralisch-rechtlicher Verbindungen zwischen Subjekten eine Rolle, sondern es kommen noch zahlreiche Aspekte der Praktikabilität, Nützlichkeit und Verlässlichkeit mit hinzu, die auf der philosophischen und begrifflichen Ebene des Vertrages keine wesentliche Rolle spielen. Die Verlässlichkeit für die Mitglieder einer Gemeinschaft, die durch Verträge geregelt ist, hat natürlich einen großen Nutzen in der Wirklichkeit, aber sie spielt auf der normativen Ebene keine Rolle, denn dort wird ja gerade nicht argumentiert, dass man sich aus Gründen der verlässlichen Nützlichkeit an Verträge halten soll, sondern weil dies die Existenz des Rechtssubjekts allererst konstituiert.

Wie gezeigt, ist also eine tatsächliche Zustimmung der Vertragspartner notwendig, damit ein Vertrag Geltung hat, doch in Bezug auf die Politische Philosophie des Gesellschaftsvertrages, die normativ und nicht deskriptiv vorgeht, stellt sich das Problem, dass sie ja eigentlich nur eine hypothetische Situation konstruiert, um die Entstehung des Staates zu legitimieren. In der philosophischen

Vertragstheorie ist man bemüht, den Verweis auf eine reale Situation als tatsächliche Entstehung des Staates zu vermeiden, denn damit stellen sich Probleme wie die folgenden: Welches Kriterium muss die tatsächliche Situation erfüllen, damit man sie als Verwirklichung der wechselseitigen rechtlichen oder gar moralischen Verbindung ansehen kann? Wie kann es sein, dass ein Vertrag, der vor einigen Jahrhunderten von unseren Vorfahren geschlossen wurde, auch für uns heute noch gelten soll, die wir diesen Vertrag doch gar nicht geschlossen haben? Wenn dies nicht zu begründen ist: Wie kann man zeigen, dass auch wir Heutigen diesem Vertrag unterstehen? Man findet meist aus früheren Zeiten einen solchen Vertrag nicht einfach als ein historisches Dokument vor. Daher ist solch ein realistischer Begründungsweg unplausibel und schwierig. Man könnte also besser eine aktuell bestehende politische Gesellschaft hinsichtlich eines solchen Vertrags untersuchen, um eine realistische Begründung zu versuchen. Doch auch hier findet sich kein explizit abgemachter Vertrag. Welche explizite Handlung wäre ein solcher Vertragsschluss? Also wäre es wiederum besser, von einer impliziten, stillschweigenden Anerkennung in einer bestehenden Gesellschaft auszugehen.

Aus philosophischer Sicht ist es daher am plausibelsten, den Gesellschaftsvertrag als einen rein hypothetischen Akt mit normativer Geltung zu betrachten; es ist gar kein ausdrücklicher Akt notwendig, die hypothetische und implizite Zustimmung reicht hier aus, um Staat, Verfassung und politischen Gehorsam zu legitimieren. Da wir jedoch zuvor gesehen haben, dass ein Vertrag eigentlich einen tatsächlich ausgeführten Akt der Anerkennung erfordert, kann nun in der philosophischen Theorie des Gesellschaftsvertrages nur noch in einem weiten Sinn von „Vertrag" gesprochen werden. Diesem Problem stellt sich Rawls in seiner Vertragstheorie ausdrücklich und er versucht, aufgrund dieses Problems eine modernisierte und besonders abstrakte, daher auch allgemeingültige Variante des Gesellschaftsvertrages zu begründen.

Die klassischen Gesellschaftsvertragstheorien haben alle eine dreiteilige Struktur gemeinsam. 1. Naturzustand; die Menschen leben noch ohne staatliche Gewalt zusammen; auch hier stellt sich für eine realistische Vertragstheorie das Problem, ob es einen solchen vorstaatlichen Naturzustand tatsächlich jemals gab; da niemand mehr als Zeuge fungieren kann, ist es problematisch, für den Homo sapiens oder den Australopithecus einen solchen Naturzustand tatsächlich zu beweisen. Man kann aus der Perspektive der normativen Vertragstheorie sowohl argumentieren, dass eine vorstaatliche Situation nur ein theoretisches Konstrukt ist, das z. B. auch dann bestehen könnte, wenn sich eine staatlich-politische Macht auflöst. Für das Gelingen der gesamten Vertragstheorie ist nun entscheidend, dass es ein Argument geben muss, welches begründet, weshalb es für das natürliche Individuum ein fundamentales Interesse gibt, diesen Naturzustand zu verlassen und sich einer Staatsgewalt zu unterwerfen. An dieser argumentativen Schnittstelle ist also die Grundfrage zu beantworten: Wieso soll ich überhaupt staatliche Macht akzeptieren? Wieso soll ich einen Staat bilden?

2. der Gesellschaftsvertrag selbst; er ist die Schnittstelle, an der man aus dem Naturzustand in den bürgerlichen Zustand übergeht.

3. die Konsequenzen des Gesellschaftsvertrages, d. h. das bürgerliche Leben selbst und die Verfassung des Staates, die Rechte und Pflichten des Bürgers bzw. der Regierung.

A Die Geburt des Liberalismus aus dem Geiste des Absolutismus in der frühen Neuzeit – Vom Aposteriori zum Apriori des Rechts

In diesem ersten Teil geht es darum, die philosophische und philosophiegeschichtliche Entwicklung des Politischen, von Recht, Staat und politischer Freiheit an grundlegenden Positionen abendländischer Denker nachzuvollziehen. Dies soll meine These belegen, dass es dialektischerweise ausgerechnet der Versuch war, absolutistische Macht durch den Kontraktualismus zu legitimieren, der dazu führte, dass die argumentativen Widersprüche des Absolutismus so deutlich hervortraten, dass daraus als „logische" Konsequenz einerseits der Liberalismus und andererseits der moderne Republikanismus zu ziehen sind, die jene Widersprüche des Absolutismus vermeiden. Philosophiegeschichtlich und argumentativ ist dies der Weg von Hobbes zu Locke und Montesquieu hin zu Rousseau und der Französischen Revolution. Den Absolutismus durch einen Kontraktualismus legitimieren zu wollen, wird am Beginn der Neuzeit notwendig, weil die alten theologischen und moralischen Staats- und Machtlegitimationen mit der Renaissance und insbesondere mit dem Herrschaftsbild Machiavellis wegfielen.[29] Zugleich zeigt sich in der Neuzeit die Tendenz, dass der Liberalismus im Verbund mit dem Republikanismus zu einer demokratischen Grundordnung des Staates führt. Denn – und darin besteht das Dialektische des Politischen – indem der Absolutismus sich selbst kontraktualistisch und damit eigentlich basisdemokratisch legitimieren muss, hebt er sich selbst auf. Wer sich also im Bereich des Politischen auf eine Argumentation einlässt, muss damit rechnen von der Doppelnatur des Politischen überrannt und insbesondere von den apriorischen Aspekten überholt zu werden.

Die logischen Widersprüche eines kontraktualistisch legitimierten Absolutismus zeigen sich z. B. eklatant bei Hobbes: Einerseits legitimieren die späteren Beherrschten durch einen frei abzuschließenden Vertrag ihren Souverän. Den Vertrag schließen die Beherrschten umwillen des Schutzes von Leben und Eigentum ab, im Gegenzug schulden sie dem Souverän Gefolgschaft. Implizit ist hier also die Freiheit der Beherrschten vorausgesetzt, sie wird aber durch den Vertragsschluss zugunsten des Souveräns aufgehoben, der damit der einzig Freie wird. Auch hier zeigt sich ein Widerspruch: Es ist nach Hobbes der Souverän, der definiert, was zum Schutz von Leben und Eigentum der Staatsunterworfenen

---

29 Vgl. hierzu auch Volker Reinhardt *Machiavelli oder Die Kunst der Macht*, München 2012 sowie Leo Strauss *Thoughts on Machiavelli*, Glenoce 1958.

gehört bzw. was überhaupt Leben ist, und er definiert auch, was rechtmäßiges Eigentum ist. Insofern übergeben die Beherrschten gerade das im Vertrag, was sie schützen wollen. Dieses Problem zeigt sich auch am sog. „Widerstandsrecht". Einerseits hat der Staatsunterworfene nach Hobbes das natürliche Recht, sein Leben zu schützen, wenn der Souverän es gefährdet oder nicht mehr in der Lage sein sollte, es zu schützen, wenn er also nicht mehr zur Gefahrenübernahme für den Staatsunterworfenen in der Lage ist. – Dies bildet die klassische Position des Widerstandsrechts wie es z. B. gegenwärtig auch in der BRD gegeben ist; dort wo der Staat von seinen Bürgern etwas fordert, das gegen die freiheitliche Grundordnung verstößt, hat der Bürger das Recht (die Pflicht), Widerstand zu leisten. In der Unabhänigkeitserklärung der Vereinigten Staaten von Amerika von 1776 wird der entscheidende Punkt genannt: Nicht nur wenn der Souverän nicht in der Lage ist, Leib und Leben der Bürger zu schützen, sondern auch wenn er die Freiheit der Bürger nicht schützen kann und sie unter einen „Despotismus" zu zwingen droht, ist es das Recht der Bürger, sich dagegen aufzulehnen. In der amerikanischen Unabhängigkeitserklärung wird sogar betont, dass der Bürger gegen Despotismus und Tyrannei nicht nur das Recht, sondern geradezu die Pflicht hat, Widerstand zu leisten, was natürlich über ein bloßes Recht, von dem auch kein Gebrauch gemacht werden kann, an Verbindlichkeit hinausgeht.[30] –

Doch – und darauf weist Carl Schmitt zu Recht in seiner Analyse von Hobbes' *Leviathan* deutlich hin – de facto kann es im Staat von Hobbes kein Widerstands*recht* als *Recht* geben,[31] denn, was Recht ist, legt hier der Souverän fest, und der wird und kann nicht festlegen, dass es Recht ist, sich gegen ihn zu erheben. Ein solcher Souverän widerspräche sich nach Hobbes/Schmitt selbst, denn er gäbe seine höchste Souveränität auf. Doch daraus folgt nicht die Konsequenz Schmitts, das Widerstandrecht generell als Absurdität zu brandmarken, sondern vielmehr, dass der Souverän eben nicht festlegen darf, was Leben und was Recht auf Leben ist; denn dies ist vielmehr Definitionshoheit der Vertragspartner, also der Beherrschten. Insofern bedarf es eines Grundgesetzes, dem sogar die Rechtsartikel,

30 Vgl. *The Declaration of Independence. In Congress, July 4, 1776. The unanimous Declaration of the thirteen united States of America*; abgedr. in: *The Federalist Papers*; Alexander Hamilton, James Madison, John Jay, Ed. C. Rossiter, New York 2003, 528 ff. Das Besondere an diesem Vorgang der Unabhängigkeitserklärung ist die ausdrückliche Berufung auf das Widerstandsrecht und natürlich, dass zu diesem Zeitpunkt die Kolonien noch kein souveräner Staat waren, sondern als zur englischen Krone gehörig, deren Rechtsansprüche eigentlich anzuerkennen hatten. Der Kongress beruft sich aber auf ein allgemeingültiges und unveräußerliches Naturrecht, das allen Menschen, auch wenn sie Bewohner von Kolonialterritorium sind, Widerstand gegen Despotismus erlaubt bzw. gebietet.

31 Vgl. Carl Schmitt *Der Leviathan in der Staatslehre des Thomas Hobbes. Sinn und Fehlschlag eines politischen Symbols*, (Hrsg. G. Machke) Köln 1982, 1. Aufl. 1938, 71 ff., 80 f.

die der Souverän erlässt, unterstehen. – Ein Argument für die Notwendigkeit der Nomokratie. Bei Hobbes ist es aber ein wesentliches Merkmal der politischen Souveränität, dass solche Rechtssetzungen allein der ungeteilten Macht des Souveräns entspringen dürfen. Hier zeigt sich also, dass es in begriffliche – nicht bloß historische – Widersprüche führt, wenn ein Kontraktualismus dazu dienen soll, einen Absolutismus zu legitimieren.

Übrigens folgt nach meiner Interpretation aus dem genannten politischen Paradox auch, dass der kontraktualistisch legitimierte Souverän keine Todesstrafe als Recht einführen darf. Denn der Kontrakt wird geschlossen, um das *Leben* der Bürger zu schützen. Wird nun vom Souverän die Todesstrafe eingeführt, so wird zumindest gegenüber demjenigen Bürger, der sich der entsprechenden Straftat schuldig gemacht hat, die Grundlage des Rechtsvertrages gebrochen, sein Leben wird nicht mehr geschützt. In einem kontraktualistisch legitimierten Staat, darf es daher aus logisch-begrifflichen Gründen keine Todesstrafen geben. Dasselbe gilt übrigens auch für die Konfiskation: Wenn der „Gesellschaftsvertrag" geschlossen wird, um Leben und *Eigentum* der Bürger zu schützen, darf auch niemandes legales Eigentum konfisziert werden. – Sofern eine Enteignung juristisch gesehen impliziert, dem Betroffenen durch den Staat das Eigentum angemessen zu ersetzen, darf der Staat durchaus enteignen, aber er darf aus logisch-begrifflichen Gründen nicht das legale Eigentum der Bürger konfiszieren. – Insofern ist der Kontraktualismus mit seiner basisdemokratischen Struktur eine Art Trojanisches Pferd für den Absolutismus; er zersetzt ihn von innen her.

Vertiefend kann zu Carl Schmitts Analyse von Hobbes' Leviathan gesagt werden, dass in ihr auch diese Aspekte frühneuzeitlichen Staatsdenkens in ihrer Problematik hervortreten (wobei es Schnittmengen zwischen Schmitts eigenen Ansichten und denen von Hobbes gibt, die also ins 20. Jh. nachwirken): Nach Schmitt/Hobbes kann es also in einem „wohlgeordneten" Leviathan kein Widerstandsrecht geben, weil dies die Souveränität in Frage stellen würde. Man hat hier aber meiner Meinung nach eine reale, eine begriffliche und eine normative Ebene zu unterscheiden: a) im Staats-/Leviathan-Konzept von Hobbes oder Schmitt gibt es de facto kein Widerstandsrecht, weil der Souverän die Definitionshoheit über alles hat und davon sind zu unterscheiden die Probleme b) ob es im Leviathan aus begrifflich-logischen Gründen kein Widerstandsrecht gibt und c) ob es aus Gründen der Legitimität eines geben *soll*. Im absolutistischen Staat oder einer „konsequenten" Diktatur kann es allerdings aus begrifflichen Gründen (und damit natürlich auch de facto) kein Widerstands*recht* (als Recht) geben. Wenn der Staat jedoch kontraktualistisch und mittels eines unverlierbaren Naturrechts der Bürger begründet wird, dann muss es sogar aus begrifflichen Gründen ein Widerstandsrecht geben, das immer genau dann greift, wenn der Staat gegen das Naturrecht handelt. Insofern ist ein Absolutismus oder eine „konsequente" Diktatur, die sich durch ein Natur- oder Vernunftrecht zu begründen trachtet, ein sich selbst zerstörender Widerspruch. Diktaturen sind ja auch tatsächlich in den seltensten Fällen stabile politische Gebilde.

Ebenfalls problematisch an der sonst so brillanten Leviathan-Analyse Schmitts ist der Antisemitismus in diesem Buch;[32] nach Schmitt ist es der Jude Spinoza, der in seiner Staatstheorie die kohärente absolute Souveränität des Hobbesschen Leviathan mittels der Freiheit des Individuums im Staat (bes. Gewissens- und Glaubensfreiheit) zu untergraben beginnt; es sei eine jüdische Tradition des Liberalismus, die Schmitt über Moses Mendelssohn und andere noch weiter verfolgt, welche den Leviathan zu Fall gebracht hat. Hier wird von Schmitt der damals opportune Antisemitismus als Denkverbot gegen das liberale Rechtsstaatsdenken eingesetzt.

Auch die Dignität, die Schmitt dem Krieg als Mittel des Staates abgewinnt, ist fragwürdig. Selbstverständlich ist es historisch korrekt, dass bis in das 19. Jh. die Fähigkeit zur Kriegsführung essentieller Bestandteil der Definition staatlicher Souveränität war;[33] dasjenige politische Gebilde, das nicht zumindest in der Lage ist, einen Verteidigungskrieg zu führen, kann nicht als souverän angesehen werden. Bei Schmitt wird diese einseitige Definition jedoch gar nicht erst hinterfragt, sondern es wird „begrifflich" gerechtfertigt, dass zwischen zwei Staaten (aus Hobbes-Schmittscher Sicht) kein bindender Vertrag geschlossen werden kann, weil die Souveräne nach wie vor ihr natürliches Recht auf alles haben. Wer sollte sie also bestrafen können? Zwischen oder über den Staaten könne es keinen höheren weltlichen Souverän geben, daher herrscht zwischen Staaten notwendigerweise der Naturzustand. Von daher kann es nach diesem Bild auch keinen legalen oder illegalen Krieg geben; weil es keine Gesetze oder bindenden Verträge zwischen Staaten geben kann, die einen solchen legalisieren oder illegalisieren würden. Für Schmitt macht die Kriegsfähigkeit des Staates seine Würde analog zur Satisfaktionsfähigkeit von Männern aus.[34] Ließe man sich auf Schmitts bellizistische Logik ein und erkennt taugliche Kriegsfähigkeit als Kriterium der Satisfaktionsfähigkeit eines Staates an, führt das zu Problemen: Wenn man gegen den

---

32 Vgl. Carl Schmitt *Der Leviathan*, a.a.O., 94ff.

33 Vgl. sehr kenntnisreich zum Thema Sybille Tönnies *Souveränität und Angriffskriegsverbot*, in: *Das Parlament*, Beilage *Aus Politik und Zeitgeschichte* 22/2005, 39–46. Auch die *Federalist Papers* (No. 41 von James Madison) sehen in der Fähigkeit, eine Kriegserklärung abzugeben ein Definiens des souveränen Staates, das sich die entstehenden Vereinigten Staaten unbedingt zubilligen müssen; vgl. *The Federalist Papers*; Alexander Hamilton, James Madison, John Jay, Ed. C. Rossiter, New York 2003, 252ff.

34 Vgl Carl Schmitt *Der Leviathan*, Köln 1982, 74, 76f.; auch noch in dem späteren *Nomos der Erde* nutzt Schmitt diese Analogie mehrfach zur Erklärung der Souveränität des Staates.

zunächst als satisfaktionsfähig angesehen Gegner(Staat) gewinnt, kann das ja bedeuten, dass er offenbar doch nicht so sehr satisfaktions-/kriegsfähig war, d. h., man hätte gegen einen Unwürdigen gewonnen, was nicht zur Ehre gereicht. Wenn der Gegner gewinnt, war man selbst vielleicht nicht satisfaktions-/kriegsfähig. Wenn der Gegner gar getötet wird, ist er auch zumindest nicht mehr da, um die Würde des Siegers anzuerkennen. Ist der Gegner nicht getötet, sondern unterwirft sich oder lässt sich annektieren, so ist es um seine Würde offenbar auch nicht so gut bestellt und seine Anerkennung nicht viel wert. Es war 1938 wohl opportun, die Würde des Staates im Krieg zu sehen, „in einem lebendigen Kampf elementarer Kräfte“, wobei „die Leviathane als große Tiere“[35] erscheinen. Es ist aber offenbar unlogisch, die Würde des Menschen dort zu erblicken, wo er sich – ja nach Schmitt selbst – tierisch und vertiert verhält. Vielleicht ist es auch begründungsbedürftig, Anerkennung und Würde im Verhalten und der Intelligenz der Tiere zu sehen; vielleicht sind Tiere viel zu intelligent, um ihre Würde über kriegerische Auseinandersetzungen zu definieren?! Führen Tiere wirklich Krieg?

Diese Widersprüche gären unter der Oberfläche des Kontraktualismus in der frühen Neuzeit weiter, selbst dort, wo bereits der Liberalismus als Grundkonzept des Politischen akzeptiert ist. So ist z. B. Locke trotz Liberalismus ein glühender Anhänger der Todesstrafe. Und Montesquieu kann, trotz der Einsicht in die Gewaltenteilung der Staatsordnung, Monarchie, Aristokratie und Demokratie als Staatsformen koordiniert nebeneinander stellen und je nach klimatischen, topographischen und demographischen Gegebenheiten eines Landes die eine oder andere Staatsordnung präferieren.

Jedenfalls zeigt sich hieran die Entwicklung, dass zunächst aus ganz aposteriorischen Gründen der Legitimation eines schon bestehenden, realen Staates Philosophen apriorische Argumente für die Einrichtung und Legitimation politischer Macht zu suchen beginnen. Der Ansatz, eine schon bestehende Staatsform nachträglich legitimieren zu wollen, zeigt sich deutlich bei Locke, der dies selbst betont. Die Tendenz, das kritische Potential des apriorischen Kerns des Kontraktualismus gegen bestehende Staaten auszuspielen, zeigt sich dagegen bei Rousseau. Die apriorischen Argumente kristallisieren sich im Verlauf der Geschichte heraus; die Geschichte ist deswegen nicht in sich selbst vernünftig, aber sie trägt dazu bei, Widersprüche aufzuklären, die mittels jeweils „verbesserter“, neuer Konzepte des Politischen zu einer Einsicht in die auch apriorischen Begriffsstrukturen von Staat und Recht führen.

Dieser Begriff eines politischen Apriori ist keine Neuauflage von Foucaults „historischem Apriori“. Denn Foucault macht das Apriori in der Geschichte selbst

35 Schmitt *Der Leviathan*, a.a.O., 77.

aus, nicht im Bereich ungeschichtlicher Geltungen, er möchte damit „Realitätsbedingungen für Aussagen" in der Geschichte selbst verfolgen.[36] Doch dies nivelliert meiner Meinung nach das Apriori und führt im Rahmen der Normativität des Rechts zu naturalistischen Fehlschlüssen, die nicht vom Sein auf das Sollen kohärent schließen können. In dieser Hinsicht kann aber auch das Missverständnis vermieden werden, dass sich dieses politische Apriori an Hegels „Vernünftigkeit der Geschichte" anschließt. Das ist deswegen nicht der Fall, weil dieses Konzept meiner Einschätzung nach die Kontingenzaspekte der Geschichte nivelliert. Hegelisch gedacht wird die Geschichte zu einem notwendigen Ablauf, das ist natürlich auch nicht der Fall. Dass die Geschichte weder völlig kontingent noch völlig notwendig abläuft, macht einen Mittelbereich wie den von mir konzipierten von Recht, politischer Freiheit und Staat zwischen Notwendigkeit und Zufälligkeit umso wichtiger. Die Geschichte und ihr Aposteriori ist eine *notwendige* Bedingung für die diskursive Entfaltung des Apriori im endlichen menschlichen Geist; sie ist also weder bloß ein äußerer Anlass noch eine innere Notwendigkeit des Apriori selbst. Die Entfaltung von Recht, Staat und einer legitimen politischen Macht im Zwischenbereich von Apriori und Aposteriori zeigt: Keine Erkenntnis des Apriori ohne Aposteriori und keine Erkenntnis des Aposteriori ohne Apriori.

I Freiheit zum Staat und ungeteilte Macht – Gesellschaftsvertrag, Staat und politische Souveränität bei Hobbes

Thomas Hobbes' (1588–1679) Leben umspannte eine turbulente Epoche der englischen Geschichte, die Regentschaft von Charles I., die *Civil Wars*, Cromwells Protektorat und die Restauration unter Charles II. Geschrieben während der Unruhen des englischen Bürgerkriegs und im April 1651 erschienen, ist der *Leviathan* nicht nur Hobbes' Hauptwerk, sondern zu *dem* klassischen Werk der Politischen Philosophie in englischer Sprache geworden. Da nach Hobbes die Natur des Menschen aus Selbsterhaltungstrieb, Eigennutz und Konkurrenzstreben besteht und der Wille des Menschen somit determiniert ist, bedarf es eines machtvollen Herrschers – oder eines „Leviathan" –, um Frieden und Gesetz durchzusetzen, die dem Schutz des Lebens und der Rechtsgüter dienen. Schon der Titel war ein Affront gegen eine sich durch den christlichen Glauben legitimierende Staatsmacht. Denn der Titel bezieht sich auf das 41. Kapitel des Buches Hiob des *Alten Testaments* (vgl. auch Jes. 27,1; Ps. 74,14), in dem der Leviathan – oder das Seeungeheuer

36 Vgl. Michel Foucault *Archäologie des Wissens*, Frankfurt a.M. 1973, 184.

– in seiner grenzenlosen und abschreckenden Macht beschrieben wird: „Auf Erden ist seinesgleichen niemand; er ist gemacht ohne Furcht zu sein." Mit absoluter Macht ist der Leviathan ausgestattet, selbst über einen Diener Gottes wie Hiob. Dies ist das Bild, das Hobbes von seinem idealen Staat entwarf. – Carl Schmitt hebt in seiner präzisen Analyse hervor, dass der Leviathan als politisches Symbol eine ungeheuerliche Vereinigung ist, die den Staat als a) gefühllos-technische Maschine (machina machinarium, automaton), b) furchteinflößende Tierbestie, c) übergroßen Menschen (homo artificialis) und d) als sterblichen Gott (deus mortalis), synthetisiert.[37] Der Leviathan ist also die Totalität einer Gott-Mensch-Tier-Maschine. Schmitt betont den Mechanismus, der eine typisch barock-frühneuzeitliche Figur von Hobbes sei. –

Verstärkt wird diese Aussage durch das wundervolle Titelblatt, das vermutlich von dem berühmten Kupferstecher Wenzel Hollar entworfen wurde.[38] Darauf ist zu sehen, wie sich der Leviathan, die Staatsmacht, aus den Einzelindividuen zusammensetzt und sich übermächtig über sie erhebt; der Souverän wird treffend als eine Art „Übermensch" dargestellt. Für den frommen Bibelgläubigen ist es klar als ein Gegenbild zur Kirche und zum Corpus mysticum erkennbar, zum großen Christus, der sich aus den Gläubigen zusammensetzt. Der Leviathan hat das Schwert in der rechten und den Bischofsstab in der linken Hand, die Zeichen für weltliche und geistliche Macht; beides obliegt dem Staat. Unterhalb des Leviathan ist eine friedliche Landschaft mit friedlichen Ansiedlungen von Bürgern zu sehen, die unter seiner Obermacht leben. Schnell hatte Hobbes die Spitznamen „das Monster von Malmesbury" sowie „die schwarze Bestie" bekommen.

Auf der unteren Hälfte sind rechts und links weitere Attribute zu sehen, auf die sich die Macht des Leviathan erstreckt; so z. B. im zweiten Bild von unten rechts symbolisieren die Drei- und Zweizacke Syllogismen und Urteile, das Horn ein Dilemma oder ein Paradoxon; das soll symbolisieren, dass dem Souverän auch die akademische Lehre zu bestimmen obliegt.

Ohne einen solchen Souverän würde nach Hobbes die Menschheit in einen anarchistischen, selbstzerstörerischen Urzustand zurückgleiten. Soziales Chaos und die Bürgerkriegssituation werden mit dem Naturzustand des Menschen identifiziert, wenn Hobbes das berühmte Motto für den Naturzustand prägt: „Bellum omnium contra omnes". In diesem Naturzustand sind zwar alle Menschen gleich und haben das gleiche Recht auf alles, doch dies führt in Hobbes' mechanistisch-deterministischen Kalkül zu einem selbstzerstörerischen Konkur-

---

37 Vgl. Carl Schmitt *Der Leviathan*, a.a.O., 31, 48 ff.

38 Vgl. hierzu Reinhard Brandt *Das Titelblatt des Leviathan und Goyas El Gigante*, in: U. Bermbach u. K.-M. Kodalle (Hrsg.) *Furcht und Freiheit. Leviathan-Diskussion 300 Jahre nach Thomas Hobbes*, Opladen 1978, 203–231.

Frontispiz der Erstausgabe von Thomas Hobbes' *Leviathan*

renzkampf („homo homini lupus"). Dieser ist nur dadurch zu vermeiden, dass die Menschen in einem Rechtsverzicht ihr Recht auf alles dem Staat übergeben. Durch diesen Rechtsverzicht wird die Unteilbarkeit der Macht des Staates konstituiert. Carl Schmitt ist nicht müde geworden, diese Relation zwischen Staat und Bürger als ein Verhältnis von Schutz (Leben und Eigentum des Bürgers) und Gehorsam als die Essenz nicht nur des Politischen bei Hobbes, sondern auch der Neuzeit – bzw. des Politischen – insgesamt hervorzuheben. Grundsätzlich liegt darin meiner Meinung nach eigentlich ein für den utilitaristischen Ökonomismus der Neuzeit wesentlicher Gedanke, nämlich den Staat als eine Art (Tausch-)Ware mit einem Wert zu betrachten. Souverän und Beherrschte *tauschen* aus utilitaristischen und pragmatischen Gründen Schutz gegen Gehorsam. Indem der Staat als Tauschware begriffen wird, wird aber auch umgekehrt der Beherrschte, der Bürger als Ware betrachtet. – Hobbes bezeichnet Geld als „das Blut des Staates". – Dieses utilitaristische Bild des Staates kann sich nur dann ändern, wenn seine Aufgaben anders bestimmt werden, nämlich nicht mehr als Schutz von Leben und Eigentum, sondern vielmehr als regulierte Erhaltung von Freiheit. Da Freiheit unvertretbar ist, kann sie auch nicht getauscht werden. Wenn der Staat als Hüter der Freiheit begriffen wird, darf er sich natürlich auch keiner unfreien Mittel bedienen, um die Freiheit seiner Bürger zu erhalten. Der Staat ist dann nicht mehr ein Tauschpartner des Bürgers, sondern – um im ökonomischen Bild zu bleiben – Treuhänder seiner Freiheit.

Doch zurück zu Hobbes: Er weist mit seinem Menschenbild die aristotelische Deutung des Menschen als eines von Natur aus politischen und sozialen Wesens zurück und argumentiert für einen sozialen Kontraktualismus und für eine Gesetzgebung durch einen absoluten Souverän, da der Mensch ein von Natur aus ungeselliges Wesen ist. Ein Recht auf Rebellion gegen den Gesellschaftsvertrag und die Staatsmacht darf es nicht geben; dies würde die Unteilbarkeit der Macht aufheben. Im Begriff der Unteilbarkeit von Macht ist nach Hobbes auch impliziert, dass es einen absoluten Souverän geben muss, der in zentralistischer Weise seine Herrschaft ausübt. – Ein Gedanke, der Hobbes natürlich oft den Vorwurf einbrachte, sich als Denker der Tyrannen verkauft zu haben; Rousseau nennt ihn im *Gesellschaftsvertrag* einen „Helfershelfer des Despotismus" und „sermoneur politique", also einen „politischen Phrasendrescher". –

So unumschränkt einerseits die Macht des Souveräns im Staat ist, so diskutiert Hobbes andererseits auch die Grenzen der Macht eines Souveräns, nämlich die Möglichkeit der Auflösung der Staatsmacht und der Aufkündigung des Gesellschaftsvertrags, nämlich dann, wenn die Regierung nicht mehr ihrer wesentlichen Aufgabe, Eigentum und Leben der Bürger zu schützen, nachkommt, hierin ist ein wichtiger Grundstein des Widerstandsrechts zu erblicken. Dann verfällt die

Menschheit aber nach Hobbes unmittelbar wieder in den Naturzustand, bis ein neuer Gesellschaftsvertrag mit einem neuen Herrscher geschlossen wird.

Dieses Staatskonzept schockierte natürlich zahlreiche Zeitgenossen und das Werk wurde wegen Volksverhetzung, Häresie und Blasphemie öffentlich verbrannt. Richtungweisend ist Hobbes' Staatsphilosophie jedenfalls auch heute noch; nämlich durch zwei Grundgedanken: der erste besteht darin, dass jeder Mensch natürlicherweise von sich aus nicht nur nach Selbsterhaltung strebt, sondern dass jeder Mensch auch ein Recht auf Selbsterhaltung hat; dieses Recht hat der Staat zu schützen; und zweitens durch den Gedanken, dass politische Macht durch eine Analyse des Wesens des Menschen, also auf anthropologischem Weg, legitimiert werden muss. Es gibt natürlich unmittelbare Vorläufer und Anregungen, die Hobbes aufnimmt.

1 Hugo Grotius als Vordenker für Hobbes

Eine wichtige Inspirationsquelle für Hobbes' Theorie des Naturrechts war Hugo Grotius (1583–1645), der 1625 die Schrift *De iure belli ac pacis libri tres* veröffentlichte und damit einen Grundstein für das Staatsrecht in Krieg und Frieden legte.[39] Grotius war zwar nur fünf Jahre älter als Hobbes, hatte aber bereits einen großen Bekanntheitsgrad in ganz Europa. Wie Hobbes hatte auch Grotius eine humanistische Bildung sowie das Studium der Schriften von Lipsisus und Montaigne durchlaufen. Er begann eine glänzende Karriere in Diensten der holländischen Politik, die jedoch schon 1619 mit der Anklage und Verurteilung wegen Hochverrats ein jähes Ende fand. Vor dem Gefängnis konnte Grotius ins Exil fliehen. Die Skepsis auf dem Gebiet der Moral – die er z. B. bei Montaigne lernte – befriedigte ihn nicht, er sah sich genötigt, eine Neubegründung in der praktischen Philosophie vorzunehmen und eine besser begründete Moral aufzustellen. Ganz parallel zur theoretischen Philosophie, die Descartes später im *Discours de la Méthode* (1637) neu zu begründen versucht, indem er die Skepsis in die Wissensbegründung integriert, nimmt Grotius dieses Verfahren, der Skepsis einen Wissen sichernden Sinn zu geben, auf praktischem Gebiet vorweg. In *De iure belli ac pacis* stellt Grotius zunächst die die Ethik bezweifelnden Argumente des antiken Skeptikers Karneades dar, um sie anschließend zu widerlegen. Grotius argumentiert, dass allen Menschen trotz ihrer Relativität in allen anderen ethischen und sittlichen Ansichten, doch gemeinsam ist, dass jeder Mensch ein Recht auf

39 Vgl. hierzu die Grotius-Darstellung bei Richard Tuck *Hobbes*, Freiburg, Basel o.J., Reihe: Meisterdenker, 39ff.; übrigens ein wichtiges Standardwerk zu Hobbes.

Selbsterhaltung hat. Diese fundamentale Gleichheit für alle Menschen macht das Naturrecht aus, es kommt dem Menschen von Natur, also an sich zu, nicht durch kulturelle Konventionen.

– Cartesisch kann man das Argument dahin gehend formulieren: Eine wesentliche Voraussetzung dafür, dass der Streit um die richtige Moral stattfinden kann, ist doch, dass Menschen existieren. Also muss es vorgängig, damit der Streit überhaupt stattfinden kann, ein Recht darauf geben zu existieren. Und dieses Recht ist durch Selbsterhaltung einzulösen. –

Wenn es ein fundamentales (Natur-)Recht auf Selbsterhaltung für alle gibt, kann keiner, der dieses Recht für sich in Anspruch nimmt, dem anderen dieses Recht bestreiten. Es ist also nicht zu rechtfertigen, einem anderen grundlos einen Schaden zuzufügen, der sein Recht auf Selbsterhaltung aufheben oder beschränken würde. Damit hat das Naturrecht zwei Grundpfeiler: a) das Recht auf Selbsterhaltung und b) die Illegitimität, anderen grundlos Schaden zuzufügen. Beides ermöglicht nach Grotius überhaupt erst ein soziales Zusammenleben.

Das Naturrecht ist somit Voraussetzung für die Sozialität des Menschen, ohne das Naturrecht ist ein friedliches Zusammenleben von Menschen nicht vorstellbar. Das Naturrecht selbst wird nicht durch eine bestimmte Sozialität oder Gesellschaft konstituiert, sondern bildet ihre Voraussetzung. Mit dieser Minimalmoral versucht Grotius, den ethischen Relativismus der Skeptiker zu vermeiden, der seiner Meinung nach die Gesellschaft zersetzt.

Andererseits wendet er sich damit auch gegen den politischen Aristotelismus – diese Wendung ist fast der gesamten neuzeitlichen Politischen Philosophie gemeinsam. Der politische Aristotelismus wird in fundamentaler Weise abgelehnt. Die komplexe aristotelische Tugendlehre wird durch den modernen Skeptizismus als widerlegt angesehen – hier hat die Skepsis also einen positiven Sinn, denn sie hilft, problematische Theorien auszuklammern. Die Tugendlehre der aristotelischen und auch der scholastischen Tradition muss viel zu viele spezifische Voraussetzungen machen, Voraussetzungen, die das Wesen des Menschen, sein Eidos als ζῷον πολιτικόν und die Struktur des Staates betreffen, der dazu dient, die Tugenden realisieren zu können. Die Minimalmoral von Grotius kann dadurch, dass sie in ihren Grundannahmen schlanker ist, viel Ballast abwerfen. Ein Konzept eines übergreifenden Interesses am Gemeinwohl braucht man mit Grotius nicht anzunehmen, wohl aber mit der Politischen Philosophie von Aristoteles. Eine Gesellschaft von Menschen, die eigentlich bloß Egoisten sind, die rational ihr eigenes Interesse zu realisieren streben, ist nach Aristoteles gar nicht denkbar, der Mensch ist nach ihm immer schon auf die Gemeinschaft ausgerichtet. Es ist nach Aristoteles das Wesen des Menschen, seine Vollkommenheiten nur in der Gemeinschaft verwirklichen zu können; will die Entelechie Mensch ihr Telos erreichen, muss sie nach dieser Lehre fundamental auf Gemeinschaft ausgerichtet sein. Dieses Vertrauen in das Bewusstsein des Menschen, zu wissen, dass er seine Vollkommenheit nur in der Gemeinschaft realisieren kann, ist in der Neuzeit dahin. Es muss ein solches Staatskonzept geben, das sich auch dann noch realisieren lässt, sollten alle rationale Egoisten sein. Hierin liegt eine Lehre, die man aus der ethischen Skepsis ziehen kann und die Grotius in einleuchtender Konsequenz gezogen hat. So schön das aristotelische staats- und politikteleologische Konzept sein mag, es wird dem Menschen nicht gerecht. Man kann nicht davon ausgehen, dass der Mensch von Natur aus darauf angelegt ist, sich mit anderen zu synthetisieren. – Literarisch zeigt sich diese fundamentale Ungeselligkeit des Menschen sehr schön im *Simplizissimus* des Grotius und Hobbes Zeitgenossen Grimmelshausen, der seinen Simplizissimus, durch die Bestialität des Dreißigjährigen Krieges von den Menschen abgeschreckt, in einer freiwilligen Robinsonade auf einer Insel im Indischen Ozean seinen einsamen Frieden finden lässt. –

Gegen eine alte Form des Naturrechts wurde also von Grotius eine neue Naturrechtslehre gesetzt, die mit einer Minimalmoral auskommt; weniger ist hier mehr, denn man bietet nun dem Skeptiker nicht mehr so viele Angriffsflächen; selbst wenn man nicht mehr an die Ethik glauben kann, kann man noch auf den Staat hoffen. Grotius entwickelt mit seinem Naturrecht eine Theorie für die Rechtfertigung friedlichen Zusammenlebens von Menschen, die sich auch nicht auf Gott berufen muss. Das hebt Grotius – der selbst ein äußerst gläubiger Mensch war – eigens hervor: Selbst „wenn man annähme, was freilich ohne größte Sünde nicht geschehen könnte, dass es keinen Gott gäbe“,[40] ist mit der Minimalanforderung des Rechts auf Selbsterhaltung eine rechtlich fundierte Gesellschaft möglich. Damit fällt also die Theologie als Rechtfertigungsgrund für die Politische Philosophie, sie kommt ohne Gott aus – zumindest bis Hegel. Entscheidend für Grotius ist, dass dieses Naturrecht, also das Recht, das allen Menschen als Menschen gemeinsam ist, die Grundlage für alles weitere, höher stehende und komplexer vermittelte Recht bildet. Wenn das spezifischere Recht in einem Staat dem Naturrecht widerspricht, ist es nicht mehr legitim. Wenn also ein Staat Rechte und Pflichten für sich in Anspruch nehmen will, müssen diese mit den Naturrechten in Einklang stehen. Grotius dachte das Verhältnis von Staat und Beherrschtem aus der Perspektive des neuzeitlichen Individualismus, d. h., jedes einzelne Individuum in einem Staat muss diesem zunächst seine Zustimmung erteilen, ohne diese hat der Staat keine gerechtfertigte Machtbasis über den Beherrschten.

---

40 Hugo Grotius *Drei Bücher vom Recht des Krieges und des Friedens*, (Hrsg.) Walter Schätzel, Tübingen 1950, Vorrede, 33.

Allerdings sind Naturrecht und minimalistische Moral aus Grotius Sicht keineswegs Grundlagen für einen liberalen Staat, vielmehr folgert Grotius, worin sich ihm Hobbes anschließen wird, umgekehrt außerordentlich illiberale Strukturen und Institutionen des Staates auf dieser Rechtsbasis. Wenn ein ganzes Volk für seine Selbsterhaltung einen absoluten Monarchen wählt, ist dies für Grotius kein das Naturrecht aufhebender Fall, sondern vielmehr gerechtfertigt. Ebenso sieht Grotius keinen Widerspruch und keinen Konflikt in der Sklaverei, denn er sieht es so, dass sich dort Menschen zu ihrer Selbsterhaltung einem anderen verkaufen, sie also gerade ihr Naturrecht mit diesem Verkauf in Anspruch nehmen. Hungertod oder Hinrichtungen seien ebenso ein guter Grund, einen absoluten Monarchen zu akzeptieren. Somit steht die Theorie von Grotius zu den Praktiken der absolutistischen Monarchie nicht im Widerspruch, sondern legitimiert sie philosophisch. Daher wirft später Rousseau im *Contrat social* auch Grotius mit einigem Recht vor, er sei „Helfershelfer des Despotismus". Dieser gedankliche Horizont der frühneuzeitlichen Naturrechtstheorie bildet also eine wesentliche Quelle für das politische Denken von Hobbes.

2 Ontologische, physikalische, naturalistische und erkenntnistheoretische Grundlagen von Ethik und Politik bei Hobbes

Hobbes teilt die Philosophie in drei Disziplinen ein: 1. die Geometrie, sie behandelt Figuren; 2. die Physik, sie behandelt die Bewegung der Figuren; und 3. die Moral, sie behandelt die natürlichen Rechte.[41] Im Rahmen dieser Dreiteilung basiert Hobbes' politische Philosophie auf seiner materialistischen Naturauffassung und Physik.[42] Die natürlichen Rechte aller Individuen ergeben sich aus der Physik! Dies ist die aus heutiger Sicht interessante Pointe in Hobbes' Politischer Philosophie, denn hier wird das Politische aus Nichtpolitischem abgeleitet. Die Natur des Menschen wird in physikalischen Relationen bestimmt und aus diesen folgt dann erst das eigentlich Politische. Gleichzeitig ist in dem Übergang von der Physik zur Politik das erkenntnistheoretische Problem einer Überwindung des (Außenwelt-) Skeptizismus enthalten. Der Physikalismus oder Naturalismus Hobbes' versucht einerseits, das erkenntnistheoretische Problem des Skeptizismus zu überwinden, in dieser Hinsicht lehnt Hobbes also den Skeptizismus ab, er führt aber gleichzeitig zu einem ethischen Relatvismus und ethischen Skeptizismus, in dieser

41 Vgl. Hobbes *De Cive/Vom Bürger*, Widmung, Hamburg 1994, 60.

42 Diese These findet sich schon im Hobbes-Kapitel von Leo Strauss *Naturrecht und Geschichte*, Frankfurt a.M. 1977, 176 ff.

Hinsicht integriert Hobbes den Skeptizismus also positiv in sein Gedankengebäude. Insofern er Politisches aus Nichtpolitischem heraus begründet, argumentiert der „Naturalist" Hobbes nicht zirkulär. Daher ist zunächst ein Blick auf die Physik von Hobbes notwendig. Der Skeptizismus liegt in der Zeit des ausgehenden Humanismus und am Ende der Renaissance in der Luft; das wird bei Montaigne besonders deutlich. Analog zu Descartes problematisiert auch Hobbes, dass uns die Sinneswahrnehmungen über die wirkliche Bestimmung der Außenwelt täuschen können und daher vermutlich die physikalische Außenwelt völlig anders ist, als uns die Sinne dies darstellen. Bei Descartes hat das eine Mathematisierung der Physik zur Konsequenz, seine Strategie besteht also in einer Intelligibilisierung der Naturwissenschaft. Um möglichst wenige Sinneswahrnehmungen in die essentiellen Bestimmungen der Körperwelt einfließen zu lassen, müssen wir in der Physik möglichst viele abstrakte, mathematische und damit intelligible Strukturen einsetzen. Bei Hobbes macht sich dieselbe Problematik in folgendem Zitat bemerkbar:

> [D]ass alle Akzidenzien oder Qualitäten, mögen unsere Sinne uns immer denken lassen, dass sie in der Welt vorhanden seien, in Wahrheit nicht darin sein, sondern nur scheinbar und als Erscheinungen: die Dinge, die es wirklich in der Welt außer uns gibt, sind jene Bewegungen, durch welche die Erscheinungen verursacht werden. Und dies ist die große Täuschung der sinnlichen Wahrnehmung, welche auch durch die sinnliche Wahrnehmung berichtigt werden muss, denn wie sie mir sagt, wenn ich direkt sehe, dass die Farbe in dem Gegenstande zu sein scheint, so sagt sie mir auch, wenn ich durch Spiegelung sehe, dass Farbe nicht in dem Gegenstande ist.[43]

Hier wird deutlich, dass sich die Konsequenzen, die Descartes und Hobbes aus der erkenntnistheoretischen Ausgangssituation ziehen, radikal unterscheiden. Misstraut Descartes den Sinnen fundamental und versucht sie weitestgehend aus den Grundlagen der Philosophie zu eliminieren, so lässt sich Hobbes trotz der Einsicht in ihre Unzuverlässigkeit wieder auf sie ein und sie dienen als entscheidender kausaler Ausgangspunkt für jede Erkenntnis. Zwar ist auch für Hobbes die Präzision der Mathematik das eigentlich Wissenschaftliche, doch in seinem materialistischen und physikalistischen Ansatz wird eine bottom up-Erkenntnistheorie konzipiert. Die natürlichen Empfindungen, kausalen Reizungen der Sinnesorgane sind der Ausgangspunkt, auf dem alle höherstufigen Erkenntnisformen aufbauen. Dies ist ein Grunddogma des neuzeitlichen Empirismus.

In diesem Kontext zeigt sich sogar, dass Hobbes das heute von Hilary Putnam her so bekannt gewordene skeptische Gedankenexperiment des brain in a vat

43 Hobbes *Naturrecht und allgemeines Staatsrecht in den Anfangsgründen*; Darmstadt 1976, 1, II, 10; 41.

vorwegnimmt und in gewissem Sinne radikalisiert. Hobbes führt aus (übrigens nachdem er Descartes' *Meditationes* und den früheren *Discours de la Méthode* gelesen hat), die folgende skeptische Vorstellung sei auf den ersten Blick widerspruchsfrei möglich, nämlich die,

> einer Welt, in der es nurmehr einen einzigen Menschen gibt, der allerdings über sämtliche Ideen und Vorstellungen all der Dinge verfügt, die er bislang gesehen oder mit seinen anderen Sinnen wahrgenommen hat [...]: Wenn es sich bei diesen also in Wahrheit auch um Einbildungen und Phantasmata handeln mag, die von dem Vorstellenden selbst hervorgebracht werden und nur in seinem Inneren existieren, so müsste es für diesen doch den Anschein haben, als ob sie äußeren Ursprungs wären und nicht allein von der vorstellenden Kraft des Geistes abhingen.[44]

Dies ist insofern radikaler als das skeptische brain in a vat-Gedankenexperiment Putnams, als hier die Ideen dem betroffenen Subjekt selbst entspringen und es keines externen Wissenschaftlers bedarf, der die Gehirnneuronen reizt. Hobbes entwirft damit die Möglichkeit eines skeptischen Solipsismus. Diesen widerlegt er jedoch durch sein Konzept der Bewegung; denn in seinem materialistischen Weltbild sind die Ideen, die das Subjekt hat, selbst auch nichts anderes als Bewegungen und solche Bewegungen sind physikalische Prozesse; des Weiteren kann es die Bewegungen als physikalische Prozesse nur dann geben, wenn es auch den Raum gibt; und damit wäre der Beweis für die Existenz der Außenwelt in Hobbes' Argumentation gelungen. Natürlich ist aber klar, dass dieser Beweis nur dann schlüssig ist, wenn man die physikalistischen oder materialistischen Prämissen übernimmt, dass einerseits Ideen physikalische Prozesse sind und andererseits jede Bewegung ein räumlicher Prozess ist, der letztlich von physikalischen Körpern vollzogen werden muss, und dass der Raum nicht nur eine subjektimmanente Phantasie sein kann. Dann stellt sich allerdings die Frage, ob man mit diesen Prämissen nicht schon alles vorausgesetzt hat, was man allererst beweisen wollte? Hobbes „gelingt" hier also eine physikalistische Widerlegung des Solipsismus und des Außenweltskeptizismus, mit dem Argument, dass sobald der Solipsist zugibt, dass er Gedanken hat und diese wechseln, sich also sein Denken „in Bewegung" befindet und weil Bewegung eine (oder genauer: *die*) Klasse des Physikalischen, Räumlichen festlegt und erschöpft, sich der Solipsist selbst widerspricht. Die entscheidende Achse dieser Argumentation ist darin zu sehen, dass Gedanken sich in Veränderung befinden und dass Veränderung (physikalische) Bewegung impliziert. Denn nur Körper im Raum können der Be-

---

44 Hobbes *Critique du De Mundo de Thomas White*, (Hrsg.) Jean Jacquot u. H.W. Jones, Paris 1973, 449.

wegung unterliegen. Das Interessante an dieser Widerlegung des Außenweltskeptizismus scheint mir zu sein, dass sie mit einer Ideentheorie ohne idealistische Annahmen auskommt; was bei Descartes' Versuch nicht der Fall ist. Des Weiteren braucht Hobbes nicht einen allgütigen Gott zu bemühen.

Für die Politische Philosophie sind die folgenden philosophischen Basisannahmen von Hobbes relevant: Im Rahmen seines Materialismus oder besser Motionalismus – weil es ja eigentlich nur Bewegungsquanten im Raum gibt – kann es kein freies Subjekt geben. Eine weitere wichtige Prämisse von Hobbes' Naturphilosophie, in die offensichtlich eine Erkenntnistheorie integriert ist, besteht darin, dass sich nichts von selbst bewegen kann. Alles, was sich bewegt, hat dafür eine Ursache außer sich. – Auch diese Prämisse trägt natürlich dazu bei, dass sich der zuvor schon problematisierte Solipsist selbst widerspricht, wenn er Gedankenbewegung zugibt. – Selbstanfängliche Bewegung kann es deswegen nicht geben, weil der Satz vom zureichenden Grund gilt. Das, was spontan aus sich selbst eine Bewegung anfängt, ist einfach nur als fehlerhafter Schein zu bewerten, denn uns fehlen nur die Erkenntnisse, um zu sehen, welche Bewegung diese Bewegung verursacht hat. Die selbstanfängliche Bewegung würde den Satz vom zureichenden Grund aufheben. Selbstbewegung ist unvorstellbar. Der Mensch ist somit ein physikalisch bestimmtes, ballistisches System, das in einer Welt enthalten ist, die selbst auch ein ballistisches System von einander wechselseitig beeinflussenden Körpern ist. Bewegung vermittelt zwischen den Körpern und die Körper selbst sind eigentlich auch nichts anderes als Ballungszentren von Druck und Stoß, sprich auch wieder nichts anderes als Bewegungen. Heute würden wir diesen Motionalismus als externalistischen Realismus bezeichnen. Kant hätte daran wohl kritisiert, dass Raum und Zeit hier zu Eigenschaften der Dinge an sich werden und dieser Empirismus damit eigentlich eine Metaphysik ist.

Die Gedanken, die ein Subjekt hat, sind nicht auf dessen eigene Spontaneität zurückzuführen, sondern vielmehr auf Affektionen von Dingen, die vom Subjekt unabhängig schon existieren. Die Gedanken sind nicht einem ihnen zugrunde liegenden Subjektding zuzuschreiben, wie das bei Descartes der Fall ist; vielmehr bildet sich in einem materiellen Ding die Einheit eines Selbst nur durch die miteinander kausal zusammenhängenden Affektionen. Es gibt kein Selbst mit einem freien Willen, das von seinen physikalischen Determinationen unabhängig wäre und selbstanfängliche Entscheidungen treffen könnte. Das ist nur Einbildung. Freiheit – wenngleich es nur eingebildete ist – nimmt aber dennoch in Hobbes' Politischer Philosophie eine wichtige Rolle ein. Es gibt sie zwar nicht wirklich, aber sie hat eine scheinhafte Existenz. Man kann diese scheinhafte Freiheit als das illusorische Gefühl definieren, über die Möglichkeit zu verfügen, den eigenen Willen ungehindert durchzusetzen; eigentlich sind jedoch der Wille und der Akt des Wollens nicht frei. Hier nimmt Hobbes eine Argumentation des späteren

Deterministen Spinoza – der sich intensiv mit Hobbes auseinandergesetzt hat – vorweg, wenn er ausführt, es wird sich sogar

> ein hölzerner, von Knaben am Laufen gehaltener Kreisel, der manchmal gegen die eine, manchmal gegen die andere Wand stößt, mal trudelt, mal jemanden vors Schienbein schlägt, denken, sich aus eigenem Willen fortzubewegen, sofern er nur seiner eigenen Bewegung, nicht aber dessen gewahr wäre, was ihn antreibt.[45]

Bei Spinoza kommt das Beispiel eines Steines vor, der sich, genau dann, wenn er über Bewusstsein verfügen würde, auch für frei hielte, während er von jemandem in die Luft geschleudert wird.

Von diesem Motionalismus, der auch einen gewissen grundlegenden Skeptizismus bezüglich unserer sinnlichen Wahrnehmungsurteile über die Welt enthält, gehen nun Ethik und Politik aus; wobei die Politik Regulierungsinstanz der Ethik ist. In der Hobbes-Forschung ist mittlerweile common sense, dass diese zentralen ontologischen, naturphilosophischen und erkenntnistheoretischen Prämissen eine grundlegende Bedeutung für die Politische Philosophie von Hobbes haben und viele der von ihm gezogenen politischen Konsequenzen bestimmen. Hobbes' Politische Philosophie folgt „logisch" aus diesen ontologischen Vorbedingungen.

3 Moralischer Relativismus, Naturzustand und die Notwendigkeit eines Gesellschaftsvertrages

Aus dem Skeptizismus hinsichtlich der Sinneswahrnehmungen folgt bei Hobbes auch ein Skeptizismus oder mindestens ein Relativismus unserer Meinungen über die Sitten und Gebräuche, d. h. über die moralischen Anschauungen der Menschen. Für Hobbes stellt sich die Aufgabe, eine Politik zu konzipieren, die bestehen kann, auch wenn die Menschheit in einem Relativismus der Normen und kulturellen Sitten befangen ist. Dieser Relativismus ist die Konsequenz aus der Verschiedenartigkeit der physikalisch verursachten Empfindungen, die die Menschen haben; die Sitten der Menschen basieren nach Hobbes auf ihren verschiedenen Empfindungen, die wiederum eine naturwissenschaftlich zu erklärende Begründung in den unterschiedlichen Bewegungen der Körper haben. Die Lösung für die Probleme der Ethik bietet nach Hobbes allein die Politik.

---

45 Hobbes *The Questions concerning Liberty, Necessity and Chance*, in: ders. *The English Works*, Sir William Molesworth (Hrsg.), Bd. V, London 1841, 55; übers. v. R.S.

Als Physikalist identifiziert Hobbes das „Gute“ mit dem „Angenehmen“ und das „Schlechte“ mit dem „Unangenehmen“. Der Mensch bildet ein System aus Wünschen und Leidenschaften, die alle durch physikalische Bewegungen erklärt werden können. – In dieser Hinsicht ist Hobbes sehr aktuell und zahlreiche Neurophilosophen und Naturalisten dürften ihm hierin folgen. – In den *Elements of Law* führt Hobbes aus:

> Jeder Mann nennt, für seinen Teil, das, was ihm gefällt und ihm Vergnügen bereitet, gut, und das, was ihm missfällt, schlecht; insofern nun jeder Mensch in seiner körperlichen Beschaffenheit von dem anderen verschieden ist, unterscheiden sie sich auch voneinander hinsichtlich der gemeinsamen Unterscheidung von gut und übel. Auch gibt es nicht etwas derartiges, wie ein *agathon haplos*, d. h. etwas, das schlechthin gut ist. Denn selbst die Güte, die wir dem allmächtigen Gott beilegen, ist seine Güte gegen uns. Und wie wir die Dinge, welche uns gefallen und missfallen, gut und schlecht nennen, so bezeichnen wir als Güte oder Schlechtigkeit den Inbegriff der Eigenschaften oder Kräfte, wodurch sie es tun.[46]

Moralische Ansichten sind also ebenso relativ wie unsere Wahrnehmungen von Farben; nur führen die moralischen Relativismen zu bedrohlicheren Konflikten. Die Leidenschaften der Menschen ergeben sich aus den Empfindungen des Angenehmen/Guten und dienen als Verstärkung des Lebenswillens der Individuen. Der Nutzen der Leidenschaften besteht also darin, dass sie dem Selbsterhaltungstrieb dienen, der jedes Lebewesen fundamental bestimmt. Die Menschen schaden einander nicht um des Schadens selbst willen, sondern das Einem-Anderen-Schaden ist nur Mittel, um die Macht über den anderen zu bekommen, damit dieser der eigenen Selbsterhaltung dient. Hobbes führt aus:

> [D]as Begehren der Menschen [ist] verschieden, gemäß ihren verschiedenen Anlagen, Gewohnheiten, Ansichten; man kann das an den durch die Sinne wahrgenommenen Dingen bemerken, z. B. beim Schmecken, Fühlen und Riechen. Aber viel mehr gilt dies für Dinge, die sich auf das Handeln im täglichen Leben beziehen, wo der eine das lobt, d. h. gut nennt, was der andere tadelt, d. h. schlecht nennt; ja derselbe Mensch lobt sehr oft das, was er zu anderer Zeit tadelt. Aus solchem Verfahren muss Uneinigkeit und Streit entstehen.[47]

Es sind insbesondere die normativen Differenzen, die zu Konflikten führen. Das ist natürlich vor dem Hintergrund von Religionskriegen, Bürgerkrieg, Kolonialismus und anderen weltanschaulich motivierten Auseinandersetzungen plausibel. Hobbes warnt in diesem Zusammenhang im *Leviathan* vor Rhetorikern und Propagandisten; denn der Verstand des gemeinen Volkes sei einem leeren Papier oder einer tabula rasa ähnlich; die Volksmeinung ist fähig, alles das aufzunehmen, was

46 Hobbes *Naturrecht und allgemeines Staatsrecht in den Anfangsgründen*, I/VII, 3; 60.
47 Hobbes *Vom Bürger*, III, 31; 112.

ihr von der öffentlichen Gewalt aufgedruckt werde; die Gefahr besteht daher immer, dass die Volksmeinung „durch die Abhängigkeit von Mächtigen befleckt oder mit den Ansichten ihrer Doktoren vollgekritzelt" wird.[48]

Der normative und moralische Dissens innerhalb von Kollektiven ist nach Hobbes nur durch die Mittel der Politik zu einem koordinierten Nebeneinander der Individuen zu organisieren. Eine politische Organisation der Gemeinschaft ist notwendig, denn der normative Relativismus ist im Naturzustand besonders bedrohlich, weil es dort keine staatliche Institution gibt, die unabhängig überwacht, welche Mittel der Selbsterhaltung und der Durchsetzung der eigenen normativen Überzeugungen erlaubt und welche nicht erlaubt sind. Der Übergang in eine civitas oder in ein commonwealth ist also nicht nur aus dem Grund des bedrohlichen Naturzustands notwendig; sondern auch dort, wo eine Gemeinschaft schon sublimiertere Ansichten als die pure Selbsterhaltung entwickelt hat, nämlich solche Ansichten, die eine moralische Komponente enthalten. Commonwealth meint bei Hobbes zunächst nur eine organisierte, politische Gesellschaft. Der Terminus wird auch spezieller benutzt: zur Bezeichnung des Regimes bzw. Protektorats von Cromwell in Great Britain zwischen 1649 – 60. Später, seit etwa 1900, wurden dann die britischen Kolonien von subordinierten Territorien zu gleichberechtigten, assoziierten, freien Partnern des United Kingdom und dieser Staatenbund wurde commonwealth genannt. Bei Hobbes ist jedoch ganz neutral und in einem sehr allgemeinen Sinn jede politisch organisierte Gesellschaft ein commonwealth oder eine civitas, im Sinne einer antiken polis.

Hobbes führt den Grundgedanken seiner Politikkonzeption folgendermaßen aus:

> In dem Zustande der Natur, wo jeder Mann sein eigener Richter ist und sich von einem anderen unterscheidet durch die Namen und Benennungen, die er den Dingen gibt, und wo dann aus diesen Verschiedenheiten Streit und Friedensbruch entstehen, war es nötig, dass ein gemeinsames Maß für alle Dinge, die zu Streitigkeiten Anlass geben konnten, aufgestellt wurde. Wie zum Beispiel: Was soll recht, was gut, was Tugend, was viel, was wenig, was Mein und Dein, was ein Pfund, was ein Quart genannt werden? Denn in diesen Dingen können die Privatansichten auseinander gehen und so Streitigkeiten erzeugen. Dieses gemeinsame Maß nun ist, wie einige sagen, die richtige Vernunft, und ich würde ihnen beipflichten, wenn ein derartiges Ding, wie die richtige Vernunft, *in rerum natura* bekannt oder zu finden wäre. Gewöhnlich aber meinen die, welche nach der richtigen Vernunft rufen, um irgendeine Differenz zu entscheiden, ihre eigene Vernunft. Dies aber ist gewiss, *da es die richtige Vernunft an sich nicht gibt*, so ist unerlässlich, dass die Vernunft irgendeines Mannes oder irgendeiner Anzahl Männer die Stelle derselben einnehmen muss, und jener Mann bzw. jene Männer sind die, welche die herrschende Gewalt haben [...], und folglich sind die bürgerlichen Gesetze für alle Untertanen das Maß ihrer Handlungen, wodurch bestimmt wird, ob sie

48 Vgl. Hobbes *Leviathan*, Hamburg 1996, Kap. XXX.

> Recht oder Unrecht haben, nützen oder schaden, tugendhaft oder lasterhaft sind, und durch diese Gesetze muss die Anwendung und genaue Begriffsbestimmung aller Wörter, die zweifelhaft sind und zu Streitigkeiten führen können, festgesetzt werden. So zum Beispiel, bei Gelegenheit einer merkwürdigen oder unförmlichen Geburt, soll es nicht durch Aristoteles oder die Philosophen entschieden werden, *ob dieselbe ein Mensch ist oder nicht, sondern durch diese Gesetze.*[49]

Hobbes hat hier gewisse Nähen zum späten Nietzsche: keine Vernunft an sich; Werte werden ursprünglich von den Mächtigen gemacht. Ein fundamentales Problem der Hobbesschen Politikkonzeption wird jedoch auch deutlich, denn wenn die Politik über Sitten und Moral entscheidet und das Maß aller Dinge bzw. Handlungen des Menschen wird, stellt sich die Frage, nach welchen Maßstäben die Politik selbst betrieben wird, denn auch diese entscheidet doch nach Maßstäben, maßt sich vielleicht sogar moralische Maßstäbe an. Der oder die Herrscher sind auch Menschen aus bestimmten Kulturkreisen, sie sind nicht unparteiisch. Das wird z. B. besonders deutlich an Hobbes' eigenem, zuletzt genannten Beispiel der Definition des Menschen und dem damit verbundenen Euthanasieproblem. Es ist doch selbst schon wieder moralisch und sittlich vermittelt oder zumindest scheint es annähernd unmöglich, nicht schon moralische oder sittliche Kriterien einfließen zu lassen, bei der Definition und Bestimmung dessen, was ein Herrscher/Gesetzgeber für ein menschliches Lebewesen hält und ab wann etwas ein Mensch ist. Politik und Moral geraten hier in ein Zirkelverhältnis. Jene, die politische Gesetze erlassen, sind nicht frei von moralischen Grundannahmen, die sie innerhalb der Gemeinschaft erhalten haben, in der sie aufwuchsen.

Bei Hobbes selbst ist jedoch zumindest als Tendenz zu beobachten, dass er durchaus eine politische Herrschaftsform anzustreben scheint, die in gewissem Sinne wertneutral ist und auch bezüglich aller ethisch-moralischen Annahmen „äquidistant" ist – wie dies Kersting so treffend ausdrückt[50] –; d. h., der gleiche Abstand zu allen ethischen Annahmen ist von der politischen Macht einzuhalten. Daran wird deutlich, dass der Staat bei Hobbes auf eine wertneutrale mechanische Maschinerie hinzielt.

---

49 Hobbes *Naturrecht und allgemeines Staatsrecht in den Anfangsgründen*, II/X, 8; 209 f.; Hervorhebungen R.S.

50 Vgl. Wolfgang Kersting *Einleitung: Die Begründung der politischen Philosophie der Neuzeit im „Leviathan"*, in: *Thomas Hobbes Leviathan oder Stoff, Form und Gewalt eines kirchlichen und bürgerlichen Staates*, W. Kersting (Hrsg.), Berlin 2008, 20 ff.

4 Der Naturzustand als Kriegszustand und das Naturrecht

Im Naturzustand gilt, dass alle Menschen nicht nur durch Pleonexie bestimmt sind, sondern ebenso, dass sie *gleich* sind. Zwar mag es Ungleichheiten in Intelligenz und Körperkraft/-bau geben, aber diese sind unbedeutend und letztlich zu gering, um als wesentliche Unterschiede zu gelten. Aus genau dieser *Gleichheit aller* entsteht eine existentielle Unsicherheit für jeden: Ich kann mir nämlich nicht sicher sein, ob nicht das Individuum neben mir dasselbe Gut anstrebt wie ich. Sicherheit kann man nur haben, wenn man dem anderen die Möglichkeit nimmt, sich dieses Gutes zu bemächtigen. Ergo muss man dafür sorgen, dass der andere es nicht bekommen kann. Hier zeigt sich, dass den Hintergrund von Hobbes' Menschenbild die Pleonexie bildet. Alles, was man sich selbst erarbeitet hat, kann einem anderen auch als erstrebenswert erscheinen, und der wird es einem wegnehmen wollen, weil es einen grundlegenden Trieb zum Mehr-Haben-Wollen gibt. Also muss man auch in dieser Hinsicht stets auf der Hut sein, gegen andere in einer besseren Kampfposition zu sein. Allgemein herrscht eine gegenseitige Unsicherheit, die gerade aus der Gleichheit aller folgt. Diese Unsicherheit wird zum Krieg. Stets muss man dem anderen immer schon einen Schritt voraus sein. Wenn man erst abwartet, bis der andere eine Aggression tatsächlich begangen hat, hat man stets das Nachsehen, also muss man dem anderen in Punkto Aggression zuvorkommen; „das menschliche Leben ist einsam, armselig, ekelhaft, tierisch und kurz".[51] Wenn das Leben allerdings so ekelhaft ist, sollte man sich über seine Kürze nicht beschweren, sondern sich über diese Erleichterung freuen. Sonst macht man denselben Fehler über den sich schon Woody Allen lustig macht, als eine Frau sich darüber beschwert, dass das Essen in einem Imbiss so schlecht ist, und eine andere ergänzt, dass die Portionen auch noch so klein sind. Niemand will mehr schlechtes Essen.

Hier hat Hobbes' berühmtes Diktum vom „homo homini lupus" seinen Ort. Meist wird es als Zusammenfassung für Hobbes' Sicht des Menschen im Naturzustand genommen. In Wirklichkeit findet sich die Wendung aber nicht im *Leviathan*, sondern in der Widmung zu *De cive*; und dort bezieht sie sich auch nicht auf den Menschen im vorstaatlichen Naturzustand, sondern ausschließlich auf die Situation des Menschen im Kriegszustand, der zwischen den Staaten besteht. Ausdrücklich sagt Hobbes dort im Anschluss, dass im Staat der Mensch dem anderen Menschen ein Gott sein *kann bzw. soll*; „homo homini Deus". Übrigens stammt die Wendung „homo homini lupus" ursprünglich nicht von Hobbes, sondern von dem antiken römischen Komödiendichter Plautus.

---

51 Hobbes *Leviathan*, 96.

Wer sich also bloß passiv verteidigen will, wird von der zumindest möglichen aktiven Aggression der anderen überrumpelt. Weil es theoretisch möglich ist, dass der andere mir aktiv aggressiv begegnet, werde ich selbst dazu genötigt, auch aktiv aggressiv zu sein. Da es im Naturzustand keine unabhängige Macht gibt, welche die Individuen in Schranken hält, ist ein allgemeiner Verdruss die Grundstimmung. Konkurrenz, Unsicherheit und Ruhmsucht sind einerseits in der Natur des Menschen gelegen und sie sind andererseits die Ursache für den Krieg aller gegen alle. Der berühmte Krieg aller gegen alle, „bellum omnium contra omnes" als ein kontinuierlicher Zustand, den Hobbes im *Leviathan* so beschreibt:

> Hierdurch ist offenbar, dass sich die Menschen, solange sie ohne eine öffentliche Macht sind, *die sie alle in Schrecken hält*, in jenem Zustand befinden, den man Krieg nennt, und zwar im Krieg eines jeden gegen jeden. Denn Krieg besteht nicht nur in Schlachten und Kampfhandlungen, sondern in einem Zeitraum, in dem der Wille zum Kampf hinreichend bekannt ist; und deshalb ist der Begriff der Zeit als zum Wesen des Krieges gehörend zu betrachten, wie er zum Wesen des Wetters gehört. Denn wie das Wesen schlechten Wetters nicht in ein paar Regenschauern liegt, sondern in einer Neigung dazu über viele Tage, so besteht das Wesen des Krieges nicht in tatsächlichen Kampfhandlungen, sondern in der bekannten Bereitschaft dazu während der ganzen Zeit, in der es keine Garantie für das Gegenteil gibt. Alle übrige Zeit ist Frieden.[52]

Diese Bestimmung des Verhältnisses von Krieg und Frieden versucht, eine sich kontinuierlich steigernde Kriegslogik zu verhindern, die nach und nach den Frieden vollständig vertilgt. Derartige Konsequenzen einer sukzessiven Aufhebung des Friedens durch die kontinuierliche Aggressionsbereitschaft, d.h. den permanenten Hang zum Krieg, finden sich z.B. in der berühmten Maxime des römischen Kriegstheoretikers Flavius Vegetius: „Si vis pacem, para bellum". Diese Logik macht aus dem Frieden nur eine immer kürzer werdende Etappe auf dem Weg in den nächsten Krieg. Hobbes' Gedanke ist, dass, wenn sich alle zum Krieg vorbereiten, dies selbst schon Teil des Krieges ist. Der Krieg ist nicht als jeweils punktuelles Ereignis, als kurze vorübergehende Phase in der Geschichte der Menschheit zu bestimmen, sondern als sukzessiver Zustand. Daraus folgt eine noch größere Unsicherheit aller Beteiligten im Naturzustand, denn wenn sich nach den Vorbereitungen zum Krieg keiner sicher sein kann, ob der Krieg nun nicht auch wirklich vom anderen angefangen wird, dann kommt er so in Zugzwang, dass er nicht mehr nur passiv abwarten kann, ob der andere gegen ihn den Krieg auch tatsächlich anfängt. Der hypothetische Angriff des anderen muss tatsächlich von mir als der Gegenpartei antizipiert werden, um ihn in Schranken und Schrecken zu versetzen. Derjenige, über den man belehrt ist, dass er zwar

---

52 Hobbes *Leviathan*, 104f.; Hervorhebung R.S.

Waffen hat, sie aber nicht einsetzt, wird zur leichten Beute. Die Berechtigung und Präzision von Hobbes' Analyse der Kriegslogik zeigt sich z. B. an dem amerikanischen Einsatz von Atombomben in Hiroshima und Nagasaki; dort haben die Amerikaner nicht nur gezeigt, dass sie über diese Waffen verfügen, sondern auch, dass sie sie einsetzen. Waffen, die ganz sicher nicht eingesetzt werden, schrecken niemanden ab. – Übrigens wird nach Hobbes auch noch Kant später einen zeitlich begrenzten Zustand, der zwischen zwei Kriegen liegt und der nicht mit kämpferischen Handlungen erfüllt ist, nicht als Frieden bezeichnen, sondern nur als eine Art Waffenstillstand. Frieden ist daher für Kant per se ein ewiger Zustand. Konsequenterweise gilt es bei der Kriegsproblematik mit Kant zu sehen, dass es nicht nur die Gefahr eines Krieges im Staat gibt, den Hobbes vor allem in Form des englischen Bürgerkrieges vor Augen hat, sondern es geht vielmehr darum, das Verhältnis zwischen Staaten nicht mehr nur im Naturzustand zu belassen, so dass – wie es zunächst und zumeist doch ist – zwischen den Staaten Krieg geführt wird. Vielmehr gilt es, die Staaten in ein solches Verhältnis zueinander zu setzen, dass auch sie den Naturzustand verlassen und nicht nur die Bürger in ihnen. Das ist auch ein Argument gegen Hobbes' Gedanken eines absoluten Souveräns für jeden Staat, denn gerade das führt immer wieder zum Krieg zwischen den Staaten. –

Die Konsequenz des Krieges aller gegen alle, des „bellum omnium contra omnes" beschreibt Hobbes sehr eindrücklich:

> In solchem Zustand gibt es keinen Platz für Fleiß, denn seine Früchte sind ungewiss, und folglich keine Kultivierung des Bodens, keine Schifffahrt oder Nutzung der Waren, die auf dem Seeweg importiert werden mögen, kein zweckdienliches Bauen, keine Werkzeuge zur Bewegung von Dingen, deren Transport viel Kraft erfordert, keine Kenntnis über das Antlitz der Erde, keine Zeitrechnung, keine Künste, keine Bildung, keine Gesellschaft, und, was das allerschlimmste ist, es herrscht ständige Furcht und die Gefahr eines gewaltsamen Todes; und das Leben des Menschen ist einsam, armselig, widerwärtig, vertiert und kurz.[53]

Die größte Angst des Menschen besteht also in der Furcht vor einem *gewaltsamen* Tod. Es ist daher nicht einfach nur die Angst vor dem Tod, denn mit der Tatsache, dass man irgendwann stirbt und tot sein wird, kann man sich vielleicht noch dank einer philosophischen Reflexion „anfreunden", ja den Tod vielleicht sogar herbeiwünschen, aber es gibt wohl keinen, der sich für sich selbst einen gewaltsamen und hinterhältig unerwartet herbeigeführten, brutalen Tod wünscht. Im Naturzustand können alle Mittel ergriffen werden, um sich angesichts dieser größten Angst zu schützen. Es gibt im natürlichen Krieg aller gegen alle keine Ungerechtigkeit. Denn nur, wo es eine allgemein anerkannte Instanz gibt, die Gesetze

---

53 Hobbes *Leviathan*, 105.

erlässt, kann es auch Handlungen geben, die wider die Gesetze oder ihnen gemäß sind. Wo gesetzgebende Instanzen fehlen, wie im Naturzustand, kann es zumindest keine gesellschaftlichen Gesetze geben, an die man sich halten könnte.

> Die Begriffe von Recht und Unrecht, Gerechtigkeit und Ungerechtigkeit haben hier keinen Platz. Wo keine öffentliche Macht ist, gibt es kein Gesetz, wo kein Gesetz ist, gibt es keine Ungerechtigkeit. Gewalt und Betrug sind in einem Krieg die beiden Kardinaltugenden. Gerechtigkeit und Ungerechtigkeit sind keine körperlichen oder geistigen Fähigkeiten. Wenn sie es wären, könnten sie bei einem Menschen, der sich allein auf der Welt befände, ebenso vorkommen wie seine Empfindungen und Gemütsbewegungen. Sie sind Qualitäten, die mit den Menschen in der Gesellschaft verbunden sind, nicht in der Einsamkeit.[54]

– Dahinter, dass im Naturzustand die Begriffe Unrecht und Recht nicht greifen können, steht in positiver Wendung für den Rechtszustand auch der Rechtsgrundsatz: „nullum crimen sine lege“. Damit wurde schon im antiken Rom innerhalb eines Rechtssystems ausgeschlossen, dass eine Handlung, die kein bestehendes Gesetz verbietet, als kriminell angesehen werden kann. Diese rechtliche Grundregel wurde auch als „nulla poena sine lege“, also dass es keine Strafe ohne Gesetz geben darf, vorsichtiger reformuliert, denn damit wird in Form des sog. Rückwirkungsverbotes, nicht mehr gesagt, dass die Handlung nicht kriminell ist, die nicht durch ein bestehendes Gesetz verboten ist, sondern nur, dass es für sie keine Strafe geben soll. Das Rückwirkungsverbot hat übrigens auch in das Grundgesetz der BRD Eingang gefunden. Im Artikel 103, Absatz 2 des Grundgesetzes steht: „Eine Tat kann nur bestraft werden, wenn die Strafbarkeit gesetzlich bestimmt war, bevor die Tat begangen wurde.“ –

Es ist die Angst vor dem gewaltsamen Tod, die allen Menschen gemeinsam ist, die die Tendenz, den Hang zum Krieg eindämmt, denn jeder will leben, jeder hat Angst. Es ist die Vernunft des Menschen, die ihn noch und schon im Naturzustand dazu drängt, aus dem Kriegszustand herauszukommen und einen Frieden anzustreben. Die Vernunft postuliert so eine Art „Naturgesetze“, an die man sich halten sollte, will man leben. Die Angst als Grundbefindlichkeit des Menschen ist dialektisch: Einerseits führt sie zu Aggression, Krieg und Zerstörung, andererseits zu Besinnung, Selbstzurücknahme und einer Sehnsucht nach Frieden.

Für Hobbes gibt es im Naturzustand, also schon bevor der Staat gegründet wurde, bereits eine Vorform von Gesetzen und Rechten. Dies sind die sog. „Naturgesetze“ und die „natürlichen Rechte“, sie gelten allerdings nur hypothetisch und sind von den gesellschaftlich legitimierten Gesetzen und Rechten streng zu unterscheiden. Diese gibt es im Naturzustand nicht. Hobbes ging im vorange-

---

54 Hobbes *Leviathan*, 106 f.

henden Zitat etwas zu weit, als er sagte, dass es im Naturzustand des Krieges aller gegen alle gar kein Gesetz gebe. Würde man diese Einschränkung nicht machen, widerspräche sich Hobbes schlicht, denn er sagt eben auch, dass im Naturzustand jeder ein Recht auf alles habe und jeder sein eigener Gesetzgeber ist.

Ein solches natürliches Recht ist z. B. das Recht auf Selbsterhaltung,[55] jedes Lebewesen hat als solches und per se ein Recht auf Leben. Hier schließt sich Hobbes dem bereits betrachteten Konzept von Grotius an. Hobbes reflektiert in diesem Zusammenhang auch die Rechte von Tieren oder besser gesagt, er reflektiert, weshalb Tiere keine Rechte haben. Man kann eigentlich durchaus konsequent argumentieren, dass wenn es Rechte gibt, die der Mensch schon als bloßes Naturwesen hat, dann dieselben Rechte auch für die anderen Tiere gelten. Also hätte jedes Lebewesen dasselbe Recht auf Selbsterhaltung und der Mensch wäre im Unrecht, wenn er Tiere für die Schlachtung züchtet. Allerdings argumentiert Hobbes, dass der Mensch das einzige natürliche Lebewesen ist, das über Vernunft verfügt, Tiere empfinden und denken zwar in gewissem Sinne auch, aber sie verfügen nicht über höhere Kohärenzsysteme, die sich bei Menschen aus dem Einsatz von Logik und Reflexion sowie Allgemeinbegriffen ergeben. Aus diesem Grund können Tiere keine Rechte haben:

> Verträge mit unvernünftigen Tieren zu schließen ist unmöglich, denn da sie unsere Sprache nicht verstehen, können sie weder eine Rechtsübertragung verstehen oder in sie einwilligen

55 Vgl. hierzu Leo Strauss *Naturrecht und Geschichte*, Frankfurt a.M. 1977, 188, der die grundlegende und staatstragende Rolle der Selbsterhaltung bei Hobbes zutreffend herausstellt: „Alle Pflichten sind von dem fundamentalen und unveräußerlichen Recht auf Selbsterhaltung abgeleitet. Somit gibt es keine absoluten oder bedingungslosen Pflichten. Pflichten sind nur insoweit bindend, als ihre Erfüllung nicht unsere Selbsterhaltung in Gefahr bringt. Nur das Recht auf Selbsterhaltung ist bedingungslos oder absolut. Von Natur aus gibt es nur ein vollkommenes Recht und keine vollkommene Pflicht. [...] Und die Macht des Staates findet ihre Grenze in diesem natürlichen Recht und in keiner anderen moralischen Tatsache." Man kann allerdings hinterfragen, ob es wirklich eine Pflicht zur Selbsterhaltung als moralisches Gebot gibt. Ist man moralisch verflichtet, sich selbst zu erhalten? Das heisst natürlich nicht, dass es nicht ein natürliches Recht auf Selbsterhaltung gibt. Daran kann man sehen, dass Rechte und (moralische) Pflichten nicht dasselbe sein können, sonst würde analytisch aus dem Recht auf Selbsterhaltung die Pflicht zur Selbsterhaltung folgen. Ein lange siechender Sterbenskranker, der sich den Tod herbeiwünscht, hat sicherlich das Recht zur Selbsterhaltung, ob er aber auch moralisch verpflichtet wäre, ein langes Sterben auf sich zu nehmen, kann bezweifelt werden. Er würde wohl nicht zu einer unmoralischen oder gar bösen Person, würde er den Prozess abkürzen. Ein weiteres Problem ist hier, dass, falls die Selbsterhaltung ein natürliches (im Sinne von naturgegebenes) Recht ist, dann natürlich auch die anderen Tiere, nicht nur der Mensch, dieses Recht hat. Und sollte man doch Rechte und moralische Pflichten so engführen wie Strauss, haben natürlich auch die anderen Tiere die moralische Pflicht, sich selbst zu erhalten. Weshalb sollte in einem konsequenten Naturalismus diese moralische Pflicht nur für das Tier Mensch gelten?

> noch irgendein Recht auf andere übertragen; und ohne gegenseitige Einwilligung gibt es keinen Vertrag.[56]

Konsequenterweise folgt aus diesem Gedanken aber auch, dass menschliche Kleinkinder keine Vertragssubjekte sein können; denn auch sie verstehen keine sprachlichen Abmachungen und können nicht in Rechtsübertragungen einwilligen. Sind sie also genau wie Tiere zu behandeln und dürfen wir sie schlachten? Ob Hobbes diese Konsequenz wirklich selbst wollte...?

Hobbes' Gedanke bezüglich der natürlichen Rechte aller Menschen besteht in Folgendem: Selbst im Naturzustand mit all seinen Relativitäten der Menschen werden sich diese doch sicherlich wenigstens darin einig sein, dass sie einander das Recht einräumen müssen, dass sich jeder gegen Angriffe schützen darf. Des Weiteren kann man einsehen, dass dieses Recht auf Selbsterhaltung auch impliziert, dass derjenige, der sich gegen einen Angriff schützen muss, auch bestimmte Mittel einsetzen darf, um dieses Ziel zu erreichen. Es müssen also bestimmte Handlungen erlaubt sein, um sich selbst gegen Angriffe anderer zu erhalten. Angriffe anderer widerstandslos hinzunehmen ist nicht sinnvoll mit dem Recht auf Selbsterhaltung kompatibel.

> Das Naturrecht, welches Autoren gewöhnlich jus naturale nennen, ist die Freiheit, die jeder Mensch besitzt, seine eigene Macht nach Belieben zur Erhaltung seiner eigenen Natur, das heißt seines eigenen Lebens, zu gebrauchen und folglich alles zu tun, was er nach seiner eigenen Urteilskraft und Vernunft als das hierfür geeignetste Mittel ansieht.[57]

– Die beiden Grundannahmen: a) Selbsterhaltung ist ein unverbrüchliches natürliches Recht, auf dem alle anderen Rechte aufbauen, und b) man hat sich unter natürlichen Umständen gegen Angriffe zur Wehr zu setzten, sprechen beide gegen bestimmte Formen des christlichen Glaubens, denn sowohl die Feindesliebe als auch die Abwertung des diesseitigen Lebens im Dienste des jenseitigen sind dem diametral entgegengesetzt. – Im Naturzustand hat hinsichtlich der Rechtmäßigkeit und der Bewertung der zum Schutz des eigenen Lebens zu ergreifenden Handlungen jeder sein eigener Richter zu sein, denn es gibt noch keine unabhängige Instanz. In gewissem Sinn kann man also sagen, dass das Individuum im Naturzustand „rechtlich" gesehen in Personalunion Kläger, Richter, Beklagter und Anwalt ist. Trotz der Übereinstimmung darin, dass jeder dem anderen ein Recht auf Leben einräumt, bleibt ein fundamentaler Dissens bestehen, der nämlich, welche Mittel einsetzbar sein dürfen, um sein Leben zu verteidigen. Denn die

56 Hobbes *Leviathan*, 115.
57 Hobbes *Leviathan*, 107.

prinzipielle Bereitschaft zweier Personen, einander wechselseitig ein Recht auf Selbsterhaltung einzuräumen, bleibt solange sinn- und folgenlos, wie zwischen ihnen keine Übereinstimmung in der Frage der legitimen Ausübung dieses Rechts in einer konkreten Situation erreicht ist. Die Individuen im Naturzustand können sich niemals sicher sein, ob der andere gerade friedliche oder kriegerische Absichten hegt. Immer wenn mir jemand begegnet, könnte es sein, dass er sogleich sein Messer zieht und mich absticht, weil er sein Leben bedroht sah, als ich ihm gegenübertrat. Dieses Argument von Hobbes ist stichhaltig, denn am äußeren Verhalten ist die Bedrohung durch den anderen oft gerade nicht ablesbar. Das ist ja bei Angriffen oft das Überraschungsmoment, dass das Opfer in arglosem Zustand verbleibt, weil ihm Sicherheit vorgespielt wird. Selbst wenn der andere mir nicht feindlich entgegentritt, kann dahinter Feindseligkeit geargwöhnt werden. Der Frieden im Naturzustand ist immer nur scheinbar. Der Naturzustand ist ein Zustand des Krieges. Hobbes verweist zur Veranschaulichung dieses Zustands „als ein Beispiel“ für „das jetzige Jahrhundert [auf] die Amerikaner“.[58] An dieser Theorie des natürlichen Rechts wird jedenfalls deutlich, dass für Hobbes nicht erst im Staat Rechte existent sind; der Begriff des Rechts ist weiter als der Begriff des Staates.

Der Begriff des „Naturrechts“ verweist wieder auf den im vorangegangenen Abschnitt dargestellten Physikalismus und die Ontologie von Hobbes zurück. Das, was ontologisch vorhanden ist, die Natur, hat schon dadurch, dass es vorhanden ist, ein gewisses Recht – zumindest ist das beim Menschen der Fall. Es handelt sich nicht darum, dass es ausschließlich eine intelligibel vorgestellte Vernunft ist, die legitimieren könnte, dass eine Person Rechte für sich in Anspruch nimmt. In gewissem Sinn kann man sagen, dass die Vernunft die Menschen zu Rechtssubjekten macht. Die Vernunft ist eine erworbene Fähigkeit und hat somit den Charakter eines Artefakts; sie ist nicht einfach eine biologische Gegebenheit, wenngleich sie für den Materialisten Hobbes auf physikalischen Gegebenheiten aufruht, und sie ist auch nicht einfach eine durch metaphysische Einwirkung dem Menschen durch Gott eingeflößte Intelligibilität. Die Vernunft ist die durch Fleiß erworbene Fähigkeit, Kohärenz von Gründen und Folgen zu erkennen.[59] So gesehen dürfte es aber konsequenterweise letztlich gar keine *natürlichen* Rechte geben, sondern nur artifizielle, d. h. menschengemachte Vernunftrechte; dies ist eine Konsequenz, die später Fichte in aller Schärfe ziehen wird; dieser wird allerdings einen völlig anderen Vernunftbegriff konzipieren.

---

58 Hobbes *Vom Bürger*, I, 13; 84; auch *Leviathan*, 106.

59 Vgl. Hobbes *Leviathan*, 34 f., 37, 38 f.

Sofern die Rechte nach Hobbes durch die Natur gegeben sind, stellt sich auch das sog. Problem von „Humes Gesetz". Hume unterscheidet zwischen der normativen Ebene dessen, was sein *soll* und der ontologischen Ebene dessen, was *ist*. In dem Sein ist das Sollen nicht schon enthalten, und umgekehrt ist in dem Sollen nicht das Sein schon enthalten. Bei Hobbes geht jedoch beides durcheinander und fließend ineinander über: Einerseits sind die natürlichen Rechte normativ, andererseits sind sie aber auch schon auf natürliche Weise vorhanden. Das wird deutlich wenn Hobbes das Folgende ausführt:

> Und da die Menschen mit Naturnotwendigkeit bonum sibi wollen, also wünschen, das, was für sie selbst gut ist, erstreben, was ihnen schädlich ist zu vermeiden suchen, jedoch am meisten den schrecklichen Feind der Natur, den Tod [...] so ist es nicht vernunftwidrig, wenn ein Mensch alles tut, was er vermag, um seinen eigenen Körper und seine Glieder vor Tod und Schmerz zu bewahren. Und was nicht gegen die Vernunft ist, nennen die Menschen *Recht* oder *jus* oder untadelige Freiheit im Gebrauch unserer eigenen natürlichen Macht und Fähigkeiten. Daher ist es ein *natürliches Recht*, dass jeder Mensch sein eigenes Leben und seine Glieder mit aller Macht, die ihm zu Gebote steht, erhalten darf.[60]

Zwar haben im Naturzustand alle Menschen das gleiche Recht auf alles,[61] aber in Hobbes' Sicht gibt es dennoch auch Handlungen, die wider die „Naturgesetze" sind. „Naturgesetz" ist hier in einem weiten Sinn zu verstehen, der nicht dem Begriff der Naturwissenschaft entspricht. Es handelt sich bei den Rechten und Gesetzen, die für den Menschen im Naturzustand gelten, eher um Richtlinien. Kant hätte dies wohl als „Ratschläge der Klugheit" bezeichnet. Es gibt 20 Naturgesetze, die in Geboten der Vernunft bestehen. Diese 20 Naturgesetze haben einen normativen Charakter, d. h., man sollte ihnen folgen, muss aber nicht. Die Naturgesetze sind nach Hobbes ewig.[62]

> Ein Naturgesetz (lex naturalis) ist eine von der Vernunft entdeckte Vorschrift oder allgemeine Regel, wodurch einem Menschen untersagt wird zu tun, was sein Leben vernichtet oder ihm die Mittel zu dessen Erhaltung nimmt, und zu unterlassen, wodurch es seiner Meinung nach am besten erhalten bleibt.[63]

Dass Hobbes das Recht auf alles im Naturzustand auch begrenzt sieht, wird deutlich, wenn er z. B. befindet, dass „Trunkenheit" oder „Grausamkeit", d. h. eine solche Grausamkeit, bei der eine Rache ausgeübt wird, die keinerlei Rücksicht auf zukünftige Folgen nimmt, wider die Naturgesetze sind. Weder Trunkenheit noch

60 Hobbes *Naturrecht und allgemeines Staatsrecht in den Anfangsgründen*, I/XIV, 6; 97 f.

61 Vgl. Hobbes *Leviathan*, 108.

62 Vgl. Hobbes *Leviathan*, 133.

63 Hobbes *Leviathan*, 108.

Grausamkeit sind der Selbsterhaltung dienlich, Selbsterhaltung ist aber ein Naturgesetz und ein Recht des Menschen. Ergo hat der Mensch auch im Naturzustand kein Recht auf Trunkenheit und Grausamkeit. Hier wird besonders deutlich, wie sehr bei Hobbes' materialistisch-physikalischem Konzept die für ihn zentralen Begriffe: „Natur", „Recht", „Gesetz" schillern, changieren und letztendlich unbestimmt bleiben müssen. Der Begriff des Naturgesetzes sowie der des natürlichen Rechtes changieren zwischen einer normativen und einer deskriptiven Bedeutung. Bei Hobbes muss sich das Problem einer Vermischung von Sein und Sollen auf fundamentaler Ebene stellen, die letztlich seinen Rechts- und Gesetzesbegriff auflöst.

Dabei ist trotzdem eine der großen Leistungen von Hobbes, dass er sehr genau zwischen „Recht" und „Gesetz" unterscheidet:

> Recht (jus) besteht in der Freiheit, etwas zu tun oder zu lassen, während Gesetz (lex) eines davon festlegt, so dass sich Gesetz und Recht soweit unterscheiden wie Verpflichtung und Freiheit, die bei ein und derselben Sache unvereinbar sind.[64]

Rechte sind also eingeräumte Erlaubnisse und Gesetze gebietende Bindungen, etwas entweder zu tun oder es zu unterlassen. Eine Einigkeit, die bereits im Naturzustand besteht, kann man darin sehen, dass alle allen ein Recht auf Selbsterhaltung einräumen; jeder muss anerkennen, dass auch die anderen Menschen im Naturzustand danach streben, sich selbst zu erhalten und dazu alle ihnen sinnvoll erscheinenden Mittel einsetzen. Diese Übereinstimmung ist die Basis, auf der alle höherstufigen Einigungen zu errichten sein werden. Jedenfalls ist das Recht auf Selbsterhaltung anerkennbar. – Auch hier wird wieder das Changieren des Hobbesschen Rechtsbegriffs deutlich: *Sollen* alle das Recht auf Selbsterhaltung anerkennen oder tun sie es einfach als Tatsache, als Faktum? Letzteres ist doch eigentlich gerade im Krieg aller gegen alle nicht der Fall. Also kann man höchstens sagen, dass alle das Recht auf Selbsterhaltung der anderen anerkennen

---

64 Hobbes *Leviathan*, 108. Treffend bemerkt hierzu Carl Schmitt (*Der Leviathan*, a.a.O., 110): „Mit der von Hobbes eingeleiteten Verwandlung des rechtsstaatlichen Verfassungsbegriffs hängt die Verwandlung des Gesetzesbegriffs unmittelbar zusammen. Das Gesetz wird Entscheidung und Befehl im Sinne einer psychologisch berechenbaren Zwangsmotivierung. Es wird, um in der Sprache Max Webers zu reden, „Gehorsamsgewinnungschance". Das typische Gesetz einer solchen Zwangsordnung ist das Strafgesetz, die *lex mere poenalis*, die durch ein solches Gesetz bewirkte Ordnung infolgedessen ein bloßer *ordo poenalis*. In der Ausschaltung substanzhafter Wahrheits- und Gerechtigkeitsinhalte und in der positivistischen Veräußerlichung der Norm liegen aber auch bereits die spezifischen Sicherungen, die der bürgerliche Rechtsstaat erstrebt. Als Zwangsdrohung kann das Gesetz z. B. keine rückwirkende Kraft haben. Hobbes erklärt in der Tat post-factum-Gesetze für nicht verbindlich (*Leviathan*, Kap. 27)."

sollen. Wenn sie es aber nur anerkennen *sollen*, handelt es sich offensichtlich nicht mehr um ein faktisches Naturgesetz und dann gibt es keine deskriptiven oder einfach faktisch vorliegenden Aspekte, die diese Anerkennung auf Selbsterhaltung legitimieren. –

Hobbes folgert jedenfalls weiter, dass die Anerkennung des Rechts auf Selbsterhaltung im Naturzustand auch impliziert, dass die Menschen anerkennen, dass man die geeigneten Mittel ergreifen darf, um sich selbst zu erhalten. Eine Selbsterhaltung, die nicht die Mittel einsetzen kann/darf, die dazu nötig sind, wäre widersinnig. Es ist natürliches Gesetz, dass wer das Recht zur Selbsterhaltung hat, auch das Recht zur Ergreifung der geeigneten Maßnahmen hat, dieses Leben zu erhalten. Die gleichermaßen naturalistische wie instrumentell verrechnende Zweckrationalität des Menschen kommt zum Ausdruck, wenn Hobbes formuliert:

> Die Vernunft gehört nicht weniger zur menschlichen Natur als das Gefühl und ist bei allen Menschen die gleiche, weil alle Menschen sich einig sind in dem Wunsche, geleitet zu werden auf dem Wege zu dem, was sie erreichen möchten, nämlich zu ihrem eigenen Besten, und das ist das Werk der Vernunft. Es kann daher kein anderes Naturgesetz als das der Vernunft geben, noch andere Gebote des Naturrechtes als die, welche uns die Wege des Friedens weisen, wie man denselben erreichen kann, und die der Verteidigung, wo dies unmöglich ist.[65]

Hobbes entwickelt als Grundlage seiner Politischen Philosophie eine Logik der Macht. Diese Logik der Macht besteht darin, dass es essentiell für jeden Menschen ist, Macht anzustreben.[66] Diese Machtanstrebung ist eine Konstante der menschlichen Existenz. Doch im Begriff der Macht selbst ist impliziert, dass der Besitz von Macht dazu führt, Macht zu vermehren. Denn jeder Besitz von Macht führt den Mitmenschen dazu, auch diese Macht haben zu wollen. Der „Wille zur Macht" ist also das, was die Menschen in gewissem Sinne gleich und ungleich macht. Machterhalt ist nur dort möglich, wo Macht verteidigt wird. Das führt dazu, dass man mehr Macht braucht, da weder die Macht des Angreifers noch seine Angriffsmittel eindeutig zu bestimmen sind. Daraus folgt eine fundamentale Unsicherheit und Angst desjenigen, der Macht hat. Dies hat wiederum eine Vermehrungsstrategie der Macht zur Folge. Im Begriff der Macht ist eine Tendenz zur Vermehrung von Macht impliziert. Macht will mehr Macht. Wer sich aus dieser Logik der Macht und Aufrüstung ausklinken will, wird automatisch zum willenlosen Beherrschten. Derjenige, der Macht will und sie erhalten will, zwingt die anderen in den Bannkreis dieser Logik, auch die anderen müssen bei dieser Logik

65 Hobbes *Naturrecht und allgemeines Staatsrecht in den Anfangsgründen*, 1, XV, 1; 101.
66 Vgl. Hobbes *Leviathan*, 80.

der Machtpotenzierung mitmachen, denn wer sich verweigert, wird unmittelbar ihr Opfer.

> So setze ich als allgemeine Neigung der ganzen Menschheit an die erste Stelle ein ständiges und rastloses Verlangen nach Macht und wieder Macht, das erst mit dem Tod aufhört.[67]

Hier wird deutlich, dass Hobbes eine Philosophie des „Willens zur Macht" konzipiert;[68] und diese ist eine konsequente Konzeption einer Philosophie der Endlichkeit; denn sie geht vom endlichen Wesen des Menschen aus. Diese Endlichkeit wird besonders daran deutlich, dass die Macht nie zu einem Abschluss kommen kann. Eine Macht, die eine in sich geschlossene Unendlichkeit, also unendliche, unübertreffliche Macht wäre, ist in dieser Hobbesschen Macht-Logik nicht denkbar. Mit einem Terminus Hegels kann man die Macht-Logik bei Hobbes als „schlechte Unendlichkeit" bezeichnen, denn sie kommt nicht zu einem Abschluss, sondern drängt immer nur weiter und weiter, sie perpetuiert sich; sie erneuert sich ständig, ohne sich zu ändern.

Eine Konsequenz aus diesem Gedanken einer radikalen Endlichkeit von Macht, die in dieselbe Richtung zielt, wird später Nietzsche ziehen, denn auch für ihn ist Macht ein grundlegendes Phänomen der Endlichkeit und diese grundlegende, somit unentrinnbare Endlichkeit, besteht für Nietzsche darin, dass im Wesen von Macht einerseits eine unabschließbare Steigerungsnotwendigkeit enthalten ist und andererseits eine ewige Wiederkunft des Gleichen. Die Steigerungsnotwendigkeit beruht darin, dass Macht als absolute Macht gedacht einen Widerspruch in sich bildet; absolute Macht wäre statisch und unveränderlich, was wiederum der Prozessualität und dem Werden der Macht nicht entspräche. Denn Macht zu haben bedeutet, über etwas verfügen zu können, und diese Verfügungsgewalt besteht darin, dass man etwas unter seine Kontrolle bringt, das zuvor offensichtlich nicht darunter war, oder man kann diese Kontrolle verlieren; beides sind fundamentale Zeichen von Unfähigkeit, Unabgeschlossenheit und Veränderlichkeit. Sofern Macht nämlich Machtsteigerung impliziert und Steigerung

---

67 Hobbes *Leviathan*, 81.

68 Leo Strauss *Naturrecht und Geschichte*, Frankfurt a.M. 1977, 200, betont, dass Hobbes der erste Denker ist, der Macht zu dem Zentralthema der Philosophie erhebt. Wie Strauss zu Recht deutet, wird von Hobbes die Macht mit Gewalt enggeführt; Macht ist zwar nicht identisch mit Gewalt, setzt sie aber nach Strauss/Hobbes voraus. In der Gewalt, mit der sich Macht „artikuliert", kann man wieder die von mir behauptete Einheit von Apriori und Aposteriori bestätigt finden: Gewalt ist (u.a.) ein empirisches, leibliches und psychisches Phänomen, das sich konkret feststellen lässt, aber in politischer Hinsicht nur Sinn macht, wenn sie in Verbindung mit dem dahinter stehenden Anspruch des Mächtigen gesehen wird, der sie ausübt und vom Beherrschten einfordert, seine Macht zuzulassen.

bedeutet, etwas zu erreichen, was man vorher nicht hatte, kann es keine absolute Macht, auch kein mächtiges Absolutes geben. Somit ist Macht für Nietzsche nie absolute Macht, sondern immer endliche Macht, da im Haben der Macht zugleich eine Überschreitungsmöglichkeit durch andere größere Macht enthalten ist. – Besonders Heidegger hat in seinen Nietzsche-Vorlesungen diesen Zusammenhang zwischen „Wille zur Macht" und „ewiger Wiederkunft des Gleichen" beim späten Nietzsche herausgearbeitet. –

Und auch Nietzsche wird die entschieden politische Dimension dieser Logik der Macht herausarbeiten und noch durch den – innerhalb dieser Logik – durchaus konsequenten Gedanken herausstellen, dass selbst der Versuch, diese Logik der Macht zu durchbrechen oder zu verlassen, indem man Macht grundsätzlich negiert, selbst Teil dieser Macht-Logik sein kann, denn derjenige der Macht negiert und dies durchzusetzen bestrebt ist, verwendet selbst schon wieder Macht – Nietzsche bezeichnet dies als Dekadenz. Die Versuche, sich aus der Logik der Macht zu verabschieden, mögen nun in christlichem Kontext die Schaffung eines machtfreien Raums mittels der Liebe und sogar der Feindesliebe sein oder in einem sozialistisch-kommunistischen Kontext die Aufhebung gesellschaftlicher Hierarchien oder in der Aufhebung des ungleich machenden Besitzes bestehen oder im Rahmen einer politischen Anarchie mittels der Aufhebung aller Ordnungsstrukturen bestehen, jeweils muss Macht eingesetzt werden und diese Konzepte müssen sich der Macht bedienen, um einerseits andere Konzepte zu verdrängen und andererseits muss Macht eingesetzt werden, um dauerhaft spätere Angriffe zu verhindern.

Für Hobbes folgt die Logik der Macht gerade nicht daraus, dass es Ungleichheit unter den Menschen gibt; die Wurzel der Machtpotenzierung ist nicht die Ungleichheit unter den Menschen und für Hobbes ist es ein klarer Denkfehler, wenn man glaubt, eine Befreiung aus der Logik der Macht sei möglich, indem man die Ungleichheit in der Gesellschaft beseitigt. Genau umgekehrt ist es gerade die Gleichheit unter den Menschen, aus der die Logik der Macht entspringt. Die Gleichheit der Natur des Menschen ist aber prinzipiell nicht zu beseitigen. Das kann nur dazu führen, dass die Beseitigungsstrategien unehrlich und unaufrichtig werden müssen; denn sie geben vor, dort Gleichheit zu schaffen, wo grundsätzlich schon längst Gleichheit herrscht. – Auch hier zieht Nietzsche dann die entscheidende Konsequenz, dass der Versuch, Machtfreiheit herzustellen, historisch gesehen meist in einen verlogenen Nihilismus mündet, mit dem notwendigerweise der selbstzerstörerische Widerspruch begangen wird, Machtfreiheit durch einen massiven Einsatz von Macht zu realisieren. Eigentlich gehe es vielmehr darum, jene, die sich der postulierten Machtfreiheit widersetzen, weil sie sich ihre Neigung zur Macht offen eingestehen, mit Macht zu beherrschen. Wenngleich Nietzsche sich von Hobbes dadurch unterscheidet, dass er von einer fundamentalen Ungleichheit der Menschen ausgeht; so sind beider Konsequenzen aus einer Logik der fundamental endlichen Macht doch erstaunlich ähnlich. –

5 Naturrecht und das Wesen des Vertrags – Die Entstehung des Gesellschaftsvertrags und das Verlassen des Naturzustands

Aufgrund der Bedrohlichkeit des Naturzustands hat nach Hobbes die Vernunft des Menschen schon jeweils von sich aus eine Tendenz, diesen umfassenden Kriegszustand zu verlassen. Denn es widerstrebt der nach Selbsterhaltung strebenden Vernunft des Menschen, sich weiterhin in einem solch universell gefährlichen Zustand aufzuhalten. Es wäre ein performativer Selbstwiderspruch, würde die Vernunft in diesem Kriegszustand verharren wollen. Die Natur ist es zwar, die den Menschen in diese Lage versetzt, aber es ist die Vernunft, also die artifizielle Kraft des Menschen, die ihn aus jenem Zustand herausdrängt. Das geschieht zunächst mit jenen Naturgesetzen; das erste Naturgesetz, in dem sich die naturale und die vernünftige Ebene des Menschen vereinigen, lautet:

> Und folglich ist es eine Vorschrift oder allgemeine Regel der Vernunft, *dass jedermann nach Frieden streben sollte, soweit er Hoffnung hat, ihn zu erlangen, und dass er, wenn er ihn nicht erlangen kann, alle Hilfen und Vorteile des Krieges suchen und von ihnen Gebrauch machen darf.*[69]

Hieran wird deutlich, dass diese Naturgesetze ein Zwischenstadium beschreiben, nämlich ein solches, in dem zwar schon einerseits die bloße Faktizität der Natur überwunden ist, denn es gibt schon eine Tendenz zum Frieden, den die Vernunft als einen artifiziellen Zustand gebietet; aber es gibt doch keine äußere Zwangsinstitution, die diese Tendenz zum Frieden verbindlich einfordern könnte. Jeder hat zwar die einleuchtende Intuition, dass Frieden für seine Selbsterhaltung sinnvoller ist als universeller Krieg, doch kann man mit einer solchen natürlich-vernünftigen Regel des Zusammenlebens noch keine verbindliche Pflicht verknüpfen. Naturrecht: „Jeder hat ein Recht auf alles“ und Naturgesetz: „Zwecks deiner Selbsterhaltung solltest du Frieden anstreben“ stehen sich gegenseitig im Weg. Das eine erlaubt und gibt Freiheit zu unbegrenzter Selbsterhaltung, das andere zeichnet die Unterlassung als vernünftige Regel vor. Die eine Hand gibt, was die andere nimmt. Der Zwischenstatus oder die Übergangsphase, in der wir uns jetzt befinden, wird deutlich, wenn Hobbes subtil ausführt: „Und die Vernunft *legt* geeignete Friedensartikel *nahe, auf deren Grundlage die Menschen zu einem*

---

69 Hobbes *Leviathan*, 108.

Vertag gebracht werden können."[70] Der Zwischenzustand ist also gerade dadurch in seiner Besonderheit charakterisiert, dass in ihm noch kein staatlich garantierter Vertrag herrscht, sondern nur eine Basis für einen solchen vorhanden ist. Dieser Zwischenzustand ist zwar rechtsartig und auch in gewissem Sinne schon gesetzesartig, aber noch nicht vertraglich abgesichert. Daran wird deutlich, dass der eigentlich staatliche oder eigentlich politische Zustand des Menschen bzw. der Menschheit für Hobbes darin besteht, dass es eine Institution gibt, die die Menschen durch Zwang zur Einhaltung ihrer Verträge antreibt. Der Staat hat eine solche Furcht vor seinen Strafmaßnahmen zu verbreiten, dass sich die Menschen in ihrem Kosten-Nutzen-Kalkül dazu gedrängt fühlen, das kleinere Übel zu wählen und sich an die von ihnen abgeschlossenen Verträge halten.

Die Naturgesetze sind für jeden Einzelnen nur vor der Instanz seiner Innerlichkeit verbindlich. Naturgesetze „verpflichten in foro interno [...] nicht immer in foro externo".[71] Insofern hat im Bereich der Naturgesetze die Moralphilosophie ihren genuinen Ort. Die Moralphilosophie ist keine Politische Philosophie, da sie nur die innerliche, nicht die äußerliche Verpflichtung zu regelgeleiteten Handlungen analysiert. So sind denn auch die Naturgesetze eher innerliche Handlungsrat(vor)schläge: 1. Suche den Frieden, 2. sei bereit, deinem Recht auf alles zu entsagen, 3. strebe danach, Verträge einzuhalten, 4. sei dankbar, 5. sei anpassungsfähig an die Gesellschaft, in der du leben möchtest (unnütze und schwer anpassungsfähige Menschen sind nach Hobbes aus der Gesellschaft auszuschließen!), 6. signalisiere Bereitschaft zur Vergebung, 7. mäßige dich in deiner Rache, 8. mäßige deinen Hass und mache keinen verächtlich, 9. sei nicht hochmütig, 10. sei nicht anmaßend etc. Diese Naturgesetze bilden eine Struktur, die nur in der Innerlichkeit jedes einzelnen Individuums Beachtung findet. Daran ist keiner vertraglich gebunden. Dennoch gibt es eine Art Naturgesetzlogik oder Naturgesetzrationalität, denn die Naturgesetze hängen untereinander in einem deduktiven System zusammen. Sie stehen nicht einfach kollageartig nebeneinander.

So folgert Hobbes aus dem ersten Naturgesetz das zweite:

> *dass ein Mensch bereit sein soll, wenn andere es auch sind, soweit er es im Interesse des Friedens und seiner Verteidigung für notwendig hält, diesem Recht auf alle Dinge zu entsagen und mit so viel Freiheit gegen andere zufrieden zu sein, wie er anderen gegen sich selbst zugestehen würde.*[72]

70 Hobbes *Leviathan*, 107; Hervorh. R.S.
71 Hobbes *Leviathan*, 132.
72 Hobbes *Leviathan*, 108.

Die Subtilität von Hobbes' Gedankengang ist deutlich: Im Sinne des Rechts auf Selbsterhaltung wird mittels dieses Natur-Rechts selbst dieses Recht eingeschränkt, denn um mich selbst erhalten zu können, trete ich von diesem Recht zurück. Das Maß, in dem ich von dem Recht auf Selbsterhaltung zurücktrete, wird aber auch wieder durch die Selbsterhaltung bestimmt, denn ich trete nur soweit von meinem Recht auf Selbsterhaltung zurück, soweit es meiner Selbsterhaltung dient. Aus einem universellen Recht auf Selbsterhaltung wird so ein partikulares Recht auf Selbsterhaltung, das dem alter ego dieselbe Partikularität seines Rechtes auf Selbsterhaltung zuspricht. Hobbes veranschaulicht seinen Gedanken mit der Regel, das nicht einem anderen anzutun, was man selbst vom anderen nicht erleiden will. Der entscheidende Fortschritt kommt also nicht dadurch zustande, dass ein Subjekt seine Rechte durchsetzt, sondern genau umgekehrt, dadurch dass ein Subjekt von seinen Rechten zurücktritt.

Die *Rechtsentsagung* ist somit der zentrale Aspekt, der ein zwischenmenschliches Leben möglich macht. Eine dauerhafte Intersubjektivität kann es nämlich nur dort geben, wo die einander begegnenden Subjekte ihrem umfassenden Recht auf Selbsterhaltung entsagen und dem anderen einen Spielraum einräumen, in dem auch er existieren kann. Das tun sie nicht aus Nächstenliebe, sondern aus der kalkulierenden Berechnung, dass dadurch auch von der Gegenseite dieser Rechtsverzicht geleistet wird.

> Dem *Recht* auf irgendetwas *entsagen* heißt sich der Freiheit begeben, einen anderen an der Nutzung seines eigenen Rechts darauf zu hindern. Denn wer auf sein Recht verzichtet oder es überträgt, gibt keinem anderen ein Recht, das dieser nicht zuvor hatte, weil es nichts gibt, worauf nicht jeder von Natur aus ein Recht hätte; sondern er macht nur Platz, damit der andere sein ursprüngliches Recht ohne Behinderung durch ihn genießen kann. So besteht die Wirkung, die sich für einen Menschen aus dem Wegfall des Rechts eines anderen ergibt, nur in einer ebenso großen Verringerung der Hindernisse bei der Nutzung seines eigenen ursprünglichen Rechts.[73]

Erst durch diese Entsagung entstehen gegenseitige Verpflichtungen und einforderbare Ansprüche. Fast schon paradox klingt es – beschreibt die Situation aber genau –, wenn man das Szenarium folgendermaßen formuliert: Nur dann, wenn man von seinem natürlichen Recht auf alles zurücktritt, kann man den Zustand vorbereiten, in dem ein Vertrag abgeschlossen wird. Das Recht, das Verträge verhindert, ist das universelle Recht auf Selbsterhaltung. Nur wenn man von diesem Recht zurücktritt, kann überhaupt ein Vertrag geschlossen werden. Denn ein Vertrag räumt immer mehreren Vertragspartnern mehrere spezifische Rechte ein. Solange einer auf seine universellen Rechte besteht, kann er nicht sinnvoll

73 Hobbes *Leviathan*, 109.

Vertragspartner werden, denn er verpflichtet sich zu keinen Handlungsbeschränkungen gegen den anderen. Das universelle Recht auf alles im Naturzustand lässt auch keinerlei Garantien zur Sicherung von Vertragspartnern zu, denn Garantien für die Einhaltung von Verträgen kann es nur geben, wenn Zwang ausgeübt werden kann, um die Einhaltung zu gewährleisten.

Die Begriffe: „Vertrag", „Gegenseitigkeit", „Recht" und „Einschränkung" bzw. „Übertragung von Rechten", „Anspruch", „Schuld", „Zwang", „Garantie", als Verpflichtung auf Einhaltung von Verträgen, hängen also in der Politischen Philosophie von Hobbes grundsätzlich so eng zusammen, dass sie eine eigentümliche Vertragslogik bilden, die den Gedanken der Verpflichtung zur Einhaltung von Verträgen in den Mittelpunkt stellt. Verträge haben nur dort überhaupt einen Sinn, wo den Worten des Vertrags auch eine Autorität folgt, das Geforderte einzuholen. Ohne Sicherheit und Garantie auf die Erfüllung von Verträgen würde das Prinzip des gegenseitigen Vertrags aufgelöst. Jeder Vertrag ist letztlich nur so gut, wie er verbindlich ist, und jeder Vertrag ist nur so verbindlich, wie das Schwert stark ist, das drohend die Nichteinhaltung bestraft. Verträge implizieren eine staatliche Strafmacht.

So wie die theoretische Logik zu ihrem Prinzip den Satz vom zu vermeidenden Widerspruch hat, so hat die Vertragslogik die Autorität zu ihrem Prinzip. Daher besagt denn auch das dritte Naturgesetz: Geschlossene Verträge sind zu erfüllen;[74] hier taucht das aus dem mittelalterlichen Recht bekannte und schon erwähnte „pacta sunt servanda" wieder auf. Hobbes definiert den Vertrag als: „gegenseitige Übertragung von Rechten".[75] Das schließt sich natürlich auch an das antike Römische Recht an, das den Vertrag in der Rechtsformel do ut des („Ich gebe, damit Du gibst"; oder auch im quid pro quo „Dieses für das") festhält. Der Vertrag ist ein Synallagma von Leistung und Gegenleistung. Ursprünglich von den antiken Römern zur Bezeichnung ihres Verhältnisses zu den Göttern verwendet – im Sinne der Erwartung einer Gegenleistung der Götter für das ihnen dargereichte Opfer –, weitete sich das Wechselseitigkeitsverhältnis auf intersubjektive Relationen zwischen Menschen aus.

Sofern der Vertrag und die Übertragung von Rechten geschlossen wird, um das eigene Leben zu erhalten, bildet es für Hobbes keinen Widerspruch oder kein Problem, wenn Verträge unter Zwang oder unter Furcht vor dem Tode abgeschlossen werden; in gewissem Sinne kann man bei Hobbes sogar sagen, wird

74 Vgl. Hobbes *Leviathan*, 119.
75 Hobbes *Leviathan*, 111.

letztlich jeder Vertrag unter Todesfurcht geschlossen.[76] Dennoch ist Hobbes dagegen, Aussagen unter der Folter als rechtskräftige Aussagen anzuerkennen:

> Auch Anklagen unter der Folter sind nicht als Aussagen anzusehen. Denn die Folter soll nur als Mittel zur Mutmaßung und Aufklärung bei der weiteren Untersuchung und Erforschung der Wahrheit angewendet werden; und was in diesem Fall gestanden wird, trägt zur Erleichterung des Gefolterten bei, nicht zur Information der Folterer, und sollte deshalb nicht die Glaubwürdigkeit einer zuverlässigen Aussage besitzen; denn ob er sich durch wahre oder falsche Aussage befreit, er tut dies aufgrund des Rechts, sein eigenes Leben zu erhalten.[77]

Aussagen unter Folter haben also eine therapeutische Funktion, doch keine, die der Wahrheitsfindung dienlich wäre! Das sah die Inquisition noch anders, beides schließt sich nicht aus, man kann sich zugleich erleichtern und die Wahrheit sagen.

Es gibt jedoch auch Grenzen der Vertragslogik bei Hobbes. Diese sieht er darin, dass jemand sein Recht auf Selbsterhaltung nicht universell übertragen kann. Das Recht auf Selbsterhaltung ist unveräußerlich; denn es ist die Grundlage aller Verträge. Es bildet einen Widerspruch, sein Recht auf Selbsterhaltung vertraglich völlig aufzugeben, da Verträge einzig und letztlich insgesamt nur wegen der Selbsterhaltung geschlossen werden. Der Widerspruch besteht darin, dass man das überträgt, weswegen die Übertragung gemacht wird. In dieser Hinsicht leistet Hobbes auf dem Gebiet der Politischen Philosophie, was Descartes auf dem Gebiet der theoretischen Philosophie geleistet hat: Analog zu Descartes' *cogito*, bei dem es einen Widerspruch darstellt, wenn man denkt, dass man nicht denkt, so stellt es in Hobbes' Logik von Macht und Vertrag einen Selbstwiderspruch dar, wenn man sein Recht auf Selbsterhaltung vertraglich vollständig einem anderen Mitbürger überträgt;[78] denn man entzieht damit dem Vertrag die Basis. Insofern müsste Hobbes Verträge, in denen beide Vertragspartner sich wechselseitig oder nur einer von beiden dem anderen sein Leben überträgt, als nichtig bezeichnen; dabei handelt es sich dann nur um Worthülsen, nicht um einen Vertrag; ein Vertrag, mit jemandem geschlossen, der mir mein Leben nehmen will, auch wenn ich es ihm aus meinem freien Willen heraus überantworte, gilt nicht, und wer einen solchen Vertrag eingeht, der ist eben kein Subjekt, das geistig in der Lage ist, Verträge zu schließen; ein solches Subjekt braucht seinen „Vertrag" natürlich auch nicht einzuhalten und kann entpflichtet werden.

---

76 Vgl. Hobbes *Leviathan*, 116.

77 Hobbes *Leviathan*, 118.

78 Vgl. Hobbes *Leviathan*, 110, 117.

Etwas ganz anderes ist es für Hobbes, sein Recht auf Selbsterhaltung einem Souverän zu überantworten. Denn dieser ist keine andere ebenfalls beherrschte Person, kein anderer Bürger. In einer solchen Übertragung geschieht die Übertragung ja auch genau um der durch den Souverän besser zu gewährleistenden Selbsterhaltung meiner Person willen. Ein gewisser Widerspruch kann jedoch darin erblickt werden, dass Hobbes an anderer Stelle schreibt: „Nichts, was einem Menschen mit seiner eigenen Zustimmung zugefügt wird, kann Unrecht sein.“[79] Dies kann so unumschränkt nicht gelten.

Aus der Bestimmung des Vertrags („gegenseitige Übertragung von Rechten“) folgt notwendig, dass der Naturzustand verlassen werden muss, wenn Verträge Geltung und Verpflichtung für beide Vertragspartner haben sollen. Denn wenn alle Instanzen des Vertrags ein Recht auf alles haben, kann dies keine von ihnen durchsetzen. Alle blockieren sich in der Ausübung ihrer Rechte gegenseitig. Diese gegenseitige Blockade kann nur aufgehoben werden, wenn man Rechte überträgt, abgibt.

6 Souveränität

Doch die Abgabe der Rechte erfolgt nicht einfach an ein anderes Individuum, das ebenfalls ein Subjekt des Naturzustands wäre. Diesem kann gar kein Recht übertragen werden, denn die Subjekte des Naturzustands haben ja schon längst das Recht auf alles. Dieses Recht kann also auch nicht vermehrt werden, indem ein Naturzustandssubjekt einem anderen Naturzustandssubjekt seine Rechte übergibt. Das zweite Subjekt hätte dann nur eine Verdoppelung seiner ohnehin schon bestehenden Rechte auf alles; und es macht keinen Sinn oder Unterschied, ob man auf eine Sache einmal oder zweimal ein Recht hat. Die Übertragung der Rechte muss vielmehr auf einen von allen Partnern und vom Naturzustand völlig unabhängigen Dritten geschehen. Dies kann nur ein durch und durch artifizielles und konstruiertes Gebilde sein. Das führt zur Gründung der staatlichen Souveränität als eines artifiziellen Gebildes, das also weder natürlichen noch göttlichen Ursprungs ist; oft bezeichnet Hobbes den Staat und den Souverän daher als einen „künstlichen Menschen“ (homo artificialis); an zentraler Stelle auch als „sterblichen Gott“ (deus mortalis). Aus den Rechten der Individuen wird demokratisch ein Souverän gebildet; dessen Artifizialität durch seinen Status als Repräsentant abgebildet wird. Und erst hier gibt es Recht und Gerechtigkeit im vollen Wortsinn, denn Gerechtigkeit ist für Hobbes eine Eigenschaft, die sich aus dem Regelfolgen

79 Hobbes *Leviathan*, 125.

ergibt; nach dem Gesetz zu handeln ist Gerechtigkeit. Gerecht ist, was dem Gesetz nicht widerspricht; was dagegen das Gesetz bricht, ist ungerecht.

> Und in diesem Naturgesetz [„Verträge sind einzuhalten"; Einf. R.S.] bestehen Quelle und Ursprung der *Gerechtigkeit*. Denn wo kein Vertrag vorausgegangen ist, da ist kein Recht übertragen worden, und jeder Mensch hat ein Recht auf alles; und folglich kann keine Handlung ungerecht sein. Aber wenn ein Vertrag geschlossen ist, dann ist es *ungerecht*, ihn zu brechen; und die Definition der *Ungerechtigkeit* ist nichts anderes als *die Nichterfüllung von Verträgen*. Und was nicht ungerecht ist, ist *gerecht*.
>
> Weil aber Verträge aufgrund gegenseitigen Vertrauens ungültig sind, wo [...] die Furcht vor Nichterfüllung auf einer der beiden Seiten besteht, kann es, obwohl der Ursprung der Gerechtigkeit im Abschließen von Verträgen besteht, eigentlich dennoch keine Ungerechtigkeit geben, bis die Ursache solcher Furcht beseitigt ist, was nicht geschehen kann, solange sich die Menschen im Naturzustand des Krieges befinden. Bevor die Bezeichnungen gerecht und ungerecht Platz greifen können, muss es daher eine zwingende Macht geben, um sowohl die Menschen zur Erfüllung ihrer Verträge durch die Angst vor einer Strafe zu nötigen, die größer ist als der Vorteil, den sie vom Bruch ihrer Verträge erwarten, als auch um jenes Eigentumsrecht zu sichern, das die Menschen durch gegenseitigen Vertrag als Entschädigung für das allgemeine Recht erwerben, das sie aufgeben; und solch eine Macht gibt es nicht vor der Errichtung eines Gemeinwesens. [...]; und wo keine zwingende Macht errichtet ist, das heißt, wo es kein Gemeinwesen gibt, da gibt es kein Eigentumsrecht, weil alle Menschen ein Recht auf alles haben; wo es kein Gemeinwesen gibt, ist deshalb nichts ungerecht. *Also besteht das Wesen der Gerechtigkeit in der Einhaltung gültiger Verträge. Aber die Gültigkeit von Verträgen beginnt erst mit der Gründung einer Staatsmacht, die ausreicht, um die Menschen zu ihrer Einhaltung zu zwingen; und dann beginnt auch das Eigentumsrecht.*[80]

Vertragsrecht ist für Hobbes also letztlich Zwangsrecht. Damit wird nicht durch eine „Gerechtigkeit an sich" oder eine „Wahrheit an sich" oder eine „Ordnung an sich" festgelegt, was „gerecht" ist, sondern ausschließlich durch die autoritative Festlegung von Gesetzen durch den Willen des Souveräns wird bestimmt, was „gerecht" ist.[81] Gerechtigkeit hat für Hobbes nichts mit Wahrheit oder unveränderlichen Werten zu tun, sondern ausschließlich mit der Autorität des Willens des Souveräns; d. h., Gerechtigkeit bestimmt sich nur durch politische Macht. Hobbes

---

80 Hobbes *Leviathan*, 120; Hervorhebungen R.S.

81 Leo Strauss *Naturrecht und Geschichte*, Frankfurt a.M. 1977, 193: „Die Zustimmung [der Vertragspartner des Gesellschaftsvertrages; Einf. R.S.] ist aber nicht wirksam, wenn sie sich nicht selbst in Unterwerfung unter den Souverän umwandelt. Aus dem angegebenen Grund ist der Souverän nicht wegen seiner Weisheit Souverän, sondern weil er durch den Grundvertrag zum Souverän gemacht worden ist. Dies führt zu der weiteren Schlussfolgerung, dass Befehl oder Wille und nicht Überlegung oder Vernunft der Kern der Souveränität ist, und dass Gesetze nicht kraft ihrer Wahrheit oder Vernünftigkeit, sondern allein kraft der Autorität Gesetze sind. In Hobbes' Lehre folgt die Vorherrschaft der Autorität im Unterschied zur Vernunft aus einer außergewöhnlichen Ausdehnung des Naturrechts der Einzelperson."

konzipiert somit eine dezisionistische Theorie der Gerechtigkeit. Des Weiteren ist hieran zu beachten, dass offensichtlich nur ein größerer Zwang oder eine größere Furcht jene Furcht vor dem gewaltsamen Tod aus dem Naturzustand bändigen kann. Der Eintritt in den Staat wird von den Individuen zwar vollzogen, um der garantielosen und unberechenbaren Bedrohung durch den Tod im Naturzustand zu entgehen, doch dieser Schritt wird gemacht, indem man eine unsichere Bedrohung durch eine berechenbare Bedrohung durch den Staat eintauscht. Der Staat bietet mit seinen verbindlichen Vorschriften eine berechenbare Grundlage für die Strafe, die ungerechten Handlungen folgen kann. Im Naturzustand konnte das Individuum immer noch auf das Glück hoffen, mit seinen Taten davonzukommen. Im Staat ist die Bestrafung wahrscheinlicher und berechenbarer und daher das Zusammenleben kalkulierbarer.

Selbst wenn der Staat despotisch organisiert ist und der Herrscher willkürliche Gesetze erlässt, so ist dies nach Hobbes immer noch besser als die Anarchie des Naturzustands. Jene Anarchie ist grausam und unkalkulierbar, die Willkür des Souveräns im Staat mag zwar auch grausam sein, aber sie ist immer noch verbindlicher und kalkulierbarer als die universelle Willkür aller im Naturzustand. Wenn nur einer willkürlich ist, dann folgt daraus größere Sicherheit für das Leben, als wenn alle willkürlich sind. – Wie uns die Erfahrungen des 20. Jahrhunderts gezeigt haben, ist dieser Gedanke von Hobbes schlicht falsch, denn mittels einer instrumentellen und technisch perfektionierten Durchsetzbarkeit von Willkürmaßnahmen *eines* Souveräns und seiner Autokratie kann seine Willkür und eine seinen Gesetzen gehorchende Mehrheit wesentlich größere Unsicherheit für das Leben hervorrufen als eine Vielzahl von Individuen, die willkürlich handeln, deren Willkür sich ja auch gegenseitig aufheben kann. Vielleicht ist es aber auch eine rein spekulative These, denn wie wollte man verifizieren, dass die Summe der Grausamkeiten im Naturzustand größer oder kleiner ist als die Summe der Grausamkeiten im Staat? Wenn sich das aber nicht eindeutig sagen lässt, spekuliert man. Hobbes ist aber sicherlich zuzustimmen, dass die Bedrohung im Staat kalkulierbarer ist als die des Naturzustandes; aus der größeren Kalkulierbarkeit folgt aber offenbar noch nicht analytisch, dass sie auch gemildert ist. – Hobbes lehnt aufgrund der prinzipiell aus Staatlichkeit folgenden größeren Kalkulierbarkeit auch die klassische, z. B. bei Polybios zu findende Unterscheidung von guten und schlechten Regimes ab. Eine gute und eine schlechte Monarchie zu unterscheiden oder zu sagen, ob Tyrannis besser ist als Demokratie, geht am essentiellen Kern des Staates vorbei, nämlich daran, eine kalkulierbare Ordnung zu schaffen, und diese wird letztlich immer aus *einem, einfachen und einheitlichen* Willen geschaffen. Es kann daher nach Hobbes auch keine Nomokratie geben, das Gesetz selbst kann nicht herrschen, weil es immer einer ausführenden realen

Instanz bedarf, und diese ist letztlich Herrscher.[82] – Hier liegt eine Verwechselung von Herrschaft und Exekutive vor, denn nicht ist derjenige notwendigerweise auch Herrscher in einem Staat, der die Einhaltung der Gesetze ausführt. Die Exekutive kann natürlich auch gesetzesunterworfen sein und selbst die gesetzgebende Instanz ist widerspruchsfrei als ebenfalls gesetzesunterworfen denkbar; auch Parlamentsabgeordnete unterliegen dem Gesetz und stehen nicht darüber. – Nach Hobbes ist es die staatlich garantierte Sicherheit, die das Individuum für die konstruktive Ausführung seiner Handlungen braucht.

> Der einzige Weg, solch eine gemeinsame Macht zu errichten, die fähig ist, die Menschen vor dem Angriff Fremder und vor gegenseitigem Unrecht zu schützen und sie damit so weit zu sichern, dass sie sich durch eigenen Fleiß und die Früchte der Erde ernähren und zufrieden leben können, besteht darin, all ihre Macht und Stärke einem Menschen oder einer Versammlung von Menschen zu übertragen, *die den Willen jedes einzelnen durch Stimmenmehrheit zu einem einzigen Willen machen*; das heißt, dass sie einen Menschen oder eine Versammlung von Menschen zur Vertretung ihrer Person ernennen und dass jeder von ihnen sich zum Urheber all dessen erklärt, was derjenige, der so ihre Person vertritt, in Bezug auf Frieden und Sicherheit der Allgemeinheit tun oder veranlassen wird, und dass sie darin ihren Willen seinem Willen und ihr Urteil seinem Urteil unterwerfen. Das ist mehr als Zustimmung oder Eintracht; es ist eine wirkliche Einheit von ihnen allen in ein und derselben Person, die durch Vertrag eines jeden mit jedem so geschaffen wird, als ob jeder zu jedem sagte: *Ich gebe diesem Menschen oder dieser Versammlung von Menschen Ermächtigung und übertrage ihm mein Recht, mich zu regieren, unter der Bedingung, dass du ihm ebenso dein Recht überträgst und Ermächtigung für alle seine Handlungen gibst.* Wenn dies getan ist, nennt man die so in einer Person vereinigte Menge *Gemeinwesen* (common wealth), auf Lateinisch civitas. Das ist die Entstehung jenes großen *Leviathan* oder besser (um ehrerbietiger zu sprechen) jenes *sterblichen Gottes*, dem wir unter dem *unsterblichen Gott* unseren Frieden und unsere Sicherheit verdanken.[83]

Die artifizielle Person, die den Willen aller repräsentiert, ist der Souverän. In der Repräsentation ist Einigung der Vielzahl zu einer Einheit vollzogen und die Repräsentation ist wiederum durch Ermächtigung und Rechtsübertragung unter den Beherrschten zu leisten. Es ist also eigentlich nicht so, dass die Untertanen, die Bürger mit ihrem Herrscher einen Vertrag abschließen, sondern vielmehr schließen die Bürger untereinander einen Vertrag ab, nämlich darüber, dass sie von ihrem Recht auf alles keinen Gebrauch mehr machen wollen und sich vielmehr daran binden einen solchen Rechtsgebrauch in Zukunft unter Strafe zu stellen. Der Souverän steht damit über dem Vertrag, er ist kein Vertragssubjekt, er unterliegt nicht dem Vertrag, denn wenn er dem Vertrag unterläge, dann hieße das ja, dass er

---

82 Vgl. ähnlich schon Leo Strauss *Naturrecht und Geschichte*, Frankfurt a.M. 1977, 200 ff.
83 Hobbes *Leviathan*, 145.

auch Rechte überträgt, damit wäre er aber nicht mehr der Empfänger aller Rechte. Das entscheidende Argument lautet, dass der Souverän zum Zeitpunkt des Vertragsabschlusses nicht existent ist, es gibt ihn erst nach dem Vertragsabschluss, also kann er auch gar nicht Vertragsnehmer sein. Der Souverän steht also über Verträgen und über der Rechtsübertragung. – Ähnlich formulierte schon Ulpian (170 – 223 n.Chr.), in seiner Eigenschaft als Jurist der römischen Kaiserzeit, den Grundsatz absolutistischer Herrschaft: „Princeps legibus solutus est." (D.I., 3.31) Der Gedanke von Domitius Ulpianus wird später von Jean Bodin für seine Begründung des französischen Absolutismus aufgegriffen. – Der Souverän steht also über dem Gesetz.

Da er ermächtigt wird, alle Gesetze des Gemeinwesens zu erlassen, kann er die Gesetze jederzeit ändern. Wenn ihm also ein Gesetz für die gegenwärtige Situation unpassend erscheint, kann er es kurzerhand ändern. Somit unterliegt er nicht dem Gesetz, sondern das Gesetz unterliegt seinem Willen. Der Souverän verlöre geradezu seine Souveränität, wenn er dem Gesetz selbst auch unterstehen würde und nicht nur die Bürger.[84] Die *Einheit* des repräsentativen Souveräns ist es, die gewährleistet, dass auch der Wille der Bürger *einer* ist. Wenn Hobbes also durchaus zulässt, dass nicht nur ein einzelner Souverän an der Spitze des Staates steht, sondern es auch eine Versammlung sein kann, so ist doch der einzelne Repräsentant besser geeignet, die Einheit und Einfachheit des allgemeinen Willens abzubilden.

> Eine Vielzahl von Menschen wird zu *einer* Person, wenn sie durch einen Menschen oder eine Person vertreten wird, wofern es mit der besonderen Zustimmung jedes einzelnen dieser Vielzahl geschieht. Denn es ist die *Einheit* des Stellvertreters, nicht die *Einheit* der Vertretenen, die die Person zu einer macht. Und es ist der Stellvertreter, der die Person verkörpert, und zwar nur eine Person; und *Einheit* kann man bei einer Vielzahl nicht anders auffassen.[85]

Der Souverän ist eine Art „Übermensch". Er setzt sich über die einzelnen Individuen als Vertragspartner hinweg, er transzendiert diese als natürliche Menschen; so wie sich in dem Kupferstich von Wenzel Hollar der Souverän aus allen Individuen zusammensetzt und genau dadurch keines mehr von ihnen ist; eben ein „*Über*mensch" (μάκροσ ἄνθρωπος).

Die souveräne Macht umfasst die folgenden Eigenschaften: 1. Souveränität ist unveränderlich, 2. unverlierbar, 3. oppositionslos, die Bürger haben kein Recht auf Protest, 4. der Souverän begeht nie Unrecht, da er die Gesetze erlässt, kann er dies gar nicht, 5. der Souverän ist unbestrafbar, 6. er hat Entscheidungsfreiheit über

84 Vgl. Hobbes *Leviathan*, 224.
85 Hobbes *Leviathan*, 138.

Zwecke und Mittel der Friedenserhaltung und der Lehre, 7. Festlegung von Eigentumsrecht, 8. ihm obliegt die richterliche Entscheidungsgewalt, 9. Entscheidungs- und Ernennungsfreiheit der militärischen Oberbefehlshaber, 10. Amtsernennungen, 11. Belohnung und Bestrafung der Bürger gemäß seinen Gesetzen, 12. Verleihung von Ehrentiteln. Diese verschiedenen Befugnisse und Eigenschaften definieren zusammengenommen die politische Souveränität, d. h., der Souverän kann auch nicht eine dieser Eigenschaften aufgeben, da er sich sonst auch der anderen begibt. Die Befugnisse bilden eine interne Struktur absoluter Macht; ähnlich wie bei einem Organismus die einzelnen Organe aufeinander bezogen sind, so sind auch die verschiedenen Machtaspekte zu einer Ganzheitsstruktur miteinander amalgamiert. Das Wesen staatlicher Repräsentation besteht im wechselseitigen Verzicht auf Macht unter den Bürgern und in der absoluten Ermächtigung einer Person zum Souverän; eine Limitation des natürlichen Rechts aller ermöglicht somit eine umfassende Macht des Souveräns. Die Staatsgesetze schränken die Naturgesetze und die Freiheiten des Naturzustands ein.

Genau darin besteht jedoch auch die Begrenzung der Macht des Souveräns nach Hobbes; denn seine Macht reicht nur so weit, wie er in der Lage ist, das Leben der Bürger zu schützen. Wenn er nicht mehr seiner institutionalisierbaren Verpflichtung nachkommen kann, das Leben der Bürger durch Gefahrenübernahme zu schützen, erlischt der Gesellschaftsvertrag und er verliert seine Souveränität. Damit wird es nun schwierig zu verstehen, wie genau die ersten beiden Eigenschaften der Souveränität (Unveränderlichkeit und Unverlierbarkeit) gemeint sind, sie können nicht in einem absoluten und bedingungslosen Sinn für eine konkrete Herrscherperson gemeint sein, sondern unter der Voraussetzung, dass der Souverän das Leben der Bürger schützen kann, ist seine Souveränität jeweils unveränderlich und unverlierbar. Dies ist konsequent, da es in Hobbes' Kalkül diese beiden Eigenschaften sind, die das Leben der Bürger schützen sollen. In dem Moment, da der Souverän seine Schutzpotenz verliert, verliert er auch seine Souveränität. Daraus folgt, ein solcher Verlust bedeutet keine Änderung in der Bedeutung des Begriffs der Souveränität, sondern nur entweder in der Person des Repräsentanten, d. h., ein anderer wird Souverän, oder einen unmittelbaren Rückfall in den Naturzustand, in dem es eben keine Souveränität eines Leviathan gibt. Immer genau dann, wenn jemand der Souverän ist, ist diese Souveräität auch unverlierbar und unveränderbar, woraus nicht folgt, dass es nicht auch einen Zustand ohne Souveränität geben kann oder einen Wechsel des Personals.

Die Befugnis des Souveräns, das Eigentumsrecht, das Recht auf Privateigentum, festzulegen, enthält in Hobbes' Konzept der politischen Macht paradoxerweise ein gewisses sozialistisches Element: Denn da es erste Aufgabe des Souveräns ist, das Leben der Bürger zu sichern, hat er auch, sofern ein Bürger von z. B. Hunger, Armut oder anderer Not betroffen ist, die sein Leben gefährdet, das

Recht und die Pflicht, Eigentum einem anderen, besser gestellten Mitbürger wegzunehmen und es umzuverteilen. Der Souverän hat die Ermächtigung zur Konfiszierung von Privateigentum. Der Bessergestellte, dem ein Teil seines Eigentums weggenommen wird, hat nicht das Recht, dagegen zu protestieren, denn er selbst war es, der den Souverän zu dieser Handlung ermächtigt hat. Das Wesen des Privateigentums liegt für Hobbes darin, dass ein Bürger nicht das Recht hat, Eigentum einem anderen ohne Gegenleistung wegzunehmen; das impliziert aber nicht, dass der Staat das auch nicht darf. Er ist in gewisser Hinsicht sogar dazu verpflichtet. Aus demselben Grund hat der Souverän auch das Recht, Steuern zu erheben: Der Souverän muss sicherstellen, dass er Leben und Eigentum seiner Bürger schützen kann, was aber nur gelingt, wenn er dazu die geeigneten Mittel und Institutionen hat, und diese sind durch Abgaben der Bürger zu finanzieren.

Auch dass Bürger nicht das Recht auf Opposition gegen den Souverän haben und auch nicht das Recht, gegen ihn gerichtlich vorzugehen, ist interessant und unterstreicht den totalitären Charakter des Hobbesschen Staates. Da die Bürger im Akt der Ermächtigung allen Handlungen des Souveräns zustimmen, stimmen sie auch all jenen Handlungen zu, die der Souverän gegen sie selbst richtet. Wenn sie gegen diese Handlungen nun protestieren oder gegen diese gar vor Gericht ziehen wollen, klagen sich die Bürger eigentlich selbst an, denn mit der Ermächtigung zum Souverän erkennen sie an, dass all seine Handlungen ihre eigenen Handlungen sind. Wenn die Bürger nun also opponieren wollen, würden sie sich selbst anklagen oder gegen sich selbst opponieren; was ein selbstwidersprüchliches Handeln darstellt.

Dennoch sind die Untertanen und Bürger nicht die Sklaven des Souveräns. Hobbes unterscheidet zwischen Sklaven und Knechten.[86] Menschen werden dadurch zu Knechten, dass sie ihre Rechte auf den Herrn übertragen. Sklaven übertragen ihre Rechte dem Herrn aber nicht, dieser nimmt sich seine Herrschaft vielmehr mit Gewalt. Daher sind Sklaven auch nicht vertraglich gebunden und haben somit keinerlei Verpflichtung gegenüber dem Herrn. Wenn Sklaven sich gegen ihren Herrn auflehnen, dann geschieht dies mit Recht; sie können ohne vertragsbrüchig zu werden, versuchen, ihr Gefängnis aufzubrechen, ihren Herrn zu entführen oder ihn umzubringen. Der Knecht hat sich dagegen vertraglich an den Herrn gebunden, z. B. im Tausch für den Erhalt seines Lebens oder seines leiblichen Wohlbefindens dem Herrn zu dienen. Der Herr ist zugleich Herr über alles, was dem Knecht gehört; also über alle Dinge, die dieser besitzt, das schließt auch dessen Familie ein. Der Knecht ist dem Herrn somit vollständig verpflichtet, der Sklave ist dem Herrn gegenüber zu gar nichts verpflichtet. Daran wird Hobbes'

86 Vgl. Hobbes *Leviathan*, 171 f.

Theorie des Gesellschaftsvertrags als einer Grundlegung des Politischen deutlich: Der Staat ist eine Institution die Schutz bietet und dafür Gehorsam fordert. Schutz und Gehorsam, Rechte und Pflichten sind durch den Vertrag der Bürger untereinander zu wechselseitigen politischen Beziehungen geworden.

Carl Schmitt bringt einerseits den politischen Grundgedanken von Hobbes treffend auf den Punkt. Andererseits bekommt der Kontraktualismus bei ihm mit seiner Lesart als Positivismus des Rechts eine gewisse Wendung gegen ein allgemeingültiges Vernunftrecht, eine Wendung also gegen den Gedanken des Naturrechts. Schmitt hat hier Hobbes etwas von dem späten Nietzsche und die Entstehung von Herren- und Sklavenmoral aus dessen *Genealogie der Moral* mitgegeben, wenn er in *Der Begriff des Politischen* formuliert:

> Klarer als alle Anderen hat Hobbes diese einfachen Konsequenzen politischen Denkens mit großer Unbeirrtheit gezogen und immer wieder betont, dass die Souveränität des Rechts nur die Souveränität der Menschen bedeutet, welche die Rechtsnormen setzen und handhaben, dass die Herrschaft einer „höheren Ordnung" eine leere Phrase ist, wenn sie nicht den politischen Sinn hat, dass bestimmte Menschen aufgrund dieser höheren Ordnung über Menschen einer „niederen Ordnung" herrschen wollen. Das politische Denken ist hier in der Selbständigkeit und Geschlossenheit seiner Sphäre schlechthin unwiderleglich, denn es sind immer konkrete Menschengruppen, die im Namen des „Rechts" oder der „Menschheit" oder der „Ordnung" oder des „Friedens" gegen konkrete andere Menschengruppen kämpfen, und der Betrachter politischer Phänomene kann, wenn er konsequent bei seinem politischen Denken bleibt, auch in dem Vorwurf der Immoralität und des Zynismus immer wieder nur ein politisches Mittel konkret kämpfender Menschen erkennen.[87]

In Schmitts Deutung wird ein Problem des Naturrechts deutlich. Wenn das Naturrecht bedeutet, dass es als eine höhere Ordnung gilt, die unabhängig davon gültig ist, ob eine bestimmte Gruppe von Menschen sie anerkennt oder nicht, stellt sich die Frage, wo und wie ein solches unabhängiges Recht existieren soll? Wenn Recht gilt, dann doch dadurch, dass es konkrete und existierende Menschen anerkennen und vollziehen. Das ist meiner Meinung nach einerseits ein Weg in einen (problematischen) Rechtspositivismus, andererseits aber auch die attraktive Möglichkeit, dafür zu argumentieren, dass jenes artifizielle Reich des Leviathan, das Hobbes selbst aus dem Reich des Naturalismus und Physikalismus hervorgehen lässt, an den Physikalismus zurückzubinden: Denn wenn es jeweils konkrete Personen sind, die dem Leviathan Realität und Leben geben, ist die Realität des Leviathan letztlich durch natürliche Prozesse der Personen, die ihn ausüben erklärbar, nämlich durch Bewegung von Körpern im Raum. Falls jene höhere Ordnung des Naturrechts also nicht bloß abstrakt oder in einem überirdischen,

87 Carl Schmitt *Der Begriff des Politischen*, 66 f.

vielleicht gar metaphysischen Ideenreich gelten soll, sondern auch tatsächlich existieren und in der Form von Herrschaft kausalen Einfluss haben soll, geht das nur auf macht-politischem Weg, d. h., dadurch dass eine bestimmte Menschengruppe diese Rechtsnormen anerkennt und durchzusetzen strebt. So ist z. B. das *Gewalt*monopol des Staates ein solcher Schnittpunkt, an dem sich konkret physikalische Realität und artifizielle Bedeutung des Leviathan kreuzen. Allerdings ist es nicht mehr so ganz Hobbes, sondern vielmehr der späte Nietzsche von *Jenseits von Gut und Böse* und der *Genealogie*, wenn Carl Schmitt diese Notwendigkeit der politischen Wirklichkeit der Anerkennung einer höheren Rechtsnorm durch konkrete Menschengruppen darauf bezieht, dass man dann mit einer höheren Ordnung über Menschen einer „niederen Ordnung" herrschen soll. Von „Menschen niederer Ordnung" ist bei Hobbes nicht die Rede! Gleichwohl ist es natürlich eine durchaus zutreffende Beobachtung von Schmitt, dass gerade jene, die die hohen Ideale von z. B. „Freiheit", „Naturschutz" oder „Menschheit" im Munde führen, dies oft aus bloßem Machtstreben tun, um andere zu unterdrücken.

Zutreffend ist auch, wenn Schmitt herausstellt, dass der Naturzustand für Hobbes eine „abnorme Situation [darstellt; Einf. R.S.], deren Normalisierung erst im Staat, d. h. in der politischen Einheit gelingt. Der Staat ist ein Reich der Vernunft (diese Formel stammt von Hobbes und nicht von Hegel!), ein imperium rationis (*De cive* X, § 1), das den Bürgerkrieg in die friedliche Koexistenz von Staatsbürgern verwandelt."[88] Dass ein „Bürgerkrieg" bereits im Naturzustand herrscht, ist insofern unpräzise, als ein *Bürger*krieg Bürger voraussetzt und insofern ein politisches Ereignis in einem Staat oder in einem zerfallenden Staat ist, der Mensch im Naturzustand kann somit eigentlich keinen Bürgerkrieg führen, sondern nur einen Krieg aller gegen alle.

II Freiheit und Gesetz im Staat – Lockes Grundlegung des Liberalismus

Generell ist zu John Lockes (1632–1704) Philosophie zu sagen, dass er der wichtigste Wegbereiter der Aufklärung in den Bereichen der Erkenntnistheorie, der Religionsphilosophie sowie der Politischen Philosophie ist. Er ist Empirist und hat die britische Schule des Datensensualismus entscheidend mitbestimmt. Die neuzeitliche philosophische Wendung – von Descartes erstmals geleistet –, die Erkenntnistheorie zum Fundament der Ontologie zu machen, wird von ihm radikalisiert. Auch bei Locke geht die Erkenntnistheorie der Ontologie, also der

88 Carl Schmitt *Der Begriff des Politischen*, 121.

Lehre dessen, was es gibt, voran. Diese Betonung der Erkenntnistheorie wird in Kants berühmter kopernikanischer Wende gipfeln und in seiner kritischen Philosophie. Eine allerdings empirisch geprägte Vorform dieses Gedankens bildet das Grundkonzept der Philosophie Lockes: Zunächst ist zu klären, was wir überhaupt wissen können und wie weit unsere Erkenntnisvermögen reichen, bevor wir gesicherte Aussagen darüber machen können, was es gibt. Dies ist insbesondere das Thema von Lockes Hauptwerk, dem *Essay concerning Human Understanding*, in dem Locke nicht primär nach dem Wesen der Dinge fragt, sondern vielmehr nach der Möglichkeit, das Wesen der Dinge zu erkennen.

Die Naturwissenschaft begreift Locke nicht mehr wie der Rationalismus als eine Summe von absolut wahren Sätzen, die ein axiomatisches System zulassen, sondern als eine Hypothesenbildung über eine physikalische Wirklichkeit, die nicht vollständig rational zu begreifen ist. In seiner Erkenntnistheorie versucht Locke zu begründen, wie eine Wirklichkeit, die offenbar nicht vollständig rationalisierbar ist, dennoch, wenn auch begrenzt, erkennbar ist. Locke hat also einen bescheideneren Anspruch an die Erkenntnis als der Rationalismus (z.B. à la Descartes), insofern er für die Erkenntnis nur beansprucht, dass sie zum Ziel hat, zu gegebenen Zusammenhängen der Natur gesetzartige Voraussetzungen aufzufinden. Erkenntnis ist eine Art der Hypothesenbildung und Erklärung von Tatsachen, die auf Beobachtung, Induktion und Experiment basiert und in einer empirischen Verallgemeinerung besteht. Alle Erkenntnis beruht auf Erfahrung, nicht auf für die reine Vernunft evidenten Sätzen über das intelligibel erfassbare Wesen der Dinge, wie dies der Rationalismus annimmt. Ewige Wahrheiten gibt es höchstens im Bereich der Relationen von reinen Ideen, aber Erkenntnisse im eigentlichen Sinn sind tatsachenfundierte Erfahrungen, die in der Bildung von Hypothesen zu gesetzartigen Verallgemeinerungen führen. Erkenntnisse der wirklichen Welt bestehen nicht aus reinem Ideenwissen, sondern die tatsächlich existierenden Dinge rufen mittels Affektion unserer Sinne in unserem Geist Ideen hervor. Diese tatsachenhaltigen und sinneskausal bedingten Erkenntnisse sind nicht rein vernünftige und unbezweifelbare Einsichten; eines der Merkmale von höher vermittelter Wirklichkeitserkenntnis ist gerade ihre Bezweifelbarkeit.

Die Erkenntnis vollzieht sich vermittels von Ideen; diese sind alles, was Gegenstand des Verstandes ist, wenn ein Mensch denkt. Die Ideen sind dem Verstand direkt bekannt, der Verstand hat einerseits zunächst simple Ideen von Äußerem oder von sich selbst, die bewusstseinsunabhängige Wirklichkeit ist ihm nur indirekt, eben mittels der Ideen bekannt. Locke versucht in seinem Empirismus eine realistische mit einer ideentheoretischen Annahme zu verknüpfen. Ob allerdings angesichts der Ausschließlichkeit unserer direkten Bekanntschaft mit Ideen noch jene realistische Annahme zu vertreten ist, dass es eine vom Verstand unabhängige Wirklichkeit überhaupt gibt, die uns durch die Sinne affiziert, erscheint problematisch. Locke versucht dafür zu argumentieren, dass die sensations als simple Ideen von Äußerem im Geist, durch ein ebenfalls simples/einfaches außerhalb des Geistes verursacht sein müssen. Nur wenn die Dinge an sich selbst einfach sind und einfache Qualitäten haben, können sie einfache sensations als Ideen im Geist verursachen. Erkenntnistheoretisch steht das auf sehr dünnem Eis und kann höchsens als Analogieschluss durchgehen, den ein Skeptiker leicht kassieren kann. Die Konsequenz, die reale Außenwelt abzuleugnen, da uns ja ausschließlich Ideen gegeben sind, ist durchaus kohärent, bei Locke naheliegend und führt geradenwegs in einen Außenweltskeptizismus.

Im Zentrum der Politischen Philosophie stehen bei Locke die *Zwei Abhandlungen über die Regierung*, und dort insbesondere die zweite, *The Second Treatise of Government*, wo er eine liberale Demokratie mit Gewaltenteilung konzipiert – damit beeinflusste er Montesquieu und die Amerikanische Revolution stark, sowie in unserer Gegenwart z. B. Robert Nozick[89] –, gleichwohl aber auch ein Naturrecht, das theologisch, durch Gott als Ursache der Erschaffung des Menschen fundiert ist. Lockes Kontraktualismus vereint daher 1. eine *metaphysische* Begründung des Naturrechts mit 2. einer *empirischen*, tatsächlich real vollzogenen Vereinigung von Einzelsubjekten zu einer Gesellschaft in historischen Situationen mit 3. einer *normativen* Ebene, die die rechtlichen Aspekte des Gesellschaftsvertrages aus einer präskriptiven Perspektive heraus darlegt. Insgesamt bleibt das erste Motiv, die metaphysisch-theologische Fundierung blass, die theologische Fundierung von Staatsmacht ist nicht die einzig entscheidende Instanz für die Legitimation politischer Macht, die zentrale Rolle hat vielmehr der Wille des Volkes inne.

Locke setzt sich in seinem politischen Staatskonzept nicht direkt mit Hobbes' *Leviathan* auseinander, sondern mit einer heute vergessenen Schrift von Robert Filmer *Patriarcha: or the Natural Power of Kings*. Auch dieser entwickelte analog zu Hobbes Argumente für eine absolute Monarchie, allerdings vor einem patriarchalischen Horizont. Filmers absolute Monarchie beansprucht ein durch Gott gegebenes Recht parallel zur natürlichen Herrschaft der Väter über die Familie. Diese patriarchalische Herrschaftsberechtigung in der Familie überträgt sich auf den Staat. Die Bildung des Staates folgt aus der patriarchalischen Herrschaft über die Familie. Filmers These besagt, dass nach biblischem Vorbild Gott Adam die Macht über die Familie übertragen hat und sich daraus das politische Recht der

89 Vgl. Robert Nozick *Anarchie Staat Utopia*, München 2006, 15 ff.; Nozick versucht zu zeigen, dass eigentlich keines der Argumente Lockes für den liberalen Staat wirklich sticht; dagegen möchte er seinen Minimalstaat begründen, der zu einem Libertarismus führt. Genau besehen ist aber Nozicks Libertarismus weniger eine Widerlegung als eine Radikalisierung von Lockes Liberalismus, der die natürlich sehr sinnvolle Absicht hat, den ausufernden Moloch Staat zu begrenzen.

Herrschaft über einen Staat aus der gottgewollten Struktur des Patriarchats ergibt. Alle Könige stehen in einer direkten Abstammungslinie von Adam und haben daher ihre Macht unmittelbar durch göttliche Legitimation; dagegen aufzubegehren ist Rebellion gegen den Willen Gottes. Dass das eine unhaltbare Position ist, ist klar, denn eigentlich handelt es sich um einen bloßen Analogieschluss. Wollte Filmers daraus mehr als bloß eine Analogie machen, müsste er aus begrifflichen Gründen beweisen, dass es gar nicht anders sein kann, als dass alle Herrscher von Adam abstammen. Dazu reicht es nicht aus, empirisch zu zeigen, dass bislang tatsächlich biologisch alle Herrscher von Adam abstammen, was selbst mit den Mitteln der Genanalyse nicht möglich ist, weil kein Genmaterial von Adam vorhanden ist. Dieses Problem wird noch wilder, wenn es auf anderen Planeten politische Herrschaftssysteme geben sollte, nein er müsste zeigen, dass es logisch auszuschließen ist, dass es jemanden gibt, der herrscht und nicht von Adam abstammt.

Im *First Treatise of Government* geht Locke ausschließlich und sehr speziell auf Robert Filmers Konzeption ein und entwickelt kritische Argumente gegen eine patriarchalisch begründete absolute Monarchie. Filmers Argumente sind schlecht und wenig durchdacht. Der einzige positiv deutbare Gedanke besteht vielleicht darin, dass die Erbfolge von Herrschern ein geschichtliches Element ist und dass daher die Geschichtlichkeit ein zentraler Aspekt der politischen Macht ist. Aber insgesamt lohnt die Lektüre von Filmers Schrift nicht sehr und damit auch nicht so sehr Lockes diesbezüglicher *First Treatise*, zumindest aus philosophischer Sicht.

Anders ist es mit dem *Second Treatise*, dieser beschäftigt sich mit Lockes eigenem Staats- und Staatsgründungskonzept, wenngleich auch hier immer wieder Kritik an Filmer vorkommt. Locke entwickelt in dieser Schrift geradezu einen Gegenentwurf zu der Staatstheorie von Hobbes; dies zeigt sich daran, dass er einen liberalen, demokratischen Staat konzipiert; Locke nimmt aber auch entscheidende Aspekte von Hobbes positiv auf; wie z. B. den Gesellschaftsvertrag, der aus dem Naturzustand herausführt, und das Monopol des Staates zur Verhängung der Todesstrafe. An manchen Stellen finden sich fast wörtliche Anspielungen auf Hobbes' *Leviathan*, allerdings ohne dessen Namen zu erwähnen; der „vorsichtige" Locke wollte wohl Schwierigkeiten vermeiden, da das Werk von Hobbes wegen Blasphemie, Häresie und dem Vorwurf der Volksverhetzung unter Verdacht stand und die Verbrennung des Buches diskutiert wurde. Doch an einer Stelle bezeichnet auch Locke seinen eigenen Staat als „mächtigen Leviathan".[90] Man muss diese Schrift also vor dem Hintergrund einer impliziten Auseinander-

---

90 Vgl. John Locke *Über die Regierung/The Second Treatise of Government*, Stuttgart 2005, 75. Im Folgenden zitiert als *On Government II*.

setzung mit Hobbes' *Leviathan* lesen. Auch die folgende Äußerung Lockes zielt kritisch auf Hobbes' Argumentation für einen Schrecken und Terror verbreitenden Staat:

> Dies hieße die Menschen für so töricht halten, dass sie zwar zu verhüten suchen, was ihnen Marder oder Füchse antun könnten, aber glücklich sind, ja, es für Sicherheit halten, von Löwen verschlungen zu werden.[91]

Das kleinere Übel, im Naturzustand von Mardern und Füchsen bedroht zu sein, will ein rationaler Egoist nicht gegen die Bedrohung eines Leviathan-Löwen tauschen. Mit Hobbes kann man dagegen jedoch sagen, dass der Vorteil des Leviathan-Löwen ist, dass es Gesetze gibt; die Gesetzlosigkeit unter Mardern und Füchsen kann da gefährlicher, weil unberechenbarer sein und gegen andere Löwen helfen Füchse auch nicht. Daran, dass Locke die Menschen im Naturzustand nur als Marder und Füchse sieht und den Staat als Löwen, wird eine grundsätzlich andere Bewertung des Menschen und der menschlichen Natur gegenüber Hobbes deutlich. Dieser sah den natürlichen Menschen als Wolf und den Staat als Seeungeheuer. Die Vielzahl animalischer Metaphern in der Politischen Philosophie ist interessant und deutungsbedürftig; man denke auch an Heraklit, der die Masse des Volkes als gesättigte Viehherde, als Esel oder sich mit Kot reinigende Schweine bezeichnet, oder an die Metapher der Schweinepolis in Platons *Politeia*, eine Polis, die nur auf hedonistisch-materielle Bedürfnisbefriedigung aus ist, oder an die Bienenmetapher aus Mandevilles *Bienenfabel* oder an Nietzsches Metaphern von der Schafherde und dem Lämmer reißenden Adler. Mit leichtem Anklang an Blumenberg kann man sagen, dass dies insofern philosophische Metaphern sind, als sie Gedanken kristallisieren und freisetzen oder konzeptionelle Zusammenhänge auf Anschauungen bringen, zugleich sind sie aber auch in sich politisch, denn es geht oft um die Plausibilisierung von Ab- oder Aufwertungsstrategien.

Wie Hobbes so hat auch Locke den englischen Bürgerkrieg selbst erlebt; als Locke im Alter von 10 Jahren war, brach der Bürgerkrieg aus. Er hat also einen ähnlichen Erlebnishorizont wie Hobbes, wenngleich er 40 Jahre jünger ist. Locke stammt ebenfalls aus eher kleinbürgerlichen Verhältnissen und wurde im puritanischen Geist erzogen. Doch als 1690 Lockes *Two Treatises of Government* erschienen, herrschten in England bereits ganz andere politische Umstände. Zwischen 1683–89 lebte Locke als politischer Emigrant in Holland und kehrte erst unmittelbar nach dem Regierungsantritt von Wilhelm von Oranien nach England zurück. Als Locke wieder in England ist, gilt die *Bill of Rights* und schützt die Rechte von Volk und Parlament gegen das Schreckgespenst einer absoluten

91 Locke *On Government II*, 71.

Monarchie. Wilhelm von Oranien war vom Parlament einberufen und bestätigt worden und trug nun die englische Krone. Die Schrift von Locke rechtfertigt aus philosophischer Perspektive eine schon geltende Praxis. Sie enthält also bezüglich der englischen Verhältnisse keine revolutionären Gedanken. Im Vorwort spricht Locke ausdrücklich davon, dass es ihm darum geht: „to establish the throne of our [...] present king William [...] and to justify to the world the people of England“. Es handelt sich also um eine Rechtfertigungsschrift.

Politische Macht ist für Locke die Macht der Obrigkeit über die Untertanen.[92] Diese Macht drückt sich vor allem in der Fähigkeit des Staates aus, die Todesstrafe für hinreichend schwere Verbrechen zu verhängen. Insgesamt entwirft Locke einen liberalen, demokratischen, auf Besitz, Handel und Kapitalismus konzentrierten Staat: Freier Besitz für freie Bürger, die in einem Staat leben, mit dessen Gesetzen sie sich frei und nach Allgemeinheitsentscheid identifizieren können.

Zur Bestimmung der genuin politischen Macht benutzt Locke eine Abgrenzung gegen die patriarchalische oder die Familienmacht. Er grenzt beide Herrschaftsformen voneinander ab;[93] dies ist sicherlich vor dem Horizont der Auseinandersetzung mit Robert Filmers *Patriarcha* zu sehen. So macht Locke z. B. klar, dass der Vater und die Mutter nur eine bis zur Volljährigkeit reichende Autorität über die Kinder haben, sie können keine Gesetze erlassen und die Kinder schulden ihnen nur Pietät, also eine Achtung, die sich daraus speist, dass die Eltern ihre Erzeuger sind, diese Pietät ist jedoch keine gesetzlich einklagbare Verpflichtung; die Eltern haben auch nicht die Macht, über ihre Kinder die Todesstrafe zu verhängen.

Locke bestimmt die politische Gewalt oder das Politische somit rechtsstaatlich – nicht biologisch oder familiär – und durch das Gewaltmonopol:

> Politische Gewalt dann halte ich für das Recht, zur Regelung und Erhaltung des Eigentums Gesetze zu schaffen und die Todesstrafe und folglich auch alle geringeren Strafen anzusetzen, wie auch das Recht, bei der Vollstreckung dieser Gesetze und bei der Verteidigung des Staates gegen fremdes Unrecht die Gewalt der Gemeinschaft zu gebrauchen – und zwar einzig zugunsten des gemeinen Wohls.[94]

Bereits hier wird deutlich, dass Locke die Begriffe von Staatsgewalt und Eigentum in das Zentrum seiner Politischen Philosophie stellt. Die Politik hat die Funktion, das individuelle Eigentum zu schützen, und zwar weil das Eigentum die Grundlage für die menschliche Selbsterhaltung bildet. Hierin ist ähnlich wie bei Hobbes

---

92 Vgl. Locke *On Government II*, 4.

93 Vgl. Locke *On Government II*, 41–58.

94 Locke *On Government II*, 4.

eine anthropologische Grundlage des Politischen zu erblicken, denn das individuelle Eigentum und dessen rechtlicher Schutz in einer Gesellschaft ist ein Spezifikum des Menschen.

1 Der Naturzustand und die Notwendigkeit des Gesellschaftsvertrags

Eine bekannte und einflussreiche Deutung von Lockes Staatskonzept stammt von Leo Strauss. Sie besagt, dass Locke eigentlich und verdeckt genau dasselbe konzipiere wie Hobbes; die Gleichung lautet: Locke = Hobbes + losgelassener Kapitalismus + ein wenig Wohlfahrtsstaat. Diese Meinung vertritt Strauss in seinem Buch *Natural Right and History*;[95] ihm ist z. B. Richard Cox gefolgt.[96] Insbesondere hinsichtlich des Naturzustands und des Gesellschaftsvertrags als Unterwerfungsvertrag lehre Locke dasselbe wie Hobbes; diese Gleichheit sei verdeckt und der oberflächliche Leser übersehe sie. Dieser Deutung möchte ich entschieden widersprechen. Im Folgenden werde ich zeigen, dass Locke genau das Gegenteil von Hobbes konzipiert und dass man höchstens von einem verdeckten Anti-Hobbesianismus sprechen kann.

Das soll natürlich nicht bedeuten, dass der Antiliberalist und Antimodernist Leo Strauss kein bedeutender politischer Philosoph war, ganz im Gegenteil, er erhob die Politische Philosophie sogar zur „Ersten Philosophie"; in Aufnahme des politischen Platonismus sah er sie als Prima Philosophia. Die eigentlich politische Frage, die in der Moderne unter den Trümmern von Liberalismus, Relativismus, Historismus und Positivismus verdrängt und vergessen worden sei, lautet nach Strauss: „Was ist das gute bzw. richtige Leben?". Strauss beruft sich auf das antike Naturrechtskonzept, nämlich darauf, dass es eine Gattungsnatur des Menschen gibt, die den Einzelnen auf eine Gemeinschaftsexistenz hin geordnet sieht. Auf die platonische Frage des Poltischen: „Was ist das gute Leben?", gibt es nach Strauss nur zwei Antworten, die er in der sich ausschließenden Alternative von „Athen" oder „Jerusalem" kristallisiert sieht. „Athen" steht für eine politische Ordnung, die

---

95 Vgl. Leo Strauss *Naturrecht und Geschichte*, Frankfurt a.M. 1977, 218 f., 240 f.; sowie seinen Aufsatz: *Locke's Doctrine of Natural Law*; in ders.: *What is Political Philosophy?*, Glencoe 1959. Ich gebe gerne zu, dass meine Gleichung etwas grobschlächtig ist und Strauss nicht nur Nähen, sondern auch wichtige Unterschiede zwischen den beiden englischen Denkern konstatiert. Mir geht es jedoch darum, einen ganz grundsätzlichen Unterschied zwischen Lockes Liberalismus und Hobbes' Absolutismus herauszuarbeiten, der für die weitere Entwicklung des Gesetzesbegriffs zentral ist, nämlich Lockes Erkenntnis, dass Gesetz/Recht und Freiheit miteinander kompatibel sind.

96 Vgl. Richard Cox *Locke on War and Peace*, Oxford 1960.

sich durch Selbstbestimmung, Skeptizismus und Gleichheit sowie eine Entkoppelung des Staates von der Religion begreift. „Jerusalem“ steht dagegen für eine Offenbarungsreligion, die die Bestimmung guten Lebens nicht der Selbstbestimmung, dem Privatbereich oder der Skepsisanfälligkeit des Menschen überlässt, sondern die Wahrheit in Abhängigkeit von der Offenbarung Gottes sieht und daher eine Hierarchie der Menschen für unumgänglich hält. Die Sympathien von Strauss orientieren sich in die Richtung von Jerusalem und nicht von Athen. Dieses Denken in Alternativen und ausschließenden Disjunktionen kann sehr gut auf die Gegenwart übertragen werden, z. B. auf die Differenz zwischen laizistischem Demokratieverständnis einiger westlicher Staaten und einem theologisch fundierten Staatsverständnis, z. B. in einigen islamischen Staaten.

Man kann sich aber berechtigterweise auch fragen, ob es nicht ein Widerspruch von Strauss ist, sich einerseits auf das antike Naturrechtsdenken zu berufen und andererseits „Athen“ abzulehnen. Will man tatsächlich antik griechisches Denken stark machen, kann man sich vielleicht gewinnbringender fragen, ob nicht der antike Naturrechtsgedanke „Athen“, d. h. Selbstbestimmung gewährende und ordnende Demokratie impliziert. Der Gedanke, der antikes Naturrecht – der Mensch ist auf die Gemeinschaft hingeordnet und kann erst in der Gemeinschaft sein Wesen erfüllen – mit der Demokratie vereinbart, ist doch die Freiheit, die schon im Gedanken der Hingeordnetheit des einzelnen Menschen auf die Gemeinschaft gesehen werden kann. In meiner Deutung liegt eigentlich eine Synthese aus antikem Kollektivismus und modernem Individualismus vor, denn es ist die Freiheit des je Einzelnen, seiner Hinordnung auf die Gemeinschaft freien Lauf zu lassen oder sie zu unterbinden. Beides hat aus Freiheit zu geschehen. Dann hätte man auch in dieser Hinsicht zumindest nicht notwendigerweise antikes und modernes politisches Denken als Gegensatz zu begreifen, sondern das antike kann, soweit es in diese Richtung einer legitimen Demokratie geht, als Vorstufe des modernen politischen Denkens begriffen werden, wie man es im Ansatz bei Montesquieu oder Rousseau findet. Bloß eine „Vorstufe“ ist die antike Demokratie natürlich in der Hinsicht, dass sie z. B. aufgrund der Sklaverei oder auch der noch nicht vorhandenen Gewaltenteilung als Prinzip der Sicherung der Gesetzesherrschaft noch kein Rechts- oder Verfassungsstaat im modernen Sinn ist. – Der die Antike so sehr liebende Hegel sieht sich sogar gezwungen, die gesamte Antike als unwahr zu verwerfen, weil sie die Sklaverei akzeptierte! Alexander Hamilton und James Madison als Autoren der *Federalist Papers* vergleichen auch kritisch ihren modernen Demokratiebegriff mit dem der griechischen Antike.[97] Informativ zum Verhältnis von antiker und moderner Demokratie ist nach wie vor der Essay von Moses I. Finley *Democracy Ancient and Modern*, der aus Vorlesungen aus dem Jahre 1972 hervorgegangen ist.[98] – Übrigens sind die Gedanken von Strauss, vermittelt durch die „Straussianer", für den rechten Flügel der Republikaner in den USA politisch prägend; für die Außenpolitik der USA unter den beiden Bush-Präsidenten sowie unter Ronald Reagan waren sie deutlich spürbar. Hier sieht man sehr gut, wie Politische Philosophie politisch werden kann und nicht nur in einer Gelehrtenrepublik Konsequenzen hat. –

Doch nach diesem Ausflug in die nähere Gegenwart nun zurück zu John Lockes Grundlegung des Liberalismus durch seine spezifische Bestimmung von Naturzustand und der Notwendigkeit, aus dem Naturzustand herauszugehen und einen Gesellschaftsvertrag zu schließen.

> Um politische Gewalt richtig zu verstehen und sie von ihrem Ursprung herzuleiten, müssen wir sehen, in welchem Zustand sich die Menschen von Natur aus befinden. Es ist ein Zustand vollkommener Freiheit, innerhalb der Grenzen des Naturgesetzes seine Handlungen zu lenken und über seinen Besitz und seine Person zu verfügen, wie es einem am besten scheint – ohne jemandes Erlaubnis einzuholen und ohne von dem Willen eines anderen abhängig zu sein. Es ist überdies ein Zustand der Gleichheit, in dem alle Macht und Rechtsprechung wechselseitig sind, da niemand mehr besitzt als ein anderer.[99]

Hier wird deutlich, dass der Naturzustand – oberflächlich gelesen wie bei Hobbes – eine Situation der Gleichheit aller bildet; in der alle gleichermaßen frei sind; ein hierarchieloser Zustand. Für Locke ist diese herrschaftsfreie Situation naturgegeben und nach ihm hat dieser Naturzustand auch durchaus als ein konkreter historischer Zustand existiert. Allerdings muss, wenn man von Hobbes herkommt, verwundern, dass es in diesem Naturzustand offensichtlich schon so etwas wie individuellen Besitz und ein Recht auf diesen individuellen Besitz gibt. Hobbes würde ein solches Recht nicht für zulässig erachten, denn im Naturzustand haben nach ihm alle das gleiche Recht auf alles. Im Naturzustand kann es außerdem auch keine Instanz geben, die dieses Recht schützt, und ein Recht ist nur dann ein wirkliches Recht, wenn es eine Instanz gibt, die dieses Recht durchsetzt und schützt. Ein Recht auf individuellen Privatbesitz kann es nach Hobbes somit im Naturzustand nicht geben. Für ihn sind die Naturgesetzte nur rechtlich unverbindliche, hypothetische Imperative. Ergo muss Locke den individuellen Besitz im

---

97 Vgl. *The Federalist Papers*; Alexander Hamilton, James Madison, John Jay, Ed. C. Rossiter, New York 2003, No. 18, 118 ff., No. 38, 227 ff.

98 Moses I. Finley *Democracy Ancient and Modern*; dt. *Antike und moderne Demokratie*, Stuttgart 2005.

99 Locke *On Government II*, 4 f.

Naturzustand eigens rechtfertigen und auf neuartige Weise erklären, worin er überhaupt besteht. Und Locke muss offensichtlich auch die Freiheit im Naturzustand anders verstehen als Hobbes, denn bei diesem führte die ungezügelte Freiheit aller zu dem Krieg aller gegen alle. Dies ist bei Locke nicht der Fall, eine Art Äquilibrium ist möglich. Locke hat ein völlig anderes Bild vom Menschen und von Freiheit. Der Naturzustand ist ausdrücklich „nicht ein Zustand der Zügellosigkeit",[100] Locke sieht den Menschen also nicht als ein primär hedonistisches Wesen, das aufgrund der Pleonexie nach immer weitergehender Befriedigung der egoistischen Gelüste strebt, wie Hobbes das sah. Das liegt daran, dass Locke dem ersten Naturgesetz, das wir bereits bei Hobbes auftreten sahen: „Du sollst aus rationalen Gründen nach Frieden mit Deinen Mitmenschen streben" eine wesentlich fundamentalere Rolle im Naturzustand einräumt und es auch noch theologisch fundiert.

Jeder hat zu erkennen, dass schon im Naturzustand die eigene Freiheit an der Freiheit des anderen ihre natürliche Grenze hat. Da jeder von der Gleichheit und Freiheit aller weiß, setzt er sich an der Freiheit des anderen die Grenze für seine Handlungen. Dies ist ein völlig anderes Bild vom Menschen. Des Weiteren versteht Locke unter Privatbesitz all jene Dinge, die sich jemand durch Arbeit angeeignet hat.[101] Der Besitzer hat auf diese Güter ein Recht, wenn sie nicht das überschreiten, was er auch tatsächlich für sich nutzen kann, wenn er also z. B. von den Früchten, die er sich aneignet, keine verkommen lässt. Die „Arbeit" wird zu dem zentralen Begriff, der legitimiert, dass eine Person etwas als ihren Besitz betrachten darf. Im Naturzustand hat kein Einzelner per se das Recht, die Güter der Natur als seinen Privatbesitz zu deklarieren, weil alles allen gleichermaßen gehört; wohl aber hat jedes Subjekt auf seinen eigenen Körper ein Besitzrecht, und das, was es mit seinem Körper „im Schweiße seines Angesichts" bearbeitet, tritt in den Privatbesitz dieses Individuums über. Wenn jemand bei einem wild wachsenden Apfelbaum, die Äpfel einsammelt, hat er damit bereits eine Arbeit verrichtet, die das

---

100 Locke *On Government II*, 6.

101 Mit teils etwas sophistisch klingenden Argumenten setzt sich Robert Nozick (*Anachie Staat Utopia*, München 2006, 232ff.) mit Lockes Theorie der Aneignung durch Arbeit intensiv auseinander. Z.B.: Gehört mir ein Stück Land, wenn ich einen Zaun darum ziehe oder nur genau derjenige Teil des Landes der vom Zaun berührt wird? Das stellt meiner Meinung nach jedoch nur ein Scheinproblem dar, denn es lässt sich in positiver Gesetzgebung klären. Auch wenn Nozick zu Recht klare Kriterien für Arbeit und Bearbeitung eines Gegenstandes fordert, scheint mir das am philosophischen Hauptpunkt Lockes vorbeizugehen, dass man mit Transformation eines Gegenstandes durch den eigenen Leib einen Gegenstand aneignen kann. Die spezifischeren Kriterien mag der Lauf der Geschichte z. B. mit einem Arbeits- oder Vermögensrecht festlegen, das sollte man vielleicht nicht von der Philosophie in einer überzeitlichen Perspektive erwarten. Nozick „zerdenkt" hier einen eigentlich sinnvollen Gedanken.

Naturgut in seinen Besitz bringt und nur durch die Arbeit wird ein Gegenstand von einem bloßen Ding zu einem Gegenstand des Privateigentums. Damit verwandelt Locke das Recht auf Besitz durch eine prima occupatio in eine Art fundamentales „Arbeitsrecht“; nämlich das Recht auf Besitz durch Arbeit.

Hieran wird deutlich, dass Locke ebenfalls das Politische aus einem Nichtpolitischen heraus begründet. Die erste Legitimation von einem Recht auf etwas wird durch körperliche Arbeit bewerkstelligt. Gleichzeitig ist der Rückgang auf einen Naturzustand, in dem das Politische noch nicht vorkommt, in Parallele zu Lockes empiristischer Erkenntnistheorie zu sehen: Um Erkenntnis zu erklären, geht Locke in seinem *Essay concerning Human Understanding* auf die Metapher vom Geist als einem anfänglich leeren, weißen Blatt Papier zurück, die berühmte tabula rasa-Metapher der empiristischen Erkenntnistheorie. Damit will er in der Erkenntnistheorie problematische Voraussetzungen, wie z. B. eingeborene Ideen, die man in Descartes' Erkenntnistheorie findet, vermeiden. Hier gleichen sich also die Erklärungsstrategien in Lockes Politischer Philosophie und Erkenntnistheorie, jeweils wird ein Rückgang zum Nullpunkt unternommen.

Menschliches Leben impliziert für Locke aufgrund der Freiheit und Gleichheit schon im Naturzustand auch das Recht auf Privatbesitz. Man kann hier eine dreifache Implikationskette sehen: Das Recht auf Leben impliziert 1. die Gleichheit aller; das Leben impliziert aber auch 2. die Freiheit aller und die Freiheit impliziert 3. das Recht auf Privateigentum, weil man ohne rechtlich gesichertes Eigentum sein Leben nicht sichern kann. Wenn der Einzelne für sich selbst erkennt, dass er ein Recht auf Freiheit und auf Privateigentum hat, dann erkennt er zugleich auch, dass die anderen Subjekte dieses Recht gleichfalls haben. Man kann sein eigenes Recht auf Freiheit und Privateigentum nur dann sinnvoll einfordern, wenn man es in demselben Maße auch den anderen einräumt, die Gleichheit erfordert das.

2 Exkurs zum Arbeitsbegriff bei Marx und in der Moderne

Hier darf ein Blick auf Marx nicht fehlen, denn man kann ihn in die auf Locke zurückgehende Tradition einer Arbeitsanthropologie einreihen. Ist bei Locke die Arbeit noch nur ein Mittel zum Zweck, nämlich ein Mittel, um das Eigentum zu legitimieren und darüber das Recht auf Leben zu sichern, so beleuchtet Marx in seinem politisch-ökonomischen Denken die Arbeit selbst. Bei Marx wird die Arbeit zum Definiens des Menschen. Der Soziologe Karl Dunckmann bezeichnet Marx' *Kapital* geradezu als „System der Arbeit“.[102] Der Mensch ist – wie Hannah Arendt

---

102 Karl Dunckmann *Soziologie der Arbeit*, Halle 1933.

in *Vita activa* mit Bezug auf Marx herausgearbeitet hat – animal laborans[103] und, auch ähnlich wie bei Locke, spielt die Natur eine wesentliche Rolle für die Arbeit. Marx definiert die Arbeit als „einen Prozess zwischen Mensch und Natur", „worin der Mensch seinen Stoffwechsel mit der Natur durch seine Tat vermittelt, regelt und kontrolliert". Die Grundlage und das Produkt der Arbeit bestehen aus einem Naturstoff, der in der Arbeit eine Formveränderung durchläuft, die ihn gemäß den menschlichen Bedürfnissen umschafft und aneignungsfähig macht. An einer Stelle sagt Marx sogar, dass – sollte die proletarische Revolution nicht vorher stattfinden – die kapitalistische Gesellschaft die Natur zwangsweise so lange ausbeuten wird, bis die Natur zerstört ist und nichts mehr hergibt, was der produktiven Formveränderung unterworfen werden kann. Die unfreie Form der Arbeit verbraucht die stofflichen Elemente, ihren Gegenstand und ihre Mittel, sie verspeist dieselben.

> Vom Standpunkt einer höheren ökonomischen Gesellschaftsformation wird das Privateigentum einzelner Individuen am Erdball ganz so abgeschmackt erscheinen, wie das Privateigentum eines Menschen an einem anderen Menschen. Selbst eine ganze Gesellschaft, eine Nation, ja alle gleichzeitigen Gesellschaften zusammengenommen, sind nicht Eigentümer der Erde. Sie sind nur ihre Besitzer, ihre Nutznießer, und haben sie als boni patres familias den nachfolgenden Generationen verbessert zu hinterlassen.[104]

Arbeit ist für Marx ein biologischer und physiologischer Prozess. Schon in seinen *Jugendschriften* formuliert Marx:

> Das praktische Erzeugen einer gegenständlichen Welt, die Bearbeitung der unorganischen Natur ist die Bewährung des Menschen als eines bewussten Gattungswesens. [... Das Tier] produziert unter der Herrschaft des unmittelbaren Bedürfnisses, während der Mensch selbst frei vom physischen Bedürfnis produziert und erst wahrhaft produziert in der Freiheit von demselben.[105]

---

103 Hannah Arendt *Vita activa*, Müchen/Zürich 2011, §§ 13 ff.
104 Marx *Das Kapital*, Bd. III; in: *Marx/Engels Werke*, Bd. 25, 784. Engels führt in *Die Dialektik der Natur* sogar aus: „Schmeicheln wir uns [...] nicht zu sehr mit unseren menschlichen Siegen über die Natur. Für jeden solchen Sieg rächt sie sich an uns. Jeder hat in erster Linie zwar die Folgen, auf die wir gerechnet haben, aber in zweiter und dritter hat er ganz andere unvorhergesehene Wirkungen, die nur zu oft jene ersten Folgen wieder aufheben. [...] Gegenüber der Natur wie der Gesellschaft kommt der heutigen Produktionsweise vorwiegend nur der Erfolg in Betracht; und dann wundert man sich noch, dass die entfernten Nebenwirkungen der hierauf gerichteten Handlungen ganz andere, meist ganz entgegengesetzte sind." In: *Marx/Engels Werke*, Bd. 20, 453. Diese hellsichtige Einschätzung soll natürlich nicht über den gleichzeitig von Marx und Engels affirmierten Fortschrittsoptimismus bezüglich der Technik hinwegtäuschen.
105 Marx *Jugendschriften*, 88.

Bewusstsein und Freiheit unterscheiden offenbar die Produktion bei Tier und Mensch. Die Arbeit ist einerseits auf Gegenstände bezogen und andererseits produziert sie Gegenstände, daher ist Arbeit Vergegenständlichung. Engels hat Marx nicht umsonst als den „Darwin der Geschichtswissenschaften" bezeichnet, d. h., Marx betrachtet den Menschen durchgängig als „Gattungswesen". Dies führt die hier betonte Seite der neuzeitlichen Politischen Philosophie als einer nicht-zirkulären Erklärung des Politischen aus einem Naturalismus weiter.

Arbeiten und Konsumieren – sowie Fortpflanzung – sind nur verschiedene Phasen im biologischen Lebensprozess des Menschen. Dass auch die Fortpflanzung nach Marx unter den Bedingungen bourgeoisen Kapitalismus unter diesem Arbeitsaspekt zu sehen ist, wird daran deutlich, wenn er die „Kinderproduktion" als das „Kapital des Arbeiters" begreift. – Durch Locke erfährt die Arbeit in der Politischen Philosophie der Neuzeit eine enorme Aufwertung, man kann sagen, die Arbeit hat in der Neuzeit „Karriere" gemacht. Denn in der Antike galt derjenige, der arbeiten muss, unmittelbar als arm und daher auch nicht als politischer Selbstbestimmung fähig. Arbeit wurde nicht einmal als Mittel angesehen, um der Armut zu entgehen, sondern sie war ein sicheres Kriterium für Armut! Je mehr man arbeitet, desto ämer muss man sein. Mentalitätsgeschichtlich und sicherlich etwas vergröbernd kann man sagen, dass in der Antike die Arbeit verachtet wurde, insbesondere natürlich körperliche Arbeit. Denn diese dient dazu, den Körper zu erhalten, und das ist wiederum der Natur und der Notwendigkeit geschuldet, es ist also in antikem Verständnis ein Zeichen dafür, dass man unfrei ist, da man mit der Arbeit das tut, was der Notwendigkeit gemäß ist. Der Freie zeichnet sich gerade umgekehrt dadurch aus, dass er dieser Notwendigkeit nicht unterliegt. Diese Veränderung der Einschätzung von Arbeit hat Hannah Arendt besonders betont. Insofern sieht der antike Mensch die Sklaverei als etwas Natürliches an: Die Sklavenhaltung ist die natürliche Strategie, sich der drückenden Naturnotwendigkeit zu entledigen. Da ein Sklave ein Ding ist, kommt man in dieser Logik auch nicht mit Menschenrechten im modernen Sinne in Konflikt – wenn es solche in der Antike gegeben hätte –, denn Menschenrechte können für Sklaven nicht gelten, da sie Dinge sind. In jüdisch-christlicher („im Schweiße Deines Angesichts") und in neuzeitlicher Tradition, mit Locke und insbesondere Marx erhält die Arbeit einen wesentlich anderen Charakter; sie wird zu dem, was den Menschen definiert. Christlich verstanden ist sie ein sicheres Zeichen für die Sündhaftigkeit des Menschen, denn sie ist neben der Paradiesvertreibung seine Strafe für den Sündenfall.

Arbeit ist nach Marx „eine von allen Gesellschaftsformen unabhängige Existenzbedingung des Menschen, ewige Naturnotwendigkeit, um den Stoffwechsel zwischen Mensch und Natur, also das menschliche Leben zu vermitteln". Im Produkt der Arbeit „erlischt" in gewisser Hinsicht der Arbeitsprozess in doppelter Hinsicht, denn einerseits ist das Produkt der Endpunkt des Arbeitsprozesses und andererseits wird das Produkt vom Menschen aufgezehrt, konsumiert.

Hier kann man auf eine Problematik in Marx' frühem Arbeitsbegriff und der Definition des Menschen als ein Gattungswesen, das sich durch Arbeit bestimmt, hinweisen. Denn Marx selbst betonte in jenem Zitat aus den *Jugendschriften*, dass sich der menschliche vom tierischen Produktionsprozess unterscheidet, indem er von der bloßen Bedürfnisbefriedigung frei ist. Diese Freiheit ist also nicht mehr mit einer Naturnotwendigkeit zu identifizieren; sonst müsste man voraussetzen, dass die Natur selbst frei wäre und man käme mit dem Wort „Natur*notwendigkeit*" in Konflikt; dies würde außerdem die von Marx intendierte Differenz zwischen Tier und Mensch aufheben. Außerdem würden sich Probleme eines geschlossenen und einheitlichen Weltbildes ergeben, wenn Freiheit mit Naturkausalität zusammenfallen würde. Hier steht im Hintergrund, dass man nicht vom Sein (Mensch als Gattungswesen) darauf schließen kann, was das Wesen des Menschen sein *soll* oder gar auf rechtlich-moralische Aspekte des Menschen zurückschließen kann; der naturalistische Fehlschluss droht sonst.

Hannah Arendt weist in ihrer scharfsinnigen Analyse darauf hin, bei Marx gebe es den Widerspruch, dass er einerseits die Arbeit als Definiens des Menschen setzt und andererseits dort, wo seine Utopie des Kommunismus im *Kapital* beschrieben oder zumindest angedeutet wird, die Arbeit aufgehoben ist.[106] Schon in der *Deutschen Ideologie* postuliert Marx, dass die „kommunistische Revolution [...] die Arbeit beseitige". Das Reich der Freiheit beginnt erst dort, wo die Arbeit, die sich aus Not und äußerer Zweckmäßigkeit ergibt, aufhört.[107] Die entfremdete Arbeit fällt dort weg, wo im Kommunismus die völlige Vergesellschaftung des Menschen erreicht ist. Marx hat bekanntlich für seinen Kommunismus das Ideal vor Augen, dass dort durch eine technische Perfektionierung die Maschinen alle Arbeit erledigen; damit entfiele aber nicht nur entfremdete Arbeit, sondern generell alle Arbeit. Das von Arendt gesehene Problem ist nun: Wie kann der Endzustand der Entwicklung der Menschheit darin bestehen, dass das, was den Menschen definiert, wegfällt? Wäre im Kommunismus der Mensch kein Mensch mehr? – Einige Theoretiker versuchen diesen Widerspruch durch eine Dialektik oder entwicklungsgeschichtlich wegzuerklären, doch das scheitert an der von Marx selbst beanspruchten essentiellen Rolle der Arbeit für das Wesen des Menschen. Strategisch richtig und im Sinne Marx' liegt eher das Argument, dass im Kommunismus nur die entfremdete Arbeit wegfällt, nicht die Arbeit generell. Dann ergibt sich hier auch kein Widerspruch. – Ich würde eher ein Problem darin

---

106 Vgl. Marx *Das Kapital*, Bd. III; in: *Marx/Engels Werke*, Bd. 25, 873.
107 Vgl. Marx *Das Kapital*, Bd. III; in: *Marx/Engels Werke*, Bd. 25, 873.

erblicken, dass man nicht beides behaupten kann: Einerseits entstammt Arbeit der Naturnotwendigkeit und andererseits ist sie Ausdruck der Freiheit des Menschen. Freiheit von Arbeit und Arbeit als Medium der Freiheit können aber nicht gleichzeitig angenommen werden. Hinzu kommt ein weiteres Problem: Einmal hat man einen biologisch-materialistischen Arbeitsbegriff und das andere Mal einen normativen und mit Freiheit aufgeladenen und beides driftet nach Kategorien des Seins oder des Sollens auseinander.

Hannah Arendt hat auch einen weiteren problematischen Punkt analysiert, indem sie herausstellt, dass die Marxsche Arbeitsphilosophie in die unerträgliche Alternative zwischen „produktiver Knechtschaft und unproduktiver Freiheit" führt.[108] In der idealen Gesellschaft von Marx wird jede Tätigkeit zu einem Hobby, jeder Beruf zum spaßigen Zeitvertreib; man kann kritisch sagen, dass ihr der existentielle Ernst fehlt. Zumindest beim frühen Marx scheint das tatsächlich der Fall. Dieses Problem bleibt wohl aber auch bestehen, wenn man hinsichtlich des späteren Marx des *Kapitals* die zuvor von mir genannte Unterscheidung trifft, dass im Kommunismus nur die entfremdete Arbeit, nicht aber die Arbeit generell aufgehoben ist. Dies wird deutlich, wenn Marx ausführt, dass die kommunistische Gesellschaft ermöglicht, „heute dies, morgen jenes zu tun, morgens zu jagen, nachmittags zu kritisieren, wie ich gerade Lust habe; ohne je Jäger, Fischer, Hirt oder Kritiker zu werden [...] in einer kommunistischen Gesellschaft gibt es keine Maler, sondern höchstens Menschen, die unter anderem auch malen".[109] In diesem kommunistischen Hedonismus fehlt der existentielle Ernst in der Ausübung der menschlichen Tat; jeder lebt in einer kontinuierlichen, geradezu ironischen Distanz zu dem, was er tut, nichts ist ernst gemeint, – böse gesagt: eine pure „Spaßgesellschaft". Das Ziel von Marx ist es natürlich, die entfremdete Arbeit aufzuheben und zu erreichen, dass sich der Mensch mit seiner Arbeit identifizieren kann, so dass dem Menschen der Arbeitsprozess zu einer Art Naturprozess wird, mit dem er eines ist. – Natürlich kann man hier mit dem Gegenargument auf all jene verweisen, die z. B. wohl begütert und künstlerisch tätig, aber wegen ihrer finanziellen Sorglosigkeit natürlich noch keine besseren Künstler sind. Wie viele schlechte Kunstwerke von reichen Hobbykünstlern und wie viele große Kunst von armen Schluckern gibt es nicht? Die Qualität einer Arbeit und die finanzielle Versorgung des Ausführenden stehen offenbar nicht in einem direkten kausalen Verhältnis. Daher gilt auch nicht der Umkehrschluss, man könne große Kunst durch Armut der Künstler fördern. – Insofern würde ich im Unterschied zu Arendt sagen, dass in Marx' kommunistischem Idealzustand nicht wirklich die Arbeit

108 Hannah Arendt *Vita activa*, 123.
109 Marx *Deutsche Ideologie*, 22; vgl. auch 373.

aufgehoben ist, sondern nur ein unglückliches Bewusstsein der Ausführenden dieser Arbeit beseitigt werden soll. Man arbeitet, bemerkt es aber nicht – zumindest nicht als etwas Unangenehmes, weil die eigene Arbeit zugleich die Arbeit aller ist, eine assoziierte Arbeit:

> Sind im Laufe der Entwicklung die Klassenunterschiede verschwunden und ist alle Produktion in den Händen der assoziierten Individuen konzentriert, so verliert die öffentliche Gewalt den politischen Charakter. Die politische Gewalt im eigentlichen Sinn ist die organisierte Gewalt einer Klasse zur Unterdrückung einer andern. Wenn das Proletariat im Kampfe gegen die Bourgeoisie sich notwendig zur Klasse vereint, durch eine Revolution sich zur herrschenden Klasse macht und als herrschende Klasse gewaltsam die alten Produktionsverhältnisse aufhebt, so hebt es mit den Produktionsverhältnissen die Existenzbedingungen des Klassengegensatzes der Klassen überhaupt und damit seine eigene Herrschaft als Klasse auf.
>
> An die Stelle der alten bürgerlichen Gesellschaft mit ihren Klassen und Klassengegensätzen tritt eine Assoziation, worin die freie Entwicklung eines jeden die Bedingung für die freie Entwicklung aller ist.[110]

Kontraktualistisch gesehen kann man Marx' Position also dahin gehend beschreiben, dass die gesamte Geschichte der Menschheit nach wie vor im Naturzustand/Kriegszustand befangen ist – was angesichts der geschichtlichen Mannigfaltigkeit vielleicht etwas undifferenziert wirkt –, zumindest solange, bis die Verwirklichung des Kommunismus eintritt, der allererst die Verwirklichung des Gesellschaftsvertrages ist – die wahre Assoziation der Individuen. Abgesehen davon, dass Marx' Empfehlung, sich zur Realisation der kommunistischen Revolution illiberaler Zwangsmaßnahmen zu bedienen, das Problem enthält, dass hier ein vielleicht moralisches Ziel mit amoralischen Mitteln durchgesetzt werden darf,[111] ist die Schlussfolgerung von Marx/Engels an dieser Stelle des *Kommunistischen Manifests* logisch gesehen problematisch, denn es wird gefolgert:

1. Prämisse: Klassenunterschiede implizieren politische Gewalt; bei den unterschiedenen Klassen ist mindestens eine unterdrückend und mindestens eine unterdrückt.

---

110 Marx/Engels *Manifest der Kommunistischen Partei*, Stuttgart 2010, 43.

111 Unmoralisch scheint mir ein Mittel von Marx: „Gleicher Arbeitszwang für alle" (a.a.O., 43); das klingt nach Stalinismus; hier kann man keinen Unterschied mehr zwischen ausgerechnet den schlimmsten Formen des real-existierenden Sozialismus und dem theoretisch entworfenen Sozialismus/Kommunismus mehr erkennen. Es ist unmoralisch, wenn man zur Erreichung eines moralischen Zwecks unmoralische Mittel einsetzen will. Die Unmoral des Mittels färbt sozusagen auf den Zweck ab. Um einen moralischen Zweck zu erreichen, sind nur moralische Mittel einzusetzen, sonst wird der Zweck infiziert, er kann nicht mehr moralisch gewollt werden.

2. Prämisse: Aufhebung der Klassenunterschiede führt zur Aufhebung der politischen Gewalt und damit zur Aufhebung von Klassenherrschaft.
3. Konklusion: Gibt es mit und nach der kommunistischen Revolution des Proletariats nur noch eine Klasse, fällt öffentliche und politische Gewalt weg und damit Klassenherrschaft, ja sogar die Herrschaft als Klasse überhaupt fällt weg.

Die beiden Prämissen sind aber offenbar begründungsbedürftig: Die erste Prämisse geht unhinterfragt davon aus, dass Klassen*unterschiede* in politischer Gewalt manifest werden müssen. Aus der Unterschiedenheit von x und y folgt aber nicht logisch notwendig ein Antagonismus. Aus dem Unterschied von Äpfeln und Birnen folgt nicht, dass sie sich bekämpfen. Wenn die Beherrschten sowohl dem Unterschied zu den Herrschenden als auch zu der Herrschaft selbst aus rationalen Gründen zustimmen, folgt nicht notwendig, dass sie das nur aus Verblendung oder Zwang getan haben können, weil zwischen ihnen eigentlich ein Antagonismus herrschen müsste. Man kann sich z. B. eine Gesellschaft vorstellen, in der die Herrschenden neben ihrer Herrschaftsausübung genau wie die Beherrschten arbeiten müssen und sie die Herrschaft nur in einer Art treuhänderischer Vertretung für die Beherrschten ausüben dürfen. Hier gäbe es zwar auch den Unterschied zwischen Herrschern und Beherrschten, aber keinen Antagonismus zwischen den Unterschiedenen.

Die zweite Prämisse geht von einem sehr engen Begriff von politischer Gewalt und Herrschaft aus (was latent natürlich auch schon in der ersten Prämisse vorausgesetzt war). Wenn man mit Marx/Engels politische Gewalt von vornherein als Antagonismus zwischen Klassen definiert – wie es ja im Zitat der Fall ist –, dann ist der Schluss trivialerweise wahr: Denn wenn sich politische Gewalt und Herrschaft tatsächlich ausschließlich zwischen (mindestens) zwei Klassen ereignen können, ist es trivialerweise wahr, dass wenn es nur noch eine Klasse gibt, es auch keine politische Gewalt mehr geben kann. Wenn man jedoch einen weiteren Begriff von politischer Gewalt oder Herrschaft vertritt, folgt der Schluss von Marx/Engels nicht mehr: Wenn man z. B. vertritt, dass es politische Herrschaft und öffentliche Gewalt auch innerhalb einer einzigen Klasse geben kann – und dafür gibt es reichlich Beispiele – kann man sie nicht mehr ausschließlich als Resultat eines Unterschiedes bzw. Antagonismus zwischen Klassen definieren. Nach Marx' eigenen Kriterien gibt es ja z. B. innerhalb der Klasse der Kapitalisten viel Gewalt und Herrschaft. Könnten politische Gewalt und öffentliche Herrschaft ausschließlich zwischen (mindestens) zwei Klassen vorliegen, müsste immanent betrachtet jede Klasse für sich ein herrschafts- und gewaltfreier Raum sein, was offenbar nicht der Fall ist. Ebenso folgt aus der Alleinherrschaft und Alleinexistenz einer Klasse nicht Gewalt- und Herrschaftsfreiheit.

Falls man Marx'/Engels Identifikation von politischer Gewalt und Herrschaft mit der Gewalt und Herrschaft zwischen Klassen akzeptiert, ist in der klassenlosen Gesellschaft zwar aus begrifflichen Gründen keine politische Gewalt und Herrschaft mehr möglich. Wie aber der Naturzustand der Kontraktualisten zeigt, gab es auch dort eine klassenlose Menschheit, die aber nach keiner der Naturzustandstheorien deswegen auch schon per se gewalt- und herrschaftsfrei gewesen sein muss. Wie z. B. der Hobbessche Entwurf des Naturzustands als bellum omnium contra omnes zeigt, garantiert Klassenlosigkeit allein nicht notwendig Gewaltfreiheit. Die Möglichkeit physischer Gewalt und physischer Herrschaft ist mit der Aufhebung politischer Gewalt (im Marxschen Sinne) nicht gegeben.

Deswegen ist auch die Konklusion problematisch, nicht nur kann man generell nicht aus Klassenlosigkeit auf Gewaltfreiheit schließen, sondern auch spezifischer ist aus Alleinherrschaft des Proletariats nicht auf Gewaltlosigkeit und Herrschaftsfreiheit zu schließen. Weshalb sollte ausgerechnet das Proletariat zu Gewaltfreiheit qualifiziert sein? Es ist durchaus logisch und widerspruchsfrei denkbar, dass einige Proletarier (auch wenn sie politisch durch den Kommunismus befreite und assoziierte Menschen sind) nicht gerade für Gewaltfreiheit kompetent sind. Und genau an dieser Stelle würde ein Hobbes von Marx einfordern, dass es auch im klassenlosen Kommunismus eine Staatsinstitution geben muss, die als souveräner Herrscher die physische Gewaltbereitschaft und die Freiheit zur Herrschaft des Einzelnen einschränken, kontrollieren und zügeln muss. Das kommunistische Ideal einer Überwindung des Staates rückt damit in eine utopische und logisch nicht ganz klare Ferne.

Offenbar ist aber auch die Konklusion aus der Einzigkeit der Proletarierklasse auf die generelle Klassenlosigkeit innerhalb des Kommunismus problematisch, denn wenn es *eine Klasse gibt*, gibt es eben keine Klassenlosigkeit. Wenn es nur noch eine einzige natürliche Zahl gäbe, wäre man damit auch noch nicht in einem zahlenlosen Zustand. Logisch gesehen bedarf der Begriff der Klasse nicht (mindestens) einer Gegenklasse, um existieren zu können. Es folgt offenbar nicht logisch notwendig, dass nach der proletarischen Revolution Gewalt abgeschafft ist, sondern höchstens, dass politisch-öffentliche Gewalt im engeren Marxschen Sinne eines Klassenantagonismus abgeschafft ist. Aus Marx' eigener Geschichtsdeutung folgt nicht einmal aus der Alleinherrschaft einer Klasse, dass es keine politische Gewalt mehr gibt. Denn die Bourgeoisie betreibt im Kapitalismus ja durchaus auch eine Alleinherrschaft, doch folgt daraus keine Gewalt- und Herrschaftsfreiheit innerhalb ihrer selbst, schließlich bekämpft ein Besitzbürger den anderen; die berühmte „Expropriation der Expropriateure", ist ein Beispiel für den klassenimmanenten Herrschaftskampf.

Dem Ende des oben wiedergegebenen Zitats von Marx kann man nur zustimmen, es ist tatsächlich eine ideale Gesellschaftsform, in der die Freiheit jedes

Einzelnen die Bedingung der freien Entwicklung aller ist, das ist durchaus und sehr genau der Grundgedanke des Liberalismus auch im Sinne Lockes: Die Freiheit eines jeden Einzelnen ist Voraussetzung dafür, das Ganze als frei bezeichnen zu können, d. h., die Freiheit des Gemeinwesens hat eine Grenze an der Freiheit des Einzelnen und genau weil sie diese Grenze akzeptiert bzw. rechtlich festschreibt, ist es ein freiheitliches Gemeinwesen, ein liberaler Staat. Ein Gemeinwesen, das die Freiheit des Einzelnen nicht anerkennt, ist unfrei. Wenn man jedoch von Marx/Engels hört, dass auf dem Weg zur klassenlosen Gesellschaft z. B. „gleicher Arbeitszwang für alle“ herrscht und legitim ist, hat man eher das Gefühl, dass die „Freiheit aller“ in ihren Augen die Bedingung der Freiheit des Einzelnen ist; was im wahrsten Wortsinne eine Perversion des Liberalismus darstellt und in ein illiberales Arbeitslager führt; woran sich zeigen würde, dass der Kommunismus eigentlich ein Utilitarismus mit fragwürdigen Mitteln und Zielen ist. Daran zeigt sich aber auch, dass der eigentliche Feind des Liberalismus der Utilitarismus ist!

3 Der Naturzustand und die Notwendigkeit des Gesellschaftsvertrags bei Locke – Fortsetzung

Nach Locke gilt, dass ein Mensch nur überleben kann, wenn er Dinge der Natur durch seine Arbeit transformiert; die Transformation von Naturgegenständen ist Arbeit. Der Naturzustand ist also – ganz im Gegensatz zur Konzeption von Hobbes – kein Zustand der Zügellosigkeit, sondern einer, in dem Freiheit, Gleichheit, Arbeit und Privatbesitz in einem inneren Zusammenhang stehen. Ganz im Gegensatz zu einem Zustand der Zügellosigkeit können die Individuen mit ihren Ansprüchen auf Besitz und Freiheit im Lockeschen Naturzustand sehr gut koordiniert nebeneinander leben, indem jeder für seinen Körper die notwendige Arbeit verrichtet. Dieses koordinierte Miteinanderleben ist eine Folge der Gleichheit; die Freiheit und das Recht auf Selbsterhaltung, das ich mir als ein Naturwesen zuspreche, muss ich auch den anderen, die ja eben auch Naturwesen sind, zusprechen. Die Gleichheit aller hinsichtlich ihres Rechts auf Freiheit folgt aus meinem Anspruch auf die Freiheit. Die Instanz, die diese Rechte auf Freiheit und Privatbesitz im Naturzustand geltend machen kann und durchzusetzen hat, ist nach Locke jedes Subjekt selbst: Im Naturzustand gibt es also etwas, das im politischen Zustand unmöglich wäre, nämlich das Recht auf Selbstjustiz. Im Naturzustand ist jeder selbst Richter über die Vergehen, die ihm angetan werden.

Es gibt – was zumindest nach Locke für den Naturzustand gilt – genügend natürliche Ressourcen für alle; jeder kann sich seinen claim abstecken und ihn bearbeiten, ohne dem anderen etwas wegzunehmen oder ihn um einen Vorteil zu bringen; denn dieser kann einfach zur nächsten Gegend überwechseln. Die Individuen sind auch nicht von vornherein darauf ausgerichtet, den anderen zu übervorteilen und ihm die Lebensgrundlage zu nehmen, sie sind auch nicht darauf ausgerichtet, sich mehr zu nehmen als ihnen zusteht. Ein vernünftiges Naturrecht besagt: Was den Subjekten im Naturzustand zusteht, ist das, was sie zu ihrem Lebenserhalt brauchen. Hier handelt es sich also um eine reine Konsumgemeinschaft; alles, was produziert wird, wird auch konsumiert; es wird nicht akkumuliert, sondern verzehrt. Sich akkumulierend etwas über das für das Leben Notwendige hinaus anzueignen würde bedeuten, dass diese Menschen gegen das Naturrecht handeln. Zügellosigkeit widerspräche grundsätzlich dem Naturrecht auf Selbsterhaltung und Gleichheit aller.

Mit Locke kann man zwei Arten von Naturzustand unterscheiden. Wenn Locke den Naturzustand als ein harmonisches Miteinander schildert, hat er ein Ideal vor Augen, das nur dann Wirklichkeit werden könnte, wenn sich alle Menschen ihrer Vernunft gemäß verhalten würden. Diesem idealen Bild des Naturzustands stellt er ein nüchternes Bild gegenüber, das davon ausgeht, dass sich die meisten Menschen im Naturzustand nicht von ihrer Vernunft, sondern von ihren Leidenschaften (z. B. Hass, Neid, Rachsucht oder Parteilichkeit) leiten lassen. Es sind diese Leidenschaften, die einen potentiell völlig konfliktfreien in einen tatsächlich höchst konfliktreichen Zustand verwandeln. Und dies wird dann auch der Grund sein, weshalb die Menschen den Naturzustand verlassen wollen; die Unsicherheiten aufgrund verderblicher Leidenschaften sind zu groß und können unter politisch geregelter Gewalt besser kontrolliert werden. Von den natürlichen Bedürfnissen, die auf die Erhaltung des eigenen Leibes bezogen sind, lassen sich die Ansprüche auf Güter der verfeinerten Kultivierung unterscheiden, die durchaus luxuriöse Züge annehmen können und dann eben zur Verknappung der Ressourcen führen, da hier von Einzelnen Ansprüche auf Besitz erhoben werden, die durchaus die koordinierte Befriedigung der Bedürfnisse auch anderer Subjekte nicht mehr zulassen. – Hier kann man im Hintergrund schon Rousseaus zivilisationskritische Melodie klingen hören. –

Das Naturgesetz entspringt der Vernunft.[112] Auch bei Locke wird jenes Changieren des Naturgesetzes deutlich, das wir bereits bei Hobbes bemerkt haben; es handelt sich um das Changieren zwischen der normativen und der faktisch deskriptiven Ebene; bei Locke kommt noch eine theologische Ebene dazu:

> Im Naturzustand herrscht ein natürliches Gesetz [das Gesetz der Selbsterhaltung, Freiheit, Gleichheit; Einf. R.S.], das für alle verbindlich ist. Die Vernunft aber, welcher dieses Gesetz entspringt, lehrt alle Menschen, wenn sie sie nur um Rat fragen wollen, dass niemand einem anderen, da alle gleich und unabhängig sind, an seinem Leben, seiner Gesundheit, seiner

---

112 Vgl. Locke *On Government II*, 6.

> Freiheit oder seinem Besitz Schaden zufügen soll. Alle Menschen nämlich sind das Werk eines einzigen allmächtigen und unendlich weisen Schöpfers, die Diener eines einzigen souveränen Herrn, auf dessen Befehl und in dessen Auftrag sie in die Welt gesandt wurden. Sie sind sein Eigentum [...].[113]

Hier ist besonders deutlich, dass Locke, ganz im Unterschied zu Hobbes, eine theologische Fundierung des Naturzustands konzipiert; im Naturzustand sind alle Menschen unter dem einheitlichen Willen ihres souveränen Gottes vereint. An einzelnen Stellen geht Locke sogar so weit, dass jeder Mensch nicht sein eigener Eigentümer, sondern das Eigentum Gottes ist. Das ist durchaus konsequent im Lockeschen Arbeitskonzept, wenn man Gottes Kreation des Menschen nämlich als seine Arbeit versteht, dann hat Gott ein Eigentumsrecht am Menschen, er hat ihn aus Erde und Lehm geformt, also gegebene Naturmaterialien transformiert. Daher hat kein Mensch das Recht, selbstmächtig über sein Leben zu entscheiden, z. B. Selbstmord zu begehen, wann es ihm beliebt. An anderen Stellen bezeichnet Locke den Menschen aber durchaus auch als seinen eigenen Eigentümer. Dies hätte Hobbes wohl als einen deutlichen „Rückfall" in eine durch voraussetzungsreiche Sitte, Ethos und Religion vermittelte Sicht des Naturzustands kritisiert. Ein Skeptiker würde die Theologumena so auch nicht akzeptieren und damit wäre die Naturzustandskonzeption von Locke problematisch. Denn man kann sich durchaus Naturgemeinschaften denken, die entweder atheistisch sind oder einen anderen als den christlichen Gott anbeten; diesen hat Locke nämlich vor Augen. In gewissem Sinne hätte Hobbes dies auch deswegen kritisiert, weil es einen „Rückfall" in den politischen Aristotelismus bedeutet; denn der Naturzustand wird von Locke offensichtlich als teleologisch eingerichtet konzipiert; nämlich nach den Zwecken Gottes. Doch das impliziert, dass man die Zwecke Gottes kennt; was nach Hobbes eine Anmaßung des endlichen Intellekts des Menschen bedeutet.

Man kann in der Kritik auch noch weiter gehen: Dass es im Naturzustand schon Besitz geben soll, ist eine Rückprojektion bürgerlicher Verhältnisse auf natürliche Verhältnisse. Auch den Menschen wesentlich über das Eigentum zu definieren und die Arbeit nur zu einem Mittel dazu zu machen, kann man – z. B. mit Marx oder Adorno – als einen Fetisch oder als Verdinglichung kritisieren. Dem würde Locke wohl entgegnen können, dass er bezüglich des Naturzustands noch nicht von einem Besitz im bürgerlichen oder dinglichen Sinne spricht, da es noch keine staatliche Autorität gibt, die man anrufen könnte, um seinen Besitz zu verteidigen und da Eigentum für ihn nicht so sehr in dem Haben einer Ware oder eines Dinges besteht, sondern in der Tätigkeit des Menschen. Mit Locke könnte

113 Locke *On Government II*, 6 f.

man sagen, das Wesen des Menschen ist seine Eigentum produzierende Tätigkeit. Der Besitz, von dem er hier spricht, ist nur eine Art natürliche, anthropologische Grundlage von Besitz im engeren Sinn; der Anspruch auf einen solchen Besitz im weiteren Sinn ist noch nicht bürgerlich, d. h. gesetzesgemäß einzufordern; aber es handelt sich immerhin schon um einen durch Arbeit legitimierten Anspruch.

Aufgrund der Gleichheit aller im Naturzustand, ist die Vollstreckung der Ansprüche, die sich aus den durch Arbeit erworbenen Besitzansprüchen ergeben, in die Hand aller gelegt. Es gibt keine privilegierten, unabhängigen Subjekte, die Richter sein könnten, alle sind jederzeit in Personalunion Richter und Ausführende des Gesetzes. Die von Naturrechtssubjekten verhängten Strafen dienen nur der Wiedergutmachung und der Abschreckung; dies rät ihnen jeweils das Gewissen und eine ruhige Überlegung.[114]

Locke plädiert ganz klar bereits hier und dann durchgehend für die Todesstrafe; derjenige, der gemordet hat, bildet einen solchen Unsicherheitsfaktor für das Zusammenleben wie ein Raubtier, das sich inmitten einer zivilisierten Gesellschaft befindet; es ist, als würde man einen Tiger unter sich dulden, wenn man einen Mörder nicht mit der Todesstrafe bestrafen würde: „Hierin gründet das große Gesetz der Natur: *Wer Menschenblut vergießt, des Blut soll auch durch Menschen vergossen werden.*“[115]

4 Lockes implizite Hobbes-Kritik – Freiheit und Gesetz

Die staatlichen Gesetze sind für Locke nur dann gerecht, wenn sie im Naturgesetz gründen und sich zugleich nach diesem ausrichten und quasi seine Auslegungen sind.[116] Damit hat Locke offensichtlich einen ganz anderen Begriff von Gerechtigkeit als Hobbes. Besteht bei Hobbes Gerechtigkeit darin, den Gesetzen zu folgen und sind die Gesetze wiederum ein Ausdruck des autoritären Willens des Herrschers, so gibt es für Locke einen von positivem Gesetz, Herrschaft und souveräner Staatsmacht unabhängigen Sinn von Gerechtigkeit, an dem sich die Staatsmacht zu messen hat. Sie schafft ihn nicht durch ihre Willkür. Die Gerechtigkeit hat für Locke ihre Wurzeln in der Freiheit und Gleichheit aller, die zu respektieren ist, und erst wenn dies erfüllt ist, können ein Staat und seine Gesetze gerecht sein. Das Gesetz schützt die Freiheit; dies wird an einer genialen Stelle deutlich, wo Locke in einer Art Grundlegung des rechtsstaatlichen Liberalismus ausführt:

---

114 Vgl. Locke *On Government II*, 8.
115 Locke *On Government II*, 10.
116 Vgl. Locke *On Government II*, 11.

> Denn der Begriff Gesetz bedeutet im Eigentlichen nicht so sehr die Beschränkung, sondern vielmehr die Leitung des frei und einsichtig Handelnden in seinem eigenen Interesse, und seine Vorschriften reichen nicht weiter, als sie dem allgemeinen Wohl derer, die ihm unterstehen, dienen. Könnten sie ohne das Gesetz glücklicher leben, so würde es, als ein nutzloses Etwas, von allein verschwinden; und den Namen ›Beschränkung‹ verdient wohl kaum, was uns von Sümpfen und Abgründen fernhält. So ist das Ziel des Gesetzes, mag es auch missverstanden werden, nicht, die Freiheit abzuschaffen oder einzuschränken, sondern sie zu erhalten und zu erweitern. Denn bei allen Geschöpfen, die zu Gesetzen fähig sind, gilt: Gibt es kein Gesetz, so gibt es auch keine Freiheit. Freiheit nämlich bedeutet frei sein von Zwang und Gewalttätigkeit anderer, was nicht sein kann, wo es keine Gesetze gibt. Doch Freiheit ist nicht, wie man uns sagt, die Freiheit für jeden, zu tun, was ihm einfällt (denn wer könnte frei sein, wenn ihn die Laune jedes anderen tyrannisieren dürfte), sondern die Freiheit, innerhalb der erlaubten Grenzen jener Gesetze, denen er untersteht, über seine Person, seine Handlungen, seinen Besitz und sein gesamtes Eigentum zu verfügen, damit zu tun, was ihm gefällt, und dabei niemandes eigenmächtigem Willen unterworfen zu sein, sondern frei dem eigenen folgen zu können.[117]

Dieser grundlegende Zusammenhang von Freiheit und Gesetz verhindert einen Anarchismus mit seiner falsch verstandenen Freiheit als Gesetzlosigkeit und lässt diesen und seine Kritik am Gesetz ins Leere laufen. Gesetz und Freiheit gehen Hand in Hand, sie sind kompatibel. Wo Gesetze gelten, die die Freiheit aufheben, hat jedermann das Recht, sich gegen diese Gesetze zu stellen, denn eigentlich handelt es sich bei „Gesetzen“, die die Freiheit aufheben, nicht um Gesetze; man könnte eher sagen, es handelt sich um Befehle, aber nicht um Gesetze, da deren Wesen in Gewährung und Schutz der Freiheit besteht.

Mit seiner soeben zitierten Auffassung von Freiheit gibt Locke keine inhaltliche oder positive Bestimmung der Freiheit an, er begrenzt nicht inhaltlich, was unter Freiheit zu verstehen ist, sondern er gibt nur die negative Freiheit an, nämlich Freiheit als „Freiheit von...“. Diese negative Freiheit unterliegt der Bedingung des regelgeleiteten Handelns. Nur wer in der Lage ist, zu erkennen, welche Handlungen erlaubt oder geboten oder verpflichtend vorgeschrieben sind, also nur, wer in der Lage ist, seine Vernunft zu gebrauchen, ist auch in der Lage, von seiner Freiheit Gebrauch zu machen. Somit stehen nicht nur Freiheit und Gesetz, sondern auch Freiheit und Vernunft in einem engen, notwendigen Zusammenhang. Insofern muss derjenige, der frei sein will, auch die Reife mitbringen; wer noch nicht in der Lage ist, Gesetze zu verstehen, wer also noch nicht ein reflexives Niveau erreicht hat, zu begreifen, was ihm ein Gesetz erlaubt oder gebietet, der kann nicht als freies und damit gegenüber dem Gesetz verantwortliches Wesen betrachtet werden.

117 Locke *On Government II*, 43.

> Des Menschen Freiheit folglich wie auch insbesondere jene Freiheit, die es ihm erlaubt, nach seinem eigenen Willen zu handeln, gründet in seiner Vernunft, denn sie vermag ihn in dem Gesetz, nach dem er sich zu richten hat, zu unterweisen, und verrät ihm, wieweit sein freier Wille über ihn entscheiden darf. Wollte man ihm eine uneingeschränkte Freiheit gewähren, bevor er Vernunft besitzt, die ihn leitet, so würde man ihm nicht das Privileg seiner Natur, frei zu sein, lassen, sondern man würde ihn unter das Vieh ausstoßen und ihn einem Zustand aussetzen, der ebenso armselig ist und so weit unter dem eines Menschen steht wie der der Tiere.[118]

Hierin liegt eine philosophische Begründung von Pädagogik einerseits und Verantwortung gegen Unmündige andererseits, die sich aus Freiheit und Vernunft rechtfertigt. Gerade weil ein Subjekt sich zu einem vernünftigen und freien Wesen entwickeln könnte, sind wir ihm gegenüber verpflichtet, es durch das Gesetz und das Erlernen von Regelbefolgung zu dem zu erziehen, was es seiner Anlage nach schon ist. Der Mündige steht in der Verantwortung, den Unmündigen zur Entwicklung seiner Freiheit anzuleiten. Dies sind Grundgedanken der europäischen Aufklärung.

Daher bestimmt sich bei Locke auch das Verhältnis von Naturzustand und politischem Zustand völlig anders als bei Hobbes; denn die staatlichen oder bürgerlichen Gesetze machen bei Locke nur das explizit, was im Naturzustand ohnehin schon für die vernünftigen und freien Menschen gilt; die staatlich-bürgerlichen Gesetze machen explizit, was implizit schon im Naturzustand als Naturrecht gilt. Der Staat darf ja nicht Freiheit und Gesetz abschaffen, er wird ausschließlich zum Schutz von Freiheit und Gesetz gegründet; er erfindet sie auch nicht. Wie eine Abrechnung mit dem absoluten Souverän von Hobbes und mit dessen Legitimation des Staates klingt es, wenn Locke schreibt:

> Wenn Regierung das Heilmittel für jene Übel sein soll, die sich als unmittelbare Folge ergeben, wenn Menschen in eigener Sache Richter sind – was den Naturzustand so unerträglich macht –, so möchte ich gerne wissen, wie jene Regierung aussieht und inwieweit sie besser ist als der Naturzustand, in welcher ein einziger, der über eine große Anzahl von Menschen gebietet, die Freiheit hat, sein eigener Richter zu sein und mit allen seinen Untertanen das zu tun, was ihm gefällt, ohne dass irgend jemand die geringste Freiheit hätte, von denjenigen Rechenschaft zu fordern oder über sie Kontrolle zu üben, die ausführen, was ihnen beliebt! Wenn man sich fügen muss, was immer er tun mag, ganz gleich, ob ihn Vernunft, ein Irrtum oder seine Leidenschaft leitet! Bei weitem besser haben es die Menschen im Naturzustand, wo sie nicht gezwungen sind, sich eines anderen ungerechten Willen zu unterwerfen: wer in eigener oder fremder Sache fehlurteilt, ist der ganzen Menschheit dafür verantwortlich.[119]

---

118 Locke *On Government II*, 48.
119 Locke *On Government II*, 12.

Locke deckt hier den Grundfehler der Hobbesschen Staatskonzeption auf; der Staat wird eingerichtet, um den Naturzustand zu überwinden, aber der Naturzustand bleibt eigentlich auch noch im despotischen Staat von Hobbes erhalten, denn der Souverän ist nach wie vor im Naturzustand, sein Recht auf alles ist nicht aufgehoben oder wenigstens eingeschränkt, was vor allem darin seinen Ausdruck findet, dass der Souverän bei Hobbes über dem Gesetz steht. Dass sich Locke mit dem eben angeführten Zitat wohl auf Hobbes bezieht, verdeutlicht die Ironie, des eingeschobenen Nebensatzes „was den Naturzustand so unerträglich macht", dass dies nicht Lockes eigene Auffassung ist, wird an seiner Naturzustandskonzeption klar, denn Lockes Naturzustand ist nicht so „unerträglich". Er muss sich also auf eine andere Konzeption beziehen und welche als die von Hobbes läge da näher, wo dieser doch das Szenario eines Krieges aller gegen alle und eine universelle Angst- und Terrorsituation entwirft.

Locke selbst unterscheidet daher zwischen Kriegs- und Naturzustand. Der Naturzustand besteht einfach in dem Zusammensein von Menschen, bevor sie sich auf eine Regierung geeinigt haben. Menschen können bereits im Naturzustand Gemeinschaften bilden, wenn auch noch keine politische Gesellschaft. Die Einheit der Menschheit im Naturzustand ist eine Art von Gattungseinheit, die sich durch Recht und Freiheit gegenüber allen anderen bloß biologisch bestimmten Gattungseinheiten anderer Lebewesen/Tiere auszeichnet:

> Denn im Naturzustand hat der Mensch neben der Freiheit unschuldigen Vergnügens zweierlei Gewalten. Die erste ist die, alles zu tun, was ihm innerhalb der Grenzen des Naturgesetzes für die Erhaltung seiner selbst und der anderen Menschen dienlich scheint. Durch dieses ihnen allen gemeinsame Gesetz bilden er und alle übrigen Menschen eine einzige Gemeinschaft und formen eine Gesellschaft, die sich deutlich von allen übrigen Lebewesen abhebt. Und wenn nicht die Verderbtheit und Schlechtigkeit entarteter Menschen wäre, würde man kein Verlangen nach einer anderen haben, es läge keinerlei Notwendigkeit vor, dass sich die Menschen von dieser großen natürlichen Gemeinschaft trennen sollten und sich durch positive Vereinbarungen zu kleineren Teilgemeinschaften zusammenschlössen. Die andere Gewalt des Menschen im Naturzustand ist die Gewalt, Verbrechen zu betrafen, die gegen jenes Gesetz begangen werden. Diese beiden Gewalten gibt er auf, wenn er sich privaten – wenn ich es so nennen darf – oder besonderen politischen Gesellschaften anschließt und sich einem von den übrigen Menschen gesonderten Staatswesen eingliedert.[120]

Hier wird deutlich, dass Locke den Staat als eine Einschränkung gegenüber der umfassenderen Einheit der Menschheit begreift, die Pluralität der Staaten sind partikularisierte Menschheiten. Der Naturzustand ist einfach nur der Zustand der Staatenlosigkeit, nicht spezifisch der Kriegszustand; der Krieg kann zwar im

120 Locke *On Government II*, 97 f.

Naturzustand eintreten, das geschieht immer dort, wo eine Gewalt eingesetzt wird, für die kein hinreichendes Recht vorhanden ist. Der Kriegszustand liegt immer dann vor, wenn jemand Gewalt ohne Recht ausübt, also z. B. einem anderen seine Arbeit zunichte macht. In dieser Perspektive kann der Naturzustand in den Kriegszustand führen, muss es aber nicht. Und auch noch im Staat selbst kann der Kriegszustand immer dann eintreten, wenn ungerechtfertigte Gewalt angewendet wird. – Bei Hobbes ist es sehr wohl notwendig, den Naturzustand zugunsten des Staatszustands zu verlassen, angesichts seiner Bestimmung der Natur des Menschen als aus Machtstreben, Angst, Furcht, Hass, Konkurrenzstreben und Neid gebildeter Natur; wenn man den Menschen auf diese Weise bestimmt, ist es konsequent, den Naturzustand als Kriegszustand zu verstehen; bestimmt man jedoch die Natur des Menschen „harmonischer", maßvoller, vorsichtiger, wie Locke das tut, muss der Naturzustand nicht notwendig selbst schon in einem Kriegszustand bestehen.

Durch diese Entkoppelung von Natur- und Kriegszustand fällt es Locke natürlich leichter, das Faktum zu erfassen, dass der Kriegszustand sowohl im Natur- als auch im Gesellschaftszustand auftreten kann. Auch in der staatlichen Gesellschaft ist es möglich, dass jemand eine Gewalt ausübt, zu der er kein Recht hat, und sobald das geschieht, herrscht der Kriegszustand auch in der Gesellschaft.

> Wo immer nämlich Gewalt geübt wird und Unrecht geschieht – mag es auch das Werk jener sein, die man ernannt hatte, Gerechtigkeit zu üben –, es bleibt Gewalt und Unrecht, sosehr man es auch mit dem Namen, unter dem Vorwand oder der Form des Gesetzes beschönigt. Denn der Sinn der Gesetze ist es, durch unvoreingenommene Anwendung auf alle, die unter ihnen stehen, den Unschuldigen zu schützen und ihm zu seinem Recht zu verhelfen.[121]

Hobbes bezeichnet Gewalt dort, wo sie vom Souverän ausgeübt wird, als unbedingt gerecht und da der Souverän über dem Gesetz steht, kann man ihn natürlich auch nicht anklagen, einem Unschuldigen Unrecht zu tun; der Souverän ändert dadurch, dass er den Untertanen auf diese oder jene Weise behandelt, also schon durch seine Tat, ganz einfach das Gesetz. Nach Locke bleibt Unrecht Unrecht, auch wenn es vom Souverän verübt wird; für den Souverän und seine Bürger gelten hinsichtlich von Recht und Unrecht dieselben Maßstäbe. Darin liegt ein Hauptargument für die Nomokratie, denn wenn auch der Herrschende dem Gesetz unterworfen ist, dann herrscht eigentlich das Gesetz. Und wenn in einer Demokratie das Volk der Souverän ist und gleichzeitig dem Gesetz unterworfen, dann herrscht dort auch eigentlich Nomokratie. – Bei Monarchie und Aristokratie wäre es danach zwar auch der Fall, dass sie eigentlich Nomokratien sind, wenn dort der

---

121 Locke *On Government II*, 17.

Herrscher/die Herrscher Gesetzesunterworfene wären, aber wie die Geschichte zeigt, sind sie es eben meist nicht wirklich. Das ist natürlich nur ein empirisches Argument. Doch dass in einer Demokratie das ganze souveräne Volk zugleich über dem Gesetz stehen könnte, ist ausgeschlossen, weil damit der Naturzustand gegeben wäre. – Man kann sehen, dass der Sinn des Gesetzes bei Hobbes und Locke ein anderer ist. Bei Hobbes ist der Sinn der Gesetze primär Ordnung und in der Ordnung als solcher liegt schon ein gewisser Eigenwert und Sinn; bei Locke dagegen ist der Sinn der Gesetze der Schutz des Unschuldigen und der Freiheit. Das Gesetz steht im Dienst der Gerechtigkeit; die nicht einfach im Befolgen der Gesetze besteht, denn es kann auch ungerechte Gesetze geben. Der Herrscher darf die Gewalt nur treuhänderisch anwenden, nämlich im Dienste der Freiheit seiner Bürger.

Locke deckt den entscheidenden Schwachpunkt bei Hobbes auf: Solange der Souverän über dem Gesetz steht, ist der Naturzustand (im Hobbesschen Sinne) noch nicht völlig verlassen, und er ist sogar an der für den Staat entscheidenden Stelle, beim Souverän, nicht verlassen. So paradox es klingt, solange der Herrscher über dem Gesetz steht und nicht das Gesetz über dem Herrscher, ist der Naturzustand kontinuierlich erhalten; wenn er auch nur noch partikulär oder besser punktuell vorhanden ist, nämlich im Souverän. Nicht ein Herrscher soll herrschen, sondern das Gesetz! Auf den Begriff gebracht ist dies Nomokratie. In einer absoluten Monarchie besteht das Problem darin, dass der Monarch gleichfalls Legislative, Judikative und Exekutive auf sich vereint oder zumindest vereinen kann, wenn er Lust dazu hat. Daher können sich die Bürger nicht auf eine wirklich unparteiische Instanz berufen, wenn es Rechtsstreit unter ihnen oder mit dem Monarchen gibt. Nur wenn Legislative, Judikative und Exekutive getrennt sind, kann es eine mögliche Kontrolle der souveränen Macht geben.[122]

Den Gesellschaftsvertrag selbst definiert Locke dann wieder durchaus mit Anklängen an Hobbes: „Nicht jeder Vertrag nämlich setzt dem Naturzustand unter den Menschen ein Ende, sondern nur jener, in welchem sie gegenseitig übereinkommen, in eine Gemeinschaft einzutreten und einen politischen Körper zu bilden."[123] Entscheidend ist jedoch, dass sich damit auch der Souverän bindet.

Auch bei Locke findet sich die Unterscheidung zwischen Herr, Knecht und Sklave. Nach ihm sind die „Bürger" in einer absoluten Monarchie keine Knechte, sondern Sklaven.[124] Der Naturzustand wird dadurch überwunden, dass die souveräne Macht wie alle Bürger unter dem Gesetz steht und dadurch, dass dies

122 Vgl. Locke *On Government II*, 68.
123 Locke *On Government II*, 13.
124 Vgl. Locke *On Government II*, 69.

kontrolliert wird, indem eine Gewaltenteilung im Staat installiert wird. Die Gewaltenteilung ist eine entscheidende Antwort auf die alte Frage: „Quis custodiet ipsos custodes?“ Die Gewaltenteilung ermöglicht diese Überwachung der Wächter. Nur dadurch, dass der Richter nicht zugleich Gesetzgeber ist und der Richter nicht auch Vollstrecker der Gesetze, sondern nur Recht spricht, nur durch diese Gewaltenteilung ist eine Überwindung des Naturzustands möglich. Und eine solche ist von Locke zumindest der Tendenz nach angedacht.

Den Gesellschaftszustand gegenüber dem Naturzustand beschreibt Locke folgendermaßen:

> Er [der Mensch; Einf. R.S.] befindet sich jetzt in einem neuen Zustand, der ihm von der Arbeit, dem Beistand und der Gesellschaft anderer Menschen dieser Gemeinschaft große Vorteile wie auch den Schutz ihrer gesamten Stärke bringen soll, und er muss deshalb so weit auf seine natürliche Freiheit, für sich selbst zu sorgen, verzichten, als es das Wohl, das Gedeihen und die Sicherheit der Gesellschaft verlangen. Das ist nicht nur notwendig, sondern auch gerecht, denn alle übrigen Glieder der Gesellschaft tun ebendasselbe.[125]

Die Grenzen der Staatsmacht definieren sich genau durch den Zweck, zu dem die Menschen sie installieren, nämlich zum Schutz und zur Beförderung des allgemeinen Wohls. Verschlechtert sich dies aufgrund einer unpassenden Anwendung der Staatsmacht, endet die Rechtmäßigkeit der Regierung. Hiermit gibt es ein Widerstandsrecht der Herrschaftsunterworfenen gegen den Herrscher. Das öffentliche Wohl des Volkes ist die Grenze der Staatsgewalt.

5 Struktur und Funktionsweise des Staates bei Locke

Der Staat ist für Locke wesentlich Rechtsstaat und die dort geltenden Gesetze haben die Funktion, die Bürger und ihre Freiheit zu schützen. Für Locke beinhaltet diese Schutzfunktion aber nicht nur die unschuldigen Bürger, sondern ebenso die schuldigen. Denn sofern der Staat zum Schutz aller Bürger eingerichtet wurde, können die Gesetze nicht den Sinn haben, an Menschen – auch den schuldig gewordenen – Vergeltung für ihre Taten zu üben; vielmehr ist Aufgabe des Gesetzes, eine Aufhebung der gefährlichen Zufälligkeiten des Naturzustands zu bewirken, und der Staat hat daher auch das Wohl der schuldigen Täter im Auge zu haben, sonst würde er seiner umfassenden und allgemeinen Schutzfunktion nicht gerecht.

---

125 Locke *On Government II*, 98.

> Denn da das Ziel der Regierung die Erhaltung aller ist, soweit dies möglich ist, sollte selbst der Schuldige geschont werden, wo es ohne Schaden für den Unschuldigen geschehen kann.[126]

Locke – obgleich Verfechter der Todesstrafe – plädiert daher für einen großzügigen Gebrauch von Begnadigungen und Milderung der Härten des Gesetzes durch die Regierung. Dies ist ein durchaus moderner Sinn des Strafrechts; bei dem die Strafe *auch* das Wohl des Übeltäters im Blick hat. – Man kann allerdings mit Begnadigungen und Strafabmilderungen auch eine Schwierigkeit haben, darauf weist Kant hin, denn das sind natürlich auch Unterwanderungen der Regelhaftigkeit des Gesetzes und ein allzumilder Herrscher anerkennt eigentlich nicht die Strafwürdigkeit des Verbrechers, er behandelt ihn eher wie ein unmündiges Kind, mit dem man Mitleid hat und daher Milde vor Recht ergehen lässt. Denn in der Strafe für eine verbrecherische Tat liegt eben auch, dass der Bestrafte einer Strafe würdig war – natürlich nur soweit, wie die Strafe eine angemessene und eine die Würde des Bestraften berücksichtigende ist. Einen Stein würde man nicht bestrafen, wenn er jemanden tötet. –

Der Staat ist für Locke allerdings nicht nur ein politisches, rechtliches Gebilde, sondern auch ein territoriales. Sofern der Staat die Funktion hat, Leben, Freiheit und Eigentum der Bürger zu schützen, bekommt er einen territorialen Aspekt, denn unter dem zu schützenden Besitz der Bürger befindet sich eben auch das in individuellem Besitz befindliche Land. Der Landbesitz darf aber nicht dazu führen, dass sich die Bürger jeweils in ihrer Freiheit für einen anderen Staat entscheiden können, dem sie zugehören wollen; daher haben die Bürger, die einen Teil des Landes besitzen, sowie deren Erben nicht einfach die freie Wahl der Staatszugehörigkeit, das würde die territoriale Einheit eines Staates aufheben. Vielmehr sind die Bürger mit Landbesitz und ihre Erben an die Gesetze gebunden, die in dem Staat herrschen, in dem sich auch ihr Landbesitz befindet.[127] Land und Staat bilden eine Einheit; in der freilich den durch Landbesitz verpflichteten Bürgern die freie Mitbestimmung der dort geltenden Gesetze offen steht, indem sie die Legislative mitbestimmen. Die Freiheit der Auswanderung bleibt jedem Bürger unbenommen. – In der V.R. China ist dieses Problem sehr konsequent gelöst, das Land gehört dem Staat; Hausbesitzer oder Bauern besitzen z.B. ihr Land nicht, sondern können es nur pachten, daher sind auch Umsiedlungen und Umverteilungen von staatlicher Seite legal zu vollziehen, das Land wird dann nicht konfisziert und es wird auch niemand enteignet, weil es ihm ohnehin nicht gehört. –

126 Locke *On Government II*, 124.
127 Vgl. Locke *On Government II*, 91.

Doch worin genau liegt ein sicheres Kriterium dafür, dass die Bürger dem Gesellschaftsvertrag und damit dem Staat, in dem sie leben, zustimmen? Locke unterscheidet eine stillschweigende von einer ausdrücklichen Zustimmung des Bürgers.[128] Diese Unterscheidung ist auch in der gegenwärtigen Theorie des Gesellschaftsvertrags noch gültig. Die explizite Zustimmung besteht z. B. in einem Eid auf die Verfassung eines Landes bei der Einbürgerung. Die implizite besteht z. B. dann, wenn jemand Grundbesitz erbt und nicht aus dem betreffenden Staat auswandert. Mit der Inanspruchnahme von Besitz wird von dem Bürger der staatliche Schutz dieses Besitzes in Anspruch genommen und dies ist eine implizite Zustimmung zum Staat. Immer, wenn man eine Leistung des Staates wie den Schutz von Leben, Freiheit und Besitz in Anspruch nimmt, hat man dem Staat zugestimmt. Das bedeutet natürlich nicht, dass diese Zustimmung kritiklos sein müsste, und es bedeutet auch nicht, dass man damit die geltenden Gesetze für alle Zukunft festschreibt; es bedeutet nur, dass man generell an diesem Staat partizipiert und damit auch das Recht erwirbt, in ihm durch demokratischen Einfluss auf die Legislative die Gesetze zu ändern, unter die man sich aus Freiheit begibt.

Hier muss man, was Locke in dieser Deutlichkeit nicht macht, zwischen einer Zustimmung zum Gesellschaftsvertrag und einer Zustimmung zu einem bestimmten Staat unterscheiden. Aus der Zustimmung zum Gesellschaftsvertrag folgt nicht die Zustimmung zu einem bestimmten Staat. Denn die Zustimmung zum Gesellschaftsvertrag bedeutet ja nur die Affirmation des generellen Gedankens, dass eine repräsentative, souveräne Macht unparteiisch Entscheidungen mit meiner Zustimmung fällen darf; das impliziert aber noch nicht die Zustimmung zu einem bestimmten Staat mit bestimmten, spezifischen Gesetzen oder zu einem spezifischen territorialen Gebilde. Wer also dem Gesellschaftsvertrag zustimmt, stimmt noch lange nicht dem Staat zu, in dem er lebt.

Die Einheit des Staates als eines sowohl territorialen als auch politischen Gebildes wird jedenfalls an Lockes Erklärung der impliziten Zustimmung zum Staat deutlich, wenn er ausführt:

> Meine Antwort darauf ist, dass jeder Mensch, der irgendwelchen Besitz hat oder sich irgendeines Stückes Land innerhalb des Herrschaftsbereiches irgendeiner Regierung erfreut, hiermit seine stillschweigende Zustimmung gibt – und somit, solange er sich dieses Besitzes erfreut, den Gesetzen jener Regierung in demselben Maße zum Gehorsam verpflichtet ist wie jeder andere, der unter ihr steht. Dabei ist gleichgültig, ob dies ein Besitz an Land ist, das ihm und seinen Erben auf ewig gehört, oder ob er nur darin besteht, dass er sich für eine Woche dort niederlässt; oder auch einzig darin, dass man frei auf einer Landstraße reist – ja, er mag

128 Vgl. Locke *On Government II*, 92.

> letzten Endes nur darin bestehen, dass sich irgend jemand innerhalb des Gebietes jener Regierung aufhält.[129]

Man hätte sonst die absurde Konsequenz zu befürchten, dass ebenso viele verschiedene Staatsgesetze in einem Staat herrschen, wie sich verschiedene Staatsbürger in einem Staat aufhalten. Wer eine mindestens stillschweigende Zustimmung zum Gesellschaftsvertrag nicht vollzieht, begeht in Lockes Sicht einen Selbstwiderspruch; denn mit der Übernahme von Besitz ist verbunden, dass man diesen Besitz auch vor den Übergriffen Dritter schützen will, daher stimmt der Besitzer zu, dass ein Staat gegründet wird, wollte derjenige nun aber speziell seinen Besitz von dem politischen und territorialen Machtbereich des Staates ausnehmen, widerspräche er seiner eigenen Übernahme des Privatbesitzes. Diese Gedanken Lockes zur impliziten Zustimmung zum Gesellschaftsvertrag lassen sich natürlich auch auf den Besitz von mobilen Gütern und generell auf den Schutz von Leib und Leben übertragen; auch für diese übernimmt der Staat die Schutzfunktion.

Die Gewaltenteilung im Staat ergibt sich aus dem Zweck des Staates, nämlich eine größere Sicherung gegenüber dem Naturzustand zu erreichen. Die Unsicherheit des Naturzustands ergibt sich daraus, dass alle zugleich ihre Richter und Exekutive sind; jeder ist König.[130] Freiheit und Furcht müssen daher im Naturzustand als gleich groß betrachtet werden und die Personen sind daher genötigt, ein Gemeinwesen zu bilden.

> Zum ersten bedarf es eines eingeführten und anerkannten Gesetzes, das mit allgemeiner Zustimmung als die Norm für Recht und Unrecht und als der allgemeine Maßstab zur Entscheidung aller Streitfälle unter ihnen angenommen und anerkannt ist. Denn obwohl das Naturgesetz allen vernunftbegabten Wesen klar und verständlich ist, werden die Menschen doch von ihrem eigenen Interesse beeinflusst, und da sie es außerdem zuwenig kennen, weil sie nicht genügend darüber nachdenken, sind sie nicht geneigt, es als ein Gesetz anzuerkennen, das in seiner Anwendung auf ihre eigenen Streitfälle für sie verbindlich wäre.[131]

Die Staatsbildung hat die Funktion, die Personalunion von Exekutive und Legislative aufzuheben, die im Naturzustand noch herrscht. Die Trennung von Legislative und Exekutive bildet ein grundlegendes Strukturmoment des wohlgeordneten Staates. Darüber, welche Regierungsform in einem Staat dann letztlich vorliegt, entscheidet, in wessen Händen sich die Legislative befindet; eine De-

129 Locke *On Government II*, 92f.
130 Vgl. Locke *On Government II*, 95.
131 Locke *On Government II*, 96.

mokratie, Oligarchie oder Monarchie liegt vor, wenn die Legislative in den Händen des Volkes, einiger oder eines einzelnen ist. Die Legislative ist die höchste Gewalt im Staat und diese Gewalt der Legislative ist von der Staatsgewalt der Exekutive zu trennen.[132] Die Legislative ist wie folgt bestimmt:

> Da aber die Legislative nur insofern Legislative der Gesellschaft ist, als sie das Recht hat, für alle Teile und alle Glieder der Gesellschaft Gesetze zu geben, indem sie ihren Handlungen Vorschriften setzt und die Vollziehungsgewalt verleiht, wo diese Regeln verletzt werden, muss die Legislative notwendigerweise die höchste Gewalt sein und jegliche andere bei irgendwelchen Mitgliedern oder Teilen der Gesellschaft liegende Gewalt muss von ihr abgeleitet und ihr untergeordnet sein.[133]

Die Legislative erhält ihre Machtbefugnis durch den Mehrheitsentscheid des Volkes. Es ist daher zu unterscheiden zwischen der Demokratie im Staat und der demokratischen Entscheidung zum Staat. Der Ausgang aus dem Naturzustand ist auch schon ein demokratischer Akt; aber dieser Akt der Staatsgründung ist auch nur für die verbindlich, die sich positiv dazu entschließen, an einem Staat zu partizipieren. Im Staat selbst, falls er demokratisch organisiert ist, herrscht jedoch die Mehrheitsentscheidung und diese hat dann Konsequenzen auch für jene, die sich gegen etwas entschieden haben oder sich enthalten haben. Innerstaatliche Demokratie ist durch eine Mehrheit legitimiert und diese bildet das Bewegungsgesetz dafür, in welche Richtung sich ein Staat entwickelt. Locke macht nicht den Unterschied zwischen volonté de la majorité und volonté générale. Der Gemeinwille hat aber höchstens eine politische Realität im Mehrheitswillen, er muss nicht mit ihm identisch sein. Locke plädiert für eine repräsentative Demokratie, in der die Herrschenden absehen können, dass sie einerseits ihre Gewalt eines Tages verlieren werden und die Gesetzgeber andererseits selbst nicht von ihren Gesetzen ausgenommen sind, wenn man sie als natürliche Personen betrachtet und sie selbst unter den Gesetzen stehen, die sie erlassen haben.[134]

Hier liegt ein für die Rechts- und Staatsphilosophie zentraler Gedanke zugrunde, den James Harrington (1611–1677) prägte. Harrington hat ganz wesentlich die amerikanische Verfassung beeinflusst, er fordert eine schriftlich niedergelegte Verfassung, die Gewaltenteilung, geheime und regelmäßige Wahlen, an denen z. B. auch Analphabeten teilnehmen können, ein Rotationsprinzip an Schaltstellen der Macht – dies fordert Harrington als erster! Der etwas jüngere Zeitgenosse bewundert Hobbes zwar (ebenso Machiavelli), weicht aber in entscheidenden

132 Vgl. Locke *On Government II*, 100.
133 Locke *On Government II*, 115.
134 Vgl. Locke *On Government II*, 107.

Punkten von ihm ab und postuliert wesentliche Elemente, die auch den gegenwärtigen Rechtsstaat noch auszeichnen. An Harringtons Bewunderung für Hobbes, dessen gedankliche Schärfe er sicherlich nicht erreicht, einerseits und seinen demokratisch-republikanischen Differenzen gegenüber der „schwarzen Bestie" andererseits wird die Entstehung des Liberalismus und des modernen Rechtsstaates aus dem Absolutismus besonders deutlich.

Der Republikaner Harrington hat in seinem Werk *The Commonwealth of Oceana* (1656)[135] ausdrücklich gegen Hobbes' *Leviathan* Position bezogen und dort den Gedanken entwickelt, dass nicht ein Mensch oder eine Gruppe von Menschen die Herrschaft im Staat haben soll. Denn der Gefahr der Korruption durch absolute Macht widersteht kaum ein wirklicher Mensch aus Fleisch und Blut, höchstens ein Heiliger könnte das und dieser würde es wahrscheinlich ablehnen, absolute Macht auszuüben. Vielmehr soll nach Harrington das Gesetz selbst herrschen, eine „Nomokratie". Er konstatiert daher: „Government [...] is the empire of laws and not of men". Harringtons *Oceana*-Entwurf ist gleichermaßen Sozialtheorie und Sozialutopie. Der sog. „Leitende Stratege", der Archont wird jeweils für ein Jahr gewählt und ist in Friedenszeiten dem Gesetz unterworfen, in Kriegszeiten wird er dagegen zum Diktator. Die Verpflichtung des Souveräns gegenüber dem Gesetz wird daran deutlich, dass er nach Harrington nur das Recht hat, gemeinsam mit weiteren Parlamentariern, Gesetze vorzuschlagen, die dann in einer Volksabstimmung basisdemokratisch angenommen oder abgelehnt werden. Zu diesem Konzept gelangt Harrington durch eine rechtsvergleichende Methode. Es werden alttestamentarisch-jüdisches, griechisches und römisches Recht der Antike, christliches Recht sowie das Recht des Commonwealth verglichen. Auch Lockes Ideal ist ein empire of law; in dem das Volk der Richter ist.[136]

Bei Harrington steht *Oceana* für den Entwurf einer idealen Republik, die durch dreißig Gesetze regiert wird. Neben diesem idealen oder utopischen Aspekt steht Harringtons *Oceana* auch für das republikanische England nach der Hinrichtung von Charles I. In diesem Werk tritt als Gegner der freien Republik auch ein gewisser „Leviathan" auf. Harringtons ideale Republik wird durch das Prinzip der Repräsentation, der Ämterrotation, ein Zweikammersystem mit einer strikten Trennung von Beratung und Entscheidung von Gesetzen bestimmt. Ausgehend von der Feststellung, dass politische Macht auf wirtschaftlicher Macht gründet – ein Grundsatz, der später unter der Devise „power follows property" bekannt wurde –, strebt Harrington eine ausgeglichene Verteilung des englischen Grundbesitzes durch Änderungen im Erbrecht und in der Agrargesetzgebung an. Gleichzeitig

135 Vgl. James Harrington *The Commonwealth of Oceana* (1656), dt.: *Oceana*, Stuttgart 1991.
136 Vgl. Locke *On Government II*, 185.

vertritt er einen Besitzindividualismus und doch auch die These, keiner der Untertanen dürfe zuviel besitzen, er will konkrete Obergrenzen des erlaubten Besitzes einführen – 2.000 £. Und nur diejenigen, die über Besitz verfügen, dürfen auch an den politischen Entscheidungen partizipieren. In England selbst beeinflussen Harringtons Ideen die politische Kultur der liberalen Whigs. Ihre größte Wirkung entfaltet seine politische Theorie jedoch noch im 17. Jh. auf die Verfassungen der englischen Eigentümerkolonien in Nordamerika und schließlich im 18. Jh. auf die nordamerikanische Unabhängigkeitsbewegung und die Französische Revolution. In Nordamerika wird Harringtons Konzept eines gewählten Zweikammerparlaments von John Adams aufgegriffen und dient als Vorbild für die Verfassung der Vereinigten Staaten. Der Grundgedanke von Harrington, dass in einer idealen Republik das Gesetz und nicht Menschen herrschen sollen, wird von Locke akzeptiert und übernommen. Man kann dieses politische Konzept wie gesagt als „Nomokratie" bezeichnen.

Locke unterscheidet die drei Regierungsformen des Staates: vollkommene Demokratie – Herrschaft der Vielen –, Oligarchie – Herrschaft einer kleinen Gruppe – und Monarchie – Herrschaft eines einzigen Souveräns. Locke identifiziert den Staat nicht mit einer dieser drei Regierungsformen: „Unter einem Staat [commonwealth] will ich allenthalben nicht eine Demokratie oder sonst eine Form der Regierung verstanden wissen, sondern jedwede unabhängige Gemeinschaft – was die Römer als civitas bezeichneten."[137]

Die Monarchie kann zur Tyrannei ausarten, wenn der Souverän die Macht gegen das Wohl des Volkes gebraucht und für seine eigenen privaten Interessen funktionalisiert. Dann herrscht nicht das Gesetz, sondern der Wille des Herrschers. „Wo immer das Gesetz endet, beginnt Tyrannei, wenn das Gesetz zum Schaden eines anderen überschritten wird."[138] Gegen einen Tyrannen, der als solcher nicht dem Gesetz gemäß handelt, ist auch der Untertan nicht mehr verpflichtet, rechtmäßig zu handeln, sondern er hat das Recht, sich zu schützen. Gegen unrechte Gewalt darf man sich mit Gewalt wehren; gegen Gewalt, der der Möglichkeit nach noch mit Rechtsmitteln begegnet werden kann, hat man sich der Rechtsmittel zu bedienen. Es gibt insofern ein Widerstandsrecht, ein Recht der Bürger auf Rebellion, wenn ihr Souverän selbst in den Kriegszustand zurückfällt. – Als eine Ironie der Geschichte kann gesehen werden, dass die amerikanische Unabhängigkeitserklärung von 1776 genau dieses lockesche Argument zur Lossagung von der englischen Krone einsetzt. Es ist eine großartige Errungenschaft der real gewordenen Freiheit, dass die amerikanische Unabhängigkeitserklärung

137 Locke *On Government II*, 100.
138 Locke *On Government II*, 153.

das Widerstandsrecht gegen Despotismus nicht nur als Recht des Bürgers, das er also auch nicht nutzen könnte, sondern sogar als dessen Pflicht betont.[139] –

Es bedarf nach Locke im Staat eines unparteiischen und mit Autorität ausgestatteten Richters, um die Geltung der Gesetze zu verwirklichen, und dieser darf – angesichts der Schwäche der menschlichen Natur und des Strebens nach eigenem Vorteil – nicht mit der ausführenden Gewalt im Staat identisch sein. Die zu trennenden Gewalten sind nach Locke also insbesondere Legislative und Exekutive.[140] In Lockes Konzeption ist die Judikative in der Legislative enthalten. Bekanntlich wird Montesquieu gerade diese Trennung betonen. Die Legislative bildet im Idealfall eine nur zeitlich begrenzt zusammentretende gewählte Repräsentantengruppe, die der Exekutive Vorgaben macht, und umgekehrt ist es die Exekutive, die die Legislative bei Regierungsbedarf zusammenruft oder auch Neuwahlen ausrufen kann. Etwas gefährlich ist es, wenn Locke die Ansetzung zu Neuwahlen „der Klugheit der Exekutive“[141] überlässt; dies soll zwar einerseits eine Kontrollmöglichkeit gegenüber der Legislative bilden, andererseits erhält die Exekutive dadurch eine weitgehende Möglichkeit in die Legislative gestaltend einzugreifen.

> In wohlgeordneten Staatswesen, in denen nach Gebühr das Wohl des Ganzen berücksichtigt wird, wird deshalb die legislative Gewalt in die Hände mehrerer Personen gelegt, welche nach ordnungsgemäßer Versammlung selbst oder mit anderen gemeinsam die Macht haben, Gesetze zu geben, sobald dies aber geschehen ist, wieder auseinandergehen und selbst jenen Gesetzen unterworfen sind, die sie geschaffen haben. Dies ist eine neue und starke Verpflichtung für sie, dafür Sorge zu tragen, dass sie die Gesetze zum öffentlichen Wohle erlassen.[142]

Die Legislative tritt nur zeitweise zusammen – ähnlich wie heute bei den Versammlungen der Vereinten Nationen –, die Exekutive regiert dagegen ständig. Innerhalb der fundamentalen Unterscheidung zwischen Legislative und Exekutive differenziert Locke zwei weitere Instanzen im Staat. Es handelt sich um die Prärogative und die Föderative.

Die Prärogative ist der Exekutive beigeordnet und ist eine Instanz, die für die vielen Gesetzeslücken zuständig ist. Die Prärogative entscheidet nach der Maßgabe des Wohls des Volkes und nach eigenem Ermessen, welche Regelungen bei

139 Vgl. *The Declaration of Independence. In Congress, July 4, 1776. The unanimous Declaration of the thirteen united States of America*; abgedr. in: *The Federalist Papers*; Alexander Hamilton, James Madison, John Jay, Ed. C. Rossiter, New York 2003, 528 ff.

140 Vgl. Locke *On Government II*, 111.

141 Locke *On Government II*, 118.

142 Locke *On Government II*, 111.

Gesetzeslücken einzuhalten sind. Diese Instanz, die im Vakuum der Gesetze Regelungen findet, ist sehr ambivalent, was zum Ausdruck kommt, wenn Locke formuliert: „Diese Macht, ohne Gesetzesvorschrift – bisweilen sogar gegen das Gesetz – zum öffentlichen Wohl nach dem eigenen Ermessen zu handeln, bezeichnen wir als Prärogative."[143] Die Prärogative kann jedoch keinesfalls – zumindest nach Locke – zu einer heimlich und eigentlich herrschenden Macht im Staat werden, da sie letztlich einerseits der Legislative untersteht und im Sinne des Wohls des Volkes zu handeln hat; allerdings bleiben hier Gesetzeslücken. Allerdings zeigt sich hier eine Schwierigkeit, die heute noch im Rechtsstaat aktuell ist: Sind die Gesetze allgemeiner formuliert, eröffnen sich Lücken und Interpretationsspielräume; versucht der Rechtsstaat diese zu schließen, führt das zu immer mehr und spezifischeren Gesetzen. Bei der Prärogative Lockes sieht man fast einen Wildwest-Sheriff vor sich oder man befürchtet den *Législateur* Rousseaus, also den Rechtsspezialisten, der am Besten weiß, was im rechtsfreien Raum das Allgemeinwohl ist und wie es entscheiden würde. Hier vermischen sich in der Prärogative die rechtssetzende und die rechtserhaltende Gewalt, welches den eigentlichen Ansatz von Locke, der zu einer Gewaltenteilung führt, aufhebt.

Jacques Derrida sah – im Anschluss an Walter Benjamin, der dies hinsichtlich der Weimarer Republik analysierte – in der Polizei auch jene Vermischung von rechtsbegründender (bzw. rechtssetzender) und rechtserhaltender Gewalt.[144] Zwar kann in Staaten mit Gewaltenteilung nicht einfach davon die Rede sein, dass jene Befürchtung von Derrida/Benjamin das Wesen der Polizei tatsächlich und in jedem Fall beschreibt, aber eine reale Gefahr der Gewaltenvermischung und der Unterwanderung des liberalen Rechtsstaates durch die Exekutive wird damit erkennbar.

Subtil sieht Walter Benjamin im Begriff der (Staats-)Gewalt eine Dialektik von rechtssetzender und rechtserhaltender Macht am Werk, die eine geschichtsphilosophische Gesetzmäßigkeit entlarvt. Die Zunahme und Abnahme einer bestimmten Staatsgewalt beruht auf einem Wechselverhältnis zwischen der rechtssetzenden und der rechtserhaltenden Aufgabe des Staates: „Dessen

143 Locke *On Government II*, 124.

144 Vgl. Jacques Derrida *Gesetzeskraft*, 90 ff. Gegenwärtig sieht man z. B. in den Auswüchsen der Vorratsdatenspeicherung, wie ermittlungstechnische Erleichterungen und Forderungen der Polizei die Legislative unter Druck setzen, neue Gesetze zu erlassen, die die Ermittlungsarbeit erleichtern, die Freiheit und den (Daten-)Schutz des Bürgers jedoch weitgehend aufheben. Wer hat eigentlich versprochen, dass die Ermittlungsarbeit der Polizei immer leichter werden müsste? Wenn Freiheit und (Daten-)Schutz der Bürger dies erfordern, kann es eben geschehen, dass zahlreiche Ermittlungsarbeiten der Polizei erschwert werden oder auf anderem Wege erreicht werden müssen als durch Freiheitsbeschneidung.

Schwankungsgesetz beruht darauf, dass jede rechtserhaltende Gewalt in ihrer Dauer die rechtssetzende, welche in ihr repräsentiert ist, durch die Unterdrückung der feindlichen Gegengewalten indirekt selbst schwächt."[145] Vereinfacht besagt dies, dass Exekutive und Judikative die Legislative indirekt und – vielleicht auch ungewollt – selbst schwächen, indem sie versuchen, die Feinde des Staates bzw. die Feinde des Rechtsstaates zu bekämpfen; dies kann sich soweit steigern, bis sich die Beherrschten gegen die rechtssetzende Gewalt des Staates wenden und eine neue rechtssetzende Gewalt installiert wird. So war es z. B. in der DDR sicherlich auch der Staatssicherheitsdienst, als eine rechtserhaltende Gewalt, der das Volk gegen die rechtssetzende Gewalt aufbrachte. Nach Locke tritt jedenfalls das Widerstandsrecht des Volkes in Kraft, wenn die Exekutive oder die Prärogative die Arbeit oder Selbständigkeit der Legislative oder freie Wahlen zu be- oder verhindern sucht. Auch wenn die Exekutive versagt und Anarchie herrscht, greift das Widerstandsrecht.

Die Föderative regelt nach Locke die Außenpolitik und bildet ein Analogon zur Exekutive: Wie diese Gesetze innerstaatlich zur Anwendung bringt, so bringt die Föderative diese in Bezug auf andere Staaten zur Anwendung; d. h., die Föderative geht Bündnisse ein, trifft Abmachungen mit Personen und Gemeinschaften außerhalb des Staatswesens; des Weiteren entscheidet diese Instanz über Krieg und Frieden mit anderen Staaten.[146] Die Föderative ist der Exekutive „beigeordnet" und hat zu versuchen, die Gesetze, die innerstaatlich gelten, in ähnlicher Weise auf die Beziehung zu anderen Staaten zu übertragen. Diese eigentlich sehr weitgehenden zwischenstaatlichen Befugnisse reflektiert Locke in seinem Entwurf jedoch nur unzureichend und widmet ihnen gerade eine halbe Seite.

III Die Trennung von Natur(-gesetz) und Staatsgesetz bei Montesquieu

Charles-Louis de Secondat Baron de la Brède, kurz: Montesquieu (1689 – 1755) – Jurastudium in Bordeaux und Paris, dann juristisch-politische Karriere durch Ämterkauf und -erbschaft, Mitglied der Académie Française und der Royal Society sowie bedeutender Salons, gab dann für einige Zeit alle Ämter auf und reiste durch Europa – hat sein Hauptwerk zur Politischen Philosophie: *De l'Esprit des Loix* 1748

---

145 Walter Benjamin *Zur Kritik der Gewalt*, in: ders. *Kairos. Schriften zur Philosophie*. Ausgewählt und mit einem Nachwort von R. Konersmann, Frankfurt a.M. 2007, 108.
146 Vgl. Locke *On Government II*, 112.

in Genf veröffentlicht.[147] An diesem dreibändigen Werk hatte er zwei Jahrzehnte gearbeitet.

1 Politischer Perspektivismus und die Geburt der Aufklärung aus dem Geiste der Aristokratie

Montesquieu – obgleich selbst Aristokrat – gehört wie Locke der Aufklärung an, d.h., es geht ihm um die Beseitigung von Vorurteilen und um die Freiheit des Individuums. Diese Freiheit versteht Montesquieu als eine Selbstidentität des Subjekts mit seinen sittlichen Pflichten. Es geht ihm nicht darum, aristokratische Strukturen zu beseitigen, die Selbstidentität ist aufgrund der Vielschichtigkeit der Subjekte nicht nur in demokratischen politischen Ordnungen, sondern für Montesquieu ebenso in anderen politischen Ordnungen zu verwirklichen. Nach Montesquieu gibt es keine an sich beste politische Ordnung oder ein an sich bestes Regierungssystem, sondern nur jeweils in Bezug auf die regionalen Besonderheiten der verschiedenen Populationen gibt es bestmögliche politische Ordnungen. Die Aufklärung ist ihm die Erweiterung der Perspektive auf die verschiedensten Sitten und Bräuche der Menschheit. Das beinhaltet für ihn ebenso die Pluralität der Sitten in der Geschichte wie auch in den verschiedenen zeitgenössischen Kulturen. Gleichwohl sieht er aber mit seinem dialektischen Scharfgeist zugleich die problematischen Seiten der Aufklärung, eine „Dialektik der Aufklärung". Deutlich wird das, wenn er wie für ein Programm der Aufklärung im Vorwort zum *Esprit des Lois* formuliert:

> Die Aufklärung des Volkes ist keine Nebensache. Die Vorurteile der Beamten waren erst einmal die Vorurteile der Nation. In einer Zeit der Unwissenheit kennt man keine Bedenklichkeit, nicht einmal bei den größten Übeltaten. In einer Zeit der Aufklärung ist man sogar bei den segensreichsten Taten ängstlich. Man spürt die alten Missbräuche und sieht die Abhilfe, doch sieht man auch schon die Missbräuche dieser Abhilfe. Man lässt das Schlechte bestehen, wenn man das noch Schlechtere fürchtet. Man lässt das Gute bestehen, wenn man über das noch Bessere Zweifel hegt. Man berücksichtigt die Teile nur, um über das Ganze zu

---

147 Vgl. Charles de Montesquieu *Vom Geist der Gesetze*, Übers. u. Hrsg. E. Forsthoff, 2 Bde., Tübingen 1951; diese Übertragung ist zwar die beste, aber die im Folgenden zitierte ist die leichter greifbare: Montesquieu *Vom Geist der Gesetze*, Übers. u. Hrsg. K. Weigand, Stuttgart 2003; im Folgenden zitiert als *EL*. Zum Thema auch: Louis Althusser *Montesquieu. La politique et l'histoire*, Paris 1959 und Robert Shackelton *Montesquieu. A Critical Biography*, Oxford 1961; aufschlussreich ist auch die Biographie von Jean Starobinski *Montesquieu*, München 1995 sowie: Michael Hereth *Montesquieu*, Hamburg 1995; vgl. auch den Sammelband: *Die Natur des Staates: Montesquieu zwischen Macht und Recht*, (Hrsg.) Karlfriedrich Herb und Oliver Hidalgo, Baden-Baden 2009.

urteilen; man prüft alle Ursachen, um alle Wirkungen zu erkennen. Ich würde mich für den glücklichsten Sterblichen halten, wenn ich Menschen von ihren Vorurteilen zu befreien vermöchte. Dabei verstehe ich unter Vorurteilen nicht das, auf Grund dessen man bestimmte Dinge nicht weiß, vielmehr das, auf Grund dessen man sich selbst nicht kennt. Ich würde mich für den glücklichsten Sterblichen halten, wenn ich allen Leuten neue Gründe zu liefern vermöchte, ihre Pflichten, ihren Fürsten, ihr Vaterland und ihre Gesetze zu lieben, damit jeder in jedem Land, unter jeder Regierung und auf jedem Posten, auf dem er steht, sein Glück besser fühlen würde. Ich würde mich für den glücklichsten Sterblichen halten, wenn ich zu erreichen vermöchte, dass die Befehlenden ihre Kenntnisse über das, was sie vorschreiben müssen, erweiterten und die Gehorchenden neue Lust am Gehorchen fänden. Die generelle Tugend der Menschenliebe zu allen kann man nicht besser üben, als wenn man die Menschen zu unterrichten sucht. Der Mensch, dies bildbare Wesen, beugt sich in der Gesellschaft den Gedanken und Eindrücken der anderen und ist ebenso wohl der Erkenntnis seiner Eigennatur fähig, sobald man sie ihm zeigt, als auch der Entfremdung seines Selbst, bis in das Gefühl hinein, sobald man sie ihm verhehlt.[148]

Sehr treffend wird hier die komplizierte pädagogische Aufgabe des Aufklärers reflektiert. Wenn man zur Freiheit und Selbstidentität erziehen will, muss man falsche Vorurteile beseitigen, hat aber zugleich auch die philosophische Aufgabe, um die Eigennatur des Aufzuklärenden zu wissen; nur aus einem solchen Wissen um die persönliche Verortung des Aufzuklärenden heraus kann man ihm gerecht werden. Das setzt voraus, dass man sich mit den spezifischen Bedürfnissen, der geschichtlichen Situation und den spezifischen Sitten des Aufzuklärenden genau auskennt. Aufklärung erfordert eine freie und Freiheit hervorbringende Pädagogik. Es wird auch deutlich, dass Montesquieu nicht ein Menschenbild hat, nach dem jeder ein heroisch strebender Prometheus ist, der sich vollständig selbst erschafft. Vielmehr ist der Mensch bedingt und es geht darum, ihn in eine solche Selbstidentität mit sich zu bringen, dass er seine Bedingtheiten akzeptieren kann, aufgrund der von ihm einzusehenden Gründe dafür, dass seine Situation so ist, wie sie ist, und er lernt, sie den Umständen gemäß zu bessern.

Oft wird an der Aufklärung kritisiert, sie sei unhistorisch, sie versuche nur, die kultur- und geschichtsinvarianten, die apriorischen Aspekte des Menschen hervorzukehren. Das stimmt offenbar nicht, denn Montesquieu ist ein durch und durch historischer Denker, der nicht nur die historische Verortung und das historische Werden des Individuums sieht, sondern auch das geschichtliche Werden von Staaten, Verfassungen, Religionen und Sitten betont.

Doch es wird an dem Zitat auch eine andere, aristokratische Seite von Montesquieu deutlich, die sich von dieser aufklärerischen Seite unterscheidet, mit ihr jedoch in dialektischer Weise Hand in Hand geht. Aufklärung und Aristokratie

---

148 Montesquieu *EL*, Vorw., 92f.

verschränken sich, Montesquieu ist aufgeklärter Aristokrat und aristokratischer Aufklärer. Einerseits wendet er sich im Geiste der Aufklärung gegen den Despotismus; er proklamiert, dass nur derjenige Staat frei sein kann, in dem die Beherrschten selbst zugleich die Herrscher sind. Die Enzyklopädisten nehmen seinen Artikel über den Geschmack in die *Encyclopédie* auf. Doch andererseits merkt man in seinen Schriften auch wieder seine adlige Herkunft; als Baron, vertritt er zugleich mit seinen genialen und zukunftsweisenden Einsichten – man denke nur an die Lehre von der Gewaltenteilung – doch auch immer wieder Positionen, die den Adel, die Aristokratie und die Monarchie legitimieren sollen – dies z. B. gerade an jener Stelle, wo er die Gewaltenteilung expliziert. Insofern nimmt Montesquieu bezüglich meiner These der Geburt des Liberalismus aus dem Geiste des Absolutismus eine Zentralstellung ein und kann als Beleg für sie herangezogen werden. Sogar der Despotismus, der ihm zwar verhasst ist, bekommt eine gewisse historische Berechtigung und der Demokratie hält er ihre Schwächen vor. Montesquieu entwickelt, analog zum ethischen Perspektivismus der französischen Moralisten, einen politischen Perspektivismus, der allerdings bei ihm nicht in einen skeptischen Relativismus führt. Wie es schon im obigen Zitat anklingt, geht es ihm nicht so sehr darum, die gesamte Bevölkerung zu freien Subjekten zu machen, als vielmehr darum, Gründe zu nennen, die eine Identifikation mit der eigenen gesellschaftlichen Stellung ermöglichen. Diese Art der Selbstidentität ist natürlich auch ein Aspekt von Freiheit und Aufklärung: nämlich zu wissen, weshalb man so ist, wie man ist; doch das ersetzt natürlich nicht die freie Partizipationsmöglichkeit aller Subjekte an den Strukturen des Staates; dass dies für Montesquieu aber nicht der entscheidende Aspekt der Aufklärung ist, wird deutlich, wenn er Sklaverei oder Despotismus für solche Territorien der Erde rechtfertigt, in denen ein besonders hartes Klima herrscht. So bemerkt Montesquieu trotz seiner brillanten Geistesschärfe auch den Widerspruch nicht, der darin steckt, zu fordern, die Legislative solle in den Händen des Volkes sein, gleichwohl aber auch, dass der Adel die Legislative sowie die Exekutive kontrollieren soll.[149] Hans Schlosser hat bereits darauf hingewiesen, dass die Montesquieu-Deutungen von: „Konservativer" über „aristokratischer Liberaler" zu „Reaktionär des Feudalstaates" bis hin zu „Vorläufer des Jakobinertums, Robespierres und des Terrors der Tugend in der Französischen Revolution" bis hin zu „aristokratischer Genussmensch, der meisterhaft den Geschmack seiner Zeit trifft" reichen.[150] Tatsächlich vereint er ein bisschen von allem in sich und bildet damit das komplexe, widersprüchliche und vielschichtig gebrochene Wesen des Politischen mit größerer Aufrichtigkeit ab als

149 Vgl. Montesquieu *EL*, 221 ff.

150 Vgl. Hans Schlosser *Montesquieu: Der aristokratische Geist der Aufklärung*, Berlin 1990, 12.

mancher klare Dogmatiker, der ein einfaches und einheitliches Wesen des Politischen entwirft.

Das Besondere und Großartige an Montesquieus Politischer Philosophie ist, dass es ihm gelingt, einen empirischen mit einem normativen Ansatz in Verbindung zu bringen. Dies gelingt durch seine außerordentliche Geistesschärfe und die außerordentlich weit gebildete, stilistische, rhetorische sowie dialektische Brillanz seiner Argumentationen. Als Beispiel mag hier daran erinnert sein, wie es ihm zu zeigen gelingt, dass in den verschiedenen Staatsformen: Demokratie, Aristokratie, Monarchie und Despotie deren Stärken zugleich auch deren Schwächen sind. Ganz besonders imponierend ist, dass er einerseits einen realistischen, fast positivistisch-empiristischen Zugriff auf das Politische hat, d.h., ausgehend von empirischen Untersuchungen z.B. über persische Despotien, antik-griechische Demokratien, das Kaisertum Roms und die Verfassungen Englands, Frankreichs, Italiens und Deutschlands, die Sitten Indiens, Chinas und Japans seiner Gegenwart, ist er in der Lage, nicht nur abstrakt über das Wesen von Staaten Konzepte zu entwickeln, sondern er kann zugleich konkrete Vor- und Nachteile einzelner Regierungsformen hinsichtlich ihrer spezifischen Kontexte aufzeigen. Montesquieu schafft mit diesem empiristischen Ansatz eine Pluralisierung und Perspektivierung der Politischen Philosophie, die dadurch gezwungen ist, das Wesen des Staates in seinem geschichtlichen Werden und in seinem in den Sitten der Völker verwurzelten Kontext zu erfassen. Politische Fragen der Legitimität einer Staatsform wie Demokratie, Aristokratie, Monarchie oder Despotie sind also auf die Mannigfaltigkeit ihrer empirisch-geschichtlichen Entstehungs- und Untergangskonfigurationen zu durchleuchten. Man kann die politische Theorie Montesquieus als eine perspektivische Kontextualisierung bezeichnen. Das Wesen des Staates lässt sich nur in der Zusammenfassung von Sitten, Ethos und Geist der Völker begreifen.

Das Gesetz ist keine neutrale Instanz gegenüber seinem geschichtlich sittlichen Werden, sondern das Gesetz, das ein Volk regiert, und die Verfassungsform enthalten den Geist dieses Volkes. Daher erklärt sich auch heute noch, weshalb man nicht einfach die verschiedenen Nationen der Welt nach westlichem Vorbild demokratisieren kann. Der demokratische Universalismus übersieht die jeweils aus den Sitten der Völker entspringende Ungleichheit. Wenn hier von Sittlichkeit und Sitte gesprochen wird, dann ist damit nicht die universalistische Sittlichkeit Kants gemeint, die im kategorischen Imperativ zum Ausdruck kommt. Sittlichkeit und Sitte meinen hier vielmehr die Einheit von Brauch, Tradition, Riten, Ethos und Habitus. In dieser Sitte steckt nicht nur ein geschichtlich gewordenes Verhaltensmuster, sondern zugleich auch ein moralischer Aspekt. Die Verlässlichkeit von Verhaltensmustern innerhalb eines kollektiven Bewusstseins gibt dem einzelnen Individuum eine Basis für sein Verhalten, auf die es sich zurückbeziehen kann. Mit Nietzsche (z. B. in der *Genealogie der Moral*) kann man diesen in Gemeinschaft und über lange historische Distanzen ausgebildeten Haltungskodex als die „Sittlichkeit der Sitte“ bezeichnen. – Daraus folgt natürlich nicht, dass alle Sitten, bloß weil sie eine Tradition und eine geschichtliche Bewährung ausgefochten haben, auch schon moralisch gesollt oder moralisch legitim wären. Würde man Sitte und Sittlichkeit einfach miteinander identifizieren, wäre die Normativität in der Sittlichkeit nahezu auf Null reduziert. Denn dann wären alle tradierten Sitten, bloß wegen ihrer Tradition auch ein Gesolltes, was absurd ist und das Sollen auf hypothetische Imperative reduzieren würde. Dann wären die Plünderungs-, Vergewaltigungs- und Raubzüge der Wikinger, weil sie bei ihnen Sitte waren, deswegen schon sittlich. – Das Gesetz ist aber zumindest ein Ausdruck, den sich ein Volksgeist, ein Zeitgeist und das Ethos geben. – Hier hat also der Begriff des „Volksgeistes“ seinen Ursprung, der sich später über Herder und die Romantik auf Hegel auswirken und eine wesentliche Rolle im politischen Denken spielen wird. Die Verbindung mit dem Nationalismus bildet eine gefährliche Seite dieses Volksgeistkonzepts, wir werden ihm später bei Fichtes Charakterisierung des Unterschieds zwischen deutschem und französischem Volksgeist wiederbegegnen. – Dennoch betreibt Montesquieu nicht empirische Politikwissenschaft, sondern Politische Philosophie, denn wie schon der Titel seines Werkes sagt: Er untersucht den Geist der Gesetze, nicht nur die Gesetze selbst; er hebt diesen Unterschied ausdrücklich hervor. D.h., Montesquieu versucht philosophisch zu untersuchen, was überhaupt ein Gesetz ist und in welcher Verbindung es zum Geist steht. Dieser Geist der Gesetze kommt in spezifisch politischen Tugenden zum Ausdruck, die Montesquieu den verschiedenen Verfassungsformen der Staaten zuordnet.

Im Wesentlichen möchte ich mit meiner Darstellung Montesquieus zwei Fehlurteile über ihn bekämpfen, die man oft in der Forschung findet. Diese Fehlurteile sind:

1. Montesquieu unterscheidet nicht hinreichend zwischen deskriptivem Naturgesetz und normativem Vernunftrecht bzw. -gesetz, er identifiziere in gewissem Sinne Natur und Politik miteinander.
2. Montesquieu räumt in seiner politischen Theorie dem Kontraktualismus keine wesentliche Rolle ein.

2 Natur und Politik – Das zwiespältige Wesen des Gesetzes

In vielen Montesquieu-Deutungen wird bezüglich seines Gesetzesbegriffs ein grundlegender Fehler gemacht: Montesquieu wird unterschätzt und sein Begriff des Gesetzes wird mit dem Begriff des Gesetzes in der Natur und in der Naturwissenschaft identifiziert. Er würde dann den juristischen und philosophischen Fehler machen, Normativität und Faktizität miteinander zu identifizieren. Das, was gelten soll, wäre identisch mit dem, was faktisch gilt; Sollen und Sein wären dasselbe. Es gibt Stellen, wo Montesquieu, oberflächlich gelesen, Derartiges zu vertreten scheint. Es ist jedoch komplizierter, denn zunächst stellt Montesquieu, ausgehend von einem generellen Gesetzesbegriff heraus, was jedem Gesetz als Gesetz zukommt, dann stellt er schon spezifischer Gemeinsamkeiten zwischen Natur- und Staatsgesetz heraus, um dann in einem dritten Schritt den Unterschied von Natur- und Rechts- bzw. Staatsgesetz hervorzuheben. – Ich gebe gerne zu, dass dieser Dreischritt und diese Trennung vielleicht bei Montesquieu selbst nicht ganz so scharf formuliert ist oder auch nicht immer so scharf durchgehalten wird, aber der Sache nach ist sie vorhanden und eine wesentliche Einsicht für die Bestimmung des Gesetzes. – Das erste Buch des *Esprit des Lois* stellt also zunächst einen generellen Gesetzesbegriff vor und beginnt folgendermaßen: „In ihrer weitesten Bedeutung sind Gesetze die notwendigen Bezüge, wie sie sich aus der Natur der Dinge ergeben. In diesem Sinne haben alle Wesenheiten ihre Gesetze.“[151] Das klingt auf den ersten Blick durchaus danach, als würde hier von der Natur auf das Sollen geschlossen und als würden Naturgesetz und Rechtsgesetz miteinander durch das tertium comparationis der notwendigen Bezüge gemäß der Natur identifiziert. Jedoch beschreibt Montesquieu hier nicht spezifisch politische oder rechtliche Gesetze, sondern gibt eine allgemeine Definition von Gesetz überhaupt. Eine, wie ich finde, zutreffende Definition, denn mittels eines Gesetzes wird eine regelhafte und konstante Relation zwischen Entitäten angegeben. Der „Bezug“ und dessen Konstanz sind zentral für diesen Gesetzesbegriff. Sicherlich kann man weitere Differenzierung fordern, denn man kann einerseits den Sinn von „Notwendigkeit“ hinterfragen, da Gesetze –, z. B. Naturgesetze keine strenge Notwendigkeit beanspruchen können, sondern nur statistische Häufigkeiten zum Ausdruck bringen oder, wie im Falle mathematischer Gesetze, eine hypothetische Notwendigkeit, die darauf beruht, dass vorauszusetzende axiomatische Grundannahmen akzeptiert werden oder überhaupt die Existenz mathematischer Entitäten. Hinsichtlich soziologischer Gesetzmäßigkeiten ist natürlich noch viel stärker die bloß statistische Häufigkeit zu betonen, über die die Gesetze etwas aussagen. – Man kann auch differenzieren, dass in ontologischer Hinsicht Gesetze nicht bloß Relationen zwischen Wesenheiten bzw. Entitäten zum Ausdruck bringen, sondern auch zwischen Entitäten und Eigenschaften oder auch nur zwischen verschiedenen Eigenschaften; wieder andere Gesetze thematisieren Zustände. Aber dies sind Differenzierungen, die Montesquieus Gesetzesbegriff

---

151 Montesquieu *EL*, I, 1; 97.

nicht widerlegen, sondern weiterführen. Das Gesetz kann grundsätzlich als Ausdruck einer regelhaften Relation aufgefasst werden. Wenn zwei Dinge oder Eigenschaften nicht in regelhafter Relation stehen, können keine Gesetze festgestellt werden, die die beiden Relata miteinander verbinden. Schon wesentlich radikaler wäre eine Hinterfragung der Gesetzesdefinition Montesquieus, die problematisiert, ob es überhaupt so etwas wie die Natur von Dingen gibt. Das scheint mir ein zentraler Einwand zu sein, der die Alternative eines Antiessentialismus impliziert. Was, wenn es überhaupt nicht so etwas wie Wesenheiten und die Natur eines Dinges gibt? Wenn es in ontologischer Hinsicht z. B. nur die Klassen der Eigenschaften oder Zustände, aber keine Wesenheiten, Substanzen gäbe? Dann müsste Montesquieu wohl sagen, gäbe es in seinem Sinne entweder auch keine Gesetze, sondern nur unsere Interpretationen von Zusammenhängen von Eigenschaften, oder er könnte argumentieren, dass man diese Zusammenhänge von Eigenschaften, sofern sie regelhaft sind, als Gesetze zu bezeichnen hat. Wie dem auch sei, kann man jedenfalls hinsichtlich der staatlichen Gesetze sagen, dass sie für Menschen gelten und dass Menschen als selbständige Wesenheiten angesehen werden können.

Montesquieu stellt in einem zweiten Schritt noch einen weiteren, sehr wichtigen Aspekt der Gesetze heraus; einen Aspekt, der Naturgesetz und Staatsgesetz gleichermaßen zukommt: Wenn das Wesen des Gesetzes darin besteht, Relationen zum Ausdruck zu bringen, dann ist impliziert, dass einerseits Aussagen gefällt werden, eben Relationen zum *Ausdruck gebracht werden*, und es ist enthalten, dass die Relationen zwischen den Wesenheiten nicht nur einfach faktisch vorliegen, sondern darüber hinaus auch noch als solche erkannt werden. Wenn also ein Gesetz *gelten* soll, muss es nicht nur vorliegen, sondern es muss auch verstanden werden und es muss zudem in eine Aussage, in einen Satz (zusammen) gefasst werden. Für eine geistlose Natur mag es also ein anonymes Geschehen geben, das sich vielleicht auch regelhaft vollzieht, d. h., z. B. die Gravitation hat immer dieselben Wirkungen auf Gegenstände mit Masse, doch dies ist nur eine blinde Notwendigkeit. Eine verbindliche Gesetzeskraft und das artikulierte Gesetz sind aber eine Art von „sehender Notwendigkeit“, sie setzt Vernunft und Erkenntnis der Bezüge voraus: „Mithin steht eine Vernunft am Anfang. Die Gesetze sind die Bezüge, die sich zwischen ihr und den unterschiedlichen Wesen finden, sowie die Bezüge dieser verschiedenen Wesen zueinander.“[152] Sicherlich ist es zuviel, wenn Montesquieu hier kreationistisch auf einen intelligenten Designer der Natur zurückschließt. Das würde nur gelten, wenn man voraussetzt, dass die Gesetze dafür notwendig sind, dass die Dinge Relationen zueinander aufnehmen

152 Montesquieu *EL*, I, 1; 97.

können. Es kann aber auch sein, dass die Relationen der Dinge zuerst da waren, und sich dann die Gesetzeskraft, mit der sie sich aufeinander beziehen, aus dem unendlichen Kosmos der sowohl zufälligen als auch möglichen Relationen durch statistische Häufungen ergeben haben; Gesetzlichkeit könnte eine emergente Eigenschaften zufälliger Häufungen in einem anonymen Geschehen sein. – Allerdings befürchte ich, dass man aus der Zufälligkeit niemals die Notwendigkeit und Allgemeingültigkeit des Gesetzes wird herleiten können, aus Zufälligem folgt immer nur Zufälliges. – Mit einem kreationistischen Rückschluss à la Montesquieu scheint mir jedenfalls das Problem verbunden, dass man damit das Gesetz für die Erklärung des Gesetzes schon vorausgesetzt hat, denn man setzt schon das Kausal*gesetz* oder den Satz vom zureichenden Grunde voraus, wenn man einen intelligenten Schöpfer/Ursache/Grund/Designer der Gesetze annimmt. Man kann die Gesetze offenbar nicht ohne einen Zirkel zu begehen als Wirkung einer Ursache begreifen. Andererseits ist Montesquieu natürlich zuzustimmen, dass man die Gesetze der Welt auch nicht gut aus einer „blinden Notwendigkeit" (Determinismus/Fatalismus) hervorgehen lässt, denn dann hat man noch viel stärker – was Montesquieu in dieser Deutlichkeit nicht sieht – die Gesetze für ihre Erklärung schon vorausgesetzt, denn als Erklärungsgrund des Gesetzes die „blinde Notwendigkeit" heranzuziehen, bedeutet doch, auch wenn sie „blind" sein mag, weitaus offenbarer eine Regelhaftigkeit, eine Gesetzmäßigkeit, eben Notwendigkeit vorauszusetzen. Was außer Gesetzmäßigkeit sollte diese „blinde Notwendigkeit" denn bedeuten? Wie schon angedeutet, ist aber auch das Gedankenexperiment, die Entstehung der Gesetze aus dem Zufall erklären zu wollen, nicht wirklich befriedigend, denn wie sollte Notwendigkeit und Allgemeingültigkeit aus Zufall entstehen, dessen Wesen ja gerade die Abwesenheit von gesetzmäßiger Regelhaftigkeit ist? Aus Zufall entsteht wieder Zufall, aber kein Gesetz. Offenbar sind hinsichtlich der Frage nach dem Ursprung des Gesetzes kompliziertere philosophische Untersuchungen notwendig. Jedenfalls lässt sich festhalten, dass Montesquieu zuzustimmen ist, dass, zumindest wenn ein Gesetz nicht nur a) gelten soll, sondern auch b) als geltend *erkannt* werden soll, dazu Vernunft notwendig ist. Ein gemäß dem Gravitationsgesetz fallender Stein erkennt nicht das Gesetz, nach dem das mit ihm geschieht, es passiert einfach, der Stein ist indifferent gegenüber der Frage, ob aus Gesetzmäßigkeit oder aus Zufall. Einen Konnex zwischen Einzelfall und allgemeiner Wiederholung stellt erst die Vernunft in der Erkenntnis her, nämlich indem sie den Einzelfall unter das Gesetz subsumiert.

Zwar gibt Montesquieu mit dem universellen Gesetzesbegriff einen allgemeinen Begriff von Gesetz überhaupt, unter den sich beide, deskriptive/faktische und normative Gesetze subsumieren lassen, aber es sind für ihn unterschiedliche Klassen von Gesetzen. Eine Gemeinsamkeit von deskriptiven und normativen Gesetzen besteht jedoch darin, dass sie möglich sein müssen, wenn sie wirklich sind. Von dieser Gemeinsamkeit her scheint Montesquieu sogar der Rechtspositivismus widerlegbar zu sein; er führt gegen den Rechtspositivismus aus:

> Bevor es Vernunftwesen gab, waren sie [die Gesetze; Einf. R.S.] als Möglichkeiten da. Mithin standen sie in möglichen Bezügen und hatten infolgedessen mögliche Gesetze. Bevor Gesetze verfertigt wurden, waren die Bezüge der Gerechtigkeit als mögliche da. Die Behauptung, es gäbe nichts Gerechtes und Ungerechtes als das, was die positiven Gesetze gebieten oder verbieten, besagt soviel wie: bevor der erste Kreis gezogen wurde, wären nicht alle seine Radien gleich gewesen.[153]

Damit nimmt Montesquieu Leibniz' Gedanken zur Modalität und den möglichen Welten auf und widerlegt damit den rechtspositivistischen Gesetzesbegriff von Hobbes; jenes: „non veritas sed auctoritas facit legem". Schon Leibniz hatte sich 1710 in seiner *Theodizee* (im 2. Anhang) gegen Hobbes mit dem Gedanken gewandt, die faktische Notwendigkeit, die im Bereich der Naturgesetze besteht, sei nicht mit der moralischen Notwendigkeit zu identifizieren, die im Bereich der intelligiblen Wesen und im Bereich der Moral sowie des Rechts gilt. Montesquieu entwickelt das folgende, Leibnizsche Argument: Das, was wirklich ist, muss vorgängig auch möglich sein, d. h., jeder Entität – gleich ob Einzelding, Eigenschaft, Zustand, Klasse oder Gesetz – kommt, obgleich noch nicht wirklich, bereits eine virtuelle Existenz zu, denn was wirklich ist, muss auch möglich sein. Möglich heißt, es ist widerspruchsfrei denkbar. Auch der Bereich des Möglichen ist durch Gesetze geregelt, denn auch in ihm gibt es Bezüge, nämlich Bezüge von einer Möglichkeit zur anderen. So ist z. B. durch den Satz vom zu vermeidenden Widerspruch ausgeschlossen, dass ein mögliches Naturgesetz gleichermaßen sich selbst und sein Gegenteil behauptet, oder ebenso, dass sich ausschließende Phänomene in derselben Hinsicht unter dasselbe Naturgesetz fallen. Dieses Reich des logisch Möglichen ist also auch schon durch Gesetze bestimmt. Daher kann der Rechtspositivismus aus der Perspektive Montesquieus nicht korrekt sein, denn er berücksichtigt nur das, was ist, und definiert den Bereich des Normativen durch die Faktizität. Damit übergeht er jedoch, dass das, was wirklich gerecht ist, auch vorgängig möglicherweise schon gerecht sein können muss. Er verkehrt das Verhältnis von Wirklichkeit und Möglichkeit, nach einem konsequenten Rechtspositivismus müsste die Wirklichkeit des Gesetzes dessen Möglichkeit festlegen. „Man muss daher Bezüge naturgegebener Rechtlichkeit einräumen, die dem positiven Gesetz voraufliegen, durch das sie verwirklicht werden."[154] Danach hätte Hobbes das Naturrecht und das positive Recht ganz und gar falsch gedeutet. Gegen

153 Montesquieu *EL*, I, 1; 98.
154 Montesquieu *EL*, I, 1; 98.

diese Argumentation von Montesquieu kann der Rechtspositivist natürlich seine Theorie verteidigen und argumentieren, dass die logische Denkmöglichkeit auch von ihm eingeräumt bzw. eingehalten werden kann, denn alle Gesetze, die der Souverän wirklich erlässt und die durch eben diesen Erlass wirklich festlegen, was Gerechtigkeit ist, sind offenbar auch logisch möglich. Diese logische Möglichkeit eines Gesetzes impliziert aber noch nicht die virtuelle Existenz eines Reiches der Gerechtigkeit an sich, die als Maßstab festlegt, welche faktischen Gesetze gerecht sind, sondern nur dass man wirkliche Gesetze nur erlassen sollte, ohne einen logischen Widerspruch zu begehen. Das Reich der logischen Möglichkeit ist neutral gegenüber der Frage, ob ein Gesetz in einem emphatischen Sinne an sich gerecht ist. Die logische Möglichkeit ist jenseits von gut und böse und gibt bloß die Widerspruchsfreiheit eines Gesetzes an. Im Übrigen kann es in der juristischen Wirklichkeit durchaus auch das geben, was logisch nicht möglich ist; denn man kann in der Rechtsgeschichte Beispiele finden, in denen ein Gesetz sich selbst widerspricht, es also logisch unmöglich ist. Ein solches Gesetz führt genau wegen seiner Widersprüchlichkeit auch zur Instabilität einer Gesellschaft; es hebt sich irgendwann selbst auf. – Allerdings lässt sich die Theorie möglicher Welten sehr gut gegen Hobbes' Materialismus wenden, denn mögliche Welten sind notwendig, wenn es eine wirkliche Welt gibt, die sich verändern kann, aber die möglichen Welten existieren deswegen nicht materiell real (was sich wohl auch gegen David Lewis sagen ließe). –

Nun zu jenem Gedanken, der es meiner Meinung nach als eine Fehldeutung erweist, wenn man interpretiert, Montesquieu habe die faktisch geltenden Naturgesetze und die normativ geltenden Rechts- und Staatsgesetze miteinander identifiziert:

> Die geistige Welt wird aber bei weitem noch nicht so gut regiert wie die physische Welt. Obgleich jene nämlich gleichfalls ihrer Natur nach unwandelbare Gesetze besitzt, befolgt sie sie doch nicht so ausnahmslos wie die physische Welt die ihren. Den Grund dafür gibt die Beschränkung der einzelnen Arten vernünftiger Wesen durch ihre Natur, demzufolge sie dem Irrtum unterworfen sind. Andererseits ist es ihrer Natur eigen, dass sie selbständig handeln. Sie folgen daher nicht ausnahmslos ihren ursprünglichen Gesetzen, ja selbst den Gesetzen, die sie sich selber geben, folgen sie nicht immer.[155]

Offenbar trennt die Freiheit Naturgesetz und Rechtsgesetz. Auch hier steht wieder Leibniz im Hintergrund. Es gibt eine intelligible Welt mit einer moralischen Ordnung, und es gibt eine physikalische Welt mit einer kausalen Ordnung. Die Ordnung der physischen Welt zeichnet sich durch ihre größere Regelbefolgung

---

155 Montesquieu *EL*, I, 1; 99.

gegenüber der moralischen Welt aus; die Freiheit der moralischen, intelligiblen Wesen ist es, welche die Unregelmäßigkeit in jene Welt bringt. Die größere Anzahl von Gesetzesverletzungen ist durch die Freiheit bedingt. Die Freiheit ist aber auch zugleich das Auszeichnende der intelligiblen Ordnung gegenüber der physikalischen Ordnung. Es ist also im Wesentlichen die Freiheit des Menschen, nämlich z. B. die Freiheit seinen eigenen Irrtümern zu folgen, wodurch sich physikalische von intelligiblen Gesetzen unterscheiden. Ein Stein begeht keinen Irrtum, wenn er nach oben fällt, er fällt einfach nicht nach oben.

Hieran wird deutlich, dass man mit Montesquieus *Esprit des Lois* zwischen den folgenden Gesetzestypen unterscheiden muss:

I. logische Gesetze = Reich der Möglichkeit
II. Wirklichkeitsgesetze überhaupt = Reich der Wirklichkeit
   a. physische Gesetze (unwandelbar)
   b. ursprünglich moralische Gesetze (= Naturrecht; vorgegeben durch die intelligible Natur; unwandelbar)
   c. positive selbst gegebene Gesetze (= empirisch bedingte Gesetze der Nationen; wandelbar)

Die positiven Gesetze (c) charakterisieren eine spezifisch geschichtliche Rationalität des Menschen, denn sie sind von uns gemachte Einheiten (z. B. die Rechtsartikel zur Sklavenhaltung in der Antike oder das Handelsrecht in China), die auf der Erkenntnis von Einzelfällen beruhen. Schon dies unterscheidet nach Montesquieu das Tierreich von der menschlichen Gesellschaft; Tiere verfügen nicht über die Erkenntnis von vielen Einzelfällen, die sie erstens als Verhaltensregel auf Begriffe bringen, unter die zweitens einzelne Handlungen subsumiert werden, welche dann drittens mit einem normativen Geltungsanspruch durch ein Gesetz verhindert (oder geboten oder erlaubt) werden sollen. Im Tierreich geschieht es einfach, dass sich unvorteilhaftes Verhalten durch einen früheren Tod des Exemplars rächt oder sich bestimmte genetische Konfigurationen ausmendeln, weil sie sich der Umwelt nicht angemessen anpassen.

Die fragile Existenz des Menschen zwischen der Dreifachbelastung: Naturgesetz, positives Rechtsgesetz und intelligibles (Moral-)Gesetz wird deutlich, wenn Montesquieu schreibt:

> Als physisches Wesen wird der Mensch genauso wie die anderen Körper von unwandelbaren Gesetzen regiert. Als vernünftiges Wesen tut er unaufhörlich den von Gott gegebenen Gesetzen Gewalt an und ändert die von ihm selbst aufgestellten Gesetze. Er muss sich selbst lenken und ist doch nur ein beschränktes Wesen. Wie alle beschränkten Geister ist er der

> Unwissenheit und dem Irrtum ausgesetzt. Die geringen Kenntnisse, die er hat, büßt er noch ein: als Sinnenwesen wird er die Beute von tausenderlei Leidenschaften.[156]

Letzteres verrät Montesquieus urbanen Skeptizismus und seine Form relativistischer Moralistik. Selbst wenn es unwandelbare moralische Gesetze gibt – oder dank der Imagination des Menschen geben könnte –, so gelten sie doch nur für uns, indem wir einerseits die Sachverhalte, die die Welt ausmachen, durch unsere Sinnesorgane wahrnehmen und die Sachverhalte dadurch nicht mehr so sind, wie sie sind, sondern so, wie wir sie eben mit allen möglichen Verfälschungen wahrnehmen, und andererseits müssen wir, damit sie eine *Be-Deutung* für uns haben, den – physischen wie auch moralischen – Gesetzen offenbar eine Deutung geben und auch diese ist von historischen und kulturellen Spezifikationen beeinflusst. Dennoch ist es ausschließlich das Bewusstsein der Gesetze, das unser fragiles Leben retten kann.

In diesem Kontext ist eine Kritik an Hobbes interessant, die auch schon bei Locke zu sehen war. Montesquieu kombiniert seine Theorie des Gesellschaftsvertrages einerseits mit einer Kritik an Hobbes und andererseits mit der Erklärung des Unterschieds von Natur- und Rechtsgesetz.

In einem ersten Schritt kritisiert Montesquieu an Hobbes, dass die Begriffe von Herrschaft und Unterjochung – die bei Hobbes den Menschen bereits im Naturzustand kennzeichnen und Teil des „bellum omnium contra omes" sind, weil „homo homini luspus est" gilt –, soziale Strukturen beschreiben, die hoch vermittelt sind, also nicht den Naturzustand des Menschen bezeichnen können.[157] Eigentlich vertauscht Hobbes Ursache und Wirkung, wenn er Macht- und Herrschaftsverhältnisse in den Naturzustand rückprojiziert, denn Herrschaft und Streben nach dieser ist erst eine Reaktion auf die Vergesellschaftung, nicht ihre Ursache, die man zu vermeiden sucht. In einem zweiten Schritt stellt Montesquieu die seiner Meinung nach richtigen anthropologischen Gesetze des Naturzustands heraus. Diese sind nach ihm in dem Streben nach Selbsterhaltung und einem natürlichen Gefühl der Schwäche sowie einem Bedürftigkeitsgefühl begründet. Die aus diesen drei Strebungen des Menschen begründeten Naturgesetze bestehen in einem natürlichen Streben nach 1. Frieden, 2. Nahrung, 3. Bitte um Nähe anderer. Die wiederum 4. den Wunsch zum Zusammenleben in einer Gesellschaftsform ergeben. Die Furcht – welche bei Hobbes Grundmerkmal des Naturzustands ist – müsste die Menschen immer nur voneinander distanzieren, wie sollten sie sich dann aber vermehren und sich zu kleineren Gruppen zusam-

156 Montesquieu *EL*, I, 1; 100.
157 Vgl. Montesquieu *EL* I, 1; 101.

mengeschlossen haben, die gemeinsam ihre Nahrung sichern? Diese anthropologischen Naturgesetze sind die Voraussetzung dafür, dass positive Gesetze entstehen können; daraus folgt umgekehrt: Sie selbst sind noch keine positiven Gesetze, sondern höchstens normativ wenig verbindliche Ratschläge der Klugheit. Es sind nämlich die Vergesellschaftung auf dieser Ebene und einige anthropologische Naturgesetze, welche die Menschen ihre Schwäche vergessen lassen; die eine Gemeinschaft fühlt sich stärker als die andere und der Kriegszustand ist erst das Resultat dieser Vergesellschaftung, nicht ihre Ursache – wenn man hier noch die Werkzeugerfindung berücksichtigt, sieht man die anfängliche Menschenaffenszene *The Dawn of Man* aus Kubricks *2001: A Space Odyssey* vor sich.

> Sobald die Menschen vergesellschaftet sind, verlieren sie das Gefühl ihrer Schwäche. Die Gleichheit zwischen ihnen hört auf, und der Kriegszustand hebt an. Jede Einzelgesellschaft fühlt bald ihre Stärke. Das erzeugt zwischen Nation und Nation einen Kriegszustand. Innerhalb jeder Gesellschaft fangen die einzelnen an, ihre Stärke zu fühlen. Sie versuchen, die Hauptvorteile dieser Vergesellschaftung zu ihren Gunsten auszunutzen. Das schafft zwischen diesen einzelnen einen Kriegszustand. Diese beiden Arten des Kriegszustands veranlassen die Einführung von Gesetzen unter den Menschen. In Anbetracht dessen, dass sie Bewohner eines Planeten sind, der so groß ist, dass notwendigerweise verschiedenartige Völker existieren, besitzen sie Gesetze innerhalb des Bezuges zwischen Volk und Volk, das *Völkerrecht*. In Anbetracht dessen, dass sie Mitglieder einer Gesellschaft sind, die zusammengehalten werden muss, besitzen sie Gesetze innerhalb des Bezuges zwischen Regierenden und Regierten: das *Staatsrecht*. Sie besitzen auch Gesetze innerhalb des Bezuges zwischen Bürger und Bürger: das *bürgerliche Recht*. Das Völkerrecht beruht von Natur aus auf folgendem Prinzip: die verschiedenen Völker müssen sich im Frieden so viel Gutes wie möglich tun und im Krieg so wenig Übel wie möglich zufügen, ohne ihren echten Interessen zu schaden. [...] Ein Völkerrecht besitzen alle Nationen, sogar die Irokesen, die ihre Gefangenen verspeisen. [...] Außer dem alle Gesellschaften betreffenden Völkerrecht gibt es für jede von ihnen ein Staatsrecht. Ohne eine Regierung vermöchte keine Gesellschaft zu bestehen. *Der Zusammenschluss aller Einzelkräfte bildet*, wie Gravina sehr gut sagt, *das, was man staatlichen Zustand nennt*. Die Gesamtkraft kann in die Hände eines *einzigen* oder in die Hände *mehrerer* gelegt werden. Einige haben gedacht, die Ein-Mann-Regierung sei der Natur am nächsten, da die Natur die väterliche Gewalt eingesetzt habe. [Wir erinnern uns der Argumentation von Robert Filmer, gegen die sich bereits Locke wandte; Einf. R.S.] Das Vorbild der väterlichen Gewalt beweist aber nicht. Wie nämlich die Ein-Mann-Regierung einen Bezug zur väterlichen Gewalt hat, so hat die mehrköpfige Regierung einen Bezug zur Gewalt der Brüder beziehungsweise nach dem Tod der Brüder der der Vettern. Die Staatsmacht begreift notwendigerweise den Zusammenschluss mehrerer Familien in sich. Besser würde man sagen, der Natur komme jene Regierung am nächsten, deren Besonderheit am besten auf die Besonderheit des Volkes bezogen ist, für das sie gedacht ist. Die Einzelkräfte vermögen sich nicht zusammenzuschließen, ohne dass alle eines Willens sind. *Die Zusammenfassung des Willens aller*, sagt Gravina wiederum sehr gut, *ist das, was man Gesellschaftszustand nennt*.[158]

158 Montesquieu *EL*, I, 1; 102f.

Hier wird deutlich, dass Montesquieu sehr wohl einen kontraktualistischen Ansatz hat, der ihm allerdings so selbstverständlich ist, dass er ihn nicht gesondert ausarbeitet, er ist vielmehr stillschweigende Voraussetzung. Der Gesellschaftsvertrag geht offenbar aus einer doppelten Kriegssituation hervor: a) zwischen den zusammengeschlossenen Gemeinschaften, die Montesquieu hier schon als Nationen in einem weiteren Sinne bezeichnet und b) zwischen den einelnen Mitgliedern dieser Nationen. Interessant ist, dass die beiden Kriegssituationen offenbar aus Vergesslichkeit resultieren, nämlich aus dem Vergessen der eigenen Schwäche. Montesquieu reflektiert weniger diese Voraussetzungen des Gesellschaftsvertrags und diesen selbst als vielmehr ihre Konsequenzen und ihre real möglichen Anwendungen. – Givanni Vincenzo Gravina (1664–1718) war ein italienischer Jurist und Schriftsteller, auf dessen *Originum juris civilis libri tres* (Neapel, 1701) sich Montesquieu hier wohl bezieht. Dieses Werk wurde allerdings erst 1775 ins Französische unter dem montesquieuesken Titel *Esprit des lois romaines* übersetzt. –

Die Vergesslichkeit ist die Wurzel der positiven Gesetzgebung. – Dies wird später auch Nietzsche lehren;[159] wobei Nietzsche diese Einsicht dahin gehend vertieft, dass die Vergesslichkeit eine spontane und aktive Kraft des Willens zur Macht ist, der sich durch die Strafe der positiven Rechtsprechung selbst züchtigt und züchtet, um zu einem Wesen zu werden, das Versprechen machen darf. Nietzsche integriert diesen psychologischen Erklärungsansatz von Recht und Strafe in Vergessen und Erinnerung mit einer Genealogie, d. h. mit einem historischen Rückgang auf die tatsächlichen psychologischen Entstehungsbedingungen von (rechtlichen und moralischen) Werten. –

Man kann Montesquieu bei oberflächlicher Lektüre einen Zirkel in der Argumentation vorwerfen, denn er spricht hier davon, dass jede Gesellschaftsform bzw. Nation über ein Völkerrecht verfügt, er spricht auch davon, dass in und zwischen Einzelgesellschaften bzw. Nationen ein Kriegszustand nach der Vergesellschaftung entsteht. Einerseits soll aber die Vergesellschaftung erst durch das Recht erklärt werden, nämlich durch den Gesellschaftsvertrag, der die Grundlage des Rechts bildet, indem er den Willen aller zusammenfasst, andererseits soll dieser Gesellschaftsvertrag als staatlicher Zustand aber doch auch die Konsequenz des Zusammenschlusses sein, nämlich der Versuch, die zusammengeschlossenen Willen aller vor ihrer Vergesslichkeit, die den doppelten Kriegszustand heraufbeschwört zu retten. Der Gesellschaftsvertrag erscheint hier einerseits als Ursache des Rechts und andererseits als Wirkung des Rechts. Den Zirkel kann man jedoch beseitigen, indem man verschiedene Hinsichten berücksichtigt. Nämlich einmal

---

159 Vgl. Nietzsche *Zur Genealogie der Moral*, II. Abschnitt, §§ 1 ff.

kann es den Zusammenschluss von Individuen in einer Gesellschaft geben, die noch nicht institutionell reguliert ist, dies ist eine vorvertragliche Gesellschaft, noch kein Staat, und dann kann man im Unterschied dazu eine vertragliche Gesellschaft, d. h. den Staat als eine durch institutionalisiertes und positives Recht geeinte Gesellschaft konzipieren. Konsequent wendet Montesquieu hier seinen Gesetzesbegriff an, denn Gesetz war definiert als notwendiger Bezug, der sich aus der Natur eines Sachverhaltes ergibt. Internationales Völkerrecht, Staatsrecht und Bürgerrecht sind jeweils intersubjektive *Bezüge*, die sich aus der Natur des Bezuges zwischen a) Staaten, b) Staat und Bürger und zwischen c) Bürger und Bürger ergeben.

Diese Analyse von Montesquieus Gesetzesbegriff belegt meine These von der apriorisch-aposteriorischen Mittelstellung des Politischen bzw. des Rechts: Positives Recht besteht in einer empirisch gewordenen, auch gegebenen Normativität. Grundlegende moralische Normativität ist damit nicht zu identifizieren und bezeichnet apriorische Strukturen des Zusammenlebens. Beides gemeinsam macht erst den vollen Begriff des Rechts und des Politischen aus.

IV Der ethische Kontraktualismus – Rousseaus Synthese von Sittlichkeit, Freiheit und Vergesellschaftung

Mit der Verbindung einer Kritik am zivilisatorischen Fortschritt und eines moralisch überhöhten Naturgefühls wurde der Schriftsteller und Philosoph Jean-Jacques Rousseau (1712–1778) bekanntlich u. a. zum Stammvater des Sturm und Drang sowie der europäischen Romantik und später zum Vordenker einer Vielfalt von kulturkritischen und lebensphilosophischen Strömungen bis hin zur ökologischen Bewegung unserer Tage sowie der perfiden Bildungs- und Kulturfeindlichkeit seit den 68er Jahren.[160] Man kann die beiden Motive: *nature* und *volonté générale* als die beiden Grundbestimmungen von Rousseaus politischem Denken sehen.[161] Das Vernunftideal und die Fortschrittsgläubigkeit der Aufklärung, der er selbst natürlich angehörte, waren ihm als Vergötzung eines Rationalisierungsprozesses suspekt, der alle Lebensbereiche durchdringt und durch die Förderung der Eigensucht zersetzt. Rousseaus Kulturkritik macht ihn jedoch nicht zum An-

---

160 Vgl. hierzu Dieter Sturma *Jean-Jacques Rousseau*, München 2001.

161 Vgl. Wolfgang Kersting *Gesellschaftsvertrag, Volkssouveränität und „volonté générale". Das systematische Zentrum der politischen Philosophie von Jean-Jacques Rousseau*, in: *Die Republik der Tugend. Jean-Jacques Rousseaus Staatsverständnis*; (Hrsg.) W. Kersting; *Staatsverständnisse*, Bd. 4, Baden-Baden, 2003, 11–26; vgl. auch: Iring Fetscher *Rousseaus politische Philosophie. Zur Geschichte des demokratischen Freiheitsbegriffs*, Frankfurt a.M. (8. Aufl.) 1999.

tiaufklärer und auch nicht zum Irrationalisten.[162] Er hatte vielmehr als aufklärerisches Projekt eine Selbstkritik der neuzeitlichen Vernunft vor Augen. Diese Kritik der Vernunft stellt zivilisatorischem Fortschritt einen damit einhergehenden Rückschritt des gesellschaftlichen Zusammenhalts gegenüber.[163] Rousseau deckt einen wesentlichen Zusammenhang auf: Aus zivilisatorischer Verfeinerung der Lebensform kann eine zunehmende soziale Ungleichheit folgen. Mit der arbeitsteiligen Beherrschung der Natur durch den Menschen geht eine auf Ungleichheit beruhende Herrschaft des Menschen über den Menschen einher. Dies ist eine falsche Form der Vergesellschaftung, da sie auf Ungleichheit der Menschen beruht und diese weitertreibt. Durch Eigentum wird der eine zum Herrn, der andere zum Knecht. Und diese Ungleichheit ist nicht etwas, an dem nur der Knecht leidet, auch der sich kulturellen und luxoriösen Verfeinerungen hingebende Herr leidet an der Entfremdung von seiner Natur. Privateigentum ist die Wurzel der Ungleichheit; das ist gerade nicht im Naturzustand zu finden. Hobbes hatte noch für den Naturzustand konzipiert, dass der Krieg aller gegen alle dadurch entsteht, dass alle das gleiche Recht auf alles haben, Locke hatte konzipiert, dass schon im Naturzustand individuelles Eigentum besteht; durch Arbeit werden Gegenstände von Personen angeeignet. Dagegen wendet sich Rousseau:

> Ehe die scheußlichen Worte Mein und Dein erfunden waren, ehe es jene grausame und brutale Sorte von Menschen gab, die man Herren nennt, und jene andere Sorte von Spitzbuben und Lügnern, die man Sklaven nennt, ehe Menschen abscheulich genug waren, es zu wagen, Überfluss zu haben, während andere verhungern, ehe eine gegenseitige Abhängigkeit sie alle zwang betrügerisch, neidisch und verräterisch zu werden, möchte ich, dass man mir erklärt, worin eigentlich die Laster und Verbrechen bestehen sollten, die man ihnen so emphatisch vorwirft.[164]

Unter der falschen Vergesellschaftung leiden alle Gesellschaftsmitglieder. Und diese Beschreibung trifft natürlich als Kritik auch die Schilderung des Naturzustands bei Hobbes, denn dieser sah die Menschen im Naturzustand als ängstlich, habgierig, ruhmsüchtig und in unsicherer Konkurrenzlage zu ihren Mitmenschen befangen. Dieses Bild greift Rousseau von Grund auf an und sieht es als eine Rückprojektion des zivilisierten Bürgers auf die Natur, dass der Naturmensch dieselben Eigenschaften haben soll, die eigentlich erst der depravierte Mensch der

---

162 Vgl. ähnlich schon: Robert Derathé *Le rationalisme de Jean-Jacques Rousseau*, Paris 1948.
163 Vgl. Rüdiger Bubner *Rousseau, Hegel und die Dialektik der Aufklärung*, in ders.: *Innovationen des Idealismus*, Göttingen 1995, 97–109 und Reinhard Brandt *Rousseaus Philosophie der Gesellschaft*, Stuttgart-Bad Cannstatt 1973.
164 Brief an den König von Polen, zit. nach Robert Spaemann *Rousseau – Mensch oder Bürger. Das Dilemma der Moderne*, Stuttgart 2008, 79.

Zivilisation hat. Auch Lockes Naturrecht auf Eigentum wird hierdurch fundamental angegriffen.

Wenn die Ungleichheit und die verfeinerten Begierden eines luxoriösen Gesellschaftslebens erst einmal geweckt sind, kann man ihnen nicht mehr entkommen; die Erkenntnis der Tugend, dass alle Menschen gleich sind, ist dann verdeckt. Daher hat auch die Forderung: „Zurück zur Natur" für Rousseau keinen Sinn. Er ist zwar einer der schärfsten Kritiker von Wissenschaft und Kultur, diesen setzt er Wahrheit, wahre Suche nach sich selbst und Tugend entgegen, doch er fordert gegen die verdinglichende und entfremdende Vergesellschaftung durch Wissenschaft und Kultur nicht einfach ein „Zurück zur Natur". Das geht nicht mehr, wenn die falsche Vergesellschaftung einmal in Gang gesetzt wurde; die einmal geweckten Bedürfnisse der Menschen sind nicht einfach abzustellen. Dann ist es wie bei manchen Stichwunden: Es ist besser, das Messer zunächst in der Wunde stecken zu lassen, als es herauszuziehen. – Wohl in diesem Sinne kann man rechtfertigen, dass der Kulturkritiker Rousseau Opern komponiert hat. – In gewissem Sinne kann man sagen, dass für Rousseau Wissenschaft und Kultur nicht einfach nur Ausgangspunkt von Ungleichheit und Destruktion in der Gesellschaft sind, sondern sie sind eigentlich nur deren Symptome. Man kann dann im falschen Leben durchaus mit „falschen" Mitteln wie Wissenschaft und Kultur die besten Erfolge bei der Aufklärung der Menschen erzielen; und insofern sind dann Wissenschaft und Kultur die richtigen Heilmittel. So äußert Rousseau im Vorwort zu seinem Theaterstück *Narcisse:* „Lasst deshalb Wissenschaften und Künste gewähren, wenn sie die Wildheit der Menschen mildern, die sie zuvor verdorben haben."[165] In dieser Kritik der arbeitsteiligen Kultur ist auch eine „Dialektik der Aufklärung" zu erkennen, die den Kerngedanken von Horkheimer und Adorno vorwegnimmt. Rousseau vertritt den Gedanken, dass die falsche Vergesellschaftung mit ihrer Wurzel der Ungleichheit im Sinne der Gleichheit der Menschen als Tugendgrundlage aufzugeben ist.

Rousseau entfaltet einen normativen Begriff der Natur; dies wird auch an dem Aristoteles-Zitat deutlich, das als Motto Rousseaus *Abhandlung über die Ungleichheit* ziert: „Was naturgemäß sei, muss man eher an dem ablesen, was sich normal verhält, als an dem, was verdorben ist."[166] Solch ein normativer Naturbegriff kann in kritischer Perspektive jedoch auch als grober Widerspruch angesehen werden, denn die Natur ist das, was vorliegt, ob die Natur auch etwas Präskriptives oder Normatives hat, also vorschreibt, wie etwas sein soll, ist eine komplizierte theoretische Voraussetzung, die man rechtfertigen müsste, die nicht

165 Zit. nach Spaemann *Rousseau*, a.a.O., 83.
166 Aristoteles *Politik*, 1254 a.

einfach hingenommen werden darf. Immerhin lehnt Rousseau den politischen Aristotelismus ab, weil er die Freiheit des Menschen einengt. Zur Antike hat Rousseau ein dialektisches Verhältnis, sie ist ihm einerseits prägendes Vorbild und doch geht er aus systematischen Gründen über ihren Naturalismus und ihre Rechtfertigung der Unfreiheit hinaus.[167] Die Annahme einer normativen Natur kann zumindest in grundlegende Schwierigkeiten führen, da die Unterscheidung zwischen Sein und Gesolltem damit aufgehoben wird; was ist, soll auch sein. Wie weit sich der Begriff des Natürlichen erstreckt, bleibt schwierig zu bestimmen und wer ist kompetent, das Natürliche vom zivilisatorisch Überflüssigen abzutrennen? Hier ergibt sich auch die Schwierigkeit, dass die nicht zirkuläre Begründung des Politischen verspielt wird, denn wenn man das Politische mit seiner Normativität aus einer ohnehin schon normativ vertstandenen Natur heraus begründet, dann kommt das in die Nähe eines Zirkels.

167 Rousseaus Verhältnis zur Antike legt Leo Strauss *Naturrecht und Geschichte*, Frankfurt a.M. 1977, 263 f. trefflich dar: „Die erste Krise der Moderne trat im Denken Jean-Jacques Rousseaus ein. Rousseau war nicht der erste, der fühlte, dass das moderne Wagnis ein radikaler Irrtum war, und der einen Ausweg in der Rückkehr zum klassischen Denken suchte. Es genügt die Erwähnung des Namens Swift. Aber Rousseau war kein „Reaktionär“. Er gab sich der Moderne hin. Man ist versucht zu sagen, dass er dadurch zur Antike zurückgeführt wurde, dass er eben das Schicksal des modernen Menschen hinnahm. Auf jeden Fall war seine Rückkehr zur Antike gleichzeitig ein Fortschritt der Moderne. Indem er sich von Hobbes, Locke oder den Enzyklopädisten zu Platon, Aristoteles oder Plutarch wandte, warf er wichtige Elemente des klassischen Denkens über Bord, denen seine modernen Vorgänger noch angehangen hatten. Bei Hobbes hatte die Vernunft vermöge ihrer Autorität die Leidenschaften emanzipiert; die Leidenschaft erwarb den Status einer freigelassenen Frau; die Vernunft fuhr zu herrschen fort, wenn auch nur durch kaum wahrnehmbare Kontrolle. Bei Rousseau ergriff die Leidenschaft selbst die Initiative und rebellierte; sie usurpierte den Platz der Vernunft und begann, indem sie unwillig ihre ausschweifende Vergangenheit verleugnete, in der gestrengen Sprache der Catonischen Tugend Urteile über die Schändlichkeiten der Vernunft zu fällen. Die glühenden Felsbrocken, mit welchen die Rousseausche Eruption das Abendland übersät hatte, wurden, nachdem sie abgekühlt und behauen waren, für die imponierenden Gebäude verwendet, welche die großen Denker des späten 18. und frühen 19. Jahrhunderts errichteten. Seine Schüler klärten tatsächlich seine Anschauungen, man möchte aber doch bezweifeln, ob sie auch die Weite seiner Vision bewahrten. Sein leidenschaftlicher und mächtiger Angriff auf die Moderne im Namen dessen, was zur gleichen Zeit klassisches Altertum und eine weiter fortgeschrittene Modernität war, wurde mit nicht geringerer Leidenschaft und Macht von Nietzsche wiederholt, der somit die zweite Krise der Moderne, die Krise unserer Zeit, einleitete. Rousseau griff das moderne Denken im Namen zweier klassischer Vorstellungen an: der Polis und der Tugend einerseits, und der Natur andererseits.“ Man kann präzisieren, dass Nietzsches Wendung sich auf die Vorsokratiker bezog. Ergänzend kann man noch Kleist, Hölderlin, Hegel und Heidegger hinzunehmen, die ebenfalls durch eine aufhebende Rückwendung zur Antike die Moderne vorantrieben. Was genau Strauss mit der „freigelassenen Frau“ meint, scheint mir problematisch und nicht ganz klar.

Der Naturbegriff bleibt bei Rousseau oft unterbestimmt und begriffliche Schärfe wird durch emotionale, enthusiastische Entflammtheit sowie ein intuitives Gefühl für die Natur ersetzt. Das wird deutlich, wenn wir uns ein Zitat aus der späten Selbstrechtfertigungsschrift *Rousseau richtet über Jean-Jacques* (1780/82) vergegenwärtigen:

> Wo kann der Maler und Lobredner der Natur, die heutzutage so verunstaltet und verleumdet ist, sein Muster wohl anders hergenommen haben als aus seinem eigenen Herzen? Die Vorurteile, denen er nicht unterjocht war, die gekünstelten Leidenschaften, deren Opfer er nicht war, verdunkelten vor seinen Blicken nicht wie vor den Blicken anderer die so allgemein vergessenen oder verkannten Grundzüge. [...] Ein zurückgezogenes und einsames Leben, ein lebhafter Geschmack an Träumerei und Betrachtung, die Gewohnheit, in sich zu gehen und dort bei ruhigen Leidenschaften diese ersten Züge, die sich in der großen Menge verloren haben, zu suchen, das allein war es, wodurch sie wiedergefunden werden konnten. Kurz, ein Mensch musste sich selbst malen, um uns so den ursprünglichen Menschen darzustellen.[168]

Es ist gerade ein befreiender Grundzug der Aufklärung, dass man dank ihrer gegen diesen aufklärerischen Anspruch Rousseaus, der seine Wahrheitsansprüche auf individuelle Intuitionen zurückführt, skeptisch bleibt. Ein solch unbestimmter und normativ aufgeladener Naturbegriff, der selbst schon ein bestimmtes, historisch und kulturell vermitteltes Bild der Natur darstellt, kann auch wieder dazu dienen, dass Menschen Macht über Menschen anstreben. Rousseau berief sich jedoch bei der Bestimmung der Natur nicht nur auf seine Herzensemotion, sondern auch auf eine rückschreitende, ethnologische Anthropologie; diese soll regressiv zu einem als ursprünglich angenommenen Naturzustand führen, der sich im Begriff des „edlen Wilden" kristallisiert. Ethnologisch-anthropologische Ebene und intuitive Ebene vermischen sich in Rousseaus Beschreibung des natürlichen Urzustands. Claude Lévi-Strauss bezeichnet daher Rousseau als Vater der Ethnologie. Dieser Zusammenhang von introspektiver Emotion und ethnischer Theorie stellte für Rousseau keine Schwierigkeit dar, da er konzipiert, dass im eigenen Herzen noch ein Abdruck jenes noch nicht durch Zivilisation entstellten Naturzustands zu verspüren sei. Bei einem Genie wie Rousseau mag dies auch noch der Fall sein, und bei ihm war sicherlich auch die Sensibilität vorhanden, dies zu erspüren; daraus folgt aber nicht, dass jeder dazu fähig ist. Nahm Voltaire noch an, diese Stimme sei von jedem Zeitgenossen zu hören, war sich Rousseau schon sicher, dass nur einige Ausnahmepersönlichkeiten der Zeitgenossen dazu in der Lage sind, diese Stimme zu vernehmen.

In Deutschland ließen sich u. a. Herder, Kant, Goethe und Schiller von Rousseau anregen und begründeten seinen Ruf als Künder einer neuen Zeit. Im

---

168 Rousseau *Schriften*, Hrsg. H. Ritter, Frankfurt a.M. 1988, Bd. 2, 570 f.

Besonderen gewann Rousseau natürlich als politischer Theoretiker eine Bedeutung, die weit über das 18. Jh. hinausgeht. Wie ein Fanfarenstoß der Rebellion sowohl gegen die Ständeordnung des ancien régime als auch gegen die zivilisatorische Disziplinierung des Menschen im heraufziehenden Industriezeitalter klingt der Anfang des ersten Kapitels seines *Gesellschaftsvertrags:* „Der Mensch ist frei geboren, und überall liegt er in Ketten."[169] Ebenso revolutionär und herausfordernd war der zweite, eingangs schon genannte Kernbegriff des politischen Denkens von Rousseaus radikaldemokratischer Staatsphilosophie: die Idee der volonté générale; worunter er den Gemeinwillen der Bürger im gemeinsam errichteten Staat versteht; die volonté générale ist als eine Einheit und Vermittlung von individuellem Willen und dem von allen Bürgern eigentlich Gewollten angestrebt und entworfen. Durch sie wird die Gesellschaftsvertragstheorie von Rousseau zu einem ethischen Kontraktualismus; in Gegenstellung zu Hobbes' politischem Kontraktualismus, der das Ethische beseitigen sollte. Bei Rousseau ist das Besondere, dass der Gesellschaftsvertrag selbst ethisch ist.[170] Die volonté générale ist von der volonté de tous, unterschieden, diese ist nur die Summe der Einzelwillen, volontés particulières.

Insbesondere der Wortführer der Französischen Revolution, Robespierre berief sich bekanntlich auf Rousseau und erhob in seinen politischen Reden den Anspruch, der volonté générale als Sprachrohr und ausgezeichneter Deuter zu dienen. Berühmt ist die sich daraus ergebende Schwierigkeit eines „Terrors aus Tugend", der in Schillers Marquis Posa aus dem *Don Carlos* eine geniale literarische Gestalt gefunden hat. Der Terror der Tugend, den Jakobiner und der Diktator Robespierre verbreiteten, wird besonders eindrücklich in den gleichfalls existentiellen, bedrückenden, verzweifelnden, sich auflehnenden und wunderschönen Gedichten von André Chénier; der seine Jamben und Alexandriner im Gefängnis kurz vor seiner Guillotinierung noch in der Schmutzwäsche versteckt, der

---

169 Jean-Jacques Rousseau *Du contrat social ou Principes du droit politique*, in *Oeuvres complètes*, Bd. 3, Paris 1964, 349–470; hier wird zitiert nach: *Du contrat social ou Principes du droit politique/Vom Gesellschaftsvertrag oder Grundsätze des Staatsrechts*, Franz./Deut., (Hrsg.) Hans Brockard, Stuttgart 2010, 9; im folgenden zitiert als *CS*.

170 Vgl. Leo Strauss *Naturrecht und Geschichte*, a.a.O., 291: „In Hobbes' Lehre war die Freiheit oder das Recht des einzelnen zur eigenen Bestimmung der zu seiner Selbsterhaltung förderlichen Mittel der Selbsterhaltung untergeordnet. Im Konfliktsfalle zwischen der Freiheit und der Selbsterhaltung hat die Selbsterhaltung den Vorrang. Nach Rousseau ist jedoch die Freiheit ein höheres Gut als das Leben. In der Tat neigt er zur Gleichsetzung der Freiheit mit der Tugend oder Güte. Er sagt, dass die Freiheit der Gehorsam gegenüber dem Gesetz ist, das man sich selbst gegeben hat. [...] Vor allem regt er an, die traditionelle Definition des Menschen durch eine neue zu ersetzen, nach der nicht Rationalität, sondern Freiheit das spezifische Merkmal des Menschen ist."

Nachwelt überreichen konnte.[171] – Chénier gehörte übrigens selbst zu den Revolutionären, allerdings gehörte er dem gemäßigteren Flügel an, der eine konstitutionelle Monarchie bevorzugte, und er hat eine Ode auf Charlotte Corday, die Mörderin von Marat, gedichtet. –

Auch heute beziehen sich Autoren der Politischen Philosophie auf Rousseaus Gedanken der volonté générale, wenn es darum geht, eine gelingende politische Integration in modernen Gesellschaften zu entwerfen; so z. B. Jürgen Habermas in *Faktizität und Geltung*; auch dort geht es um die Schwierigkeit, die Autorität des Staates mit individueller Freiheit zu vermitteln.[172]

Zum eigentlichen Gesellschaftsvertrag: Auch bei Rousseau finden wir die schon vertraute Struktur des Gesellschaftsvertragsarguments – am Anfang steht eine Beschreibung der Problemlage, die den Vertrag notwendig oder plausibel macht; im zweiten Schritt werden Eigenschaften des problembewältigenden Vertrags und der grundlegende Charakter des im Vertrag geschaffenen Gemeinwesens erörtert; den Abschluss bildet schließlich die Diskussion der konkreten Institutionen, die sich ein solches Gemeinwesen geben sollte. Die Problembeschreibung gibt Rousseau vor allem in seiner Schrift: *Diskurs über die Ungleichheit*, den Vertrag und die Institutionen behandelt er dagegen im *Gesellschaftsvertrag*.

Was Rousseau als Naturzustand des Menschen bezeichnet, hat nicht dieselbe Struktur wie bei Hobbes oder Locke, bei diesen beiden war trotz aller Unterschiede der Naturzustand schon von Interaktion und Interdependenz zwischen den Menschen gekennzeichnet. Bei Rousseau ist der Naturzustand dagegen ein Zustand vor jeglicher Vergesellschaftung. Der Mensch ist in dieser Situation frei und unschuldig – in der Einsamkeit. Diese Art der Freiheit ist Autarkie im Unterschied zur Freiheitsform der Vergesellschaftung, der Autonomie. Der Naturmensch hat folgende Eigenschaften: triebhaft, dumpf, asozial, sehr bescheiden in seinen Bedürfnissen und unter anderem deshalb friedfertig, er ist zu Mitleid und Vervollkommnung (perfectibilité) fähig;[173] d. h., er hat Anlagen oder Dispositionen, die sich weiterentwickeln können.[174]

Diese Beschreibung ist dann nicht einleuchtend oder kritisierbar, wenn man sie als eine Beschreibung eines tatsächlichen, empirisch einmal wirklichen Zustands versteht. Man findet wohl keine Einzelgänger, die gleichermaßen asozial

---

171 Vgl. André Chénier *Jamben*, (Übers.) John Roger Kohr, Heidelberg 1946.

172 Jürgen Habermas *Faktizität und Geltung. Beiträge zur Diskussion des Rechts und des demokratischen Rechtsstaats*, Frankfurt a.M. 1994, 130 ff.

173 Vgl. Rousseau *Abhandlung über den Ursprung und die Grundlagen der Ungleichheit unter den Menschen*, Stuttgart 1998, 46; dieser *Discours sur l'inégalité* wird im Folgenden als *Discours II* zitiert.

174 Vgl. hierzu Martin Rang *Rousseaus Lehre vom Menschen*, Göttingen 1959.

und mitleidsvoll sind oder in grauen Vorzeiten waren. Auch scheint „asoziales Verhalten“ schon eine Sozialität vorauszusetzen, von der man sich dann ausschließt. Rousseau erweckt jedoch oft den Eindruck, als sei dies die Schilderung eines tatsächlichen Zustands der Menschheit. Doch will man diesem Zustand eine entscheidende und sinnvolle Position innerhalb der kontraktualistischen Staatsgründungstheorie Rousseaus erhalten, muss man diese Schilderung des Naturzustands als bloße Abstraktion verstehen, nämlich als Versuch, ganz konsequent nur das zurückzubehalten, was das Selbst des Menschen ausmacht, und alles andere abzuziehen, was gesellschaftlich bedingt ist. Es ist natürlich eine Abstraktion, eine theoretische Konstruktion, wenn man die Natur des Menschen ohne gesellschaftliche Einflüsse herauskristallisieren will. – Das ist eine Radikalisierung der Idee Lockes auf den Nullpunkt der Gesellschaft zurückzugehen. So wie der einzelgängerische, raubeinige, naturwüchsige, aber gute Taten vollbringende Cowboy ein rückprojiziertes Wunschprodukt der hochzivilisierten Filmindustrie Hollywoods ist. – Der Naturzustand ist eine Imagination, die schildert, was vom Menschen als ursprüngliches Selbst übrig bleiben soll, zieht man die Gesellschaft ab. Damit soll dargestellt werden, was der Mensch von Natur aus, was das Selbst des Menschen ist. Dabei ist selbstverständlich und in gewissem Sinn antiaristotelisch schon vorausgesetzt, dass die Gesellschaft nicht die Natur des Menschen ist. Dass dies eine Setzung ist und eigentlich einer besonderen Begründung bedürfte, wird an solchen Denkern deutlich, die das Gegenteil konzipieren, z. B. an dem Anthropologen Helmuth Plessner, der formuliert, dass „die Kultur die Natur des Menschen“ ist. Rousseau entwirft also eigentlich ein Gedankenexperiment, in dem die Natur den Ausgangspunkt, die conditio sine qua non, also die notwendige Bedingung markieren soll. Die Gesellschaft bildet dagegen eine vermitteltere Stufe der menschlichen Entwicklung, die sich in den verschiedensten Gestalten ausprägen kann und eine kontingente Erscheinung ist, die somit offensichtlich der Wahl, der Beurteilung und der Umgestaltung des Menschen unterliegt.

1 *Ad fontes* – Natur und Kulturkritik bei Rousseau

Natur ist das Anfängliche, Ursprüngliche und noch Unverdorbene:

> Alles, was aus den Händen des Schöpfers kommt, ist gut; alles entartet unter den Händen des Menschen. Er zwingt einen Boden, die Erzeugnisse eines anderen zu züchten, einen Baum, die Früchte eines anderen zu tragen. Er vermischt und verwirrt das Klima, Elemente und Jahreszeiten. Er verstümmelt seinen Hund, sein Pferd, seinen Sklaven. Er erschüttert alles, entstellt alles – er liebt die Missbildung, die Monstren. Nichts will er so, wie es die Natur

> gemacht hat, nicht einmal den Menschen. Er muss ihn dressieren wie ein Zirkuspferd. Er muss ihn seiner Methode anpassen und umbiegen wie einen Baum in seinem Garten.
>
> Ohne das wäre alles noch schlimmer, und unsere Gattung will nicht halb geformt existieren.[175]

Der Mensch ist also ein Zwitterwesen, er hat einerseits einen natürlichen Ausgangspunkt in sich und hat doch andererseits auch seine Künstlichkeit, Kultur ist seine (zweite) Natur. Dass er sich von seiner Ursprünglichkeit abwenden kann, liegt in seiner Freiheit beschlossen, gegen die sich sein Schöpfer offenbar nicht begrenzend oder ihn von größerem Unheil abhaltend wenden kann. Gott würde die Freiheit des Menschen beschneiden, ließe er ihm nicht die Möglichkeit zur Missbildung, zur unnatürlichen Domestizierung und seine Liebe zum Monströsen ausleben. Aus Freiheit fällt der Mensch von der Natur in sein Unheil und aus Freiheit muss er es im Diesseits aufzuheben suchen. Die ursprüngliche Natur kann daher nur durch Abstraktion von allem Künstlichen, Institutionellen, geschichtlich Gewordenen erschlossen werden. Rousseau geht hier viel weiter als Hobbes. Sein Einwand gegen Hobbes ist der, dass dieser zwar von den politischen Institutionen abstrahiert, aber den Menschen sonst lässt, wie er ihn innerhalb der Gesellschaft vorfindet. Die Natur des Menschen hat jedoch durch die Geschichte eine so tiefgreifende Deformation erfahren, dass durch bloße Empirie ein zureichender Begriff des Natürlichen nicht mehr gewonnen werden kann. Paradoxerweise und methodisch zentral kann man formulieren, dass der Empirismus nicht zur Natur führen kann, sondern nur das Gedankenexperiment. Totale Abstraktion von allem, was nicht φύσει ist, muss z. B. sogar von der Sprachlichkeit absehen, in diesem Sinne gibt es keine natürliche Sprache. Konsequenterweise setzt Rousseau den homme naturel daher als sprachloses Wesen an. Denn natürlich ist nur das, was aus der Vermögensstruktur des *einzelnen* Individuums entwickelt werden kann. Daraus folgt, dass der homme naturel auch nicht im Primitiven gefunden werden kann. Der status naturalis wird zu einem nicht mehr faktisch-historischen, sondern rein hypothetischen Zustand, der aus methodischen Gründen angenommen werden muss. Und in diesem Zusammenhang äußert Rousseau:

> Beginnen wir also damit, alle Tatsachen beiseite zu lassen, denn sie berühren nicht unsere Frage. Man darf nicht die Untersuchungen, in die man über dieses Thema [état de nature ist gemeint; Einf. R.S.] eintreten kann, für historische Wahrheiten halten, sondern nur für hypothetische und bedingte Überlegungen, die mehr dazu geeignet sind, die Natur der Dinge zu erhellen, als ihren wirklichen Ursprung aufzuzeigen.[176]

---

175 Rousseau *Emile oder Über die Erziehung*, (Hrsg.) Martin Rang, Stuttgart 2009, 107.
176 Rousseau *Discours II*, 33.

Die Methode, mit der die Natur in ihrem positiven Gehalt ermittelt wird, ist die Reflexion auf die eigene, noch nicht sprachlich vermittelte Spontaneität, die eine „Meditation über die ersten und einfachsten Operationen der menschlichen Seele“ ist – eine Transformation des Programms von Descartes. Gesucht werden dabei die „Prinzipien, die der Vernunft vorausliegen“ – ein anticartesisches Moment, denn für den Rationalisten Descartes hat die Vernunft keine vorgängigen Bedingungen. Rousseau hat das Problem allerdings umgangen, das schon Fénelon klar vor Augen hatte, wie nämlich die Reflexion imstande sein soll, eine Spontaneität zu entdecken, die durch eben diese Reflexion gerade aufgehoben wird. Denn im Moment der Reflexion auf die Spontaneität ist diese schon vergangen. Rousseau schreibt: „Wenn sie [die Natur; Einf. R.S.] uns dazu bestimmt hat, gesund zu sein, dann wage ich fast zu versichern, dass der Zustand der Reflexion ein Zustand wider die Natur ist und dass der Mensch, der nachdenkt, ein entartetes Tier ist.“[177] Spontaneität ist eine natürliche Regung des Menschen, wogegen die Reflexion widernatürlich ist. Der Naturzustand ist der idealisierte Zustand einer reflexionslosen Selbstgenügsamkeit einsamer Individuen, die nicht über sich selbst hinauswachsen wollen; der Mensch hat hier als einen Haupttrieb die Selbstliebe (amour de soi), es gibt noch keine Selbstsucht (amour propre). Die Selbstliebe ist ein reflexionsloses, spontanes, unmittelbares und einfaches Selbstverhältnis, bei dem man sich nur mit den eigenen Augen sieht; die Selbstsucht ist dagegen ein reflexives, vermitteltes und komplexes Selbstverhältnis, bei dem man sich selbst mit den Augen der anderen sieht. Doch wie kommt es dazu, dass der Mensch dennoch über die anfängliche Autarkie hinaus will? Rousseau sieht in der Autarkie selbst eine Form von Freiheit, eine Freiheit, die in der Undeterminiertheit durch bestimmte Neigungen besteht, denn schon der Naturmensch kann zu einigen seiner Neigungen „Nein“ sagen, darin liegt die Möglichkeit zur Perfektibilität. Der Terminus der Perfektibilität scheint etwas Teleologisches zu enthalten, als gäbe es ein Ziel, auf das hin sich der Mensch zu entwickeln hätte. Diesen zu einem politischen Aristotelismus neigenden Gedanken weist Rousseau jedoch ausdrücklich zurück. Die Perfektibilität lässt keine Entelechie zu, die nach Verwirklichung eines Telos drängt, sondern bloß passive Disposition zur Entwicklung sozialer Eigenschaften und diese ist nicht durch ein bestimmtes Ende determiniert. Eine Möglichkeit, die nur durch ein zufälliges Zusammentreffen verschiedener äußerer Gründe realisiert wird. Für Rousseau ist daher die konkrete und empirisch wirkliche Entstehung einer Vergemeinschaftung oder Vergesellschaftung, die über den Naturzustand hinausgeht, ein bloßer

177 Rousseau *Discours II*, 40 f.

Zufall. Hierin ist die aposteriorische Seite des Politischen in meinem Sinn eines Apriori-Aposteriori zu erkennen, ob es zustande kommt, ist kontingent.

Naturzustand ist die totale Selbstbezüglichkeit des Individuums auf sich und auf die Natur der anderen Naturmenschen. So heißt es im *Emile:* „Der natürliche Mensch ist sich selbst alles. Er ist die ungebrochene Einheit, das absolute Ganze, das nur zu sich selbst oder seinesgleichen eine Beziehung hat.“[178] Aber wieso ist das kein Widerspruch, wenn der Naturmensch selbstbezüglich und zugleich auf die anderen ihm gleichen Individuen bezogen ist? Die Antwort liegt darin, dass im Naturzustand noch keine Ungleichheit besteht und Selbstbezüglichkeit zugleich Fremdbezüglichkeit zu den Gleichen ist. Erst wenn zwischen die Menschen die Ungleichheit tritt, unterscheiden sich Selbst- und Fremdbezug, denn der eine ist nicht mehr wie der andere. Es handelt sich bei der Selbstbezüglichkeit des homme naturel also um dieselbe Struktur, die wir auch bei „anderen“ Tieren finden, die Gemeinschaften bilden, auch dort sind allgemeiner Gattungswille und Selbstbezüglichkeit miteinander identisch.

Es ist bei dieser natürlichen Selbstbezüglichkeit des homme naturel hervorzuheben, dass es sich dabei ganz offensichtlich nicht um eine reflexive Selbstbezüglichkeit handeln kann, denn mit der Reflexion beginnt das Böse, sprich Unterschied, Entfremdung und Trennung. Wir haben es hier vielmehr mit einer unmittelbaren Selbstbezüglichkeit, einem einfachen Bei-sich-Sein zu tun. In seiner Reflexionsfeindlichkeit ist Rousseau also durchaus konsequent und es gibt für sie einen „guten“ Grund, nämlich einen politischen Grund: In der trennenden, unterscheidenden Reflexion – und hier kann man schon die Anfänge und die Vorwegnahme der idealistischen Vereinigungsphilosophie von Hölderlin, Schelling und Hegel um 1800 heraushören – wird eine Manifestation und ein Symptom der politischen und sozialen Getrenntheit der Menschen in der Zivilisation gesehen. In diesem Kontext kann man sogar noch die Überreflexion von Shakespeares *Hamlet* sehen; dieser wird von allen anderen und sogar von sich selbst bis hin zum Tragischen seinen natürlichen Regungen durch seine übermäßige Reflexion entfremdet; er wird durch Reflexion handlungsunfähig, bzw. er handelt im falschen Moment.

Das Heraustreten aus dem Naturzustand löst nach Rousseau den Menschen aus der anfänglichen Daseinsweise, die ihn noch in die Natur einreiht. Der Mensch wird durch die Reflexion zweideutig, weil er seine natürliche Bestimmung verliert und zu einem Sinn*sucher* wird; er ist nun nicht mehr jemand, der geradehin seinen Sinn lebt oder dieser einfach nur *ist*. Die innere Stimme, die den Menschen aufruft, vom état naturel abzufallen, ist gut und böse in einem bzw. weder gut noch böse,

---

178 Rousseau *Emile*, 112.

sondern sie eröffnet die Möglichkeit zu beidem, denn der Mensch kann sich nun vervollkommnen oder falsch vergesellschaften. Vervollkommnung ist nicht risikolos zu haben.[179]

Rousseau entwirft somit den Verlust der Natur als den Weg zu einer höheren Bestimmung des Menschen, die ihn einerseits aus der Natur führt und ihn zugleich andererseits Schuld und Verlockung zu einer falschen Vergesellschaftung aussetzt oder die Möglichkeit einer richtigen Vergesellschaftung eröffnet, in der er sich weiter perfektionieren kann. Die Eigenliebe oder Selbstsucht (amour propre) hat in der Pervertierungsmöglichkeit des Menschen ihren Ort:

> Man darf nicht die Eigenliebe [amour propre] und die Selbstliebe [amour de soi-même] durcheinanderbringen – zwei Leidenschaften, die ihrer Natur und ihren Wirkungen nach sehr unterschiedlich sind. Die Selbstliebe ist ein natürliches Gefühl, die jedes Tier dazu antreibt, über seine eigene Erhaltung zu wachen, und das, soweit es im Menschen von der Vernunft geleitet und vom Mitleid abgewandelt wird, die Menschlichkeit und Tugend hervorbringt. Die Eigenliebe ist nur ein relatives, künstliches und in der Gesellschaft entstan-

179 Vgl. hierzu und zum Folgenden auch Robert Spaemann *Rousseau – Mensch oder Bürger. Das Dilemma der Moderne*, Stuttgart 2008, 19 ff. Im Anschluss daran sei eine religionsphilosophische Anmerkung erlaubt: Bei Augustinus findet sich das berühmte Wort von der felix culpa und dem quasi necessarium Adae peccatum, wodurch die Menschheit aus dem ursprünglichen Paradieszustand heraustrat; worin für Augustinus enthalten ist, dass der Mensch aus einer quasi Notwendigkeit heraus und um seiner Freiheit willen, die Sünde begeht. Diesen Gedanken kannte Rousseau aus Leibniz' *Theodizee.* Hier wird auch noch ein weiterer christlicher Hintergrund deutlich, nämlich die protestantische Deutung/Umdeutung des Paradieses als Naturzustand. So führt Luther in seinem *Genesiskommentar* aus: „Wir sollten nicht behaupten, die Gerechtigkeit sei sozusagen ein Geschenk gewesen, das von außen, getrennt von der Natur des Menschen, zu ihm hinzugekommen sei: Sie war vielmehr etwas ganz Natürliches, so dass es die Natur Adams war, Gott zu lieben, Gott zu glauben, Gott zu erkennen usw. [...] Das alles beweist, dass die ursprüngliche Gerechtigkeit zur Natur des Menschen gehörte; wenn sie also durch die Sünde verloren ging, dann ist klar, dass das Natürliche nicht intakt blieb, wie die Scholastiker spinnen." (Martin Luther *Genesiskommentar*, Weimarer Gesamtausgabe, Bd. 42, 124 f.) Es ist die Lehre des Thomas von Aquin, die Luther hier verwirft. Nach thomistischer Lesart, die sich auch schon bei Augustinus vorweggenommen findet, erhält die menschliche Natur die Gerechtigkeit und Güte Gottes als ein Geschenk, eine ihr selbst unverfügbare Gabe; die Natur des Menschen ist nach dem Sündenfall nicht ursprünglich immer schon gut, sie ist auch nicht ursprünglich böse; sie ist vielmehr durch den freien Willen ausgezeichnet, der weder einseitig gut noch einseitig böse ist, wenngleich die menschliche Natur einen Hang zum Bösen hat, die Konkupiszenz. Insofern ist durch den Sündenfall die Natur des Menschen nicht verloren gegangen, diese blieb vielmehr unbeschädigt, der Mensch kann nach dieser thomistischen Variante auch nach dem Sündenfall noch ein natürliches Wesen sein, nämlich dort, wo er frei ist. Hier liegt ein fundamentaler Unterschied zwischen dem katholischen Thomismus und dem Protestantismus Luthers; denn nach Luther folgt die völlige Verderbtheit der Natur des Menschen durch und nach dem Sündenfall; sie blieb nicht intakt.

> denes Gefühl, das jedes Individuum dazu veranlasst, sich selbst einen größeren Wert beizulegen als jedem anderen, das den Menschen all die Übel eingibt, die sie sich gegenseitig zufügen, und das die wahre Quelle der Ehre ist.
>
> Dies wohl verstanden, behaupte ich, dass in unserem ursprünglichen Zustand, im wahren Naturzustand, die Eigenliebe nicht vorhanden war. Wenn nämlich jeder Mensch sich selbst als den einzigen Zuschauer ansieht, der Interesse für ihn aufbringt, als den einzigen Richter über seine eigenen Verdienste, dann ist es nicht möglich, dass ein Gefühl in seiner Seele keimen kann, das seine Quelle im Vergleichen hat, die er nicht fähig ist anzustellen. Aus demselben Grund könnte dieser Mensch weder Hass noch Rachsucht haben [...] Mit einem Wort, wenn jeder Mensch seinesgleichen kaum anders ansieht, als er die Tiere einer anderen Gattung ansehen würde, kann er dem Schwächeren die Beute rauben oder dem Stärkeren die seine überlassen, ohne in diesen Räubereien etwas anderes als natürliche Ereignisse zu erblicken, ohne die mindeste Empfindung von Anmaßung oder Verdruss und ohne eine andere Leidenschaft als den Schmerz oder die Freude über einen guten oder schlechten Erfolg.[180]

Die Eigenliebe (amour propre) geht also über die natürliche Selbstbezüglichkeit der Selbstliebe (amour de soi-même) hinaus; analog wie sich bei Heidegger Eigentlichkeit und Uneigentlichkeit zueinander verhalten, stehen auch Eigenliebe und Selbstliebe zueinander in einem zwiespältigen Verhältnis. Ist Heideggers Uneigentlichkeit durch Grede, Neugier und Vergleich mit anderen geleitet und drückt sich in dem berühmten „Man" aus, so ist auch die Eigenliebe Rousseaus durch ähnliche Formen von competition und Wettbewerb geprägt und laut Rousseau sogar die Quelle des moralisch Bösen. – Heidegger hat natürlich nicht einfach biologische oder gesellschaftliche Verhaltensformen vor Augen, sondern Existentialien und vermeidet daher moralische Qualifikationen. – Das einfache Seiner-selbst-inne-Sein und das unmittelbare Kennen der eigenen wahren, nicht degenerierten Bedürfnisse der Selbstliebe kann man guten Gewissens als Liebe bezeichnen; mir fällt es allerdings schwer, die auf Wettbewerb und competition ausgerichtete Selbstüberhebung der Eigenliebe noch als eine Form der Liebe anzusehen; ihre eigentliche Wurzel ist ja der Wille zur Erniedrigung des anderen und zwar, weil man sich selbst mit dessen Augen sieht und versucht, die eigenen Minderwertigkeitsgefühle dadurch zu kompensieren, dass man in den anderen etwas Niedriges hineininterpretiert; weder seine Anerkennung noch ein gleichwertiges Miteinander ermöglicht diese Eigen„liebe", sie ist destruktiv.[181] In ge-

---

180 Rousseau *Discours II*, 151, Anm. XV.

181 Hiermit wende ich mich gegen die sehr amour-propre freundliche Deutung von Frederick Neuhouser *Pathologien der Selbstliebe. Freiheit und Anerkennung bei Rousseau*, Frankfurt a.M. 2012; er sieht in der amour propre eine auch positive Wurzel moralisch guter Entwicklung und sittlicher Anerkennung unter Subjekten; insbesondere sei sie ursprünglich nicht auf Über- oder Unterordnung angelegt: „Es gilt jedoch zu beachten, dass eine relative Stellung nicht notwen-

wissem Sinn kann die Eigenliebe Vergesellschaftung, auch falsche, nicht erklären, denn sie ist selbst ein gesellschaftliches Spätprodukt; im Naturzustand gibt es sie nicht (bzw. nur als Disposition)! So wie die amour propre die Quelle des moralisch Bösen ist, ist die amour de soi-même die Quelle des moralisch Guten: Wird die Selbstliebe durch Vernunft und Mitleid geleitet, entstehen Humanismus und Tugend. Ich werde in die Lage versetzt, in meiner Sorge um mich die Sorge des anderen um sich als Strukturgleichheit berechtigter Selbsterhaltungsansprüche zu erblicken. Altruismus wird durch diese Form, wie Husserl wohl sagen würde, „paarig einfühlender Appräsentation" erst möglich: In meiner Sorge erkenne ich, wie sich auch der andere sorgt, und ich kann seiner Sorge sogar einen Vorrang einräumen und werde dazu bereit, meine berechtigten Ansprüche auszusetzen, bis seine befriedigt sind. Wie genau das geht, würde man gerne von Rousseau wissen, aber er gibt hierzu keine detaillierte Theorie. Es ist jedenfalls deutlich, dass Humanismus und Tugend nicht einfach aus der Eigenliebe (amour propre) entstehen.

Wenn der Mensch einmal in Ungleichheit beförderndem Wettstreit falsch vergesellschaftet ist, gibt es keine einfache retour à la nature, dann bleibt nur noch der radikale Weg in eine konsequente Vergesellschaftung, um die falsche, erste Vergesellschaftung aufzuheben. Daher lobt (!) Rousseau am antiken Sparta und an Lykurgs Gesetzgebung, dass man damit das Herz der Menschen völlig denaturieren kann.[182] Der *Contrat social*, der uns alle zu einer einzigen souveränen Macht vereint, dem Gemeinwillen, in dem alle gleich und eines sind, soll unter den Bedingungen der Moderne eine richtige Vergesellschaftung erlauben.

Das gegenwärtige Dasein außerhalb des status naturae purae ist ein entfremdetes Dasein. Der spätere Begriff der „Entfremdung" ist unzertrennbar mit

---

digerweise eine über- oder unterlegene ist. Wenn uns l'amour-propre einfach dazu bringt, die Achtung zu begehren, die wir als Menschen verdienen – Achtung, die man im Gegenzug anderen im gleichen Maße zu gewähren bereit ist –, dann ist diese begehrte Stellung zwar relativ zu anderen (sie wird in Bezug auf die Stellung anderer definiert), aber es handelt sich nicht um eine überlegene Stellung." (A.a.O., 51 f.) Dies gibt das oben wiedergegebene Zitat von Rousseau aber nicht her, es sagt vielmehr eindeutig, dass die amour propre immer auf Subordination aus ist. Die Dialektik der amour propre ist nach Neuhouser darin zu erblicken, dass sie in beide Richtungen gehen kann, sie kann also auch nach ihm moralisch böse werden, muss es aber nicht. Bei Neuhouser gehen anscheinend Fichtes Anerkennungsbegriff aus dessen Ethik und Rechtsphilosophie und die gelungene Anerkennung aus Hegels *Phänomenologie* in die Rousseau-Deutung ein.

182 Vgl. Rousseau *Emile*, a.a.O., 114. Schiller wird später aufgrund seines Gespürs für den Terror aus Sittlichkeit gerade Lykurg und Sparta für diese Unmenschlichkeit und Unsittlichkeit im Dienst höherer Sittlichkeit kritisieren; vgl. ders. *Lykurg und Solon. Eine zeitgemäße Vorlesung von Friedrich Schiller*, (Hrsg.) E. Korrodi, St.Gallen 1940.

Rousseaus Begriff der Natur verknüpft. Vom rückwärts gewendeten Ideal des Bei-sich-Seins des natürlichen Menschen her kann sehnsüchtig, kritisch oder ironisch jede Kulturgesellschaft desavouiert werden – übrigens auch diejenige, die Rousseau selbst im *Contrat social* konstruiert. Rousseau schreibt im *Contrat social*, dass die antike politische Freiheit, die für ihn immer Inbegriff politischer Freiheit ist, an die Sklaverei als ihre notwendige Vorbedingung geknüpft war, und er führt aus: „Behauptet sich die Freiheit etwa nur mit Hilfe der Knechtschaft? Mag sein. Die beiden Extreme berühren sich. Alles, was nicht Natur ist, hat seine Nachteile, und die bürgerliche Gesellschaft mehr als alles andere."[183] – Für Hegel ist eine Freiheit, die sich mittels der Sklaverei aufrechterhält, keine Freiheit, weil das Mittel der Unfreiheit nicht zum Ziel der Freiheit führen kann, weshalb er die gesamte Antike mit ihrer Akzeptanz der Sklaverei als politisches Modell verwarf und eine neue, europäische Freiheit konzipiert. – „Das Höchste, was der homme civil erreichen kann, ist die Integration in eine société close, die so total ist, dass sie die verlorene Naturbedingung zu ersetzen vermag. Eine mère commune nennt Rousseau in seinem Enzyklopädieartikel den Staat. Die politische Totalität setzt aber gerade die völlige Aufhebung der unschuldigen Selbstbezogenheit des homme naturel voraus."[184] Dieser Deutung Spaemanns kann mit Rousseaus folgender Ausführung zugestimmt werden:

> Die guten gesellschaftlichen Einrichtungen sind diejenigen, die es am besten verstehen, dem Menschen seine Natur zu nehmen, ihm seine absolute Existenz zu entziehen und ihm dafür eine relative zu geben und das *Ich* auf die Einheit der Gemeinschaft zu übertragen, so dass jeder einzelne sich nicht mehr als Eines, sondern als Teil der Einheit fühlt, der nur noch im Ganzen empfindungsfähig ist.[185]

Spaemann führt zutreffend weiterhin aus: „Natur hat seit alters auch die Bedeutung von Wahrheit, Sein gegen den Schein gehabt; Rousseaus politisches Ideal ist es, den Schein so total werden zu lassen, dass das Sein, die Natur verschwindet. Ein Schein, der kein Sein mehr als Gegenüber hat, ist nämlich selbst zum Sein geworden. So geht für Rousseau nur aus der totalen Selbstaufgabe der indépendance naturelle die politische Freiheit hervor. Man hat Rousseau so interpretiert, dass er die Naturferne der eigenen Zeit beklage. Das ist falsch. Er beklagt das Zerbrechen der politischen Totalität und das partielle Wiederhervorbrechen der Natur. Denn dies führt zur Doppelexistenz, der existence double, durch die das eigene Zeitalter charakterisiert ist. Die existence double macht das Wesen jenes

183 Rousseau *CS*, III/15, 215.
184 Spaemann *Rousseau*, a.a.O., 107f.
185 Rousseau *Emile*, 112.

Typus aus, der weder citoyen noch homme naturel ist: des Bourgeois. Der Bourgeois ist geradezu definiert als der Mensch, ›der in der bürgerlichen Ordnung den Primat der natürlichen Gefühle erhalten will‹."[186] – Von hier aus erklärt sich dann z. B. die utilitaristisch-hedonistische, bürgerlich-liberale Gefühlsmoral eines John Stuart Mill. – Der Bourgeois ist also eine nichtige Doppelexistenz, die das Angenehme des Naturzustands mit dem Nützlichen des bürgerlichen Zustands kombinieren und die Nachteile beider Zustände nicht kaufen will; eine vom Widerspruch zwischen Natur und Gesellschaft zerrissene, zerfressene unbedeutende Existenz.[187] Solange der Bourgeois kein Citoyen wird, ist er eine öffentliche Gefahr. Das Ergebnis ist die Auflösung bzw. Verhinderung der politischen Einheit.

Historisch gesehen ist das Christentum an dieser Auflösung schuld.[188] Durch seine Trennung des Geistigen vom politischen System, so heißt es im *Contrat social*, hat es die Einheit des Staates zerstört. Eine gute *Politie* ist in christlichen Staaten unmöglich, weil Christen der Staat von Grund aus gleichgültig sein muss, er ist nur diesseitig. Rousseau bekennt sich hier ausdrücklich zu der Sicht von Hobbes, ohne aber dessen Heilmittel, die erneute Einheit von Kirche und Staat unter der Diktatur des Staatssouveräns für möglich zu halten, der das Christentum auf den Satz „Jesus est Christus" reduziert und damit alle konfessionellen Spaltungen per Dekret und Autorität überwinden kann. Das Christentum ist nach Rousseaus Sicht seinem Wesen nach eine natürliche Religion, eine Religion des natürlichen Menschen und eine Religion des göttlichen Naturrechts und als solches ist das Christentum unpolitisch, geradezu antisozial. Dennoch ist seine Macht unwiderstehlich, denn sie beruht auf seiner Wahrheit. Das Christentum zerbricht jenen wohltätigen Schein, auf den die antike politische Einheit gegründet war, denn diese war auf Lüge und Sklaverei gegründet. Doch dem wahren Christen ist es ganz gleichgültig, ob er als Sklave oder Fabrikbesitzer lebt, da er beides als irrelevant für seine eigentliche Existenz erkannt hat. Der wahre Christ ist daher zwar auch ein Gegenentwurf zum Bourgeois, aber keiner, der per se zur wahren Vergesellschaftung führen kann.[189]

---

186 Spaemann *Rousseau*, a.a.O., 107 f.

187 Rousseau *Emile*, 113: „Wer in der bürgerlichen Ordnung die Ursprünglichkeit der natürlichen Gefühle bewahren will, der weiß nicht, was er will. In fortwährendem Widerspruch zu sich selbst, immer schwankend zwischen Neigung und Pflicht, wird er niemals weder Mensch noch Staatsbürger sein; weder für sich selbst noch für die Umwelt wird er je taugen. Er wird ein Mensch von heute sein – ein Franzose, ein Engländer, ein Bourgeois – und das ist gar nichts."

188 Vgl. hierzu Spaemann *Rousseau*, a.a.O., 109 f.

189 Vgl. Rousseaus Brief an Leonhard Usteri vom 18.7.1763, in: Jean Jacques Rousseau *Ich sah eine andere Welt. Philosophische Briefe*, (Hrsg.) H. Ritter, München 2012, 164 ff.

Nicht die Herstellung der politischen Einheit, die wir in der antiken Polis finden, kann heute wieder gefunden werden, denn diese war auf völliger Denaturierung begründet. Was laut dem *Contrat social* in politischer Hinsicht daher heutzutage zuerst geschehen muss, ist die Vollendung der Emanzipation vom natürlichen Menschen. Paradoxerweise geschieht das in pädagogischer Hinsicht durch eine natürliche Erziehung, die der bourgeoisen Zwittererziehung entgegengesetzt ist. Natur bedeutet innerhalb dieser politischen Pädagogik also ein Korrektiv gegen das Bourgeoise. Diejenige Erziehung ist natürlich, die sich die Natur zum Ziel setzt. Und sie transformiert sich zu einer politischen Erziehung, wenn sie zu der Erkenntnis der eigenen Autonomie führt. Diese Autonomieerkenntnis besteht in politischer Hinsicht darin, zu wissen, dass man nur dem eigenen Willen folgt, wenn man den Gesetzen folgt, die man selbst auch mitkonstituiert hat. Ziel der Natur meint Wiederherstellung einer völligen Selbstbezogenheit des natürlichen Subjekts. Emile wird einzig für sich selbst erzogen. Und dies geschieht nun innerhalb und mittels der Kulturerrungenschaften. Es geht darum, inmitten und unter den Bedingungen der Kultur dem Zögling die vorkulturelle und vorgeschichtliche Autarkie zukommen zu lassen. – Die Erkenntnis der politischen Autonomie gehört nicht in diesen Erziehungsabschnitt, er kann erst später erfolgen; der Weg geht von der Autarkie zur Autonomie. – Der einfache Selbstgenuss ist das Ziel der Pädagogik, ein sentiment de l'existence auch innerhalb der Kultur. Das letzte Ziel der Pädagogik ist das Gewissen. Im Gewissen kehrt der Mensch zu sich selbst zurück und wird wieder natürlich. Natur in diesem Sinne ist ein Spätprodukt, sie ist nicht mehr mit der anfänglichen Natur zu identifizieren, denn diese war ja ohnehin nur ein Abstraktionsprodukt, von dem wir nur durch Rückschlüsse aus der Vergesellschaftung heraus etwas wissen. Das Gewissen als höher vermitteltes Mit-sich-selbst-eins-Sein ist nur in der Auseinandersetzung mit und gegen die Kulturwelt möglich. Erst die bürgerliche Gesellschaft ermöglicht das Gewissen der Subjektivität. Leo Strauss hat es betont, dass die eigentliche Leistung der bürgerlichen Gesellschaft in Rousseaus Sicht darin besteht, dass sie einigen wenigen Außenseitern, die in ihr sehr wahrscheinlich scheitern, das Leben an ihrem Rand ermöglicht. Die Leistung der bürgerlichen Gesellschaft besteht also nicht in der Hervorbringung des Bourgeois, sondern in der Hervorbringung von Randexistenzen.[190] Diese Form der Pädagogik ist also kein einfaches „Zurück zur Natur", sondern gleicht vielmehr Kleists Idee, vom Baum der Erkenntnis zum zweiten Mal zu essen, um die Sünde aufzuheben.

190 Vgl. Leo Strauss *Naturrecht und Geschichte*, a.a.O., 305.

2 Der Übergang vom Naturzustand zum Gesellschaftsvertrag

Die grundlegenden Eigenschaften des Menschen sind nach Rousseau in drei Gruppen einzuteilen: a) natürliche Anlagen, diese sind ständig präsent, können aber durch die Umstände unterdrückt oder verdrängt werden und dann nur mühsam wieder auftreten; solche Eigenschaften sind z. B.: Selbstliebe, Mitleidsfähigkeit und einfache Bedürfnisse. Als Zweites gibt es b) Eigenschaften, die nicht unmittelbar zur Natur des Menschen gehören, die ausschließlich durch die Umstände erworben werden können; dies sind z. B.: das Streben nach Macht, Ruhm, Ehre, Reichtum, Status, Neid, Hass und verfeinerte Bedürfnisse. Und drittens gibt es c) auch solche Eigenschaften, die zwar zur Anlage des Menschen von Natur aus gehören, die aber in der Natur noch nicht ausgebildet sind, sondern erst durch entsprechende Umstände gefördert werden müssen; dies sind z. B.: Sprache und Kultur. Die Eigenschaften der zweiten und dritten Gruppe sind das Ergebnis der Vergesellschaftung; welche Eigenschaften wie entstehen und wie weit sie sich ausprägen, hängt von kontingenten Faktoren der jeweiligen Gesellschaft ab, und gleichzeitig prägen diese die jeweilige Gesellschaft.

Rousseau folgert hieraus, dass es gute und falsche Vergesellschaftungsformen geben kann. Die bisherige Form der menschlichen Vergesellschaftung hat nicht nur die Perfektionierung des Menschen ermöglicht, sondern vor allem auch die unguten Eigenschaften der zweiten Gruppe hervorgebracht und gefördert, und zwar bis zur Zerstörung der ursprünglichen Eigenschaften und bis zur Korruption der natürlich angelegten Eigenschaften. Die Vergesellschaftung stellt den Verlust der Unschuld des Naturzustandes dar. Der gute Vergesellschaftungsprozess führt zu gleichen und freien Bürgern, der falsche zur Ungleichheit der Menschen. Der Prozess der falschen Vergesellschaftung sieht so aus: Das ursprüngliche isolierte Leben ist mit Gefahren, Naturkatastrophen und Unannehmlichkeiten konfrontiert, die es den Menschen nahe legen, Gruppen zu bilden. In diesen zunächst sehr kleinen Gruppen kann sich eine einfache Arbeitsteilung ausbilden, die bescheidene Wohlstandszuwächse ermöglicht, ohne dass bereits irgendwelche Ungleichheiten der Lebenslagen entstehen können. Hier überwiegen die Vorteile der Vergesellschaftung – man hilft sich im Notfall; die Bedürfnisse sind immer noch bescheiden; es entsteht ein wenig Kultur; es gibt noch keinen mit Eigentum und Machtverhältnissen zusammenhängenden Konfliktstoff. In diesem Zustand, den Rousseau als „die Jugend der Menschheit" bezeichnet, werden die Menschen aber nicht verharren, da die Arbeitsteilung ihre eigene Dynamik entfaltet: Intensive Arbeitsteilung bringt größeren Wohlstand und damit wachsende Wünsche, die die Arbeitsteilung weiter vorantreiben. Anspruchsvolle Wünsche und Arbeitsteilung stehen also a) in einem Wechselverhältnis, das b) Ungleichheit potenziert. Es entsteht dauerhafter privater Besitz an Grund und Boden und damit Ungleichheit der Lebenslagen. Mit wachsender Ungleichheit wachsen Neid, Streben nach Status, die Versuchung, Status auf Kosten anderer – ggf. auch mit Gewalt – zu gewinnen. Der Hobbessche Krieg und die Lockeschen Unannehmlichkeiten sind für Rousseau gerade nicht naturgegebene Zustände, sondern Produkte der falschen Vergesellschaftung. Aus diesem Grund sind die Darstellungen des Naturzustands bei Hobbes und Locke für Rousseau ein völlig verfehlter Weg, um die Notwendigkeit der Gründung und Ordnung einer Gesellschaft plausibel zu machen. Ein Gesellschaftsvertrag, der unmittelbar aus dem Kriegszustand – bei Hobbes aus dem bellum omium contra omnes – heraus abgeschlossen wird, kann nur ein höchst problematischer Vertrag sein. Denn ein solcher Vertrag ist das Produkt von Bedrohung bis zur Todesangst, Ungleichheit unter den Vertragspartnern und er wird unter Bedingungen der Unfreiheit abgeschlossen. Nach Rousseau kann ein auf diese Weise geschlossener Vertrag auch nur die Unfreiheit und Ungleichheit der Vertragspartner festschreiben. Aus einem solchen Vertrag kann kein dauerhafter Frieden gestiftet werden, der Krieg wird immer wieder aufflammen, bis die Gesellschaft unter einer despotischen Herrschaft kurzlebig befriedet wird. Und dort sind dann alle Beherrschten wieder gleich, nämlich hinsichtlich ihrer Unfreiheit. Nur der Souverän ist dort frei, oder genauer: Dieser hat – wie schon Locke zeigte – die Freiheit des Naturzustands, und da Rousseau zwischen Freiheit als einer sittlich-politischen Autonomie (die es nur nach dem Gesellschaftsvertrag geben kann) und der bloßen Ungebundenheit der Autarkie differenziert, müsste man konsequenterweise sagen, dass der Hobbessche Souverän nicht autonom frei, sondern höchstens autark ungebunden ist.

Nun zieht Rousseau die folgende Konsequenz: Da einerseits ein einfaches „Zurück zur Natur" nicht möglich und auch nicht erstrebenswert ist und da andererseits die Vergesellschaftung nicht nur die Möglichkeit der Ausbildung jener zweiten, verderblichen Eigenschaften, sondern auch die Ausbildung der dritten, konstruktiven Eigenschaften (Sprache, Kultur) ermöglicht, bleibt nur die Möglichkeit eines Neuanfangs, in dem der richtige Weg der Vergesellschaftung eingeschlagen werden muss; ein „anderer Anfang", nicht der „erste Anfang".

3 Der ethische Gesellschaftsvertrag, die Übertragung

Die Form der richtigen Vergesellschaftung beschreibt Rousseau im *Contrat social* (1762).[191] Der Vertrag, den Rousseau hier entwirft, soll den Gewinn höherer Freiheit

191 Vgl. hierzu Wolfgang Kersting *Jean-Jacques Rousseaus „Gesellschaftsvertrag"*, Darmstadt

durch vollständige Unterwerfung aller unter das Gemeinwesen ermöglichen. – In diesem Sinne eines völligen Aufgehens in der Sozialität feiert Rousseau die spartanische Mutter, der der Tod ihrer fünf Söhne im Krieg gleichgültig ist, solange nur Sparta den Krieg gewonnen hat![192] Der gute Staatsbürger opfert dem Gemeinwillen gerne seine Kinder; als biologischer Erzeuger mag er darüber traurig sein. – Rousseau kritisiert im *Gesellschaftsvertrag* zunächst einen Zirkel in der Argumentation, den er schon bei Hugo Grotius am Werk sieht.[193] Bei Grotius wird der Gesellschaftsvertrag nämlich so beschrieben, dass sich ein Volk einem Souverän gemeinschaftlich „hergibt". Doch das ist nach Rousseau ein fehlerhafter Zirkel, denn das Volk muss sich ja schon im Voraus vergemeinschaftet haben, um sich als Gemeinschaft dann einem Souverän hergeben zu können. Der eigentliche Kern des Gesellschaftsvertrages ist für Rousseau daher fundamentaler anzusetzen, nämlich dort, wo sich überhaupt eine Gemeinschaft zu einem Volk bildet. Die Wahl des Herrschers ist selbst bereits ein bürgerlicher Akt, der die Vergemeinschaftung schon impliziert und nicht erst erklärt; denn in der Wahl eines Königs durch eine Mehrheit ist schon enthalten, dass die Minderheit akzeptiert, sich der Entscheidung der Mehrheit zu beugen. Dass man sich einer Mehrheitsentscheidung anzuschließen hat, impliziert schon die Vergemeinschaftung und die Volkwerdung.

> Es wäre deshalb gut, bevor man den Akt untersucht, durch den ein Volk einen König erwählt, denjenigen zu untersuchen, durch welchen ein Volk zum Volk wird. Denn da dieser Akt dem anderen notwendigerweise vorausgeht, ist er die wahre Grundlage der Gesellschaft. In der Tat, woraus entstünde, es sei denn, die Wahl war einstimmig, ohne eine vorausgehende Übereinkunft die Verpflichtung für die Minderheit, sich der Wahl der Mehrheit zu unterwerfen, und woher haben hundert, die einen Herrn wollen, das Recht, für zehn zu stimmen, die keinen wollen? Das Gesetz der Stimmenmehrheit beruht selbst auf Übereinkunft und setzt zumindest einmal Einstimmigkeit voraus.[194]

Es wäre nämlich wieder ein Zirkel, wenn man die Legitimität des Gesetzes der Stimmenmehrheit wiederum aus einer Abstimmungssituation herleiten wollte, in der die Mehrheit darüber abstimmt, dass der Mehrheitsbeschluss gilt. Die Übereinkunft, die zur Akzeptanz der Stimmenmehrheit führt, kann also selbst nicht mehr durch Stimmenmehrheit herbeigeführt oder legitimiert worden sein, denn das Prinzip der Stimmenmehrheit müsste dann schon gelten, bevor es in Kraft

---

2002; vgl. auch: Émile Durkheim *Le „Contrat social" de Rousseau*, in: Revue de métaphysique et de morale 25 (1918) 1–23 u. 129–161.

192 Vgl. Rousseau *Emile*, 113.

193 Vgl. Hugo Grotius *De iure belli ac pacis*, 1625, Buch I, Kap. 3, § 8.

194 Rousseau *CS*, I/5, 31.

gesetzt wurde. – Dies zeigt, dass das demokratische Mehrheitsprinzip selbst einer Legitimation bedarf und insofern nicht als Selbstverständlichkeit oder unmittelbar selbstrechtfertigende Instanz gesehen werden kann. Diese vorgängig notwendige Legitimation deute ich als ein Argument dafür, dass die Demokratie von der Nomokratie, der allgemeingütligen Selbstgesetzgebung aller einzelnen Individuen, also der politischen Autonomie, abhängig ist. – Daraus folgert Rousseau, dass über die Gültigkeit des Mehrheitsprinzips nur ein anderes, fundamentaleres, höheres Prinzip entscheiden kann, nämlich das der Einstimmigkeit. Es ist eine grundlegende Form von Allgemeinheit und Allgemeingültigkeit im Spiel, bevor das Mehrheitsprinzip eingesetzt werden kann. Eine andere Möglichkeit besteht darin, dass das Prinzip der Stimmenmehrheit dadurch gilt, dass es nur einer oder eine Minderheit eingesetzt hat; doch dies reflektiert Rousseau an dieser Stelle nicht. Es könnte schließlich auch eine realistische Möglichkeit sein, dass ein Tyrann, der selbst nicht gewählt wurde und der nur auf natürlichem Wege, d. h. durch seine Stärke Macht hat, den Mehrheitsentscheid eingeführt hat. Jedenfalls wird hier deutlich, dass Rousseau mit seinem Gesellschaftsvertrag keine historischen oder empirisch realen Bedingungen für die Gründung eines Staates bedenken will, sondern die begrifflichen Strukturen einer legitimen Staatsmacht reflektiert. Rousseaus Gesellschaftsvertrag ist von vornherein keine empirische Theorie des Staates, sondern eine begrifflich-theoretische Reflexion der Voraussetzungen des bürgerlichen Staates, die von normativ-ethischen Prämissen ausgeht.

Die Funktion und Struktur des Gesellschaftsvertrages beschreibt Rousseau wie folgt:

> Finde eine Form des Zusammenschlusses, die mit ihrer ganzen gemeinsamen Kraft die Person und das Vermögen jedes einzelnen Mitglieds verteidigt und schützt und durch die doch jeder, indem er sich mit allen vereinigt, nur sich selbst gehorcht und genauso frei bleibt wie zuvor.[195]

Dass mit dem Gesellschaftsvertrag Person und Vermögen geschützt werden sollen, klingt noch nach Hobbes, dass aber in der Vereinigung die Autonomie der Einzelperson konstituiert wird, ist ein genuiner Aspekt Rousseaus, der seinen Kontraktualismus zu einem ethischen macht und den Vertrag mit dem apriorischen Moment der politischen Selbstbestimmung auflädt.

Um einen rechtmäßigen Staat zu gründen, sind zunächst alle von den Subjekten in der vorangegangenen Geschichte erreichten Machtpositionen und Privilegien aufzugeben.

---

195 Rousseau *CS*, I/6, 33.

> Diese Bestimmungen lassen sich bei richtigem Verständnis sämtlich auf eine einzige zurückführen, nämlich die völlige Entäußerung jedes Mitglieds mit allen seinen Rechten an das Gemeinwesen als Ganzes. Denn erstens ist die Ausgangslage, da jeder sich voll und ganz gibt, für alle die gleiche, und da sie für alle gleich ist, hat keiner ein Interesse daran, sie für die anderen beschwerlich zu machen.[196]

Alle Menschen müssen das aufgeben, was sie zuvor zu Ungleichen und zu unterschiedlich Mächtigen gemacht hat: nämlich ihr Eigentum und spezifische Rechte, alle geben alles und dadurch wird unter den Subjekten eine völlig symmetrische Relation hergestellt; weil jeder alles gibt, erhält keiner etwas oder, unter umgekehrten Vorzeichen gesehen, erhält jeder alles. Das ist auf einer höher vermittelten Stufe wieder jene Struktur des homme naturel, dessen Selbstbezüglichkeit zugleich Bezug zu allen anderen ist. Den Gesellschaftsvertrag selbst formuliert Rousseau wie folgt:

> Schließlich gibt sich jeder, da er sich allen gibt, niemandem, und da kein Mitglied existiert, über das man nicht das gleiche Recht erwirbt, das man ihm über sich einräumt, gewinnt man den Gegenwert für alles, was man aufgibt, und mehr Kraft, um zu bewahren, was man hat. Wenn man also beim Gesellschaftsvertrag von allem absieht, was nicht zu seinem Wesen gehört, wird man finden, dass er sich auf folgendes beschränkt: *Gemeinsam stellen wir alle, jeder von uns seine Person und seine ganze Kraft unter die oberste Richtschnur des Gemeinwillens; und wir nehmen, als Körper, jedes Glied als untrennbaren Teil des Ganzen auf.*[197]

Dabei ist wichtig, dass für Rousseau das eigentliche Ärgernis am Eigentum nicht darin besteht, dass es Unterschiede im Umfang des Eigentums gibt, sondern dass diese Unterschiede in bestimmten Gesellschaften faktisch zugleich Unterschiede des Rechtsstatus der betreffenden Person mit sich bringen.

Rousseaus Gesellschaftsvertrag wird unter Bedingungen der vollkommenen Gleichheit der Vertragspartner und unter Ausblendung ihrer partikularen Interessen geschlossen. – Hinter dieser Grundbestimmung kann man bereits den berühmten „Schleier des Nichtwissens“, den veil of ignorance von John Rawls erblicken. Eine Kritik an Rawls kann man von hier aus aber auch anbringen: Wenn Rawls in seiner *Theory of Justice* einerseits die Rechtsgleichheit aller mit der Akzeptanz von (Besitz-)Ungleichheit verbinden will, würde Rousseau, dies wohl als Wunschdenken brandmarken, weil sich historisch zeigt, dass (Besitz-)Ungleichheit mit Rechtsungleichheit einhergeht. – Der Vertrag zur Gründung einer Gesellschaft kommt nach Rousseau auch nur einstimmig und freiwillig zustande. Jeder schließt mit jedem den Gesellschaftsvertrag, dessen Inhalt darin besteht,

196 Rousseau *CS*, I/6, 33.
197 Rousseau *CS*, I/6, 35.

sich voll und ganz dem Gemeinwillen des so gebildeten politischen Körpers zu unterwerfen. Da jeder zugleich zu einem unabtrennbaren Teil dieses politischen Körpers wird, unterwirft er sich keiner fremden Macht, sondern nur sich selbst. Autonomie und wahre, tugendhafte Vergesellschaftung sind identisch. Der Einzelne steht dem Gemeinwillen nicht abstrakt äußerlich gegenüber, sondern er ist ein Moment in ihm; die Gemeinschaft ist ein organisches Ich. Jeder autorisiert den aus allen Beteiligten gebildeten politischen Körper ohne inhaltliche Schranken der Entscheidungsbefugnis, allerdings mit einer formalen Einschränkung: Er unterwirft sich allem, was vom Gemeinwesen *für alle* beschlossen wird.[198] Die Gesetze gelten also nicht partikulär, der Bürger wäre ihnen nicht unterworfen, würden sie nicht allgemein gelten.

> Dieser Akt des Zusammenschlusses schafft augenblicklich anstelle der Einzelperson jedes Vertragspartners eine sittliche Gesamtkörperschaft, die aus ebenso vielen Gliedern besteht, wie die Versammlung Stimmen hat, und die durch ebendiesen Akt ihre Einheit, ihr gemeinschaftliches Ich, ihr Leben und ihren Willen erhält. Diese öffentliche Person, die so aus dem Zusammenschluss aller zustande kommt, trug früher den Namen Polis, heute trägt sie den der *Republik* oder der staatlichen Körperschaft, die von ihren Gliedern *Staat* genannt wird, wenn sie passiv, *Souverän*, wenn sie aktiv ist, und *Macht* im Vergleich mit ihresgleichen. Was die Mitglieder betrifft, so tragen sie als Gesamtheit den Namen *Volk*, als Einzelne nennen sie sich *Bürger (Citoyen)*, sofern sie Teilhaber an der Souveränität, und *Untertanen (Sujet)*, sofern sie den Gesetzen des Staates unterworfen sind.[199]

Rousseau verwendet hier organische Metaphern: Leben, Glieder, Körper. Er hat also von der Republik eine organische Auffassung; der Staat ist ein Gesamtkörper, der sich aus seinen Gliedern zusammensetzt, er erhält sein Leben von ihnen und zugleich erhalten sie ihren spezifischen Lebensraum als dieses bestimmte Glied vom Gesamtkörper her.

Die Absolutheit der Souveränität teilt Rousseau mit dem Souveränitätskonzept von Hobbes, denn der Souverän bei Rousseau untersteht keiner weiteren Souveränität.

> Darüber hinaus muss beachtet werden, dass der öffentliche Beschluss, der alle Untertanen gegenüber dem Souverän verpflichten kann aufgrund der zwei unterschiedlichen Beziehungen, unter denen jeder gesehen werden muss, aus dem entgegengesetzten Grund den Souverän nicht gegen sich selbst verpflichten kann und dass es infolgedessen gegen die Natur der politischen Körperschaft ist, dass sich der Souverän ein Gesetz auferlegt, das er nicht brechen kann. Da er sich nur in ein- und derselben Beziehung sehen kann, ist er dann in

---

198 Vgl. hierzu: Patrick Riley *A Possible Explanation of Rousseau's General Will*, in: The American Political Science Review 64 (1970) 86–97.
199 Rousseau *CS*, I/6, 35f.

der Lage eines Einzelnen, der einen Vertrag mit sich selbst schließt: daraus sieht man, dass es für den Volkskörper keinerlei verpflichtendes Grundgesetz geben kann, welcher Art auch immer, nicht einmal den Gesellschaftsvertrag.[200]

Ähnlich wie bei Hobbes, kann der Souverän nicht gegen Gesetze oder Verpflichtungen verstoßen, weil er sie allererst selbst macht und mit jeder seiner Willensäußerungen neue machen kann. Ändert sich der Wille des Souveräns, ändert sich auch das Gesetz; der Souverän kann also kein Gesetz brechen, er selbst konstituiert es. In dem Zitat sagt Rousseau gegen Ende, dass es für den Volkskörper weder ein verpflichtendes Grundgesetz noch einen bindenden Gesellschaftsvertrag geben könne, letzteres ist aber selbstwidersprüchlich, denn der Volkskörper ist allein durch den Gesellschaftsvertrag konstituiert, insofern ist er natürlich an ihn gebunden.

Rousseaus Wendung der Vertragsfigur ist somit normativ, sittlich und sie enthält zugleich realistische sowie idealistische Aspekte. Die Argumentation ist auch nicht zirkulär, sofern sie aus der unpolitischen Natur das Politische entstehen lässt. Normativer Vertragsrealist ist Rousseau genau wie Locke, denn nach ihm kann Recht nicht auf Macht beruhen, sondern nur auf der Übereinkunft, weshalb rechtmäßige politische Herrschaft nur auf Vertrag beruhen kann. Es ist mit dem realen Vertrag auch möglich, alle vorherigen Verträge zu brechen. Es gibt in dieser realistischen Perspektive kein „Grundgesetz“, weil Gesetz auf Vertrag beruht und Verträge geändert werden können. In Rousseaus Sicht ist ein „Grundgesetz“ – als Grenze des Gesetzes verstanden – eine contradictio in adjecto. Hierin ist eine Orientierung an der antiken Demokratie zu erblicken, denn diese konnte eben beschließen, sich selbst zugunsten einer Diktatur aufzulösen; sie kannte keine Ewigkeitsgarantie wie z. B. das gegenwärtige Grundgesetz der BRD. Zugleich ist Rousseau aber auch normativer Vertragsidealist, denn er führt in die Grundlagen eines Vertrags ein, dass es ethische Maßstäbe dafür gibt, dass er von den Vertragspartnern akzeptiert werden kann; ja der Vertrag selbst ist ein Akt der Sittlichkeit. Es dürfen eben keine als unethisch zu bewertenden Ungleichheiten zwischen den Vertragspartnern herrschen. Dieses Vertragsargument ist insofern idealistisch, als es von einer gedachten Situation beim Vertragsabschluss ausgeht, die geradezu das Gegenteil der tatsächlich bestehenden gesellschaftlichen Lage ist. Rousseau kann von dieser idealistischen Perspektive aus eine kritische Funktion seines Gesellschaftsvertrags entfalten, denn die real bestehende Gesellschaft bekommt einen Maßstab für ihre Unrechtmäßigkeit vorgehalten. Rousseau rechtfertigt also nicht eine bestimmte und bestehende Herrschaftsform, was bei Hobbes und Locke der Fall war, wenngleich seine Heimat Genf ihm schon

200 Rousseau *CS*, I/7, 39.

Anregung und Vorbild war. Bei Rousseau wird das Vertragsargument aufgrund seiner idealisierten und kritischen Potentiale zum Wegweiser zu Veränderungen der vorgefundenen Gesellschaft.

> Solange ein Volk zu gehorchen gezwungen ist und gehorcht, tut es gut daran; sobald es jedoch das Joch abschütteln kann, und es abschüttelt, tut es noch besser; denn da es seine Freiheit durch dasselbe Recht wiedererlangt, das sie ihm geraubt hat, ist es entweder berechtigt, sie sich zurückzuholen, oder man hatte keinerlei Recht, sie ihm wegzunehmen. Aber die gesellschaftliche Ordnung ist ein geheiligtes Recht, das allen anderen zur Grundlage dient. Trotzdem stammt dieses Recht nicht von der Natur; es beruht also auf Vereinbarungen.[201]

Hier ist bemerkenswert, dass Rousseau, neben Natur und Vertrag, eine dritte Alternative, auf der die Gründung einer Staatsordnung beruhen könnte, nämlich auf der Gnade Gottes, das „Gottesgnadentum“, erst gar nicht erwähnt.

Zunächst scheint der Gesellschaftsvertrag von Rousseau wieder Ähnlichkeiten mit dem zum Totalitarismus tendierenden Gesellschaftsvertrag von Hobbes zu haben. Der vom Vertrag geschaffene Souverän scheint unbeschränkte Autorität zu genießen. Der Souverän ist durch kein Naturrecht gebunden wie das bei Locke der Fall war, sondern bei Rousseau ist der durch den Gesellschaftsvertrag ermächtigte Souverän allein seinem Willen unterworfen. Doch der entscheidende Unterschied besteht darin, dass für Rousseau der Souverän das Volk selbst ist. Die Souveränität des Volkes ist unteilbar und unübertragbar. Auch das Folgende klingt nach Hobbes, hat aber eine entgegengesetzte Bedeutung, da nun das Volk selbst der Souverän ist: Der Souverän kann kein Unrecht tun, er kann sich auch nicht irren. Mit dem Volk als Souverän ist jedoch nicht die konkrete Mehrheit der Stimmen im Volk gemeint, sondern der Gemeinwille, die volonté générale.

4 Die *volonté générale* als Souverän

Oft sind Rousseaus Ausführungen zum Gemeinwillen missverstanden worden; insbesondere dort, wo Rousseau ihn als unbeschränkt und unfehlbar beschreibt. So finden sich bei Rousseau nach Hobbes klingende Wendungen, die die Souveränität als unveräußerlich, als unteilbar und nicht des Irrtums fähig, als total und umfassend bezeichnen. Bertrand Russell sieht in seiner *Geschichte der Philosophie des Abendlandes* in Rousseau daher einen direkten Vorläufer Hitlers und

201 Rousseau *CS*, I/1, 11.

des faschistischen Totalitarismus. – Das ist wie vieles bei Russell schlicht falsch und beruht auf mangelnder Bildung. –

Sicherlich gibt es Aspekte, die bei Rousseau nach Totalitarismus *klingen* und die auch in diese Richtung *um*gedeutet werden können. Das gilt z. B. für den Ansatz des Zwangsrechts. Bei Rousseau findet sich auf grundsätzlicherer Ebene der Ansatz zu einem Zwangsrecht, in den Gesellschaftsvertrag einzutreten, das dann von Kant und Fichte ebenfalls und stärker betont wird und in jene Richtung gerne missverstanden wird: Derjenige, der in den bürgerlichen Staat eintritt, kann das auch von anderen mit ihm zusammenlebenden Subjekten mit Recht einfordern; denn wenn nur er eintritt, der andere nicht, wäre dieser ihm gegenüber nicht verpflichtet und derjenige, der sich völlig veräußert hat, hätte stets den Nachteil. Also hat für Rousseau derjenige, der in die bürgerliche Freiheit der Sozialgesellschaft eingetreten ist, ein Recht, den anderen auch dazu aufzufordern oder gar zu zwingen, ebenfalls in die bürgerliche Gesellschaft einzutreten. Nach Totalitarismus klingt es auch, wenn Rousseau für den Eintritt in den Gesellschaftsvertrag von jedem Individuum, die „totale Veräußerung" („aliénation totale") an den Gemeinwillen fordert. Auch eine Äußerung wie die folgende klingt, aus dem Kontext gerissen, nach Totalitarismus oder einem autoritären Staatskonzept: „Der Souverän ist, allein weil er ist, immer alles, was er sein soll."[202] Das klingt ganz danach, als ob der Herrscher im Staat allein schon durch seine Existenz unfehlbar und zu allen möglichen Handlungen legitimiert ist. Doch einer solchen autoritären, totalitären Deutung liegt ein fundamentales Missverständnis zugrunde: Bei Rousseau ist der Souverän das Volk (bzw. ganz präzise: das Volk, sofern es mit dem Gemeinwillen identisch ist) und dieses ist nicht zu verwechseln mit demjenigen, der als Herrscher im Staat eingesetzt ist. Wenn Rousseau davon spricht, dass der Souverän immer das ist, was er sein soll, dann ist damit das Volk gemeint, nicht ein spezifischer Herrscher; und dass das Volk immer Volk ist, kann schwerlich geleugnet werden. Der spezifische Herrscher wird vom Souverän, eben vom Volk, eingesetzt. Der spezifische Herrscher ist also gerade nicht der Souverän, sondern er gehört vielmehr zur Exekutive, nicht zu Legislative. Der spezifische Herrscher ist an die vom Souverän, vom Volk gemachten Gesetze gebunden, und ganz im Gegensatz zu Hobbes steht der spezifische Herrscher eines Volkes nicht über, sondern unter dem Gesetz. So wie ja auch z. B. in der Bundesrepublik der/die Kanzler/in zur Exekutive gehört und der Legislative, dem Gesetze erlassenden Parlament untersteht wie jeder andere Bürger auch. – Es könnte natürlich als ein Problem gesehen werden, wenn ein Regierungsmitglied zugleich Parlamentsmitglied ist. – Wenn man jene Textstelle, die neben anderen besonders zum Vorwurf des Tota-

202 Rousseau *CS*, I/7, 41.

litarismus geführt hat, im Kontext liest, wird deutlich, dass damit von Rousseau kein totalitärer Staat gefordert wird:

> Da nun der Souverän nur aus den Einzelnen besteht, aus denen er sich zusammensetzt, hat er kein und kann auch kein dem ihren widersprechendes Interesse haben; folglich braucht sich die souveräne Macht gegenüber den Untertanen nicht zu verbürgen, weil es unmöglich ist, dass die Körperschaft allen ihren Gliedern schaden will, und wir werden im folgenden sehen, dass sie auch niemandem im besonderen schaden kann. Der Souverän ist, allein weil er ist, immer alles, was er sein soll.[203]

Der Verdacht des Totalitarismus bei Rousseau lässt sich ausräumen: Denn – wie gesagt – ist die Souveränität als der Gemeinwille, nicht eine dem Volk selbst gegenüber unabhängige Instanz, sondern es ist das Volk selbst, dem diese umfassende Souveränität zukommt. Daher wendet sich Rousseau auch in basisdemokratischer Absicht gegen repräsentationalistische Staatsformen. Um Rousseaus politische Philosophie zu begreifen, muss man also die Struktur der volonté générale genau analysieren.

Die volonté générale bzw. der Gemeinwille unterscheidet sich vom *Willen aller* oder dem Gesamtwillen. Die volonté générale ist das Allgemeinwohl, nicht die Summe der Einzelwillen (volonté de tous). Der Gesamtwille oder die *Summe des Willens aller* (volonté de tous) kann z. B. mittels einer Mehrheitsentscheidung herausgefunden werden, wenn also alle einstimmig über etwas abstimmen, dann ist das zwar die Summe aller Einzelwillen, aber auch noch nicht notwendigerweise identisch mit dem Gemeinwillen, der volonté générale. Der Mehrheitswille und der Gesamtwille spiegeln nur das private Einzelinteresse entweder von allen, der Mehrheit oder einzelner (volonté particulière). Es kann aber durchaus sein, dass bei einer Mehrheitsentscheidung die unterliegende Minderheit im Sinne der volonté générale entschieden hatte. Die volonté générale ist also nicht als Aufsummierung der volontés particulières zu verstehen. Es könnte auch sein, dass bei einer Abstimmung keiner die volonté générale trifft, weder die Befürworter noch die Gegner. Der Gesamtwille ist nur die Summe aller Einzelwillen. Die volonté générale ist nach Rousseau unfehlbar im Gegensatz zum Gesamtwillen (volonté de tous).

Daher ist zu differenzieren:

1. Gemeinwille, volonté générale;
2. Gesamtwille, volonté de tous;
3. Mehrheitswille, volonté majorité;
4. Minderheitswille, volonté minorité;
5. Einzelwille, volonté particulière.

---

203 Rousseau *CS*, I/7, 41.

Die volonté générale ist nach Rousseau das, was der politische Körper (die Gemeinschaft der Bürger) tun und entscheiden würde, wenn dieser allgemeingültige Gesetze beschließt und wählt oder abstimmt, wobei er umfassend informiert, zuhöchst vernünftig und mit uneingeschränktem Urteilsvermögen ausgestattet sein soll, gleichzeitig soll er auch frei von Vorurteilen und nicht durch emotionale Neigungen einseitig beeinflusst sein.

> Wenn die Bürger keinerlei Verbindung untereinander hätten, würde, wenn das Volk wohlunterrichtet entscheidet, aus der großen Zahl der kleinen Unterschiede immer der Gemeinwille (volonté générale) hervorgehen, und die Entscheidung wäre immer gut.[204]

An diesem Zitat wird eine Gefahr deutlich, der Rousseau selbst nicht immer entgangen ist, nämlich Mehrheitsentscheidungen für ein (sicheres) Kriterium des Gemeinwillens zu halten, sie können aber höchstens als unsicherer Indikator gelten, der auch nur durch Zufall mit dem Geimeinwillen identisch sein könnte. Die volonté générale, also das, worin sich die Souveränität des Volkes artikuliert, ist aber eigentlich weder mit der Mehrheit noch mit der Summe der Abstimmenden zu identifizieren, denn die Mehrheit in einer Gesellschaft kann sich gegen das entscheiden, was das Gemeinwohl aller ist, ergo können sie nicht identisch sein. Mit Rousseau ist zwischen der demokratischen Mehrheit und dem Gemeinwillen zu differenzieren. Nicht jede demokratische Mehrheit ist frei, selbstbestimmt und sittlich; der Gemeinwille aber wohl. – Dass eine solche Verwechslung, die in vielen Demokratien zu beobachten ist, zu amoralischer Zwangsgewalt, Unfreiheit und Repression durch die Masse führen kann, zeigt auf vorzügliche Weise Lars von Triers Film *Manderlay*. –

Die volonté générale ist durch den Inhalt bestimmt, auf welchen sie zielt; sie ist nämlich ein auf das Allgemeine zielender Wille. Auch dies mag wieder nach Totalitarismus klingen, ist aber ganz und gar nicht so gemeint. Der Gemeinwille ist lebendige Allgemeinheit. Jedes Individuum hat einen Gemeinwillen und einen partikulären Willen. Der Gemeinwille im Individuum enthält seine Gerechtigkeitsurteile und seine Urteile über das, was für alle gut ist; sein partikulärer Wille richtet sich dagegen auf das, was im Rahmen seiner spezifischen Interessen liegt. Wenn nun die Menschen in einer Volksversammlung nach ihrem partikulären Willen abstimmen und nicht der Stimme des Gemeinwillens folgen, kann es durchaus sein, dass gerade die Mehrheit einer von Gemeinwillen abweichenden Entscheidung zustimmt. Rousseau affirmiert nicht einfach die Macht der Masse,

204 Rousseau *CS*, II/3, 63.

wenn er den Gemeinwillen als unfehlbar und unteilbar und unbeschränkt definiert. Souveränität als Gemeinwille stellt vielmehr Autonomie dar; d. h., die anvisierte Allgemeinheit, die sich der Gemeinwille zum Inhalt seines Wollens macht, ist die Gesetzmäßigkeit. – Im Hintergrund hört man hier schon zu Recht Kants kategorischen Imperativ anklingen. – Rousseau zufolge sind die Inhalte des Gemeinwillens, die eine Person in sich hat, nicht beliebig, wenn man ehrlich auf das Wohl des Ganzen blickt und Gerechtigkeit für alle will und nur noch der Stimme der Vernunft folgt, schwindet gerade die Beliebigkeit; man zielt dann auf tatsächliche Allgemeingültigkeit und diese ist nicht teilbar, weil es in diesem Bereich keine Partikulärinteressen gibt. Letztlich, so die utopische Hoffnung von Rousseau, zielt die Gerechtigkeit des Gemeinwillens auf die Gleichheit aller.

> Die Verpflichtungen, die uns an den Gesellschaftskörper binden, sind nur deshalb zwingend, weil sie gegenseitig sind, und ihre Natur ist derart, dass man, wenn man sie erfüllt, nicht für einen anderen arbeiten kann, ohne zugleich für sich selbst zu arbeiten. Warum hat der Gemeinwille immer recht, und warum wollen alle das Glück eines jeden, wenn nicht deshalb, weil es keinen gibt, der sich dieses Wort *Jeder* nicht zu eigen macht und der nicht an sich denkt, wenn er für alle stimmt? Das beweist: Gleichheit und der von ihr erzeugte Begriff der Gerechtigkeit rühren von dem Vorzug her, den jeder sich selbst gibt, und folglich von der Natur des Menschen; der Gemeinwille, um wahrhaft ein solcher zu sein, muss in seiner Auswirkung nicht weniger als in seinem Wesen allgemein sein; er muss von allen ausgehen, um sich auf alle zu beziehen; und er verliert seine natürliche Richtigkeit, sobald er auf einen einzelnen festumrissenen Gegenstand gerichtet ist, weil wir, wenn wir über etwas uns Fremdes urteilen, keinen wahren Grundsatz der Billigkeit mehr haben, der uns leitet.[205]

D.h., der Gemeinwille kann sich seinem Wesen nach, nämlich als allgemeiner Wille, nur auf Allgemeines, d. h. auf Gesetze beziehen. Darin ist Rousseau nicht zu widersprechen, weil es sich um eine analytische Aussage handelt, wenn er vom Gemeinwillen sagt, dass sich dieser auf Allgemeines bezieht. Insofern ist der Gemeinwille nicht irrtumsfähig; er ist gar keine einzelne Person, die sich irren könnte. Wenn der Gemeinwille sich auf Einzelnes bezöge, könnte er sich irren bzw. sich selbst widersprechen. Aber dann war er eben auch kein Gemeinwille. Die Gesetzgebung der Souveränität darf also nie Einzelnes oder Einzelinteressen im Blick haben – und z. B. Gesetze beschließen, die nur für einzelne Firmen, Bankinstitute oder bestimmte Individuengruppen gelten. Das sind nach Rousseau höchstens Erlasse, aber keine Gesetze. Rousseau ist daher auch gegen lobbyistische Zusammenschlüsse, die dafür sorgen, die Meinungen einer gewissen Anzahl von Bürgern auf einen Nenner zu bringen. Dies zerstört nach Rousseau die Anforderung an sein basisdemokratisches und nichtrepräsentatives System, das

205 Rousseau *CS*, II/4, 67 f.

gerade darin seine Stärke findet, dass jeder für sich selbst spricht; selbst wenn vielfach die Argumente für oder gegen eine Sache nicht so ausgereift sein mögen, ist es doch nach Rousseau jeweils die eigene Stimme des Bürgers, die zur Vielfalt in der Einheit politischer Machtausübung zum Ausdruck kommt.

Oft wenden sich viele Personen gegen den Gemeinwillen, weil sie ihn in ihrer Verblendung durch den Partikularwillen nicht erkennen. Also nicht weil der Gemeinwille ein immer schon von allen geteilter Wille ist, ist er unfehlbar und immer gerecht, sondern in ihm *sollten* alle übereinstimmen *können*, nämlich dann, wenn alle Verblendungen des Partikularwillens wegfallen würden. Das, was gerecht ist und der Gesellschaft zum Wohl dient, ist im Prinzip schon zu erkennen. Der Konsens ist nicht die für den Gemeinwillen definitive Eigenschaft. Man kann den Willen der Mehrheit höchstens als Indiz dafür werten, dass der Gemeinwille sich durchgesetzt haben könnte. Insbesondere in den Gesetzen eines politischen Gemeinwesens zeigt sich der Gemeinwille.

> Unter der Behauptung, dass der Gegenstand der Gesetze immer allgemein ist, verstehe ich, dass das Gesetz die Untertanen als Gesamtheit und die Handlungen als abstrakte betrachtet, nie jedoch einen Menschen als Individuum oder eine Einzelhandlung. [...;] mit einem Wort, jede Amtshandlung, die sich auf einen individuellen Gegenstand bezieht, gehört nicht zur gesetzgebenden Gewalt. [...] Da das Gesetz die Gesamtheit des Willens mit der des Gegenstandes wieder vereint, sieht man überdies, dass das, was ein Mensch, wer immer er auch sei, eigenmächtig verfügt, keinerlei Gesetz ist; selbst was der Souverän über einen einzelnen Gegenstand verfügt, ist kein Gesetz, sondern eine Verordnung, kein Akt der Souveränität, sondern der Verwaltung.[206]

Für Rousseaus politische Philosophie ist diese Äußerung schlechthin fundamental. Bei Beschlüssen darf man keine bestimmte Person oder Personengruppe als Begünstigte oder zu Belastende vor Augen haben. Vielmehr muss es unbekannt sein, welche Person von dem Beschluss betroffen ist. Es ist also gerade nicht so, dass das Volk, ganz gleich was es tut, immer Recht hat und frei von Irrtum ist. Umgekehrt wird ein Schuh draus: Das Volk und die Mehrheit handeln erst dann im vollen Sinne souverän und als Souverän, wenn sie sich nicht darin täuschen, was das Gemeinwohl will. Das Volk handelt nur dann als Souverän, wenn es sich nicht irrt und kein Unrecht vollzieht. Die Mehrheit hat danach zu streben, den Gemeinwillen tatsächlich zu treffen. Wenn das Volk eine falsche Entscheidung trifft, handelt es wie eine Behörde und gibt bloß einen Erlass aus, dann liegt bloß ein Verwaltungsakt vor, oder, noch schlimmer, es handelt wie ein Tyrann, der bloß nach seinem eigenen Belieben entscheidet und nur dem Partikularwillen Geltung

206 Rousseau *CS*, II/6, 83.

zu verschaffen sucht. Dann wird das Volk zum Mob. Es diskriminiert und ist alles andere als unfehlbar.

Das wichtigste Spezifikum von Rousseaus Gesellschaftsvertrag besteht also darin, dass die Mitglieder einerseits die Rolle des Souveräns innehaben und andererseits zugleich Untertanen sind; das autonome Subjekt ist der *souveräne Untertan*, mit der Aufgabe, den Gemeinwillen zu artikulieren. Durch den Gesellschaftsvertrag entsteht eine doppelte Verbindung einerseits zwischen all jenen, die den Vertrag abschließen und andererseits eine Verbindung zum neu erschaffenen Souverän. Als Untertan ist das Mitglied der Gesellschaft Adressat der Gesetze und als Souverän – der von vornherein als kollektiver Souverän gedacht wird – adressiert und gibt er sie.

Der Untertan hat nun trotzdem die Möglichkeit, seinem partikulären Willen zu folgen, doch können diese partikulären Interessen nur im Rahmen der allgemeingültigen Gesetze ausgelebt werden. Rousseau ächtet also nicht den Partikularwillen per se; er versucht vielmehr ihm seinen Spielraum zuzuweisen, dieser hat nicht in der Politik seinen Spielraum, sondern innerhalb der vom Gesetz vorgegebenen Grenzen. Diese Grenzen des Partikularwillens durch den Partikularwillen selbst abstecken zu lassen würde zu einer Entpolitisierung des Politischen führen, denn dann herrscht der Privatwille und nicht der Gemeinwille. Das Private hat aber in der Politik und im Gesetz keinen Raum, der dem Politischen angemessene Raum ist der der Allgemeinheit und der des Gemeinwillens. Das Politische hat also ein genuines Element: den Gemeinwillen. – Sicherlich kann man hier Rousseau vorwerfen, den Schutz des Einzelnen vor dem Terror der Mehrheit nicht ausreichend reflektiert zu haben. John Stuart Mills Liberalismus wird diese Seite, zu der es bei Rousseau zwar auch Ansätze gibt, zu Recht betonen und ein Recht auf eine exzentrische Lebensweise postulieren. –

Die Mitglieder der Gesellschaft unterwerfen sich dem Gemeinwillen; er ist ihr Souverän und sie sind zugleich der Souverän, sofern sie dem Gemeinwillen in sich die Geltung überlassen. In diesem Sinne ist der Bürger autonom und Souveränität des Staates und Freiheit aller schließen sich nicht aus, sondern geradezu ein:

> Was der Mensch durch den Gesellschaftsvertrag verliert, ist seine natürliche Freiheit und ein unbegrenztes Recht auf alles, wonach ihn gelüstet und was er erreichen kann; was er erhält, ist die bürgerliche Freiheit und das Eigentum an allem, was er besitzt. Damit man sich bei diesem Ausgleich nicht täuscht, ist es notwendig, die natürliche Freiheit, die ihre Schranken nur in der Stärke des Individuums findet, deutlich von der bürgerlichen Freiheit zu unterscheiden, die durch den Gemeinwillen begrenzt ist, und den Besitz, der nur eine Folge der Stärke oder des Rechts des ersten Besitznehmers ist, vom Eigentum, das nur auf einem ausdrücklichen Titel gegründet werden kann. Man könnte nach dem Vorhergehenden zum Erwerb des bürgerlichen Standes noch die sittliche Freiheit hinzufügen, die allein den

> Menschen zum wirklichen Herrn seiner selbst macht; denn der Antrieb des reinen Begehrens ist Sklaverei, und der Gehorsam gegen das selbstgegebene Gesetz ist Freiheit.[207]

Dies sind zutiefst wahre Sätze über die Freiheit. Alle Mitglieder des Gemeinwesens sind zugleich gebunden, vergesellschaftet und frei; dies ist bei Rousseau kein Widerspruch. Widersprüche ergeben sich erst, wenn auf der Ebene des Gemeinwesens versucht wird, dem Partikularwillen Geltung zu verschaffen. Der Gemeinwille als solcher ist in seiner Allgemeingültigkeit gar nicht fähig, Widersprüche zu enthalten, daher ist er auch unfehlbar, denn dort können gar nicht einander widerstreitende Elemente auftreten. Die souveräne Autorität des Gemeinwillens ist kein Kompositum aus den vielen Willen, sondern das, was in jedem einzelnen Willen als dessen gemeinsame Basis/Vernunft vorgängig zu dem Partikulären ist. Allgemeinheit und Freiheit schließen sich ein, nicht aus. Es ist ein grundlegendes Missverständnis, Freiheit als Gesetzlosigkeit oder einfache Ungebundenheit zu verstehen, bei der jeder individuell machen könnte, was ihm gerade einfällt; diese Art von Anarchie oder Autarkie ist heteronome Willkür. Die heteronome Willkür ist der Freiheit, die in der Autonomie einer Selbstgesetzgebung besteht, geradezu entgegengesetzt. Wenn die Herrschaft im Staat sich in Widersprüche verwickelt, ist das ein sicheres Kriterium dafür, dass sie keine Gesetze befolgt, sondern nur Erlasse gibt. Das Gesetz der Souveränität zeichnet sich durch strenge Allgemeinheit und Allgemeingültigkeit aus. In den Gesetzen dürfen daher z. B. keine Individuen, individuelle Namen, Einzeldinge oder spezifische Gruppen vorkommen oder genannt werden, sondern sie müssen in ihrer Gültigkeit für alle Bürger formuliert sein. Die staatlichen Verordnungen, die bloß Erlasse und keine Gesetze sind, sind ganz einfach daran zu erkennen, dass dort Individuennamen, Einzeldinge oder spezifische Personengruppen angesprochen sind, für die diese Verordnungen gelten.

In der Vergesellschaftung des Gemeinwesens erhalten die Mitglieder nicht ihre Freiheit aus dem Naturzustand zurück. Dort handelte es sich um eine primitive und ganz andere Form von Freiheit, eine Art von natürlicher Freiheit dessen, der auch unsozialer Einzelgänger sein kann. Rousseau bezeichnet diese Form der Freiheit oft als „Unabhängigkeit" („indépendence") oder Autarkie, im Unterschied zur bürgerlichen Freiheit, die Selbstgesetzgebung, Autonomie ist. Autarke Freiheit bestand darin, dass die dissoziierende Ausbildung des Partikularwillens durch die Zivilisation und Kultur noch nicht vorhanden war und das Individuum aufgrund seiner Natürlichkeit noch unmittelbar mit dem Gattungswillen und sich selbst eines war. Diese Einheit von Einzelnem und Gattungswillen

207 Rousseau *CS*, I/8, 45.

kann man auch bei Naturwesen beobachten, die ebenfalls Gemeinschaften bilden, z. B. Ameisen, Bienen, Wölfen etc. Diese Tiergemeinschaften unterscheiden sich grundlegend von menschlichen Staatenbildungen, weil dort die Allgemeinheit nur in einer unmittelbaren Einheit von Einzelwillen und Gattungswillen besteht, wogegen bei menschlichen Staatenbildungen eine andersartige, artifizielle, virtuelle Allgemeinheit herrscht, die in der inneren Freiheit eines jeden begründet ist, und diese ist zugleich allgemeingültig und allgemeingesetzlich, wenn es sich um die soziale Autonomie handelt. Doch immerhin ist in Rousseaus Konzept von Souveränität zum Tierstaat analog, dass in der volonté générale eine *unmittelbare* Einheit von Individualwille und Allgemeinwille herrscht:

> Man sieht aus dieser Formel, dass der Akt des Zusammenschlusses eine gegenseitige Verpflichtung von Öffentlichkeit und Einzelnen enthält und dass jeder Einzelne, indem er sozusagen mit sich selbst einen Vertrag schließt, sich in doppelter Hinsicht verpflichtet findet, nämlich als Glied des Souveräns gegenüber den Einzelnen und als Glied des Staates gegenüber dem Souverän.[208]

Ganz ähnlich wird später noch Marx sogar mit ausdrücklichem Bezug auf Rousseau schreiben:

> Erst wenn der wirkliche individuelle Mensch den abstrakten Staatsbürger in sich zurücknimmt, und als individueller Mensch in seinem empirischen Leben, in seiner individuellen Arbeit, in seinen individuellen Verhältnissen, Gattungswesen geworden ist, erst wenn der Mensch seine forces propres als gesellschaftliche Kräfte erkennt und organisiert hat und daher die gesellschaftliche Kraft nicht mehr in der Gestalt der politischen Kraft von sich trennt, dann erst ist die menschliche Emanzipation vollbracht.[209]

Die Symmetrie einerseits zwischen den Personen untereinander und andererseits zwischen dem Souverän und der Gesellschaft, also jene Symmetrie, die bei Rousseau die Ausgangssituation des Gesellschaftsvertrages bildet, wird bei Marx zum Ziel der Gesellschaft, die den Staat überwindet. Der vergesellschaftete Mensch erhält bei Rousseau zum Preis seines Ausganges aus dem Naturzustand keine natürliche Freiheit zurück, die ist unwiederbringlich verloren, er bekommt dafür etwas anderes, er bekommt bürgerliche Freiheit und damit ändert der Mensch sein Wesen; daher kann Rousseau auch davon sprechen, dass der Gesellschaftsvertrag eine „völlige Entäußerung" („aliénation totale") fordert und bildet. Unter dem Schutz des allgemeingültigen Gesetzes kann sich der Einzelne nun anders entfalten als im Zustand der Vorstaatlichkeit und er kann sich unter

208 Rousseau *CS*, I/7, 37 f.
209 Karl Marx *Zur Judenfrage*, in ders.: *Die Frühschriften*, Stuttgart 1953, 199.

diesen Bedingungen der richtigen Vergesellschaftung nach dem Gemeinwillen auch besser entfalten als unter den Bedingungen und Machtverhältnissen der falschen Vergesellschaftung. Rousseau weiterführend kann man eine dritte Art der Freiheit neben Autarkie und Autonomie differenzieren: In der falschen Vergesellschaftung herrscht nämlich auch eine Form von „Freiheit" allerdings eine pervertierte, nämlich die Anarchie der Partikularwillen.

Man kann somit von Rousseau ausgehend die folgende Freiheitstypologie aufstellen:

I. Autarkie – diese gibt es im Naturzustand und sie untergliedert sich in die Momente:
   a. Ungebundenheit (durch Gesetze)
   b. amour soi-même; Herzensinstinkt
   c. Willkürfreiheit (man kann z. B. seine natürlichen Neigungen kontrollieren und willkürlich nur bestimmten nachkommen)

II. Anarchie bzw. *private* Autokratie – diese herrscht in der vorpolitischen, vorsittlichen Gemeinschaft und enthält:
   a. Zügellosigkeit
   b. amour propre
   c. bourgeoisen Hedonismus
   d. Herrschaft, Ruhm-, Ehrsucht gegenüber anderen; diese Form von „Freiheit" kann also zur Unfreiheit führen

III. Autonomie – diese gibt es nur im politischen Gesellschaftszustand und sie untergliedert sich in:
   a. Rechtssetzung bzw. Vertragsschluss
   b. kulturell-geschichtliche Freiheit, Sitten, Tugend, Herzensbildung

Wie Rousseau an einer Stelle des *Emile* anmerkt, ist der autonome Freiheitsgrad des Gesellschaftszustandes höher als der autarke Freiheitsgrad des Naturzustands.[210]

Rousseau selbst ist nicht für die bourgeoise Freiheit der Anarchie geschaffen; so führt er über sich aus:

> Ich war nie wirklich geschaffen für die bürgerliche Gesellschaft, wo alles nur Hemmnis ist, Verpflichtung, Schuld, und wo mir mein unabhängiges Naturell von Anfang an die Bücklinge untersagte, die nötig sind, wenn man unter Menschen leben will. Solange ich freie Hand habe, bin ich gut und tue Gutes; aber sobald ich das Joch fühle, sei es das der Notwendigkeit oder das der Menschen, werde ich rebellisch oder besser: bockig. Und schon bin ich null und nichtig. Wenn es gilt, etwas zu tun, was gegen meinen Willen geht, dann tu ich's nicht,

210 Vgl. Rousseau *Emile*, 919.

> gleichviel was geschieht; ich tue nicht einmal, was meinem Willen entspricht, weil ich zu schwach bin. Ich enthalte mich jeglichen Handelns: denn meine Schwäche ist Handeln, meine ganze Kraft ist Negation, und all meine Sünden entspringen der Unterlassung, und selten einem Anlass. Ich war nie der Ansicht, die Freiheit des Menschen bestünde darin, zu tun, was er will, sondern lediglich darin, nie tun zu müssen, was er nicht will; so also sieht jene Freiheit aus, auf die ich stets poche, mir oft herausnahm, und gerade dadurch erregte ich unter meinen Zeitgenossen solches Ärgernis. Denn sie, rege wie sie sind, rastlos, ehrsüchtig, die Freiheit der anderen für Nichts achtend und auf jede eigene Freiheit gar verzichtend, solange sie ab und an ihren Willen durchsetzen oder denjenigen der anderen zwingen können, sie also hüten sich ihr Leben lang vor missfälligen Handlungen, werden aber ganz unterwürfig, wenn sie dadurch herrschen können. Es war nicht ihr Verfehlen, mich von der Gesellschaft auszusondern wie ein taubes Glied, sondern mich aus ihr zu verbannen wie ein ansteckendes Glied: Denn ich habe, das gebe ich gern zu, wenig Gutes getan, Böses aber, solches schlich sich nie in meinen Lebenswillen, und ich bezweifle sehr, dass es irgendeinen Menschen auf Erden gibt, der in der Tat und Wirklichkeit so wenig Böses getan hat wie ich.[211]

Dies wirkt selbstgefällig. Wenn man weiß, dass Rousseau seine Form negativer Freiheit, also die Freiheit des Nichthandelns so konsequent verfolgte, dass er seine fünf Kinder ins Waisenhaus gab (für einen solch wichtigen Pädagogen schon merkwürdig...; andere Formen der moralisch ins Böse gehenden Unterlassungen und Verfehlungen Rousseaus sind hier, weil es zu sehr ins Biographische abgleiten würde, nicht weiter zu vertiefen; die Schlimmste ist wohl, was er durch seine Feigheit der Maurin Marion angetan hat und was sein Gewissen sein Leben lang gepeinigt hat...[212]), wird deutlich, dass eine bloß negative Freiheit des Nichthandelns eigentlich eine Illusion ist, weil Nichthandeln in gewissen Hinsichten auch ein Handeln, eine Tat sein kann, die durchaus eine bösartige Qualität haben kann.[213] Wenn Nichthandeln eine immer akzeptable Form der Freiheit wäre, müsste Rousseau ja auch die Freiheit der Gesellschaft akzeptieren, ihn auszuschließen, denn Ausschluss und Ignorieren sind ja auch bloß Formen der Freiheit, etwas nicht zu tun, nicht vollzogene Anerkennung. – Jedenfalls zeugt es von

211 Rousseau *Träumereien eines einsam Schweifenden*, Hrsg. u. Übers. von S. Zweifel, Berlin 2012, 6. *Träumerei.*

212 Vgl. Rousseau *Confessions*, in: ders. *Œuvres completes*, Paris 1959 ff., Bd. I, 84 ff.

213 Rousseaus zitierte Stelle über die Freiheit ist übrigens fast ein wörtliches Zitat aus Montesquieu *EL*, 214, wo es nur noch etwas subtiler heißt: „Es stimmt, dass in den Demokratien das Volk scheinbar machen kann, was es will. Jedoch bedeutet politische Freiheit nicht, dass man machen kann, was man will. In einem Staat, das heißt einer mit Gesetzen ausgestatteten Gesellschaft, kann Freiheit lediglich bedeuten, dass man zu tun vermag, was man wollen soll, und nicht zu tun gezwungen wird, was man nicht wollen soll. Man muss sich vor Augen halten, was Unabhängigkeit ist und was Freiheit ist. Freiheit ist das Recht, all das zu machen, was die Gesetze gestatten. Wenn ein Staatsbürger machen dürfte, was sie untersagen, so gäbe es keine Freiheit mehr, denn die anderen hätten diese Möglichkeit dann ja ebensogut."

Rousseaus großartiger Wahrhaftigkeit, dass wir all seine Verfehlungen von ihm selbst wissen. –

Rousseau verkennt jedoch nicht, dass im Geist der politischen Gesetze nicht nur Freiheit, sondern auch Zwang anwesend ist. Wenn man das gesetzliche Verbot der Aneignung fremden Eigentums zu beachten hat, ist das durchaus ein Zwang, auch die strafrechtlichen Folgen bei Übertretung des Gesetzes bilden selbstverständlich einen Zwang. Doch es handelt sich in Rousseaus Sicht um einen selbst auferlegten Zwang, selbst wenn der Partikularwille gegen das Gesetz gewandt ist, affirmiert es doch der Gemeinwille des Verbrechers. Der Aspekt der Gesetze, der ein Zwang ist, wird von Rousseau ausdrücklich als „Zwang zur Freiheit" bezeichnet. Das darf man weder – was oft geschehen ist – als bloße Sophisterei Rousseaus brandmarken oder als Verrat an der Freiheit, noch darf man es als Freifahrtschein für den „Terror der Tugend" (bzw. für einen „Terror der Freiheit") verstehen, den später die Jakobiner in der Französischen Revolution praktizierten. Diese drei Deutungsalternativen sind Missverständnisse oder Vereinseitigungen von Rousseaus Gedanke, dass die Freiheit des Gesetzes mit dem Gemeinwillen einerseits das in uns verwirklicht, was allgemein ist, und andererseits den Partikularwillen begrenzt. Die Begrenzung des Partikularwillens durch die Freiheit des Gemeinwillens ist nach Rousseau eine notwendige Begrenzung und eine sinnvolle Lenkung der Freiheit, nicht eine Aufkündigung der Freiheit. Nicht die Freiheit des Gemeinwillens ist der Terror, sondern die Instrumentalisierung des Gemeinwilles in den Händen derer, die ihn in den Dienst ihres Partikularwillens stellen, macht ihn zum Instrument des Terrors. Die „Pervertierung" – im ursprünglichen Wortsinn – ermöglicht Terror, an sich ist der Gemeinwille gar nicht des Terrors fähig.

Rousseau versucht daher auch, Toleranz gegen die Toleranten und Intoleranz gegen die Intoleranten zu lehren. Er stößt damit an ein tatsächlich bestehendes Sachproblem, nämlich inwieweit der Souverän gegen diejenigen tolerant sein kann, die gegen ihn intolerant sind. Die Schwierigkeit von Rousseaus Konzept besteht darüber hinaus auch darin, dass früher oder später an irgendeinem Punkt, während des Realisierungsprozesses des Gemeinwillens, der Partikularwille als Werkzeug dienen muss; es sind immerhin und jedenfalls einzelne Menschen, die den Gemeinwillen realisieren müssen. Dort lauern jene Gefahren, den Gemeinwillen für Zwecke des Partikularwillens zu instrumentalisieren. – Hier kreuzen sich die Apriorizität des Gemeinwillens mit der Aposteriorizität des Partikularwillens, was wiederum jene Zwischenstellung des Politischen zeigt. – Eine andere Gefahr besteht darin, dass ein Einzelner meint, tatsächlich nach bestem Wissen und Gewissen den Gemeinwillen zu realisieren und dies auch ganz und gar nicht im Dienste für seinen Partikularwillen tut, er sich also sogar bis in den eigenen Tod für den Gemeinwillen aufopfert und so zur tragischen Gestalt wird, dennoch aber zu einem „Terror der Tugend/Freiheit“ neigt; wie der Marquis Posa in Schillers *Don Carlos.*

Rousseau wird daher zumeist von den Interpreten ein totalitäres Potential zugeschrieben. Als er von der Unfehlbarkeit der Souveränität und damit indirekt des Volkes sprach, war es jedoch ganz sicher nicht seine Intention, dem „Terror der Tugend“, den die Jakobiner in der Französischen Revolution ausübten, theoretisch zu legitimieren, auch wenn sich diese auf ihn beriefen. Der Gedanke Rousseaus besteht vielmehr darin, dass man, um Toleranz zu realisieren, tolerant gegen Tolerante und intolerant gegen Intolerante sein sollte. Indem der Einzelne intolerant wird, stellt er sich für Rousseau außerhalb der Gemeinschaft der Toleranten. Der Verbrecher bricht jene Gesetze des moralischen Miteinanders und fällt dadurch in den vorstaatlichen Zustand zurück – einen ähnlichen Gedanken hatten wir bereits bei Locke gefunden, der Kriminelle fällt in den Naturzustand zurück. Aus heutiger Sicht würden wir sagen, dass dieses Verhalten des Einzelnen nicht legitimiert, dass der Staat ihn, da er amoralisch handelte, auch mit amoralischen Mitteln behandeln darf – z. B. Folter, Todesstrafe etc. Auch gegenüber der Intoleranz darf der Rechtsstaat nicht seine Gesetze brechen. Sonst verfällt man einer Vergeltungslogik, die Gleiches mit Gleichem zu vergelten sucht, was kein rechtsstaatliches Prinzip ist, da genau mit der Anwendung einer solchen Strafe der Bereich der Rechtsstaatlichkeit verlassen wird. Ein gegenwärtiges Beispiel hierfür ist Guantanamo, wo Kriegsrecht gegen Staatsrecht ausgetauscht wird.

5 Republik und Regierungsform bei Rousseau

Nach Rousseau ist die Republik eine Staatsform, keine Regierungsform. Er versteht die Republik im antiken Sinne wörtlich, nämlich als „res publica“, d. h. als „Sache der Öffentlichkeit“: „Republik nenne ich deshalb jeden durch Gesetze regierten Staat, gleichgültig, unter welcher Regierungsform dies geschieht: weil nur hier das öffentliche Interesse herrscht und die öffentliche Angelegenheit etwas gilt.“[214] Republik im strengen Sinne ist somit eine Nomokratie, das Gesetz selbst regiert dort den Staat. Die Republik ergibt sich aus der Einheit der Öffentlichkeit, und das bedeutet letztlich, dass die Republik als Staatsform daraus folgt, dass sie eine politische Körperschaft ist, die durch den Gemeinwillen konstituiert wird. Der Gemeinwille allein ist hier Gesetz. Das was der Gemeinwille will, ist in der Republik Gesetz. Es gibt also nicht erst eine Republik und dann herrscht darin der Gemeinwille, sondern das Politische der Republik besteht in dem performa-

214 Rousseau *CS*, II/6, 83.

tiven Akt des Gemeinwillens. Eine Regierungsform ist dagegen bei Rousseau eine Exekutive keine Legislative. Die Legislative im Sinne der souveränen Staatsmacht liegt allein im Gemeinwillen und damit im Volk. Diese ist vom Volk nicht veräußerbar; dort wo Derartiges geschieht, handelt das Volk nicht in Übereinstimmung mit dem Gemeinwillen und widerspricht sich selbst. Es schließt dann einen bloßen Erlass mit einem Regierenden ab, an den es nicht gebunden ist. Dieser Gedanke schließt politische Repräsentation aus dem Konzept der Republik aus.

Die Regierungsformen, die Rousseau unterscheidet, sind: Demokratie, Aristokratie, Monarchie. Für diese Regierungsformen setzt Rousseau die basisdemokratische Legitimation durch das gesamte Volk auf der Ebene der Republik als Staatsform voraus. Welche Regierungsform gewählt wird, ist also bezüglich des Gesellschaftsvertrages gesehen sekundär und hängt letztlich von pragmatischen Überlegungen ab. Also ist auch die Monarchie nur als Wahlmonarchie möglich. Es ist jeweils der Gemeinwille, der dem Monarchen seine Macht verleiht. Ganz gleich, welche Regierungsform für den Staat gewählt wird bzw. für die Einhaltung der Gesetze sorgt, es ist jeweils das Volk als ganzes, das diesen Regenten seine Tätigkeit ausführen lässt oder nicht. Die pragmatischen Überlegungen bestehen z. B. darin, welche klimatischen Verhältnisse in einem Land herrschen, wie groß es ist, wie die Mentalität der Menschen ist etc. Eine Monarchie ist z. B. für große Länder besser als eine Demokratie geeignet. Ganz wesentlich ist hier die an Montesquieu orientierte Einsicht Rousseaus, dass es aufgrund dieser wechselhaften, kontingenten Umstände nicht eine beste Regierungsform gibt, sondern sie sich sogar beim selben Volk je nach historischer Epoche ändern kann.

6 Exkurs zu den klassischen Einteilungen der Verfassungsformen – Platon, Aristoteles und Polybios im Vergleich mit Rousseau

Die Regierungsformen unterscheiden sich – wie dies schon Platon, Aristoteles und besonders der Historiker Polybios (ca. 200 – 118 v. Chr.) feststellten – im Wesentlichen durch die Anzahl der Regierenden, in der Monarchie einer, in der Aristokratie einige und in der Demokratie alle. Darüber hinaus kennt Rousseau aber – ähnlich wie schon Platon und Aristoteles – auch zahlreiche Mischformen und daneben auch Verfallsformen der Regierungstypen. Dies orientiert sich an der klassischen Einteilung der Regierungsformen, wie sie von Aristoteles in der *Politik* vorgenommen wird. Bei Aristoteles ist die Einteilung der wichtigsten – die zahlreichen Mischformen lasse ich hier weg – wie folgt:[215]

215 Aristoteles *Politik*, 1279a 22 ff.

Tab. 1

Anzahl der Herrscher	Perfektionszustand; Absicht: Gemeinwohl	Verfallsform; Absicht: Eigennutz
Einer	Monarchie	Tyrannis
Einige	Aristokratie	Oligarchie
Alle	Politie	Demokratie

Die Demokratie ist nach Aristoteles ungerecht und daher eine Verfallsform, weil dort jeder Mitbestimmungsrecht hat und jeder alles werden kann; selbst ungeeignete Menschen können dort zu öffentlichen Ämtern gelangen! Das hatte schon der aristokratische Geist des Heraklit als verdammungswürdig getadelt: „Recht geschähe den Ephesiern [wo eine Demokratie herrschte; Einf. R.S.], so sie sich insgesamt aufhägten und die Stadtverwaltung den Unerwachsenen hinterließen, sie, die den Hermodor, den Fähigsten unter ihnen, hinausgejagt haben mit den Worten: „Von uns soll keiner der Fähigste sein, oder, wenn schon, dann anderswo und bei anderen Leuten.““.[216] Demokratie versteht Aristoteles als Herrschaft des Pöbels, der sich nur um seinen Eigennutz, nicht aber um das Gemeinwohl kümmert. Das ist in der Politie anders, dort gilt zwar auch eine allgemeine Mitbestimmung, aber der Personenkreis der Wählbaren ist begrenzt durch deren Eignung und das Ziel der Allgemeinheit hat das Allgemeinwohl zu sein.

Polybios wird dann in seiner *Universalgeschichte* (VI. Buch) für die Einteilung der Verfassungsformen klassisch, er teilt folgendermaßen ein:

Tab. 2

Anzahl der Herrscher	Perfektionszustand; Absicht: Gemeinwohl	Verfallsform; Absicht: Eigennutz
Einer	Monarchie	Tyrannis
Einige	Aristokratie	Oligarchie
Alle	Demokratie	Ochlokratie

Schon Platon und Aristoteles sehen die Verfassungen des Staates als instabil an, denn es kann immer geschehen, dass der oder die Herrschenden dem Eigennutz verfallen und dadurch von einem perfekten Zustand in einen imperfekten übergegangen wird, so kann z. B. nach Platons VIII. Buch der *Politeia* ein Übergang von

216 Heraklit, Frag. 115; in: *Die Vorsokratiker I*, Hrsg. J. Mansfeld, Stuttgart 1991, 279.

der Aristokratie zur Timokratie (Herrschaft der Vermögenden/Angesehenen) geschehen. Der Timokratie folgt die Oligarchie, welcher wiederum die Demokratie folgt, die in die Tyrannis verfällt. Im Ausgang von einem Goldenen Zeitalter findet nach Platon eine kontinuierliche Verschlechterung der Staatsformen statt.

Bei Aristoteles geschieht der folgende Kreislauf der Verfassungen:

Von der Monarchie zur Tyrannis, von der Tyrannis zur Aristokratie, von der Aristokratie zur Oligarchie (oder auch zur Plutokratie als besonderer Verfallsform; Plutokratie ist die Herrschaft der Reichen, sie wird z. B. durch Zensuswahlrecht etabliert), von der Oligarchie zur Politie, von der Politie zur Demokratie (bzw. zur Ochlokratie, der Herrschaft des Pöbels), und von der Demokratie wieder zur Monarchie. Damit schließt sich der Kreislauf und beginnt von vorne.

Nach Aristoteles verhindert eine Mischform aus den verschiedenen Verfassungen den Verfallsprozess. Aristoteles hatte hier Karthago und bes. Sparta als Vorbilder von Verfassungsmischformen vor Augen.

Polybios bringt im VI. Buch seiner *Universalgeschichte* diesen Prozess auf den Begriff eines Verfassungskreislaufes, eine πολιτείων ανακύκλωσις (von ανακύκλωσις, Kreislauf); diese Theorie wird auch als Anakyklosis-Theorie bezeichnet. Polybios konzipiert, dass die sechs Verfassungstypen nach einer bestimmten Regel in einem Kreislauf aufeinander folgen. Der Kreislauf geht folgendermaßen: 1. Monarchie, 2. Tyrannis, 3. Aristokratie, 4. Oligarchie, 5. Demokratie und 6. Ochlokratie; der Ochlokratie folgt wieder die Monarchie, aus der Pöbelherrschaft schwingt sich ein Starker zur Herrschaft auf. Die Regelhaftigkeit ergibt sich aus dem notwendigen sittlichen Verfall der jeweils Herrschenden. Diese verfallen der Habsucht, Überheblichkeit, Ungerechtigkeit und Herrschsucht. Polybios parallelisiert mit diesem Modell vom Verfall der Staatsverfassungen die Politik mit der Natur, denn es sind biologische Prozesse der Entstehung, des Seins und des Vergehens, die er analog im politischen Kreislauf der Verfassungen abgebildet sieht. Der Zyklus-Gedanke ist eine Aufnahme natürlicher Prozessualität in das Konzept des Politischen.

Rousseau – offenbar an Polybios orientiert – teilt die Regierungsformen folgendermaßen ein:

Tab. 3

Anzahl der Herrscher	Perfektionszustand; Absicht: Gemeinwohl	Verfallsform; Absicht: Eigennutz
Einer	Monarchie	Tyrannis/ Despotie
Einige	Aristokratie a) natürliche (z. B. Ältestenrat) b) gewählte (es werden besonders fähige oder erfolgreiche Mitglieder gewählt; im statistischen Mittel gesehen die beste Regierungsform) c) erbliche (schlechteste Regierungsform, weil man dem Zufall der Vererbung ausgeliefert ist; dagegen ist dies nach Machiavelli die beste Regierungsform)	Oligarchie
Alle	Demokratie	Ochlokratie

Die Tyrannis kann übrigens auch noch zur Despotie entarten; das ist dann der Fall, wenn der Tyrann nicht nur die Regierungsgewalt, d. h. das Königsamt an sich reißt, sondern darüber hinaus auch noch die souveräne Gewalt im Staat haben will. Dies ist für Rousseau die am schlimmsten entartete Regierungsform. Auch von hier aus erscheint Russells Vorwurf, Rousseau sei Vordenker für Hitler, verwirrt.

Die Ochlokratie ist seit Polybios bekannt. Das ist diejenige Demokratie, bei der das Volk herrscht, aber nicht mehr am Besten für die ganze Polis orientiert ist, sondern alle nur nach den Eigeninteressen herrschen. Generell kann man die Urformen und die Verfallsformen der Regierungen danach einteilen, ob jeweils das Interesse der Regierenden im Dienst des Ganzen der Polis steht oder umgekehrt die Regierenden mit ihren Einzelinteressen die Polis in ihren Dienst stellen.

Die Vorteile und Schwierigkeiten der Demokratie schildert Rousseau hellsichtig – dabei ist klar, dass Rousseau nicht eine repräsentative Demokratie, sondern eine im strengsten Sinne basisdemokratische Gesellschaft vor Augen hat:

> Wer das Gesetz macht, weiß besser als jeder andere, wie es ausgeführt werden soll. Es scheint deshalb, dass es keine bessere Verfassung geben kann als die, in der die Exekutive mit der Legislative gekoppelt ist. Genau das macht diese Regierung in gewisser Hinsicht ungenügend, weil Dinge nicht auseinandergehalten werden, die auseinandergehalten werden müssen, und weil sie sozusagen eine Regierung ohne Regierung bildet, da Fürst und Souverän dieselbe Person sind. Es ist weder gut, dass derjenige, der die Gesetze macht, sie ausführt, noch dass die Körperschaft des Volkes ihre Aufmerksamkeit von allgemeinen Gesichtspunkten ablenkt, um sie Einzelgegenständen zuzuwenden. Nichts ist gefährlicher als der Einfluss von Privatinteressen auf die öffentlichen Angelegenheiten, und der Missbrauch von Gesetzen durch die Regierung ist ein geringeres Übel als die Verderbtheit des

> Gesetzgebers, unfehlbare Folge von Sondermeinungen. Denn da der Staat in seiner Substanz verändert ist, wird jede Reform unmöglich. Ein Volk, das niemals die Regierungsgewalt missbrauchte, würde auch die Unabhängigkeit nicht missbrauchen; ein Volk, das stets gut regierte, brauchte gar nicht regiert zu werden. Nimmt man den Begriff in der ganzen Schärfe seiner Bedeutung, dann hat es niemals eine echte Demokratie gegeben, und es wird sie niemals geben. Es geht gegen die natürliche Ordnung, dass die Mehrzahl regiert und die Minderzahl regiert wird. Man kann sich nicht vorstellen, dass das Volk unaufhörlich versammelt bleibt, um die öffentlichen Angelegenheiten zu besorgen, und man sieht leicht, dass es dafür keine Ausschüsse einsetzen kann, ohne dadurch die Form der Verwaltung zu ändern.[217]

Rousseau ist gerade aus Gründen der Gewaltenteilung nicht für diese Form der Radikaldemokratie innerhalb der Regierung. Bezüglich der Regierung ist er zwar für Volksversammlungen zum Erlass der Gesetze, aber nicht bezüglich der Exekution dieser Gesetze, dafür sind vielmehr geschulte Beamte besser geeignet und jeder Regierende ist für ihn ein Beamter oder Diener des Volkes, auch der Monarch – wenngleich sich Rousseau gegen die überkommene Monarchie strengstens wendet.

Das Verhältnis von Regierung, Volk, Souveränität, Gewaltenteilung und Gesellschaftsvertrag kommt insbesondere in den Kapiteln 16 und 17 des III. Buchs des *Contrat social* zum Ausdruck. Rousseau macht dort klar, dass der Akt der Einsetzung der Regierung kein Vertrag wie der Gesellschaftsvertrag ist. Zunächst konstituiert sich das Volk selbst im Gesellschaftsvertrag als Souverän – ein Vertrag, den es jederzeit wieder auflösen kann. Danach erst ist eine Exekutive einzusetzen. Die Exekutive ist nur für Einzelakte zuständig. Daher liegt eine wesensmäßige Trennung zwischen Exekutive und Legislative vor. Ein Staat, der diese Trennung nicht beinhaltet, ist politisch gesehen notwendigerweise eine Verfallserscheinung; beide Gewalten sind „von Natur aus getrennt",[218] damit ist gemeint: vom Wesen her getrennt. Rechtssetzung und Anwendung des Rechts sind zwei grundsätzlich unterschiedene politische Bereiche. Gesetzgebung und Gesetzesdurchführung zu vermischen führt dazu, dass genau der Grund, weshalb der Gesellschaftsvertrag geschlossen wurde, unterlaufen wird. Es wird nämlich die Freiheit des Souveräns, Gesetze zu erlassen, auf denjenigen übereignet, der die Gesetze nur durchsetzen soll. Gesetzgebung und Gesetzexekution werden eins und damit degeneriert die politische Körperschaft. Im Zustand des Gesellschaftsvertrages sind alle Bürger gleich, jeder hat dasselbe Recht und kann bestimmen, was alle anderen tun sollen. Darin ist aber auch enthalten, dass keiner das Recht hat, etwas von den anderen zu verlangen, was er selbst zu tun nicht bereit ist. Dies ist

217 Rousseau *CS*, III/4, 147 f.
218 Rousseau *CS*, III/16, 217.

die schon geschilderte Symmetrie zwischen den Bürgern. Genau um dieses Recht geht es beim Akt der Einsetzung einer Regierung: Das Recht auf die Einforderung der Taten, die man selbst wie der andere wollen kann. Dies impliziert, dass solche Taten, die dieses Recht verletzen, nicht begangen werden dürfen. Solche Taten bestehen darin, dass jemand von einem anderen etwas fordert oder an ihm begeht, von dem er nicht will, dass er selbst sie auch tun oder erleiden müsste. Es wird jemand eingesetzt, der diese Symmetrie zwischen den Vertragspartnern abzusichern hat. Ohne die Symmetrie und die Verhinderung von Asymmetrie würde der politische Körper existenzunfähig. Der Souverän überträgt dem Regierenden, den Rousseau allgemein als Fürsten bezeichnet, genau diese Aufgabe, indem er eine Regierung einrichtet. Dieser Einsetzungsakt ist nach Rousseau entgegen der Ansicht von z. B. Hobbes und Samuel von Pufendorf kein Vertrag zwischen Volk und Herrschendem. Hobbes nimmt an, dass dieser Teil des Gesellschaftsvertrages Befehlen und Gehorchen, Schutz und Gehorsamspflicht regelt. Die Einsetzung einer Regierung ist aus mehreren Gründen für Rousseau kein Vertrag:

1. Die Bestimmungsgewalt des Souveräns, d. h. des Volkes ist nicht zu veräußern. Das Volk kann sich nicht im eigentlichen Sinn zum Gehorsam verbinden, denn das wäre Einschränkung der Souveränität und da – was ja auch schon Hobbes lehrte – Souveränität unteilbar, uneinschränkbar ist, kann sie nicht vom Volk auf eine Person oder einen Personenkreis vertraglich übertragen werden. Hier kann man also mit Hobbes gegen Hobbes argumentieren. Der Souverän kann niemanden über sich stellen. Das wäre der Rückfall in den Naturzustand, nämlich die Auflösung des Gesellschaftsvertrages. Paradoxerweise ist also der uns Heutigen bekannte Akt der totalen Ermächtigung eines Diktators durch ein Volk aus Rousseaus Sicht kein Akt der vertraglichen Bindung und auch kein Akt der Souveränität, sondern vielmehr umgekehrt der direkte Rückfall in den vorstaatlichen Naturzustand. Das Volk, das seine Souveränität aufgibt, lebt wieder im Naturzustand und ist damit auch dem Diktator gegenüber nicht mehr gebunden, denn es hat sich als politischer Körper aufgelöst.

2. Der Akt der Ermächtigung ist ein einmaliger Akt, zu einer bestimmten Zeit, zwischen dem Volk und bestimmten Einzelpersonen; die Freiheit der einen Seite der „Vertrags"partner wird aufgehoben. Damit handelt es sich aber nicht um ein Gesetz, denn das gilt allgemein und wird ständig vollzogen. Eine solche Ermächtigung ist für Rousseau höchstens ein Erlass der Verwaltung. Doch hierin liegt die Schwierigkeit, dass es offensichtlich de facto der Fall sein kann, dass Erlasse Gesetze außer Kraft setzen können. Eine Schwierigkeit, die Rousseau nur als sich selbst bald zersetzende Entartung politischer Macht beschreibt, gegen die er aber auch nicht tatsächliche Mittel benennen kann, denn er setzt auf die Klugheit und Geradheit des einfachen Volkes, um Entartungen zu vermeiden. Die Entartungen entstehen seiner Meinung nach vor allem aus den Spitzfindigkeiten,

Intrigen und Sonderinteressen einer degenerierten, d. h. nach Luxus und Reichtum strebenden Bevölkerung oder Regierung. Eine einfache, großenteils agrarisch eingebundene, zum Teil naiv unschuldige Bevölkerung werde sich von derartigen Blendwerken spitzfindiger Machtbesessenheit und Sonderinteressen nicht blenden lassen. Rousseau hat hier – er verweist auf das „glücklichste Volk der Welt" – wohl den Alpenbauern seiner Heimat Genf vor Augen, einen um das wirklich Wesentliche Wissenden, nicht einen durch Luxus und zuviel Kultur verdrehten Adeligen oder Großkapitalisten. Dagegen ist Kant schon wesentlich hellsichtiger, wenn er ausführt, dass es mit der Unschuld und Naivität zwar eine schöne Sache sein mag, diese aber auch ein gefährlicher Zustand ist, weil sie sich besonders gut und leicht verführen lässt. Die Unwissenheit ist gerade das beste Einfalltor für propagandistische Verführung. Ein Zusammenhang, der nicht nur bei Gretchen, sondern auch an der großen Wählerschaft der NSDAP unter der ländlichen Bevölkerung Deutschlands bestätigt wurde.

Aber das Wesentliche an diesem zweiten Argument, auf das Rousseau hier aufmerksam macht, ist völlig korrekt und nach wie vor gültig: Ein Vertrag zwischen Souverän und Regierung, bei dem der Souverän seine politische Macht auf den Regierenden überträgt, ist kein Gesetz, denn man kann nicht von allen weiteren Generationen erwarten, dass sie diesem zustimmen werden, sie müssen vielmehr selbst befragt werden. Das entscheidende Argument, das später Kant in seiner Rechtsphilosophie vorbringen wird und das wir auch schon bei Hobbes analysiert haben, lautet: Verträge, in denen eine der beiden Vertragsseiten sich der eigenen Freiheit entäußern will oder muss, sind ungültige Verträge, weil Verträge nur zwischen freien Personen gelten können; mit Sachen kann man keinen Vertrag schließen und anschließend erwarten, dass die Sache einen Willen hat, der sich stets dem Willen des Herrschenden fügt. Mit Sachen kann man gar keine Verträge schließen. Ein Vertrag, der die Freiheit der einen Seite aufhebt, ist aus begrifflichen Gründen kein Vertrag, weil ein solcher (mindestens) zwei freie Vertragsparteien impliziert. Der genannte Entäußerungsvertrag zwischen Regierung und Souverän würde den Souverän unfrei machen, ein Unfreier kann und braucht sich nicht an Verträge zu halten, denn wer unfrei ist, kann nicht für etwas, z. B. einen Vertragsbruch, zur Verantwortung gezogen werden. Wenn man also Verantwortung für die Einhaltung von Verträgen einfordert, kann man das nur gegen freie Wesen geltend machen. Ein Vertrag, der zur Unfreiheit führt, hebt sich selbst auf, ist ein Selbstwiderspruch.

Rousseaus drittes Argument gegen die völlige souveräne Machtübertragung auf die Regierung lautet: Wenn es tatsächlich ein Vertrag sein soll, der zwischen Volk und Regierung abgeschlossen wird, muss es eine weitere, von Volk und Regierung unabhängige Instanz geben, welche die Einhaltung des Vertrags überwacht. Da es eine solche Instanz bei einem solchen Vertrag nicht gibt, nicht geben kann, denn sonst hätte der souveräne Regent eine Instanz über sich, wird deutlich, dass ein solcher Vertrag unmittelbar selbst wieder den Naturzustand herbeiführt.

Aus den genannten Argumenten folgert Rousseau: „Es gibt nur einen Vertrag im Staat, den des Zusammenschlusses; und dieser eine schließt jeden anderen aus. Es ist kein einziger öffentlicher Vertrag vorstellbar, der nicht eine Verletzung des ersteren wäre."[219] Daraus folgt wiederum: Wenn ein Volk eine Regierung einsetzt, ist dies schon aus begrifflichen Gründen kein Vertrag, sondern ein Einsetzungserlass. Und dessen Gültigkeit steht immer unter derjenigen des Vertrags, woraus folgt, dass der Souverän die Regierung jederzeit berechtigterweise auflösen kann, sofern die Regierung nicht mehr seinem Willen entspricht.

Der tatsächliche Akt der Einsetzung einer Regierung durch den Souverän ist ein komplexer Vorgang, d.h., er setzt sich aus zwei Elementen zusammen: Das eine Element ist die Entscheidung für ein Gesetz und das zweite Element ist die Ausführung dieses Gesetzes. Zum ersten Element: Da der Souverän festlegt, wer regieren soll, geschieht dies in Form eines Gesetzes. Der Inhalt dieses Gesetzes thematisiert, ob der Staat durch Monarchie, Aristokratie oder Demokratie regiert werden soll. Im zweiten Akt werden die Oberhäupter benannt, die diese Regierung ausführen sollen. Letzteres ist ein Einzelakt, der aus einem Gesetz folgt, und nicht selbst ein Gesetz. Bei diesem zweiten Element liegt eine Besonderheit vor, denn eigentlich handelt es sich um eine Paradoxie: Ein solcher Einzelakt als Erlass, wie die Ernennung von bestimmten Oberhäuptern ist selbst schon ein Akt der Regierung und nicht mehr ein Akt des Vertrags oder des Gesetzes. Insofern besteht bei diesem zweiten Element die Besonderheit, dass hier ein Regierungsakt vollzogen wird, bevor eigentlich die Regierung ernannt wurde. Der Moment der Regierungsernennung ist selbst auch schon ein Regierungsakt. Scheinbar ist das paradox, setzt es doch eine Regierung vor der Regierung voraus. Das ist aber nicht der Fall, denn mit Rousseau kann man dieses Paradoxon auflösen: Es ist niemand anderes als der Souverän, der Bürger, der diesen Akt der Regierungseinsetzung vornimmt, in diesem Moment ist der Bürger zugleich Beamter. Hier in der Regierungsernennung liegt also der Schnittpunkt, in dem dieselbe Person zugleich Souverän, Beamter und Untertan ist. Dies ist die konkrete politische Einheit des Apriori und Aposteriori. Der Widerspruch ist in der Einheit der politischen Person gesetzt und versöhnt.

> Denn dies Geschäft wird durch einen plötzlichen Umschlag der Souveränität in Volksherrschaft vollzogen; derart, dass ohne jede spürbare Veränderung und nur durch ein neues

---

219 Rousseau *CS*, III/16, 219.

> Verhältnis aller zu allen die zu Beamten gewordenen Bürger von allgemeinen Akten zu einzelnen Akten übergehen und vom Gesetz zu dessen Vollzug.[220]

Rousseau nennt als – auch heute noch gültiges – Beispiel hierfür das englische Parlament: Das Unterhaus ist Repräsentant der Souveränität und vereint somit Bürger; es kann aber auch selbst Ausschüsse und Kommissionen zu bestimmten Themen bilden, in diesen Kommissionen werden die bürgerlichen Parlamentarier dann zu Beamten, von denen Ratschläge an das Parlament ergehen, das sich dann wieder in eine souveräne Macht einer Bürgerversammlung zurückverwandelt, wenn es über die Ergebnisse der Ausschüsse abstimmt.

In der unmittelbaren Einheit von Souverän und Beamtem liegt nach Rousseau auch der größte Vorteil der demokratischen Regierungsform:

> Dies ist der der demokratischen Regierung eigene Vorteil, dass sie durch einen einfachen Vollzugsakt des Gemeinwillens tatsächlich errichtet werden kann. [...] Es ist nicht möglich, die Regierung auf irgendeine andere gesetzmäßige Weise einzusetzen, ohne dabei auf die oben aufgestellten Grundsätze zu verzichten.[221]

In dem von Rousseau ausgemachten Bezirk der Schnittmenge von souveränem Bürger und verbeamtetem Untertan liegt aber genau auch das Gefahrenpotential einer Demokratie, sich in eine Diktatur umwandeln zu können. Sicherlich haben die drei oben genannten Argumente von Rousseau gezeigt, dass dies dem Geist seiner politischen Philosophie völlig zuwider ist, aber es gibt in seinem Konzept auch nicht die Möglichkeit, ein derartiges Verhalten eines Volkes zu verhindern. Wenn das Volk das Gesetz erlässt und ebenso den Gesellschaftsvertrag und ihn auch jederzeit wieder aufkündigen kann, kann man zwar zeigen, dass Diktaturen aus prinzipiellen Gründen nicht dem Geist der politischen Souveränität entsprechen, aber es fehlt auch eine Möglichkeit, sie konkret zu verhindern, das Volk kann sich demokratisch für sie entscheiden. Eine gewisse resignative Seite zeigt sich auch tatsächlich bei Rousseau indem er – ganz Realist – sagt, dass keine Regierungsform für die Ewigkeit gestaltet werden kann, sie vergehen alle. Er konstatiert sogar, dass es im historischen Kontext immer die Tendenz gab und geben wird, von einer Regierungsform in die nächste überzugehen, also z. B. von der Demokratie zur Aristokratie, innerhalb dieser gibt es die Tendenz von einer natürlichen zu einer gewählten und dann zur erblichen Aristokratie, aus der zumeist eine Monarchie folgt, die zumeist wiederum in der Tyrannei endet. Hier erkennt man im Hintergrund den antiken Zyklusgedanken der Regierungsformen. Pro-

220 Rousseau *CS*, III/17, 221.
221 Rousseau *CS*, III/17, 221.

blematisch sind auch Stellen aus dem IV. Buch des *Contrat social*, in denen Rousseau doch den Gemeinwillen mit dem Mehrheitswillen identifiziert und sogar von denjenigen, die sich nicht nach dem Mehrheitswillen entschieden haben, gesagt wird, sie befinden sich in einem politischen Irrtum, sie folgten dem Eigenwillen, sei es aus Absicht oder Unwissenheit. Damit fällt Rousseau hinter sein eigenes Konzept einer freien Souveränität des Bürgers zurück.

7 Die „bürgerliche Religion“ – Toleranz gegen die Toleranten und Intoleranz gegen die Intoleranten

Rousseau führt für seine Republik eine „bürgerliche Religion“ ein; eine intolerante Religion würde den Staat instabil machen. Daher ist eine tolerante Religion aufzustellen. Diese Glaubensform spiegelt genau das Changieren des Staates Rousseaus zwischen aufgeklärter Toleranz und autoritärer Unfreiheit wider, wobei die Unfreiheit aus dem Versuch resultiert, Freiheit zu realisieren.

Zunächst zeigt Rousseau, dass das Christentum keine in einem politischen Gebilde stabil bestehende Größe sein kann. Das wahre Christentum reduziert er auf die Lehre der Evangelien, insbesondere die Bergpredigt; die restlichen Passagen der Bibel sind Ausschmückung oder Verfälschung des eigentlichen Christentums. Daraus leitet er eine Grundhaltung des religiösen Menschen ab, dem die Existenz einer politischen Ordnung vollkommen gleichgültig ist. Insbesondere mit der Radikalität des Liebesgebotes, das zum Gebot der Feindesliebe führt, ist mit der wahren christlichen Religion keine Durchsetzungsfähigkeit im Politischen möglich. – Carl Schmitt unterscheidet allerdings zwischen der vom Christentum gebotenen privaten Feindesliebe und der durch sie nicht tangierten Bekämpfung eines öffentlichen, politischen Feindes; sonst – so Schmitt – wären z.B. die Kreuzzüge christlich nicht zu legitimieren. Mit Rousseau kann man aber auch sagen: Eben, ein „christilcher Kreuzzug“ ist eine contradictio in adjecto, die mit noch so viel scholastischer Spitzfindigkeit nicht auflösbar ist. – Man kann sogar mit Rousseau sagen, dass derjenige Christ, der politische Macht anstrebt, das Christentum in seiner Radikalität des Liebesgebotes nicht verstanden hat oder es sogar böswillig mit der Absicht, eine Sünde zu begehen, verkehrt. Für einen wahren Christen ist die irdische Existenz seines Leibes irrelevant, sie dient ihm höchstens dazu, bis zur Selbstaufgabe sein Seelenheil zu verfolgen. Damit lässt sich aber kein politisches Ziel verfolgen. In gewisser Hinsicht ist es dem wahren Christen vollkommen gleichgültig, ob er gerade gemartert wird oder Sklave ist, da seine äußere irdische Freiheit nicht über sein Seelenheil entscheidet. Übrigens hat laut Rousseau auch noch nicht ein einziger wirklicher Christ gelebt – evtl. sollte man Rousseau hier korrigieren, denn mit Jesus hat eben doch mindestens ein Christ schon einmal existiert, falls Jesus der Christus war.

Das Christentum muss daher für die Republik Rousseaus abgewandelt werden. Sofern die religiösen Intentionen der Untertanen nicht die Öffentlichkeit und das politische Leben tangieren, sind diese Aspekte des Glaubens auch für den Souverän irrelevant, der Souverän hat sich nicht für diese unpolitischen Aspekte des Glaubens zu interessieren. Die Souveränität erstreckt sich nur so weit, wie sich der Nutzen für die Gemeinschaft erstreckt. Nur dort darf der Souverän in die Religion eingreifen, wo sie beginnt, die öffentliche Moral zum Negativen hin zu beeinflussen. Die Macht der Souveränität bezieht sich ausschließlich auf das Diesseits, nicht auf das Jenseits und nicht darauf, welche persönlichen Glaubensbekenntnisse die Einzelperson bezüglich des Jenseits hat; dies geht den Souverän nichts an, insofern soll, mit Friedrich zu sprechen, „jeder nach seiner Façon selig werden".[222]

Die bürgerliche Religion kann daher aber auch nicht wirkliche theologische Dogmen aufstellen, sondern sie regelt den Glauben nur so weit, wie er Einfluss auf das diesseitige Miteinander der Bürger hat. Rousseau postuliert als Inhalt der bürgerlichen Religion das Folgende: Einerseits gibt es positive Dogmen, also solche, die gebieten, was zu glauben ist: 1. die Annahme der Existenz einer allmächtigen, allwissenden, wohltätigen, vorhersehenden und sorgenden Gottheit; 2. jenseitiges Leben; 3. Glück der Gerechten; 4. Bestrafung der Bösen; 5. Heiligkeit des Gesellschaftsvertrags und der Gesetze.[223] Andererseits gibt es ein negatives Dogma, also ein solches, das sagt, was verboten ist: „Was die negativen Dogmen anbelangt, so beschränke ich sie auf ein einziges: die Intoleranz; sie gehört jenen Kulten an, die wir ausgeschlossen haben."[224] Rousseaus bürgerliche Religion ist also eine Mischung aus religiösen und säkularen Postulaten, die Heiligkeit der souveränen Gesetze steht ebenso wie die allwissende Gottheit auf dem Programm, daneben auch die Intoleranz gegen die Intoleranz. Rousseau begeht damit wohl nicht einfach eine Ungenauigkeit, indem er Profanes und Religiöses miteinander vermischt, vielmehr ist diese Vermischung gerade seine Absicht; eine Absicht, die bereits im Terminus einer „bürgerlichen Religion" steckt. Die Intoleranz als bürgerliches und als religiöses Phänomen ist nicht wirklich auseinander zu halten. Die Religion wird in den Dienst der öffentlichen Moral genommen. Zwar bleibt ein persönlich-privater Bereich der Religion zurück, auf den der Staat nicht rechtmäßigerweise zugreifen kann, aber dort, wo die Religion öffentliche Bereiche

222 Vgl. Rousseau *CS*, IV/8, 307 f.
223 Vgl. Rousseau *CS*, IV/8, 311.
224 Rousseau *CS*, IV/8, 311.

tangiert, kann der Staat bis zur Todesstrafe durchgreifen; woran sich die Intoleranz gegen den Intoleranten besonders deutlich und brutal zeigt:

> Ohne jemand dazu verpflichten zu können, sie zu glauben, kann er [der Souverän; R.S.] jeden aus dem Staat verbannen, der sie nicht glaubt; er kann ihn nicht als Gottlosen verbannen, sondern als einen, der sich dem Miteinander widersetzt und unfähig ist, die Gesetze und die Gerechtigkeit ernstlich zu lieben und sein Leben im Notfall der Pflicht zu opfern. Wenn einer, nachdem er öffentlich ebendiese Dogmen anerkannt hat, sich so verhält, als ob er sie nicht glaube, soll er mit dem Tode betraft werden; er hat das größte aller Verbrechen begangen, er hat vor den Gesetzen gelogen. [...] Meiner Meinung nach täuschen sich diejenigen, die einen Unterschied machen zwischen der bürgerlichen Intoleranz und der religiösen Intoleranz. Diese beiden Arten von Intoleranz sind nicht zu trennen. Es ist unmöglich, mit Menschen in Frieden zu leben, die man für unselig hält; sie lieben hieße, Gott, der sie straft, hassen; man muss sie unbedingt bekehren oder sie bedrängen. Überall, wo die religiöse Intoleranz zugelassen wird, kann es nicht ausbleiben, dass sie irgendeine bürgerliche Auswirkung hat; und sobald diese eintritt, ist der Souverän nicht mehr Souverän, nicht einmal im Weltlichen: von dem Augenblick an sind die Pfaffen die wahren Herren und die Könige nur mehr ihre Beamten. Heute, wo es eine ausschließliche Staatsreligion nicht mehr geben kann, muss man alle jene tolerieren, die ihrerseits die anderen tolerieren, sofern ihre Dogmen nicht gegen die Pflichten des Bürgers verstoßen. Wer aber zu sagen wagt ›*Es gibt kein Heil außerhalb der Kirche*‹, muss aus dem Staat ausgestoßen werden, es sei denn, der Staat ist die Kirche und der Fürst der Pontifex. Ein solches Dogma ist nur gut in einer theokratischen Regierung, in jeder anderen bringt es Verderben. Der Grund, aus dem Heinrich IV. angeblich die römische Religion annahm, sollte jeden ehrlichen Mann und besonders jeden des Denkens fähigen Fürsten veranlassen, sich von ihr abzuwenden.[225]

225 Rousseau *CS*, IV/8, 309 ff.

B Die Performanz des Politischen als Ausdruck der Freiheit und als Einheit von Apriori und Aposteriori – Die Wirklichkeit der Freiheit

Die Politische Philosophie der Klassiker der deutschen Philosophie – also Kant, Fichte und auch Hegel; Schelling vernachlässige ich in diesem Zusammenhang – ist natürlich stark von der historischen Zäsur der Französischen Revolution beeinflusst, besonders auch von der *Erklärung der Menschen- und Bürgerrechte* der französischen Nationalversammlung vom 26. August 1789, die wiederum u. a. von Locke, Montesquieu und Rousseau beeinflusst wurde. Seit den 90er Jahren des 18 Jh. wird allerdings durch die Französische Revolution, neben Freiheit, Gleichheit, Brüderlichkeit, der Staatsterror, der aus einer Perversion der Fürsorgepflicht des Staates für den Bürger „legitimiert" wurde, zu einem bestimmenden Thema. So warnt Wilhelm von Humboldt im Januarheft der *Berlinischen Monatsschrift* von 1792 in einem Brief an den Freund Johann Erich Biester, der Humboldts Schreiben dort unter dem Titel *Ideen über die Staatsverfassung, durch die neue französische Konstitution veranlasst* veröffentlichte: „das Prinzip, dass die Regierung für das Glück und Wohl, das physische und das moralische der Nation sorgen müsse, sei der ärgste und drückendste Despotismus".[226] Analog wie sich der Staat aus der religiösen Selbstbestimmung seiner Bürger herauszuhalten hat, so auch aus der hedonistischen oder moralischen Selbstbestimmung, zumindest so weit hat er sich herauszuhalten, wie kein anderer gegen seinen Willen von diesen Formen der Selbstbestimmung tangiert wird. Gegen einen solchen liberalen Grundgedanken führt Robespierre am 5. Februar 1794 vor dem Nationalkonvent aus: „Terror ist nichts anderes als strenge und unbeugsame Gerechtigkeit. Er ist eine Offenbarung der Tugend. Der Terror ist nicht ein besonderes Prinzip der Demokratie, sondern er ergibt sich aus ihren Grundsätzen, welche dem Vaterland als dringendste Sorge am Herzen liegen müssen".

Der Terror beschäftigt uns also nicht nur in der Gegenwart, er war vielmehr schon bei der Geburt des modernen Rechtsstaates anwesend. Bei Hobbes ist es einerseits der Terror des Naturzustands, der uns in den Staat treibt, und dann ist es nach ihm der Staat, der eine Art „legitimierten Terror" ausübt.

Eine Revolution ist natürlich ein Paradigma für die Performanz des Politischen und die politische Freiheit, denn die in einer Revolution wie z. B. der Französischen Revolution vollzogenen Taten sind zwar empirisch-geschichtlich

---

226 Wilhelm von Humboldt *Ideen zu einem Versuch, die Grenzen der Wirksamkeit des Staats zu bestimmen*, Stuttgart 2010, Nachwort: 211.

real, machen aber nur dann Sinn, wenn man sie vor dem apriorischen Hintergrund einer eingeforderten und rechtlich verbürgten Freiheit interpretiert; nur so können einzelne Handlungen als Handlungen für oder wider die Menschlichkeit gesehen werden. Dasjenige, um dessentwillen die empirisch-geschichtlich feststellbaren Handlungen ausgeführt wurden, ist selbst keine empirische Tatsache, sondern es handelt sich um eine virtuelle – aber deswegen nicht weniger reale – Wirklichkeit höherer oder zweiter Ordnung. Im Raum der einander anerkennenden Vernunftwesen, die ihre Handlungen durch das Verlangen, Geben und Nehmen von legitimen Gründen rechtfertigen, spielt sich die postulierte Freiheit ab; nicht im empirischen, raum-zeitlichen Tatsachenbereich findet sich diese Freiheit. Dennoch handelt es sich nicht um eine völlig von der Empirie gelöste Freiheit, eine „reine" Freiheit wäre unbefriedigend für das vernünftige *Sinnen*wesen Mensch. „Reine" Vernunftfreiheit würde nur die Vernünftigkeit des Menschen abdecken, er ist aber auch empirisches Sinnenwesen und als solches hat er auch ein Anrecht auf die empirische Realisation seiner Freiheit. Einige Revolutionen können als – zumindest teilweise geglückte – empirische Verwirklichungen der Freiheit angesehen werden, das trifft nicht nur auf die Französische Revolution, sondern auch auf die friedliche Revolution von 1989 in Deutschland zu.

Viele der in der *Erklärung der Menschen- und Bürgerrechte* der französischen Nationalversammlung vom 26. August 1789 niedergelegten Artikel werden im Staatsdenken Kants nicht nur zu Grundgedanken, sondern sie werden auch systematisch deduziert und erfahren somit durch ihn eine philosophische Legitimation, die sie zuvor in lockerer Reihungsform anderer philosophischer Werke nicht hatten. Vor dem staats- und rechtsgeschichtlichen Hintergrund der Französischen Revolution wird die Freiheit aller zur Legitimation für den Staat. Kant sieht allerdings in seiner Rechts- und Staatsphilosophie nicht das Recht auf eine Revolution vor, um die Freiheit des Bürgers vor der Staatsmacht zu schützen, denn gegen den Staat mit Gewalt vorzugehen, bildet nach ihm eine illegitime Handlung, die gegen die Rechtslogik verstößt. Eine friedliche Revolution löst dieses Problem jedoch. Gegen ein Widerstandsrecht oder auch ein Recht auf Revolution wendet sich Kant in *Über den Gemeinspruch: Das mag in der Theorie richtig sein, taugt aber nicht für die Praxis* von 1793.[227] Sein Argument besteht darin, dass sonst ein

---

227 Kant *Über den Gemeinspruch: Das mag in der Theorie richtig sein, taugt aber nicht für die Praxis*; Teil II; Hamburg 1992, 20 ff., bes 32 ff. (Im Folgenden zitiert als *Über den Gemeinspruch.*) Zur Definition des Widerstandsrechts bezieht sich Kant auf Gottfried Achenwall (1719 – 1772) *Jus Naturae* (Göttingen 1763; §§ 203 ff.), eine Schrift, die sich dem Privat-, öffentlichen und Staatsrecht widmet. Achenwall affirmiert das Widerstandsrecht mit der folgenden Definition (zitiert nach Kants Übersetzung aus *Über den Gemeinspruch*, 34): „Wenn die Gefahr, die dem gemeinen Wesen aus längerer Duldung der Ungerechtigkeit des Oberhauptes droht, größer ist, als von

Zwangsrecht der Beherrschten gegen das Staatsoberhaupt bzw. den Gesetzgeber bestünde und dieses könne aus rechtslogischer Sicht nicht bestehen, da das entweder 1. die Souveränität aufhebt, wenn der Souverän durch die Beherrschten gezwungen werden kann, oder 2. der Souverän, mit einem Monopol auf Zwang und Gewalt ausgestattet, sich selbst widerspräche, würde er sich selbst zu etwas zwingen oder es führte 3. zu einem unendlichen Regress der Entscheidungshoheit: Es müsste im Falle eines Konflikts in einem Staat, in dem ein Widerstandsrecht bestünde, zwischen Beherrschten und Gesetzgeber eine von beiden unabhängige Instanz geben, die darüber entscheidet, ob ein relevanter Fall eingetreten ist oder nicht. Wenn diese unabhängige Instanz nicht der eigentliche Souverän sein soll, muss es aber auch wieder eine weitere unabhängige Instanz geben, die entweder diese einsetzt oder entscheidet, ob ein Fall vorliegt, in dem jene aktiviert werden soll, und so weiter ins Unendliche. Diese drei Argumente liegen übrigens ganz auf der Linie von Hobbes' Souveränitätslogik, da sie akzeptieren, dass der Souverän *über* dem Zwangsrecht steht – in dieser Hinsicht ist Kant also durchaus ein Anhänger von Hobbes! Das Problem löst sich ganz einfach, wenn der Bürger konsequent als der eigentliche Souverän gilt und der Herrscher nur als Treuhänder dieser Souveränität gesehen wird, dann hat der eigentliche Souverän natürlich das Recht, den Treuhänder auszutauschen, sofern dieser die Souveränität schlecht verwaltet.

Die von mir hervorgehobene Nähe zu Hobbes besteht, obgleich dieser zweite Abschnitt den Untertitel *Gegen Hobbes* trägt. Denn Kant wendet sich hier lediglich dagegen, dass der Monarch bei Hobbes dem Untertan gegenüber *gar nicht* verbunden ist. Kant schränkt dies dadurch ein, dass der Monarch zwar nicht durch Zwang/Zwangsrecht gebunden sein könne, wohl aber durch die öffentliche Meinung: In Form von Gedanken- und Pressefreiheit können die Beherrschten Einfluss auf den Herrscher nehmen; dies ist ein „zwangloses Diskursanrecht".[228] – Das kommt der oben angedeuteten Lösung durch eine friedliche Revolution schon nahe. – Jedoch darf nicht übersehen werden, dass in „Unrechtsstaaten" zumeist auch die Presse durch die Regierung zensiert und kontrolliert wird. Selbst in freiheitlichen Rechtsstaaten und angemessenen Demokratien wird der kritische Bürger oft von dem Gefühl beschlichen, dass die Presse ihre Arbeit weitgehend nicht gut macht und in den verschiedensten Medien dieselben oberflächlichen Berichte die eigentlichen politischen Probleme überdecken. Außerdem kann ein

Ergreifung der Waffen gegen ihn besorgt werden kann: alsdann könne das Volk jenem widerstehen, zum Behuf dieses Rechts von seinem Unterwerfungsvertrag abgehen und ihn als Tyrannen entthronen. [...] Es kehre das Volk auf solche Art (beziehungsweise auf seinen vorigen Oberherrn) in den Naturzustand zurück."

228 Kant *Über den Gemeinspruch*; Teil II; 37.

undemokratischer Souverän es durchaus als Angriff auf seine Souveränität „setzen" oder definieren, wenn Pressefreiheit herrscht, die gegen die von ihm verhängten Gesetze argumentiert. Wenn also Pressefreiheit tatsächlich herrschen soll, muss sie auch mit dem Mittel des Zwangs gegen den Souverän durchgesetzt werden können, und Kants eigene Forderung impliziert damit doch ein Zwangsrecht auch gegen den Souverän, denn eine durch keinen Zwang verbürgte Pressefreiheit ist illusionär und müsste in naiver Weise gerade bei einem diktatorischen Herrscher auf die Toleranz gegenüber der Presse hoffen. Wenn also ein *Recht* der Bürger auf Presse- und Meinungsfreiheit bestehen soll, muss dies auch durch Zwang gegen die Herrschenden verbürgt sein; sonst wäre es auch im Sinne Kants kein justiziables Recht.

Man kann dem Argument Kants gegen ein Widerstandsrecht hinzufügen, dass das Gewaltmonopol des Staates damit aufgehoben würde und eine Art öffentliche Bürgerjustiz erlaubt wäre, könnten sich die Beherrschten gegen das geltende Recht des Souveräns erheben.

Doch Kant berücksichtigt auch den geschichtlich wirklichen Fall, dass durch eine sich tatsächlich ereignende Revolution Fakten geschaffen werden, die darin bestehen, dass nach der Revolution ein neuer Rechtsstatus entstanden ist und man diesen aufgrund derselben Logik, die das Widerstandsrecht verbietet, auch den aus einer Revolution hervorgegangenen Staat nicht abschaffen darf. Man darf eine Revolution durch Gewalt bzw. durch eine Konterrevolution nicht rückgängig machen. Auch dies bildet eine unrechtliche Handlung. Eine durch Revolution geschaffene neue Rechtssituation kann nicht wieder durch eine Gegenrevolution legitimerweise abgeschafft werden, denn das hieße ein Unrecht durch ein anderes aufheben zu wollen und wieder denselben Fehler zu begehen.

Dennoch steht Kant zahlreichen inhaltlichen Forderungen der französischen Revolutionäre nahe; sie sahen ihn denn auch als einen der Ihren und als ihre geistige „Avantgarde" an. Schon im 4. Artikel der *Erklärung der Menschen- und Bürgerrechte* der französischen Nationalversammlung vom 26. August 1789 heißt es:

> Die Freiheit besteht darin, alles tun zu können, was einem anderen nicht schadet. So hat die Ausübung der natürlichen Rechte eines jeden Menschen nur die Grenze, die den andern Gliedern der Gesellschaft den Genuss der gleichen Rechte sichert. Diese Grenzen können allein durch Gesetz festgelegt werden.

Dieser Gedanke wurde zum Gemeingut der Zeit und findet sich in den folgenden Politik- und Staatskonzeptionen der Philosophen wieder, die ihn jedoch nicht bloß aufnehmen und nachträglich rationalisieren, sondern in seiner Legitimität zu beweisen suchen; dieser Artikel deckt sich fast völlig mit Kants Prinzip des Rechts.

Interessant ist natürlich auch der 1. Artikel dieser *Erklärung der Menschen- und Bürgerrechte:*

> „Die Menschen sind und bleiben von Geburt frei und gleich an Rechten. Soziale Unterschiede dürfen nur im gemeinsamen Nutzen begründet sein."

Der 6. Artikel der *Erklärung der Menschen und Bürgerrechte* besagt:

> Das Gesetz ist der Ausdruck des allgemeinen Willens. Alle Bürger haben das Recht, persönlich oder durch ihre Vertreter an seiner Gestaltung mitzuwirken. Es muss für alle gleich sein, mag es beschützen oder bestrafen. Da alle Bürger vor ihm gleich sind, sind sie alle gleichermaßen, ihren Fähigkeiten entsprechend und ohne einen anderen Unterschied als den ihrer Eigenschaften und Begabungen, zu allen öffentlichen Würden, Ämtern und Stellungen zugelassen (d. h. Gleichheit vor dem Gesetz für jeden).

Diese beiden Artikel klingen schon sehr nach dem Gerechtigkeitsentwurf von John Rawls, der erste Artikel ist parallel zu Rawls' Differenzprinzip; offenbar hat er sich an diesen orientiert. Gleichzeitig nehmen sie aber auch Rousseaus politisches Denken einer Gleichheit aller vor dem Gesetz auf, sowie seinen Gedanken, dass das Gesetz Ausdruck eines „allgemeinen Willens" ist; wobei dieser allgemeine Wille, bzw. das Gesetz herrscht und nicht einzelne Personen.

Das für Denker wie Kant, Fichte und auch Hegel Entscheidende am Staat ist nicht mehr wie bei Hobbes und Locke, dass er Leben und Eigentum sichert, sondern dass er die Freiheit sichert. Die einzige Legitimation des Staates, die sich auch im Recht des betreffenden Staates zu institutionalisieren hat, ist die äußere Freiheit. Leben und Eigentum können auch durch andersgeartete Zusammenschlüsse von Personen gesichert werden; das kann vielleicht durch nichtstaatliche Zusammenschlüsse in Gemeinschaften sogar wesentlich effektiver als im Staat geschehen. Die einzige Legitimation des Staates ist nun Schutz der individuellen Freiheit; damit erreicht der rechtsstaatliche Liberalismus ein höheres, konsequenteres und abstrakteres Niveau.

> Unter allen Verträgen, wodurch eine Menge von Menschen sich zu einer Gesellschaft verbindet (pactum sociale), ist der Vertrag zur Errichtung einer *bürgerlichen Verfassung* unter ihnen (pactum unionis civilis) von so eigentümlicher Art, dass, ob er zwar in Ansehung der *Ausführung* vieles mit jedem anderen (der ebenso wohl auf irgendeinen beliebigen, gemeinschaftlich zu befördernden Zweck gerichtet ist) gemein hat, er sich doch im Prinzip seiner Stiftung (constitutionis civilis) von allen anderen wesentlich unterscheidet. Verbindung vieler zu irgendeinem gemeinsamen Zwecke (den alle haben), ist in allen Gesellschaftsverträgen anzutreffen; aber Verbindung derselben, die an sich selbst Zweck ist (den ein jeder haben soll), mithin die in einem jeden äußeren Verhältnisse der Menschen überhaupt, welche nicht umhin können, in wechselseitigen Einfluss aufeinander zu geraten, unbedingte und erste Pflicht ist: eine solche ist nur in einer Gesellschaft, sofern sie sich in

einem bürgerlichen Zustande befindet, d.i. ein gemeines Wesen ausmacht, anzutreffen. Der Zweck nun, der in solchem äußern Verhältnis an sich selbst Pflicht und selbst die oberste formale Bedingung (conditio sine qua non) aller übrigen äußeren Pflicht ist, ist das *Recht* der Menschen *unter öffentlichen Zwangsgesetzen*, durch welche jedem das Seine bestimmt und gegen jedes anderen Eingriff gesichert werden kann.

Der Begriff aber eines äußeren Rechts überhaupt geht gänzlich aus dem Begriffe der *Freiheit* im äußeren Verhältnisse der Menschen zueinander hervor und hat gar nichts mit dem Zwecke, den alle Menschen natürlicherweise haben (der Absicht auf Glückseligkeit), und der Vorschrift der Mittel, dazu zu gelangen, zu tun: so dass auch daher dieser letztere sich in jenes Gesetz schlechterdings nicht als Bestimmungsgrund derselben mischen muss. *Recht* ist die Einschränkung der Freiheit eines jeden auf die Bedingung ihrer Zusammenstimmung mit der Freiheit von jedermann, insofern diese nach einem allgemeinen Gesetze möglich ist; und das *öffentliche Recht* ist der Inbegriff der *äußeren Gesetze*, welche eine solche durchgängige Zusammenstimmung möglich machen. Da nun jede Einschränkung der Freiheit durch die Willkür eines anderen Zwang heißt: so folgt, dass die bürgerliche Verfassung ein Verhältnis freier Menschen ist, die (unbeschadet ihrer Freiheit im Ganzen ihrer Verbindung mit anderen) doch unter Zwangsgesetzen stehen: weil die Vernunft selbst es so will, und zwar die reine a priori gesetzgebende Vernunft, die auf keinen empirischen Zweck (dergleichen alle unter dem allgemeinen Namen Glückseligkeit begriffen worden) Rücksicht nimmt; als in Ansehung dessen, und worin ihn ein jeder setzen will, die Menschen gar verschieden denken, so dass ihr Wille unter kein gemeinschaftliches Prinzip, folglich auch unter kein äußeres, mit jedermanns Freiheit zusammenstimmendes Gesetz gebracht werden kann.[229]

Nach Kant ist also der Verfassungsvertrag vom Sozialvertrag zu unterscheiden. Nicht jeder Zusammenschluss von Menschen ist auch ein Verfassungsvertrag, der die Vertragsteilnehmer speziell zu gleichberechtigten Bürgern vereint, sonst wäre jeder Taubenzüchterverein eine bürgerliche Verfassung. Das Spezifikum des pactum unionis civilis ist die gleichmäßige und wechselseitige Anerkennung der äußeren Freiheit aller beteiligten Beherrschten ohne eine inhaltliche Beschränkung. Freiheit und nicht ein Recht auf Glück oder Glückseligkeit, auch nicht Schutz von Leben, Leib oder Eigentum, ist die Legitimation des Staates.

Das bedeutet natürlich nicht, dass der Staat sich aus allem anderen, was nicht die äußere Freiheit betrifft, herauszuhalten hätte, die Konsequenz wäre ein Laissez-faire-Liberalismus. Vielmehr sind Leben und Eigentum notwendige Bedingungen dafür, dass die zivile Freiheit aufrechterhalten werden kann. Daher muss – ähnlich argumentiert in dieser Hinsicht gegenwärtig auch Ernst-Wolfgang Böckenförde – der Rechtsstaat auch soziale Aufgaben übernehmen und für soziale Gerechtigkeit sorgen, um diejenige öffentliche Ordnung und Stabilität zu gewährleisten, in deren Rahmen sich politische Freiheit dann abspielen kann. Der Sozialstaat ist eine Funktion innerhalb des Rechtsstaates, die zum Zweck der

229 Kant *Über den Gemeinspruch*, Teil II, 20 f.

Herstellung stabiler Verhältnisse der Lebenserhaltung unter den Bürgern als notwendige Bedingung das Verhältnis äußerer Freiheit zulässt.[230]

Jedenfalls zeigt das Kant-Zitat, dass die eidetische und normative Seite des Rechts in der Freiheitssicherung und Freiheitsgewährung besteht und dass die Freiheit als Zweck von Recht und Staat eine rein apriorische Bestimmung ist. Freiheit selbst ist nicht empirisch gegeben, das zeigt auch die Auflösung der 3. Antinomie aus der *Kritik der reinen Vernunft*. Eben deswegen ist Freiheit, auch politische Freiheit, eine aus reiner praktischer Vernunft erfolgende Aufforderung zur Selbstbestimmung, die an alle der Vernunft fähigen Lebewesen ergeht. Dass sich diese rechtliche und politische Freiheit aber auch verwirklichen muss und nicht nur praktisches Postulat reiner Vernunft bleiben kann, betonen dann die Nachfolger Kants, Fichte und ebenso Hegel mit seinem Diktum von der Wirklichkeit des Vernünftigen und der Vernünftigkeit des Wirklichen in ganz besonderer Weise. – Was natürlich nicht heißt, Kant habe die Verwirklichung politisch-rechtlicher Freiheit nicht auch bedacht, das hat er bekanntlich durchaus, z. B. mit seinen Studien zur philosophischen Legitimation von Aufklärung, Meinungs- und Pressefreiheit. – Hegel geht mit seiner Staatsphilosophie und einer subtilen Kritik an der neuzeitlichen Politischen Philosophie in gewissem Sinne über sie hinaus und stellt eine dialektische Synthese aus antiker eidetischer Ideenpolitik à la Platon/Aristoteles und neuzeitlicher Aufklärungsautonomie dar.

So wie sich Kant gegen Hobbes wendet, richtet sich Fichte gegen Rousseau. Fichtes Rousseau-Kritik hat zwei Säulen, die für unsere Rousseau-Darstellung und für die Weiterführung der Politischen Philosophie mit der von mir konzipierten Einsicht in das gleichzeitige Apriori-Aposteriori des Politischen, des Rechtes und des Staates gleichermaßen bedeutungsvoll ist. Fichte kritisiert einerseits zu Recht an Rousseau, dass in seinem Staat eine Ausschließlichkeit und ein Staatstotalitarismus *droht* – Stichwort: Rousseaus geforderte „aliénation totale". In seiner Jenaer Vorlesung *Von den Pflichten der Gelehrten* von 1794/95 führt Fichte aus:

> Sie sehen, M[eine] H[erren], wie wichtig es ist, die Gesellschaft überhaupt, nicht mit der besondern empirisch bedingten Art von Gesellschaft, die man den Staat nennt, zu verwechseln. Das Leben im Staate gehört nicht unter die absoluten Zwecke des Menschen, was auch ein sehr großer Mann darüber sage; sondern es ist ein nur unter gewissen Bedingungen stattfindendes *Mittel zur Gründung einer vollkommenen Gesellschaft*. Der Staat geht, eben so wie alle menschliche Institute, die bloße Mittel sind, auf seine eigene Vernichtung aus: *es ist der Zweck aller Regierung, die Regierung überflüssig zu machen*. Jetzt ist der Zeitpunkt sicher noch nicht – und ich weiß nicht, wie viele Myriaden Jahre oder Myriaden von Myriaden Jahren bis dahin seyn mögen – und es ist überhaupt hier nicht von einer Anwendung im Leben, sondern von Berichtigung eines speculativen Satzes die Rede – jetzt ist der Zeitpunkt nicht;

---

230 Vgl. hierzu Ernst-Wolfgang Böckenförde *Recht, Staat, Freiheit*, a.a.O., 143 ff., 209 ff.

> aber es ist sicher, dass auf der a priori vorgezeichneten Laufbahn des Menschengeschlechts ein solcher Punkt liegt, wo alle Staatsverbindungen überflüssig seyn werden. Es ist derjenige Punkt, wo statt der Stärke oder Schlauheit die bloße Vernunft als höchster Richter allgemein anerkannt seyn wird. *Anerkannt seyn* sage ich, denn irren, und aus Irrthum ihren Mitmenschen verletzen mögen die Menschen auch dann noch; aber sie müssen nur alle den guten Willen haben, sich ihres Irrthums überführen zu lassen, und so, wie sie desselben überführt sind, ihn zurück zu nehmen und den Schaden zu ersetzen. – Ehe dieser Zeitpunkt eintritt, sind wir im allgemeinen noch nicht einmal wahre Menschen.
>
> Nach dem gesagten ist *Wechselwirkung durch Freiheit* der positive Charakter der Gesellschaft. – Diese ist selbst Zweck; und es wird demnach gewirkt, *bloß und schlechthin darum*, damit gewirkt werde.[231]

Erstaunlich aber konsequent: Wir sind (bisher und derzeit noch) keine (wahren) Menschen! Der moralisch-politische Humanismus Fichtes ist also in einem essentiellen Sinne eine Philosophie der Zukunft. Eigentlich ist es nach Fichte dem Menschen nämlich unmöglich, sein Ziel, reines Vernunftwesen zu sein, zu erreichen. Es ist nur möglich, uns der Bestimmung des Menschen gemäß – reines Vernunftwesen sein zu sollen – ins Unendliche und immer weiter in die Zukunft fortschreitend immer mehr anzunähern, nämlich immer mehr reines Vernunftwesen zu werden, es aber nie zu sein. Würden wir unser Ziel erreichen, würden wir zu Gott werden, denn nur dieser ist reine Vernunft ohne alle Sinnlichkeit. Die Approximation des Menschen an den (gesollten) Menschen, an die reine Vernunft geschieht also gleichermaßen ohne erreichbares Ziel, aber doch mit zu vollziehender Bestimmung; paradox ausgedrückt: eine Teleologie ohne Telos.

Der „große Mann", von dem Fichte hier spricht, ist nach meiner Interpretation natürlich Rousseau. Dieser hat den Fehler gemacht, Gesellschaft und Staat miteinander zu identifizieren. Der Mensch wird von Rousseaus Staat nivelliert, weil er letzteren zu einem absoluten Zweck hypostasiert; der Staat ist aber im Gegensatz zur Gesellschaft nur ein Mittel. Nach Fichte fehlt bei Rousseau die Freiheit *vom* Staat, er hat nur die Freiheit *zum* Staat berücksichtigt. Vollständig und vernünftig wird die Freiheit des Menschen aber erst vollzogen, wenn die Freiheit *zum* Staat und die Freiheit *vom* Staat in der Wechselwirkung aller Beteiligten anerkannt werden. Mit den „Myriaden Jahren", die es noch dauert, bis der Staat sich selbst überflüssig macht, will sich Fichte wohl davor schützen, dass man seine Staatsfeindlichkeit als Aufruf zur Revolution versteht. Ebenso wie Kant vertritt auch Fichte den aufklärerischen Optimismus, dass die Menschheit insgesamt in der Geschichte einen moralischen Fortschrittsweg zum Guten zurücklegt – auf dem es allerdings auch immer wieder Rückschläge geben könne –; über Kant geht Fichtes

---

231 Fichte *Von den Pflichten der Gelehrten. Jenarer Vorlesungen 1794/95*, Hamburg 1971, 16 (ebenfalls in *Fichtes Werke*, Bd. VI, 289 ff.).

„Optimismus" hinaus, dass sich der Staat selbst überflüssig machen und aufheben werde. In Fichtes Gesellschaftslogik scheint das zwar auf den ersten Blick konsequent, denn ein reines Mittel ist seinem Begriff nach nicht etwas, das an sich und selbständig für immer bestehen kann. Entweder der Zweck des Mittels erfüllt sich und es wird dadurch überflüssig oder der Zweck lässt sich nicht erfüllen und es wird dadurch überflüssig. Aber es besteht doch innerhalb von Fichtes Gesellschaftslogik ein gewisser Widerspruch, denn einerseits ist die Aufhebung des Staates genau dann erfolgreich vollzogen, wenn alle die reine Vernunft anerkennen, d. h., wenn alle moralisch gute und vernünftige Wesen sind, andererseits führt Fichte in den Vorlesungen aus, dass es niemals gelingen kann, dass alle Menschen rein vernünftige Wesen sind; es ist eben nur unsere Bestimmung, vollständig vernünftige Wesen zu werden, ohne dies jemals als Ziel erreichen zu können. In diesem Pathos des Menschen als kontinuierlichem Wanderer, stets unterwegs zur Vernunft, steckt also die gleichzeitige Unmöglichkeit der Aufhebung des Staates. – Der frühe Hegel wird dann inspiriert von der Französischen Revolution gleich ganz die Zerstörung des Staates fordern. –

Auch wenn Fichte hier behauptet, dass der Staat ein empirisch gefundenes Institut ist, eine kontingente Institution, liegt darin eigentlich ein Widerspruch, denn das Recht ist nach Fichtes etwas späterer Lehre aus der *Grundlage des Naturrechts* ein apriorischer Begriff, wenn nun der Zweck des Staates die Institutionalisierung des Rechts als apriorische Sinndimension der Freiheit ist, kann der Staat nicht vollständig ein rein aposteriorisches Institut sein. – Daher ziehe ich die Konsequenz, dass der Staat ein Mischgebilde aus apriorischen und aposteriorischen Momenten bildet; er ist im eigentlichen Wortsinn ein *Inter-esse* – ein Zwischensein – des Menschen. –

Wenngleich diese Kritik Fichtes an Rousseaus Identifikation von Vergesellschaftung und Staat zutreffend ist, so ergeben sich daraus doch auch Schwierigkeiten. Die Tendenz bei Fichte geht zu einer „vollkommenen Gesellschaft" ohne Staat. Im Laufe von Fichtes Denken wird die Möglichkeit zur Verwirklichung dieser vollkommenen Gesellschaft von ihm darin erblickt eine Nation zu erschaffen, deren Sinn wiederum die Erziehung des freien Individuums zum Weltbürger ist; dies führt er in den berühmten *Reden an die deutsche Nation* aus. Die sich aus dieser Form der Verwirklichung von Freiheit durch den Nationalismus einerseits und den Rechtsstaat andererseits ergebenden Schwierigkeiten zeigt die Geschichte Deutschlands und ganz Europas im 19. und 20. Jh.

Die zweite Seite der Kritik Fichtes an Rousseau ist ungerecht: Fichte kritisiert in der 5. Lektion der Vorlesung *Von den Pflichten der Gelehrten* Rousseau dahin gehend, dass er ein naives „Zurück zur Natur" propagiere und einseitig wissenschafts- und kulturfeindlich sei. Dass dies so einfach von Rousseau nicht gedacht wurde, habe ich an seiner Stelle bereits gezeigt.

Kant und Fichte zeigen in meiner Deutung, dass man Politik dahin gehend definieren kann, dass sie, sofern sie in rechtsstaatlichem Sinne ausgeführt wird, das Versprechen ist, mit aposteriorischen Mitteln (z. B. Gewalt, Zwang, Institutionen, Steuern, Parteien, demokratische Wahlen, Repräsentation, Gewaltenteilung, Pressefreiheit, kontrollierbar transparente Rechtsprechung, Rechtsgleichheit) apriorische Zwecke (Freiheit, Gerechtigkeit) erreichen zu wollen oder zumindest ihnen dienen zu wollen. Dabei ist in gewissem Sinne Fichte zuzustimmen, dass die empirischen Mittel, eben Mittel sind und nicht Zwecke, d. h., sie können sich, vielleicht *sollen* sie es sogar, selbst überflüssig machen. So sind z. B. die politischen Parteien in der repräsentativen Demokratie der Bundesrepublik keine Zwecke an sich selbst, oft blockieren sie aus partikulären Interessen die apriorischen Ziele und Zwecke des Rechtsstaates. Man denke hierbei nur an die vorzügliche Analyse des Parteienwesens von Simone Weil, die die Selbsterhaltung politischer Parteien als Blockade der Ziele der Menschheit und als moralisches Übel deutet und konsequenterweise für eine generelle Abschaffung aller Parteien plädiert.[232]

In Hegels Diktum von der Vernünftigkeit des Wirklichen und der Wirklichkeit des Vernünftigen gipfelt in gewissem Sinne die hier in der Geschichte der Politischen Philosophie vorausgesetzte Einheit von Apriori und Aposteriori.

I Kants Republik: Freiheit, Willkür und legitimer Zwang im Rechtsstaat – Kosmopolitischer Föderalismus, internationale Rechtsordnung und das Ideal des ewigen Friedens

Die Politische Philosophie und die Staatsphilosophie sind bei Kant ein Teil der Philosophie des Rechts. Die Philosophie des Rechts ist ihrerseits ein Teil der Sittenlehre, also ein Teil der Lehre, die die Freiheit des Menschen behandelt. Schon mit dieser Verortung wird deutlich, dass Kant einen liberalen Rechtsstaat konzipiert. Der Staat ist eine Institution, die dazu dient, die äußere Freiheit des Menschen zu gewähren. Das impliziert für Kant die weitgehende Ablehnung eines Wohlfahrts- und eines Sozialstaates. Der Staat hat nicht den Zweck das Glück oder die Glückseligkeit der Bürger zu befördern oder zu verwirklichen. Das kann der Staat nicht leisten und ein Staat, der es versucht, degeneriert schnell zum Despotismus. Die Aufgabe eines Wohlfahrts- oder Sozialstaates würde den Staat nach Kant vor die Aufgabe stellen, Wohlfahrt oder Glück zu definieren, und wenn diese

232 Vgl. Simone Weil *Anmerkungen zur generellen Abschaffung der politischen Parteien*, Zürich/ Berlin 2009.

Aufgabe ein Regent übernimmt, führt das unmittelbar in den Despotismus oder ist vielmehr schon Despotismus. Ein Souverän, der „das Volk nach seinen Begriffen glücklich machen" will, behandelt seine Bürger als Kinder und Unmündige und wird damit selbst zum Despoten.[233] – Dies ist eine Einsicht Kants, die sich nicht nur z. B. gegen einen eine bestimmte Religion vorschreibenden Staat wendet, sondern genauso gegen gegenwärtige – vielleicht durchaus gut gemeinte – Forderungen wie z. B. die nach einem staatlich ausgezahlten und gesetzlich garantierten, bedingungslosen Grundeinkommen für jeden Bürger. Gut gemeint ist eine solche Forderung natürlich dadurch, dass sie mit dem bedingungslosen Grundeinkommen die freie Entfaltung der Bürger erreichen will, die vorgeschriebenerweise vom ökonomischen Druck befreit werden. Man kann hiergegen jedoch argumentieren, dass ein wesentlicher Teil der Mündigkeit des Bürgers darin besteht, für seine eigene Subsistenz selbst Sorge tragen zu können, und diese Form der Mündigkeit ihm mit einem bedingungslosen Grundeinkommen genommen wird. Was natürlich nicht heißen soll, dass all jene, die nicht in der Lage sind, ihre Existenz selbst zu erarbeiten, unmündig wären; aber ihnen ist zumindest eine Art, Selbstachtung ausleben zu können, vorenthalten. –

Jedenfalls dienen bei Kant weder Recht noch Staat der Wohlfahrt der Bürger, sondern ihrer Freiheit. Der liberale Rechtsstaat hat allerdings auch nach Kant nur dann eine Chance, die Freiheit der Bürger zu sichern, wenn er auch sozialstaatliche Aspekte abdeckt, sonst wäre der öffentliche Frieden in Gefahr, ohne den der Staat die Freiheit der Bürger nicht schützen könnte; nur dürfen diese sozialstaatlichen Aufgaben nicht so weit gehen, dass die Freiheit der Bürger eingeschränkt wird. Für den in der Rechtsphilosophie festzulegenden Zweck des Staates ist es nach Kant wesentlich, nicht nur nach innen hin eine liberale Rechtsordnung zu haben, sondern zugleich die zwischenstaatlichen Beziehungen zu regeln. Diese rechtliche Regelung zwischenstaatlicher Beziehungen hat als letztes Ziel und als Richtmaß für politische Beziehungen zwischen Staaten den Frieden. Insofern konzipiert Kant einen umfassenden rechtlich gesicherten Frieden als letztes Ziel der Politik.[234] Kant versteht den Kriegszustand, den er noch auf die zwischenstaatliche Ebene überträgt, ähnlich wie Hobbes. Der Kriegszustand liegt nicht nur dann vor, wenn tatsächlich ein Krieg mit Waffengewalt aktuell ausgeführt wird, sondern schon wenn die Drohung eines Krieges oder die Tendenz

---

233 Vgl. Kant *Über den Gemeinspruch*, in: ders. Werke, VIII, 302; vgl. auch *Religion innerhalb der Grenzen der bloßen Vernunft*, in: ders. Werke, VI, 96.

234 Vgl. hierzu bes. die vorzügliche Darstellung von Ulrich Thiele *Demokratischer Pazifismus. Aktuelle Interpretationen des ersten Definitivartikels der Kantischen Friedensschrift*, in: Kant-Studien 2008/2, 180 ff. sowie Stefan May *Kants Theorie des Staatsrechts zwischen dem „Ideal des Hobbes" und dem „Bürgerbund" Rousseaus*, Frankfurt a.M./New York 2002.

dazu vorliegt. Kant führt in seiner Schrift *Zum ewigen Frieden* (1795) aus, dass das Wort „ewiger Frieden" eigentlich ein Pleonasmus ist.[235] Denn solange Staaten noch Krieg führen *können*, herrscht eigentlich kein wirklicher Friede, sondern höchstens Waffenstillstand. Friede herrscht erst dann, wenn eine rechtlich gesicherte umfassende Kriegsunmöglichkeit eintritt. Um dies zu erreichen, schlägt Kant einen föderativen weltumspannenden Staatenbund vor. Kant legt hiermit die wohl elaborierteste und radikalste Friedenstheorie der Philosophiegeschichte vor. Das argumentative Niveau und die Radikalität des Pazifismus Kants stehen in der Philosophiegeschichte singulär da.

Mit Kants Rechtsphilosophie sowie mit seiner Politischen Philosophie, die eben ein Teil seiner Rechtsphilosophie ist, hat man es sich lange Zeit leicht gemacht und sie als ein Alterswerk betrachtet, in dem der greise Geist umnebelt ist und die Differenziertheit und Genialität der früheren Werke nicht mehr erreicht. Die *Metaphysischen Anfangsgründe der Rechtslehre* sind der erste Teil der Schrift: *Metaphysik der Sitten*, die 1797 um Januar herum erschien; kurz nach der Rechtslehre Fichtes, der *Grundlage des Naturrechts*, die bereits 1796 erschienen war. Berühmt und immer wieder zitiert sind die Worte Schopenhauers aus dessen *Kritik der Kantischen Philosophie:*

> Die Rechtslehre ist eines der spätesten Werke Kants und ein so schwaches, [...] leicht als wäre sie nicht das Werk eines großen Mannes, sondern das Erzeugnis eines gewöhnlichen Erdensohnes, (welches) an seiner eigenen Schwäche sterben muss"; man glaubt „oft eine satirische Parodie der Kantischen Manier zu lesen.[236]

Diese Einschätzung Schopenhauers ist grundfalsch und ungerecht, dennoch ist sie lange Zeit weit verbreitet gewesen. Auch noch der Kant- und Hegelkenner Karl-Heinz Ilting kommt zu der negativen Bewertung, Kant habe sich hier selbst nicht mehr verstanden und sein schwächer werdender Geist habe ihm einen Strich durch die Rechnung gemacht.[237] Doch dies lässt sich nicht aufrechterhalten, wie manche Deutungen der neueren Zeit – z. B. von Otfried Höffe – zeigen, muss die Politische- und Rechtsphilosophie Kants differenzierter gesehen werden, und es finden sich darin geniale Grundeinsichten, die nach wie vor ihre politische Berechtigung haben. Darüber hinaus hat bereits der Kant-Forscher Erich Adickes anhand einer genauen Untersuchung der Notizen und philosophischen Refle-

---

235 Vgl. hierzu Karen Gloy *Kants Schrift ›Zum ewigen Frieden‹*, in: *Recht und Frieden in der Philosophie Kants*. Bd. 4, (Hrsg.) Valerio Rohden u. a., Berlin 2008, 335 – 348.

236 Artur Schopenhauer *Sämtliche Werke*, Bd. II, Wiesbaden 1972, 626.

237 Vgl. Karl-Heinz Ilting *Gibt es eine kritische Ethik und Rechtsphilosophie Immanuel Kants?*, in: Archiv für Geschichte der Philosophie 63 (1983), 326.

xionen Kants festgestellt, dass der Verfall der geistigen Kräfte bei Kant erst ab 1798/99 einsetze.[238]

Gegen die These vom vergreisten Alterswerk spricht auch das Folgende: Zunächst hat Kant seine Politische-, Rechts- und Staatsphilosophie in kleineren Schriften dargestellt. Dies sind z. B. Schriften wie *Über den Gemeinspruch: Das mag in der Theorie richtig sein, taugt aber nicht für die Praxis* die 1793 in dem „Presseorgan“ der deutschen Aufklärung, in der *Berlinischen Monatsschrift* erschien. Hier richtet sich z. B. der zweite Teil – wie gesehen – gegen eine spezifische These der Staatsphilosophie von Hobbes. Die Abhandlung *Zum ewigen Frieden* erschien 1795; sie enthält ein Völkerrecht sowie das Konzept eines Weltbürgerrechts. Bereits 1784 erschien die *Idee zu einer allgemeinen Geschichte in weltbürgerlicher Absicht.* Wenngleich erst die Rechtslehre aus der *Metaphysik der Sitten* von 1797 eine systematische Darstellung der Politischen Philosophie ist, so versammelt und systematisiert sie doch zahlreiche Gedanken, die sich bereits in den genannten kleineren Schriften finden; Schriften, in denen Kant sicherlich nicht an Vergreisung litt.

Schon Kants Grundgedanke, die Politische Philosophie zu einem Teil der Philosophie des Rechts zu machen, ist entscheidend und zeigt an, dass mit der Politischen Philosophie der Bereich der Normativität betreten wird und bloße Deskriptionen mannigfaltiger Staatsformen nicht ausreichen, um eine gerechtfertigte Politische Philosophie zu betreiben. Wenngleich die Staatsphilosophie bei Kant ein Lehrstück der praktischen Vernunft ist, so hat sie doch nichts damit zu tun, den Staat zu einem Instrument der Moral zu machen oder den Menschen zu Glück oder Glückseligkeit zu führen. Kant wendet sich ausdrücklich dagegen, den Staat zu einem Moralinstrument des Herrschenden zu machen oder gar zu einem Instrument, mit dem sich der Herrscher vornimmt, seine Bürger zum Glück zu führen. Der Staat dient nicht dazu, die Bürger glücklich zu machen, denn einerseits kann man schon bei vorstaatlichen Gemeinschaften von Menschen finden, dass sie sich zur Beförderung des Glücks zusammenschließen, dies ist also noch nichts spezifisch Politisches, und andererseits ist, wie gesagt, nach Kant die Wahrscheinlichkeit sehr groß, dass ein Staat in Despotismus umschlägt, wenn ein Herrscher eine bestimmte Glücksvorstellung oder eine bestimmte religiöse oder moralische Vorstellung hat, die er zum Wohle aller durchsetzen will. Kant macht hier eine klare Absage auch an Konzepte des Staates, die ihn als Instrument der allgemeinen Wohlfahrt verstehen. Der Staat dient bei Kant nicht dazu, das Wohlsein aller oder der meisten zu befördern. Der Staat ist eine Institution des Rechts. Insofern ist die Politische Philosophie bei Kant zwar ein Teil der prakti-

---

238 Vgl. Erich Adickes *Kants opus postumum*, Kant-Studien Ergänzungsheft 50 (1920), 539.

schen Philosophie, aber sie ist keine Moralphilosophie. Besonders deutlich wird dies, wenn Kant formuliert, dass das Recht nicht nach den inneren moralischen Qualitäten der Personen fragt, selbst eine Gemeinschaft aus Teufeln muss gemäß dem Recht organisierbar sein. Das Recht hat den folgenden Sinn: Es gibt die Regel vor, nach der Wesen, die eine freie Willkür haben, gemeinsam existieren können, ohne sich gegenseitig ihre Freiheit zu rauben.

Rousseau hatte – wie gesehen – den Sinn der Politischen Philosophie dadurch bestimmt, dass er versucht, innerhalb der bürgerlichen Ordnung eine Rechtfertigung und eine Regel für Regierung und Herrschaft aufzufinden. Diese Aufgabe ist bei ihm zweifach, einerseits geht es darum, eine Regel zu beschreiben, andererseits geht es um ein Legitimationsproblem von Macht, also um ein normatives Projekt. Beides sind zwei sehr unterschiedliche Aufgaben, die eine ist deskriptiv und die andere normativ oder präskriptiv. Hier wird wieder die in sich unterschiedene Einheit von Sein und Sollen deutlich, die den Begriff des Politischen einerseits so interessant, andererseits so problematisch macht. Die Grundlage dieser Politischen Philosophie Rousseaus ist der Kontraktualismus, bei dem das Volk, der Souverän, sich in einem Akt der Zusammenschließung zu einer Gesellschaft vereint: „Gemeinsam stellen wir alle, jeder von uns seine Person und seine ganze Kraft unter die oberste Richtschnur des Gemeinwillens; und wir nehmen, als Körper, jedes Glied als untrennbaren Teil des Ganzen auf."[239] Diesen Gedanken des demokratischen Staatsgründungsakts nimmt Kant auf und versucht ihn philosophisch weiter zu legitimieren, und zwar durch Argumente der apriorischen Vernunft. Politisch legitime Macht besteht für Kant nicht einfach in einem historisch gewordenen Faktum. Kant vertritt einen apriorischen, d.h. von aller Erfahrung unabhängigen Begriff von Recht. Die Wahrung, Hegung und Förderung des Rechts bildet die Legitimierung von politischer Herrschaft. Legitimität von Herrschaft ist nicht nur ein Faktum, sondern zugleich ein Akt der aller Erfahrung vorausgehenden Vernunft. Das bedeutet natürlich nicht, dass Herrschaft nicht nach Erfahrungs- oder Nützlichkeitsaspekten geschaffen worden sein kann, in diesen Fällen kann politische Herrschaft auch illegitim sein. Nur legitime politische Herrschaft ist durch einen apriorischen Rechtsbegriff abgesichert. Genauer: Die Setzung von Recht als ein vorgängiger Akt zur Legitmation von politischer Herrschaft ist ein Akt der reinen praktischen Vernunft, denn die politische Herrschaft von Menschen übereinander ist eine Frage des Willens, nicht eine Frage theoretischer Erkenntnisse; es kann sich also bei den Legitimationsproblemen nicht um ein Problem handeln, das in den Bereich der theoretischen Vernunft fällt, sondern es muss ein Problem der praktischen Vernunft sein. Das ist jedoch auch

239 Rousseau *CS*, VI, 18.

noch genauer zu spezifizieren: Die Moralphilosophie beschäftigt sich mit den Problemen der Sittlichkeit, die für unseren Willen immanent gilt. Mit der politischen Herrschaft sowie dem Recht haben wir es aber nicht nur mit unserem je eigenen Willen zu tun, sondern mit einem Problem im Bereich der Interpersonalität, also damit, wie sich ein Wille zu einem anderen verhält. Das Verhalten eines Willens zu einem anderen, also ein äußeres Verhältnis der Willen zueinander, ist somit die Grundlage und der Inhalt der Philosophie des Rechts und des Politischen. Kant unterscheidet die Themen der praktischen Philosophie danach, ob wir es mit einem Handlungsaspekt zu tun haben, der das Subjekt innerlich betrifft, oder ob wir es mit einer Handlung zu tun haben, die intersubjektiv ist und intersubjektive Ansprüche bzw. Verpflichtungen stellt. Dies ist der Unterschied zwischen Rechtsphilosophie und Moralphilosophie. Beide sind Teile der praktischen Vernunft.

Natürlich gibt es auch in der Moralphilosophie Pflichten gegen andere und das Verhältnis der Intersubjektivität, z. B. Pflichten gegen andere, wie das Tötungs- und Lügenverbot. Aber dort liegt die letzte Entscheidungsinstanz, ob wir gesetzmäßig handeln, immer bei uns selbst, in unserem eigenen Willen. Der Unterschied zwischen Moral und Recht besteht darin, dass in der Moral die Triebfeder, eine Handlung auszuführen, nur aus uns selbst immanent kommen kann und wir dann aus persönlichen Gründen dem kategorischen Imperativ folgen, wir können aber nicht äußerlich dazu gezwungen werden, ein moralisches Gewissen oder Achtung vor anderen zu haben und nur das moralische Gesetz als Bestimmungsgrund für die Ausführung einer Handlung zu akzeptieren. Das ist im Rahmen des Rechts und bei politischer Macht aber gerade anders, denn dort geht es ja genau umgekehrt darum, herauszufinden, wann ein anderer rechtmäßigerweise Macht über jemand anderen ausüben und diesen zu Handlungen bestimmen darf. Hier liegen die Gründe für die Nötigung zu Handlungen also durchaus außerhalb von uns selbst und außerhalb von unserem eigenen Willen.

Kants Frage ist: Wie ist es möglich, einen anderen durch äußere Mittel in seinen äußeren Handlungen zu nötigen? Das ist die Grundfrage, auf die Kant das Recht und damit auch die Politische Philosophie bringt, und aus der Antwort versucht er, alle spezifischeren Bestimmungen der Politischen Philosophie abzuleiten.

Dieses Ableitungsverfahren ist das deduktive Verfahren Kants, das er nicht nur in Fragen der Rechtsphilosophie und der Politischen Philosophie anwendet, sondern generell. Berühmt ist seine Deduktion der Kategorien in der *Kritik der reinen Vernunft*. Eine Grundbestimmung X wird als notwendig eingesehen und nun wird gefragt, welche rechtmäßigen Voraussetzungen müssen dafür erfüllt sein, damit X der Fall sein kann. Die für Kants gesamte Philosophie zentrale Deduktion der Kategorien führt Kant übrigens in juristischen Begriffen, so begreift er schon den Terminus Deduktion von der Rechtsprechung her und stellt auch im Herzstück der theoretischen Philosophie die Frage: „quid juris".

1 Kants philosophischer Rechtsbegriff – Praktische Vernunft und Willkür als Quellen des Rechts

Kant versucht zunächst den philosophischen Status der Frage nach dem Wesen des Rechts herauszufinden.[240] Die Frage, was Recht ist, kann nicht einfach durch eine faktische oder empirische Aufzählung der konkreten Gesetze, die in einem bestimmten Land gelten, beantwortet werden. Denn in den Gesetzesbüchern und Verfassungen steht zunächst und zumeist gerade nicht, was überhaupt das Wesen des Rechts ist, dort sind bestimmte Gesetze und Rechte niedergelegt. Man kann also ein vorzüglicher Jurist sein, ohne jemals das Wesen des Rechts thematisiert zu haben.[241] In den Gesetzesbüchern ist das positive Recht niedergelegt, nicht das Prinzip des Rechts. Die Frage nach dem Wesen oder Prinzip des Rechts geht in gewissem Sinne über die Rechtsgelehrtheit hinaus und hat einen genuin philosophischen Kern. Die Rechtswissenschaft stellt sich nur die Frage: „quid sit juris?"; sie betrachtet die Summe der von Gerichten angewendeten, faktisch bestehenden Gesetze. Rechtswissenschaft fragt also nur nach den bestehenden, gerichtsfähigen Normen. Die philosophische Frage: „quid est ius?" stellt sie nicht. Es handelt sich eigentlich dabei um die Frage danach, was das Prinzip für konkret geltende Rechte ist. Würde man einfach nur faktisch geltende Gesetze aufzählen, würde man eine „empirische Rechtslehre"[242] betreiben, eben jene Rechtswissenschaft als Rechtspositivismus. Doch eine solche empirische Rechtslehre hätte kein Kriterium, das feststellen könnte, was überhaupt Recht ist. Sie wäre höchstens in der Lage, eine Aufzählung der konkret und empirisch geltenden Gesetze vorzunehmen. Man kann bei einer solchen empirischen Rechtslehre höchstens die Kohärenz und die Konsistenz der verschiedenen Gesetze feststellen, also ob sich Widersprüche zwischen ihnen finden. Aber man wird die grundlegendere Frage, was ist eigentlich Recht, nicht beantwortet bekommen. Dies ist der Grund, weshalb Kant seine Rechtslehre als „metaphysisch" bezeichnet und weshalb es dort um die sog. „Anfangsgründe" geht. „Metaphysisch" ist diese Lehre vom Recht, weil es ausschließlich um den begrifflichen, logisch notwendigen Gehalt von Recht geht, eine Art Rechtslogik.

240 Vgl. zum Thema auch: Wolfgang Kersting *Kant über Recht*, Paderborn 2004.
241 Vgl. Kant *Metaphysik der Sitten, Rechtslehre* §§ A-B, Hamburg 1986, 37 f. Im Folgenden zitiert als *MdS RL*.
242 Kant *MdS RL*, § B, 38.

Hier liegt kein Widerspruch vor, der darin bestünde, dass Kant in seinen drei *Kritiken* gezeigt hat, dass Metaphysik nur in einer scheinhaften Dialektik und in einer Logik des Scheins der sich selbst überschätzenden Vernunft besteht, nun selbst doch wieder eine Metaphysik betreibt. Um eine vorkritische, dogmatische Metaphysik handelt es sich bei der Rechtslehre nicht, sondern um eine Metaphysik, die selbst kritisch gereinigt ist und in einer Begriffsanalyse besteht, deren Sinn es ist, dass man den gedanklich notwendigen Bedeutungsgehalt einer jeweils fraglichen Bestimmung untersucht, ohne empirisch aufzählend vorzugehen.

Bei einer empirischen Aufzählung hätte man keine Sicherheit, ob man überhaupt juristisch relevante Phänomene aufzählt. Um eine solche Sicherheit erhalten zu können, muss man bereits über ein Kriterium verfügen, das garantiert, dass man gerade juristisch relevante Phänomene aufzählt, Phänomene, die tatsächlich zum Begriff des Rechts gehören. Man muss also doch bereits über einen solchen Begriff oder ein solches Kriterium für Recht verfügen, um zu wissen, ob man sich gerade mit einem rechtmäßigen oder einem unrechtmäßigen Gesetz beschäftigt. Daher ist es ein wichtiges Kriterium für Kants Rechtslehre, dass sich in seine Begriffsanalyse nicht empirische Voraussetzungen einmischen. Allerdings kann er umgekehrt von seinem metaphysischen Rechtsbegriff her auf empirische Anwendungen verweisen, darauf, wie sich bestimmte, aus dem Rechtsbegriff folgende Konkretisierungen ausgestalten müssen, wenn ein faktisches Gesetz eine legitime Basis hat. So kann Kant z. B. hinsichtlich der Notwendigkeit einer Begrenzung des Eigentumsrechts an Grund und Boden auf das empirische Faktum verweisen, dass die Erde als Kugel eine begrenzte Oberfläche hat und damit nicht unbegrenzte Raumressourcen zur Verfügung stehen, die es erlauben würden, dass jeder seinen Bodenbesitz nach Belieben ausweiten darf. Wenngleich hier die Begrenztheit der Ressourcen nicht etwas ist, das aus dem Begriff des Rechts folgt, zeigt sich doch, dass der rein vernünftige Rechtsbegriff empirisch anwendbar ist, eine planetarische Dimension hat.

Zum Wesen des Rechts führt kein empirisches Verfahren, denn ein konsequenter Rechtspositivismus, der nur Gesetze aufzählt, kann kein Prinzip angeben, er kann höchstens Häufigkeiten aufzählen. Deswegen muss die metaphysisch philosophische Rechtslehre normativ sein, sie kann nicht nur deskriptiv beschreiben, wie Recht faktisch von uns angewendet wird, sondern sie muss präskriptiv sein, d. h., es wird uns eine Vorschrift geliefert, wie Recht bestimmt sein *soll*. Kant bringt ein anschauliches Bild für die Probleme einer rechtspositivistischen, empirischen Rechtslehre: „Eine bloß empirische Rechtslehre ist (wie der hölzerne Kopf in Phädrus' Fabel) ein Kopf, der schön sein mag, nur schade! dass er kein Gehirn hat."[243] Etwas unbefriedigend ist dann, dass Kant den Begriff des Rechts zunächst nur umreißt, in gewissem Sinne also definiert und nicht wirklich deduziert. – Der Versuch, das Recht wissenschaftlich und umfassend zu deduzieren, findet sich in Fichtes *Grundlage des Naturrechts.* – Kants Definition ist allerdings so komplex, dass man in der Klärung dieser Definition bereits ausreichend begriffliche Zusammenhänge ausmachen kann, die über eine bloße Statuierung des Rechtsbegriffs hinausgehen. Die Definition des Rechts lautet: „Eine jede Handlung ist recht, die oder nach deren Maxime die Freiheit der Willkür eines jeden mit jedermanns Freiheit nach einem allgemeinen Gesetze zusammen bestehen kann."[244] In dieser Definition – die natürlich ganz nach dem oben zitierten vierten Artikel der französischen *Erklärung der Menschen- und Bürgerrechte* klingt – sind zahlreiche erläuterungsbedürftige Bestimmungen (Freiheit, Willkür, Maxime, Zusammenbestehen von Freiheit nach einem äußeren Gesetz) enthalten, die im Folgenden genauer zu untersuchen sind. Das Recht auf die eigene Freiheit ist nach Kant jedem Menschen angeboren, daher bezeichnet er es auch als „Naturrecht" und schließt sich der Tradition von Grotius, Hobbes, Pufendorf, Locke und Rousseau an. Das positive Recht wird durch eine empirisch konkrete Gesetzgebungssituation aus der Taufe gehoben, von einem bestimmten Zeitpunkt an gelten positive Gesetze für eine bestimmte Gesellschaftsordnung, davon soll das von Kant in diesem Zusammenhang betonte Grundrecht abgehoben werden. Die grundlegende Definition von Recht ist zugleich die grundlegende Bestimmung des Menschenrechts.

In dieser Grundbestimmung von Recht sind weitere Konsequenzen zumindest latent schon enthalten. Kant teilt seine Rechtslehre in zwei Hauptteile ein, der erste thematisiert das Privatrecht, worunter insbesondere das Besitzrecht zu verstehen ist. Der zweite Teil thematisiert das öffentliche Recht, d. h. 1. Staatsrecht, 2. Völkerrecht und 3. Weltbürgerrecht. Für unseren Zusammenhang, den Begriff des Politischen ist insbesondere der Übergang vom Privatrecht zum Staatsrecht, d. h. für Kant der Übergang vom Naturzustand zum bürgerlichen Zustand wichtig. Diesen Übergang, der in allen bisherigen Theorien des Gesellschaftsvertrages entscheidend war, werden wir gründlich zu untersuchen haben. Er findet sich in den §§ 41–44 der *Rechtslehre.* Ab § 45 erklärt Kant das Wesen des Staates, auch dies ist gründlich zu untersuchen. Doch den beiden Teilen der Rechtslehre geht der schon angedeutete Begriff des Rechts überhaupt noch voraus. Dieser Begriff des Rechts überhaupt ist also aus philosophischer Sicht zuerst zu bestimmen, bevor das Privat- und das Staatsrecht bestimmt werden können.

243 Kant *MdS RL*, § B, 38.
244 Kant *MdS RL*, § C, 39.

Umrisshaft führt Kant im § B des ersten Teils der *Metaphysik der Sitten*, also in der *Rechtslehre* zu den Grundlagen des Rechts Folgendes aus:

> Der Begriff des Rechts, sofern er sich auf eine ihm korrespondierende Verbindlichkeit bezieht (d.i. der moralische Begriff desselben), betrifft erstlich nur das äußere und zwar praktische Verhältnis einer Person gegen eine andere, sofern ihre Handlungen als Fakta aufeinander (unmittelbar oder mittelbar) Einfluss haben können. Aber zweitens bedeutet er nicht das Verhältnis der Willkür auf den Wunsch (folglich auch auf das bloße Bedürfnis) des Anderen, wie etwa die Handlungen der Wohltätigkeit oder Hartherzigkeit, sondern lediglich auf die Willkür des Anderen. Drittens, in diesem wechselseitigen Verhältnis der Willkür kommt auch gar nicht die Materie der Willkür, d.i. der Zweck, den ein jeder mit dem Objekt, was er will, zur Absicht hat, in Betrachtung, z.B. es wird nicht gefragt, ob jemand bei der Ware, die er zu seinem eigenen Handel von mir kauft, auch seinen Vorteil finden möge oder nicht, sondern nur nach der Form, im Verhältnis der beiderseitigen Willkür, sofern sie bloß als frei betrachtet wird, und ob die Handlung Eines von beiden sich mit der Freiheit des Anderen nach einem allgemeinen Gesetze zusammen vereinigen lasse. Das Recht ist also der Inbegriff der Bedingungen, unter denen die Willkür des einen mit der Willkür des anderen nach einem allgemeinen Gesetze der Freiheit zusammen vereinigt werden kann.[245]

Der letzte Satz ist bedeutungsgleich mit der berühmten, schon zitierten Definition des Rechts aus § C. Da dieses Zitat fundamental für Kants Rechtsbegriff ist, soll es hier Satz für Satz geklärt werden:

> Der Begriff des Rechts, sofern er sich auf eine ihm korrespondierende Verbindlichkeit bezieht (d.i. der moralische Begriff desselben), betrifft erstlich nur das äußere und zwar praktische Verhältnis einer Person gegen eine andere, sofern ihre Handlungen als Fakta aufeinander (unmittelbar oder mittelbar) Einfluss haben können.

Dies bedeutet: Das Recht hat dort seinen Ort, wo Handlungen von Personen tatsächlich stattfinden. Das Recht regelt also nicht das Reich der bloß möglichen Handlungen die Personen in bloß hypothetischer Weise gegeneinander ausführen könnten. Recht betrifft wirkliche Handlungen von wirklichen Personen. Damit wird das Recht als eine fundamentale Kategorie der Interpersonalität bestimmt. Wie sich Personen zueinander verhalten, wie sie miteinander interagieren, das gibt den generellen Horizont für das Inkrafttreten von Recht ab. – Hierin ist offenbar nicht bedacht, dass es so etwas wie eine rechtliche Verpflichtung gegen zukünftige Generationen geben kann, denn diese sind potentielle Personen, die auch Berücksichtigung finden müssten. Wenn man jedoch zukünftige Personen berücksichtigen wollte, stellt sich die Schwierigkeit deren Intentionen abwägen zu müssen. Das kann nur aus dem Blickwinkel der Gegenwart heraus geschehen und

---

245 Kant *MdS RL*, § B, 38.

ist insofern auch wieder eine Frage tatsächlich existierender Personen. Mit diesem letzteren Argumentationsschritt könnte Kant also auch dieses Problem abdecken. Jedenfalls bleibt es ein kaum lösbares Problem zukünftige Intentionen von anderen Generationen abzuschätzen und diese auch justiziabel zu machen. Wollte man jetzt lebende Menschen für das verklagen und bestrafen, was sie zukünftigen Generationen vielleicht antun? Ein solches Verfahren brächte eine so große Rechtsunsicherheit, dass jedes Gericht das Verfahren einstellen wüde. – Dieser Horizont der Interpersonalität wird nun von Kant im weiteren Verlauf des Zitats spezifiziert:

> Aber zweitens bedeutet er nicht das Verhältnis der Willkür auf den Wunsch (folglich auch auf das bloße Bedürfnis) des Anderen, wie etwa die Handlungen der Wohltätigkeit oder Hartherzigkeit, sondern lediglich auf die Willkür des Anderen.

Das klingt kompliziert, Kant sagt hier, dass das Recht das interpersonelle Verhältnis soweit betrifft, als es die Willkür der Subjekte untereinander reguliert, aber nicht das Verhältnis von der Willkür des einen zum Wunsch des anderen. Damit meint Kant, dass das Recht nicht die innerliche Sphäre des Wunsches reguliert, die wir immer auch haben und empfinden, wenn wir uns gegenüber anderen Subjekten mit Ansprüchen positionieren. Man kann nicht durch eine Rechtsprechung regulieren, dass ein Mensch mit der inneren Einstellung der Wohltätigkeit mit anderen umgeht, ebenso kann man nicht rechtlich verbindlich machen, dass einer die Empfindung der Hartherzigkeit nicht haben darf. Das regulieren zu wollen, ist einerseits unmöglich, denn mit welchem Kriterium sollten wir die jeweiligen Gefühle und Wünsche angeben, wenn jemand handelt? Wir kennen ja kaum unsere eigenen Gefühle und Wünsche. Darüber hinaus kann man Wünsche nicht juristisch verbindlich fordern – ähnliche Schwierigkeiten hat man ja auch als Christ, wenn das Gefühl der Liebe *geboten* wird. Ein Gefühl zu empfinden, kann man nicht rechtlich – religiös vielleicht – einfordern oder beweisen. Und außerdem hat derjenige, der eine Handlung von uns erfährt, oft nichts davon, ob wir diese Handlung nun mit Wohlwollen oder Hartherzigkeit ausführen. Die Willkür ist in diesem Kontext also von dem bloß innerlichen Wunsch zu unterscheiden, der die Willkür begleitet.

Daher ist nun die Willkür selbst zu bestimmen, sie ist offenbar nicht etwas nur Subjektimmanentes, etwas nur Innerliches wie der Wunsch; sie ist aber auch nicht etwas das wie Planeten oder Steine unabhängig von Subjekten existieren würde. Die Willkür ist schon etwas, das im Subjekt wurzelt, aber über dieses in die sinnliche Wirklichkeit hinaus ausgreift. Die Willkür definiert Kant in der *Einleitung* zur *Metaphysik der Sitten* folgendermaßen:

> Das Begehrungsvermögen nach Begriffen, sofern der Bestimmungsgrund desselben zur Handlung in ihm selbst, nicht in dem Objekte angetroffen wird, heißt ein Vermögen nach Belieben zu tun oder zu lassen. Sofern es mit dem Bewusstsein des Vermögens seiner Handlung zur Hervorbringung des Objekts verbunden ist, heißt es Willkür; ist es aber damit nicht verbunden, so heißt der Aktus desselben ein Wunsch.[246]

Auch hier unterscheidet Kant offenbar zwischen Wunsch und Willkür. Zunächst die Gemeinsamkeit zwischen Willkür und Wunsch: Beide sind ein Begehren oder Belieben. Begehren ist dadurch ausgezeichnet, dass es vom Subjekt abhängig ist, nach etwas zu streben. Das Subjekt macht sich eine Vorstellung von einem zu erstrebenden Gegenstand. Das geht so vor sich, dass das Subjekt einen Gegenstand faktisch antrifft, sich dann eine Vorstellung davon macht, wie der Gegenstand für es besser beschaffen wäre, und dann beginnt, Handlungen auszuführen, die den Gegenstand im Sinne dieser Vorstellung modifizieren. Dieses Modifizieren besteht in einer Handlung, die letztlich eben durch das Subjekt selbst motiviert ist, nicht durch den Gegenstand. Der Gegenstand ist Anlass der Handlung, das Begehren des Subjekts Ursache. Wäre die Handlung nur durch den Gegenstand motiviert, wäre das Subjekt nur der Spielball der es umgebenden Gegenstände. Das Subjekt ist aber in der Lage, die Welt seinen Vorstellungen gemäß zu transformieren. Deswegen spricht Kant hier davon, dass der Bestimmungsgrund dafür, den Gegenstand zu modifizieren nicht ins Objekt, sondern ins Subjekt fällt. Und deswegen haben wir es hier mit praktischer Vernunft zu tun: Einer vom Subjekt selbst gemachten Vorstellung gemäß wird die Tatsachenwelt transformiert. Darin steckt natürlich die Grundstruktur aller praktischen Handlungen des Menschen, nämlich die rationale Teleologie: Um einen Zweck zu erreichen, bilden wir im Ausgang von einer gegebenen Vorstellung der Wirklichkeit eine Vorstellung, die davon abweicht und somit eine Negation der Wirklichkeit darstellt, weil dort etwas vorgestellt ist, was so eben nicht angetroffen wurde. Dies ist die Zweckvorstellung. Danach werden nun die zu ergreifenden Mittel gewählt, um diesen Zweck zu verwirklichen. Die Teleologie – d.h. die Zweck-Mittel-Relation – ist also eine Grundstruktur der praktischen Vernunft. Es ist bei Willkür und Wunsch nicht der Fall, dass wir einfach durch ein Objekt genötigt oder gezwungen werden. Bei Willkür und Wunsch werden wir nicht durch kausal-mechanische Gesetze gezwungen nach etwas zu streben. Das Begehren kommt aus dem Subjekt, nicht aus dem Objekt. Dies ist natürlich auch der Grund, weshalb wir für unsere Willkür, aber auch für unsere Wünsche, verantwortlich sind und verantwortlich gemacht werden können. Wir können sie letztlich nur uns selbst zuschreiben, nicht einer

246 Kant *MdS*, *Einl.*, 17.

auf uns einwirkenden Welt der Objekte. Unsere Willkür gehört in den Bereich unserer Freiheit.

Nun zum Unterschied von Willkür und Wunsch: Der Wunsch kann ohne Kraft auftreten, etwas auch wirklich im Objekt zu verändern. Wir haben z. B. gute Vorsätze oder oft den Wunsch, mit dem Rauchen aufzuhören, aber das wird nicht deswegen, weil wir es wünschen, auch schon zu einer objektiven Tatsache, der Wunsch selbst mag zwar eine objektive Tatsache sein (z. B. ist er ein Gehirnzustand), aber weder sein Inhalt noch seine Verwirklichung sind deswegen auch schon objektive Tatsachen. Der Inhalt des Wunsches kann auch völlig irreal oder phantastisch sein, z. B. kann man den Wunsch haben, einen anderen Planeten zu besuchen oder mit Engeln zu kommunizieren. Anders ist das bei der Willkür: Sie ist damit verbunden, dass wir genau wissen, dass etwas in unserer Macht liegt, wir es also tatsächlich verwirklichen können und wir zusätzlich die Bestrebung haben, das tatsächlich zu tun. Die Willkür ist ein Streben oder Begehrungsvermögen des Subjekts, etwas in die Wirklichkeit umzusetzen. Willkürliche Handlungen sind also einerseits bewusst und andererseits objektiv möglich. Daraus folgt, wir können uns die Willkür selbst zuschreiben, wir sind hier Akteure, nicht bloß passive Dinge, die etwas hinzunehmen haben, und wir sind auch über das schwächere bloße Wünschen hinaus. Die Willkür hat eine Mittelstellung inne, sie steht zwischen Wirklichkeit, Wunsch und reiner praktischer Vernunft. Sie steht einerseits zwischen raumzeitlicher Wirklichkeit und Verwirklichung, auf die sie ausgerichtet ist, und andererseits folgt sie bzw. kann sie praktischer Vernunft folgen. Kant definiert die menschliche, endliche Willkür noch genauer: Die menschliche Willkür ist nicht nur einerseits durch reine Vernunft bestimmt, sondern, da wir Mischwesen sind, die sich aus Vernunft und Sinnlichkeit zusammensetzen, ist der Mensch andererseits durch die Zufälligkeiten und Kontingenzen seiner Sinnlichkeit mitbestimmt. Daher gilt für unsere Form der sinnlich-intelligiblen Willkür:

> Die menschliche Willkür ist dagegen eine solche, welche durch Antriebe zwar affiziert, aber nicht bestimmt wird, und ist also für sich (ohne erworbene Fertigkeit der Vernunft) nicht rein, kann aber doch zu Handlungen aus reinem Willen bestimmt werden. Die Freiheit der Willkür ist jene Unabhängigkeit ihrer Bestimmung durch sinnliche Antriebe; dies ist der negative Begriff derselben. Der positive ist: das Vermögen der reinen Vernunft für sich selbst praktisch zu sein. Dies ist aber nicht anders möglich, als durch die Unterwerfung der Maxime einer jeden Handlung unter die Bedingung der Tauglichkeit der ersteren zum allgemeinen Gesetze. [...] Diese Gesetze der Freiheit heißen zum Unterschiede von Naturgesetzen, moralisch. Sofern sie nur auf bloße äußere Handlungen und deren Gesetzmäßigkeit gehen, heißen sie

> juridisch; fordern sie aber auch, dass sie (die Gesetze) selbst die Bestimmungsgründe der Handlungen sein sollen, so sind sie ethisch.[247]

Mit Kant kann man also zwei Formen der Freiheit unterscheiden, einerseits eine bloß negative Bedeutung von Freiheit als Freiheit von der Sinnlichkeit; dies ist die Fähigkeit des Menschen einer Affektion durch die Sinne nicht einfach nachzugeben. Bei dieser Freiheit steht im Vordergrund, was man nicht tut. Andererseits gibt es darüber hinaus noch eine positive Bedeutung von Freiheit; dort steht im Vordergrund, was man tut. Dieser positive Begriff von Freiheit besteht darin, sich inhaltlich durch die Vernunft bestimmen zu lassen. Eine Handlung auszuführen, weil die Vernunft sie herausfordert, ist dieser positive, d. h. nur durch Vernunft erfüllte Begriff von Freiheit. – In der Gegenwart gibt es in der praktischen Philosophie einen Streit zwischen Kognitivisten und Nonkognitivisten. Die Kognitivisten behaupten, dass praktische Vernunft durch inferentielle Einsicht geleitet ist, und die Nonkognitivisten sagen dagegen, dass es mit der Willensentscheidung im praktischen Handeln eine Dimension gibt, die nicht mehr nur durch schlussfolgernde Einsicht in Gründe erklärt werden kann, sondern eine unmittelbare Intuition bildet. In gewissem Sinne nimmt Kant hier eine Mittelstellung ein, denn nach ihm widerspricht es sich nicht, eine unmittelbare Willensentscheidung aus eingesehenen Gründen zu vollziehen. Das ist insofern einleuchtend, als es kognitivistische praktische Vernunft gibt, d. h., man rationalisiert sich manchmal seine Handlungen vor der Tat und überlegt, was geschehen soll, manchmal geht es aber auch andersherum und man rationalisiert die Tat erst, nachdem sie geschehen ist, und wird sich dann der guten Gründe ausdrücklich inne, die man zuvor vielleicht nur latent hatte, man kann natürlich auch von sich selbst enttäuscht werden und sehen, dass man eigentlich keine Gründe, schlechte oder gar bösartige hatte. Eine flexible Strategie, jene Disjunktion zu unterlaufen, wird also unserer tatsächlichen Praxis eher gerecht, als sich nur auf einer der beiden Seiten zu positionieren. –

In völliger Reinheit ist die positive Freiheit für das Mischwesen Mensch, der ein durch und durch synthetisches Wesen aus Sinnlichkeit und Vernunft ist, natürlich nicht zu realisieren und sicherlich ist es bei einem solchen Mischwesen auch schwierig, überhaupt solche letztlich aus bloßer praktischer Vernunft heraus motivierten Handlungen sicher festzustellen, woraus nicht folgt, dass es sie nicht gibt, und auch nicht, dass wir sie nicht ausführen, aber es fällt uns schwer, sie als solche einzusehen. Jede unserer Handlungen wird von sinnlichen Neigungen begleitet; dennoch gibt es Fälle, in denen mit ziemlich großer Sicherheit festge-

247 Kant *MdS, Einl.*, 18.

stellt werden kann, dass die letzte Motivation, der letzte Bestimmungsgrund zu einer Handlung nicht aus der Sinnlichkeit stammen kann. Das sind zumeist solche extremen Handlungen, die dem Nutzen für das Sinnenwesen Mensch völlig entgegenstehen. Das können tragische oder selbstlose Handlungsverstrickungen sein, bei denen uns deutlich wird, dass das Leben nicht das höchste aller Güter ist.

Kant verwendet in diesem Zitat einen weiteren Begriff von „Moral", als den ethikspezifischen. Nicht nur solche Handlungen geschehen aus praktischer Vernunft, die innerlich unseren eigenen Willen betreffen, sondern es sind auch solche Handlungen praktisch-vernünftig zu nennen, die intentional auf ein alter ego abzielen. Die Moral ist danach in einer ersten, noch unspezifischen Bestimmung allgemein derjenige Bereich, der Handlungen bewertet, der also im Unterschied zu Naturgesetzen nicht deskriptiv, sondern normativ, präskriptiv ist. Geht es nur um die äußere Handlung als solche, die vernünftig motiviert ist und reglementiert werden soll, dann haben wir es mit juridischen Gesetzen zu tun, geht es jedoch zusätzlich zu der äußeren Handlung auch noch darum, was das Subjekt zu dieser Handlung im Inneren motiviert hat, und versuchen wir die Reglementierung der inneren Motivationen für Handlungen aufzustellen, dann befinden wir uns im Bereich der ethischen Gesetze im engeren Sinne.

Die generelle Struktur von Handlungsmotivation ist zu beschreiben: Eine durch praktische Vernunft motivierte Handlung liegt dann vor, wenn ein Subjekt sich eine subjektive Maxime vorsetzt, z.B.: „Ich will für mich entscheiden, ein möglichst bequemes Leben zu führen", oder: „Ich will für mich entscheiden, dass ich möglichst viel Profit erwirtschafte", oder: „Ich will für mich entscheiden, nicht mehr zu lügen". Man darf sich nun nicht nur danach fragen, wie dies in den individuellen und kontingenten Konstellationen des je eigenen und jeweils spezifischen Alltags funktionieren mag und ob man damit in den besonderen Situationen durchkommt, die sich mir mit einiger Sicherheit morgen oder übermorgen stellen werden. Wenn man sich nur danach fragt, wird wieder die individuelle und d.h. letztlich sinnliche Situation darüber entscheiden, wie meine Handlung motiviert ist. Dann bewegt man sich zwar in einem sehr weiten Sinne auch auf der Ebene praktischer Rationalität, aber dies sind in Kants Sicht nur hypothetische Imperative, die eine Lebensklugheit ergeben, aber keine wirkliche Gesetzmäßigkeit für unser Handeln. Hypothetische Imperative der Lebensklugheit geben höchstens statistische Mittelwerte für erfolgreiche Handlungsstrategien, aber keine juristischen oder ethischen Gesetze, die ja eben allgemeingültig sein sollen. Im Gegenteil, man muss sich also nur nach möglichst allgemeinen Gesichtspunkten danach fragen, wie der Wille motiviert sein soll, der die aus den als Beispielen genannten Maximen folgenden Handlungen ausführt, dann ist die Handlung aus dem Blickwinkel der praktischen *Vernunft* in einem anspruchsvollen Sinne entschieden. Je spezifischer und je individueller die Motivationen für eine Handlung sind, umso sinnlicher sind sie. Je allgemeiner, desto mehr ist die reine praktische Vernunft das Motivierende für eine Handlung. Das ist dadurch bedingt, dass nach Kant Individualität, Partikularität und Kontingenz im Bereich des Prakitschen auf die Seite der Sinnlichkeit fallen und die Allgemeinheit und Notwendigkeit etwas Nicht-Sinnliches, d. h. der Vernunft Zukommendes sein muss. Je allgemeingültiger also die motivationale Ebene für eine Handlung ist, desto mehr ist die Handlung aus reiner praktischer Vernunft begründet. Je spezifischer, je individualistischer die motivationale Ebene begründet ist, desto mehr ist die Handlung aus der Sinnlichkeit heraus begründet. Daher ist Allgemeingültigkeit ein sicheres Kriterium für die Vernünftigkeit einer Handlung. Das bedeutet natürlich nicht, dass man nicht auch aus individuellen Motivationen heraus eine großartige Entscheidung treffen kann, und oft ist bei großen Persönlichkeiten die ganz spezifische, individuelle Handschrift in einzelnen Handlungen wiedererkennbar. Aber sobald man Gründe für eine Handlung angeben will, muss man allgemeingültig(er) argumentieren. Wenn man hinsichtlich eines guten Grundes für eine Handlung nur angeben kann „Ich tat es, weil es ausschließlich mir gefiel und ein anderer kann das ohnehin nicht nachvollziehen", dann gibt man keinen Grund an, sondern fällt, mit etwas Glück, höchstens ein Geschmacksurteil.

Wichtig ist hier auch, wie Kant hervorhebt, dass derartige frei gewollte Allgemeinheiten und vernünftig motivierte Allgemeingesetzlichkeiten, moralische Gesetze und eben nicht Naturgesetze sind. Zwar haben Natur- und Moralgesetz den Gesetzescharakter gemeinsam, d. h., beide gelten allgemein und objektiv. Aber das Moralgesetz ist normativ, d. h., es schreibt vor, wie wir handeln sollen, und lässt uns selbst die Entscheidung, ob wir wirklich so handeln oder nicht. Wir haben diese Freiheit im Unterschied zu den Gravitationsgesetzen der Natur; diese lassen den Planeten nicht die Freiheit, sich so oder anders entscheiden zu können. Natur- und Moralgesetz gelten für unterschiedliche Bereiche der Wirklichkeit. Freiheitsgesetze sind prinzipiell zwar nicht auf Naturgesetze zurückzuführen, weil in diesen nie anzugeben ist, wie sich ein Gegenstand verhalten *soll*, sondern dort wird nur mit möglichst großer, komparativer Allgemeingültigkeit beschrieben, wie sich ein Gegenstand faktisch verhält. Und trotzdem müssen unsere Freiheitsgesetze mit den Naturgesetzen kompatibel sein oder zumindest als kompatibel mit ihnen gedacht werden, sonst gäbe es gar nicht die Möglichkeit, unsere Freiheitsgesetze in Raum und Zeit, also in der Sphäre der Natur, auch zu verwirklichen. Man kann diesen Unterschied und die Zusammenpassung von Freiheit und Natur z. B. sehr genau am Phänomen der Selbsterhaltung analysieren. Einerseits ist Selbsterhaltung ein natürlicher Trieb des Tieres Mensch, der Mensch wird durch natürliche Prozesse zu ihr gedrängt, ist in dieser Hinsicht heteronom und in die Natur passend, andererseits gibt es für den Menschen ein Recht auf Selbsterhaltung. Wenn man ein Recht auf Selbsterhaltung hat, verändert sich jedoch der natürliche Prozess der Selbsterhaltung vollständig, denn nun kann jemand, der einem dieses Recht beschneidet, dafür zur Verantwortung gezogen werden und man *darf* es einem nicht nehmen. Gleichwohl, und das macht die Zusammenpassung von Natur und Freiheit plausibel, schließt es sich nicht aus, dass ein und dasselbe Lebewesen gleichzeitig auf natürlichem Wege Selbsterhaltung praktiziert und andererseits ein Recht dazu hat, sich selbst zu erhalten. Eine Mücke, die von einer Schwalbe attakiert wird, kann dieses Recht nicht in Anspruch nehmen, sie kann höchstens hoffen, keiner Schwalbe zu begegnen, das ist dann Selbsterhaltung durch Zufall, dass man nur zufälligerweise Selbsterhaltung praktizieren kann, soll durch das Recht verhindert werden.

Kant setzt zunächst einfach definitorisch fest, dass er diejenigen moralischen Gesetze – in dem angegebenen weiten Sinn von „Moral" –, die auf äußere Handlungen gehen, also auf solche Handlungen, die zwar im Bewusstsein von Subjekten gewollt werden, die aber tatsächlich und faktisch im Raum feststellbar sind, als „juridisch" bezeichnen wird. Haben wir es aber mit Handlungen zu tun, bei denen zusätzlich danach gefragt werden kann, ob ihre Motivation im Subjekt der Wille war, ein allgemeines Gesetz zu befolgen, dann haben wir es mit ethischen Gesetzen zu tun. Hier haben wir die „Ethik" als „Moral" im engeren Sinn zu verorten. Die Ethik unterscheidet sich dadurch vom Recht, dass sie weitergehend hinterfragt, wodurch die Handlung des zu beurteilenden Subjekts motiviert war. Bewertet das juridische Gesetz die faktisch feststellbare äußere Handlung und die an äußeren Kriterien feststellbare Motivation (z. B. ob jemand aus niederen Beweggründen gemordet hat), so geht die Ethik weiter und fragt danach, ob die Motivation für eine Handlung im Subjekt ein allgemeingültiges Gesetz oder letztlich nur aus partikulären Absichten eines Subjekts motiviert war.

Wenden wir dies nun auf das Zitat aus § B der Rechtslehre an, wird deutlich und plausibel, was Kant dort meint: Es geht beim Recht nicht um die bloß subjektiv-innerlichen-phantastischen Wünsche, die unsere praktischen Handlungen begleiten können, sondern es geht um die Willkür, also um diejenigen bewussten und objektiv aus den Taten heraus bestimmbaren Begehrungen und praktischen Vorstellungen eines menschlichen Subjekts, die in den äußeren, feststellbaren Handlungen Konsequenzen für uns selbst und andere haben. – Als Behaviorist schüttet man also das Kind mit dem Bade aus, wenn man sagt, keinerlei innere Motivationen seien objektiv feststellbar, sondern nur das äußere Verhalten; das Innenleben sei nur eine Black-Box. Gerade gute Juristen sind exzellente Psychologen oder sie lassen sich von solchen Gutachten ausstellen, um die Motive objektiv festzustellen. Man darf Objektivität nicht zu eng verstehen, z. B. im Sinne von raum-zeitlich messbaren, experimentell wiederholbaren, physikalischen Ereignisfolgen; es gibt auch eine psychologisch konstatierbare Objektivität. –

Nun also wieder zurück zu dem für Kants Rechtstheorie zentralen Zitat aus § B und zum nächsten Satz über das Wesen bzw. den Begriff des Rechts:

> Drittens, in diesem wechselseitigen Verhältnis der Willkür [d.h. zwischen verschiedenen Subjekten; Einf. R.S.] kommt auch gar nicht die Materie der Willkür, d.i. der Zweck, den ein jeder mit dem Objekt, was er will, zur Absicht hat, in Betrachtung, z.B. es wird nicht gefragt, ob jemand bei der Ware, die er zu seinem eigenen Handel von mir kauft, auch seinen Vorteil finden möge, oder nicht, sondern nur nach der Form, im Verhältnis der beiderseitigen Willkür, sofern sie bloß als frei betrachtet wird, und ob die Handlung Eines von beiden sich mit der Freiheit des Anderen nach einem allgemeinen Gesetze zusammen vereinigen lasse. Das Recht ist also der Inbegriff der Bedingungen, unter denen die Willkür des einen mit der Willkür des anderen nach einem allgemeinen Gesetze der Freiheit zusammen vereinigt werden kann.[248]

Hier ist klärungsbedürftig, was mit der „Materie der Willkür" gemeint ist. Die Materie der Willkür ist der verfolgte Zweck. Hiermit betont Kant, dass für die Feststellung der Legalität einer Handlung nicht entscheidend sein darf, welchen Zweck jemand inhaltlich mit einer Handlung verfolgt. – Ein sittenwidriges Angebot kann vielleicht durchaus gut gemeint sein, dennoch bleibt es sittenwidrig; und umgekehrt kann ein Angebot, hinter dem eine bösartige Motivation steckt, durchaus legal sein. – Beim Recht geht es – analog zur Ethik im engeren Sinne – nur um die Form der Willkür, nicht um deren Inhalt. Die Frage nach der Legalität, betrifft nur die Verträglichkeit einer freien, willkürlichen Handlung mit den freien, willkürlichen Handlungen anderer Subjekte. Man fragt nicht danach, ob eine Handlung auch einen rationalen Zweck hat oder nicht, sondern nur danach, ob sie mit der Handlungsfreiheit anderer zusammen bestehen kann. Kants Beispiel veranschaulicht das sehr gut: Bei Wirtschaftsgesetzen ist z.B. nicht danach zu fragen, ob ein bestimmter überteuerter Preis dem Käufer einen Vorteil einbringt oder ob er damit glücklich werden kann, wenn er einen überteuerten Preis bezahlt. Vielmehr ist für die Legalität eines Wirtschaftsgesetzes nur relevant, ob es z.B. ein so überhöhter Preis ist, dass die Freiheit des einen Subjekts durch die Freiheit im Ansetzen eines Preises durch ein anderes Subjekt aufgehoben wird. Das Recht fragt also nicht danach, ob eine bestimmte Handelsform Menschen zu ihrem eigenen Vorteil gereicht, sondern sie hat nur danach zu fragen, ob die Freiheit des kaufenden Subjekts mit der Freiheit des verkaufenden Subjekts koordiniert und gesetzmäßig zusammen bestehen kann. Wenn also die Freiheit des verkaufenden Subjekts die Freiheit des kaufenden Subjekts aufhebt, dann ist dies illegal – angesichts dessen ist irrelevant, welchen Zweck die kaufende oder die verkaufende Person damit verbunden hat. – Aus heutiger Sicht muss man sicherlich hinzu-

248 Kant *MdS RL*, § B, 38.

setzen, dass durchaus in juristischer Sicht der Zweck einer Handlung Berücksichtigung findet. Wenn der Zweck eines Raubes war, verhungernde Kinder zu retten, darf man getrost mit einer Strafminderung rechnen, ging es dagegen aus niederen Beweggründen darum, anderen Nahrungsmittel vorzuenthalten, um deren Preis in die Höhe zu treiben, nicht. –

Der letzte Satz im Zitat bildet die entscheidende Definition des Rechts, die § C wiederholt. In dieser Definition des Rechts haben Willkür, Intersubjektivität und koordinierte Freiheit offenbar eine zentrale Rolle inne.

Nun kann die Freiheit aus rechtlicher Perspektive genauer bestimmt werden: Sie besteht darin, dass ein jeder von der nötigenden Willkür eines anderen unabhängig ist und zwar soweit, wie seine Freiheit nicht die Freiheit des anderen aufhebt. D.h., ich bin soweit mein eigener Herr, als einerseits die Sphäre meiner Handlungen nicht durch die Handlungen des anderen eingeschränkt oder – wie Kant sagt – „lädiert" wird, und andererseits ist in dieser Freiheit meiner Handlungssphäre umgekehrt impliziert, dass meine Freiheit an der Freiheit des anderen ihre Grenze findet. Ich habe die Anerkennung zu leisten, dass die Freiheit meiner Handlungen an der Freiheit des anderen ihre Grenze hat, d. h., auch meine Handlungen dürfen die Handlungsfreiheit des anderen nicht lädieren. Dies ist nach Kant das *einzige* angeborene Recht, d. h., mit diesem *einen* Recht ist der Bereich des Naturrechts vollständig definiert und abgesteckt.[249] Dieses Naturrecht steht dem positiven Recht gegenüber; das positive Recht erschafft nicht dieses Menschenrecht, sondern umgekehrt wird das positive Recht dadurch legal, dass es dieses Menschenrecht in spezifischeren Gesetzen ausformuliert.

Aus dieser Definition von Recht folgt die Definition von Unrecht: Derjenige, der die Ausübung der Freiheit eines anderen Subjekts unterbindet, verübt ein Unrecht. Unrecht besteht daher in der Aufhebung der koordinierten Freiheit der verschiedenen Personen und diese Form der Handlungsläsion kann nicht als allgemeines Gesetz bestehen. D.h., es führt zu einem instabilen Zustand, wenn jeder die Freiheit des anderen aufheben kann, der Hobbessche Zustand des Krieges aller gegen alle droht. Das Grundgesetz des Rechts ist selbst keine Maxime, die sich ein Subjekt wählen kann oder auch nicht, sondern eine vorschreibbare Regel für das faktische Verhalten aller. Die Bestimmung, wie Maximen beschaffen sein sollen, gibt im Unterschied zu dieser Grundrechtsregel die Ethik an. Maximen sind subjektiv gewollte Handlungsanweisungen; z. B.: „Ich will mein Handeln so einrichten, dass ich möglichst viel Besitz erwerbe". Das Recht kann mit seinem Grundgesetz nur das äußere Verhalten regulieren, nicht die inneren Einstellungen.

---

249 Vgl. Kant *MdS RL*, *Einteilung*, 47.

> Es folgt hieraus auch: dass nicht verlangt werden kann, dass dieses Prinzip aller Maximen selbst wiederum eine Maxime sei, d.i. dass ich es mir zur Maxime meiner Handlung mache; denn ein jeder kann frei sein, obgleich seine Freiheit mir gänzlich indifferent wäre, oder ich im Herzen derselben gerne Abbruch tun möchte, wenn ich nur durch meine äußere Handlung ihr nicht Eintrag tue. Das Rechthandeln mir zur Maxime zu machen, ist eine Forderung, die die Ethik an mich tut.[250]

Wenngleich Kant dies nicht ausführt, verhindert er mit diesem Gedanken, dass das Grundrecht, also das Prinzip des Rechts oder das angeborene Menschenrecht nicht selbst eine Maxime ist und aus juristischer Sicht auch keine Maxime zu sein braucht, die man von jedem Einzelnen einfordern könnte, einen Zirkel. Das Prinzip des Rechts soll Maximen regulieren, daraus folgt: Es kann nicht selbst eine Maxime sein, denn wenn das Prinzip schon eine Maxime wäre, dann müsste ja auch diese wiederum geregelt werden. Dies würde in einen unendlichen Regress von jeweils zu regelnden Maximen führen und ebenso zu einer Subjektivierung des Rechts, denn Maximen sind nur subjektive Handlungsintentionen. Andererseits muss man aus heutiger Sicht ergänzen, dass durchaus auch subjektive Maximen bei einer Handlung juristische Berücksichtigung finden, denn ein Mord aus niederen Motiven wie Habsucht ist juristisch anders zu bewerten als ein Mord aus irgendwelchen edlen und nicht selbstsüchtigen Motiven heraus. Dies widerspricht aber nicht der Konzeption Kants, denn wenngleich hier mildernde Umstände oder die psychische Verfassung des Täters zu unterschiedlichen Strafmaßen führen, so bleibt doch die Tat als solche strafbar, weil sie nicht ein allgemeines Handlungsgesetz sein kann und zur Berücksichtigung der Motive führt eben Kants Lehre von der Willkür als Form äußerer Freiheit. Man kann also die philosophische Perspektive Kants dahin gehend verteidigen, dass es dort nur um die notwendigen Bedingungen von Recht und Unrecht geht.

Dass ich meine Freiheit an der Freiheit des anderen begrenzen soll und dieser andere daher auch verbunden ist, seine Freiheit an meiner Freiheit zu begrenzen, ist nach Kant ein Vernunftgesetz. Daraus folgt, dass man dieses Gesetz nicht aus einem noch dahinter liegenden oder höheren Gesetz ableiten kann. Dieses Gesetz wechselseitiger Freiheitseinräumung ist somit als eine Struktur oder als eine Form der Vernunft selbst zu bestimmen. Und weil es zur Vernunft selbst gehört, Freiheit nicht aufheben zu wollen, kann man das Prinzip des Rechts nicht weiter begründen oder herleiten; aus der Autonomie der Vernunft selbst folgt das Rechtsprinzip, „sondern die Vernunft sagt nur, dass sie in ihrer Idee darauf eingeschränkt sei und von anderen auch tatsächlich eingeschränkt werden dürfe;

250 Kant *MdS RL*, § C, 39.

und dies sagt sie als ein Postulat, welches gar keines Beweises weiter fähig ist."[251] Man könnte Kant hier den Vorwurf machen, dass er ein Prinzip einfach setzt und offenbar eine weitere Begründung nicht zulassen will. Man kann ihm daher auch vorwerfen, dass er ein Prinzip als unbegründete Setzung aufstellt. Damit, so kann man ihm noch weiter vorwerfen, versucht er, das Recht bzw. das Naturrecht zu zementieren und gegen Kritik zu immunisieren. Weshalb sollte man das Recht in dieser einfachen Setzung akzeptieren? Unterliegt die Anerkennung äußerer Freiheit nicht auch schon wieder einer kontraktualistisch zu legitimierenden Einigung? Kant würde sich dagegen wohl mit dem Argument wehren, dass Prinzipien, die sich noch weiter aus anderem begründen lassen, eben gar keine Prinzipien sind, denn was auf anderes zurückgeführt werden kann, ist nicht Prinzip im eigentlichen und strengen Sinn. Die Unmöglichkeit einer weiteren Herleitung zeigt einfach das Apriori des angeborenen Rechts bzw. des Natur- besser Vernunftrechts. Außerdem kann man als ein weiteres Argument gegen eine z. B. kontraktualistische Fundierung des Menschenrechts das folgende Argument ins Feld führen: Wenn man argumentieren würde, dass das prinzipielle Naturrecht bzw. das prinzipielle Menschenrecht selbst dadurch zu legitimieren ist, dass es zum Gegenstand einer Abstimmung mit Mehrheitsentscheid gemacht wird oder dadurch dass es zum Gegenstand der freien Wahl eines einzelnen rationalen Egoisten gemacht wird, wenn das angeborene Menschen- oder Naturrecht also selbst kontraktualistisch gerechtfertigt werden soll, dann kann man sagen, dass dies das Kantische Menschenrecht schon voraussetzt, denn auch jene Abstimmungssituation darf ja nicht durch Zwang gekennzeichnet sein, sondern es muss eine Entscheidung sein, die auf der freien Wahl basiert, sonst wäre sie nicht gerechtfertigt. Das Menschenrecht setzt sich also in gewisser Weise selbst!

2 Exkurs: Rawls und der Urzustand

An dieser Stelle lässt sich ein sinnvoller Bezug zur Gerechtigkeitstheorie von John Rawls[252] herstellen. Nach Rawls unterliegen alle gerechtfertigterweise akzeptierten Gesetze und Rechte einer Gesellschaft dem Kontraktualismus, also der Zustimmung der von diesen Gesetzen Betroffenen. Man kann daraus einen Gegensatz zum angeborenen Recht Kants konstruieren; denn man könnte sagen, dass

251 Kant *MdS RL*, § C, 39.

252 Vgl. John Rawls *A Theory of Justice* (1971); dt. *Eine Theorie der Gerechtigkeit*, Frankfurt a.M. 1979. Zum Kantianismus von Rawls vgl. neuerdings Robert Taylor *Reconstructing Rawls. The Kantian Foundations of „Justice as Fairness"*, Pennsylvania 2011. Außerordentlich subtil wird Rawls kritisiert von: Robert Nozick *Anarchie Staat Utopia*, München 2006, 243–305.

auch dieses angeborene Recht, das Naturrecht nicht wirklich angeboren und vom apriorischen Wesen der Vernunft her gültig ist, sondern erst der rationalen Zustimmung derer bedarf, für die es gelten soll. Sonst würde man sich mit Kant jener problematischen Situation schuldig machen, dass man die Grundlage des Rechts einfach setzen muss und nicht selbst wieder konkret begründen kann. Aus Rawls' Sicht könnte man also sagen: Es können keine Rechte als gültig gerechtfertigt angesehen werden, die man nicht dem Zustimmungsprozess von rationalen Egoisten unterzogen hat, das ist beim Naturrecht nicht der Fall, insofern schwebt das angeborene Recht oder das apriorische Vernunftrecht Kants in der Luft und hat ein Legitimationsproblem. Rawls verlegt in seiner *Theory of Justice* diese Kontrollsituation der Rechtfertigung in den sog. „Urzustand“, die Original Position, in der rationale Argumente von Gleichberechtigten gleichberechtigt zählen. Die Subjekte im Urzustand zeichnet ein Schleier des Nichtwissens, Veil of Ignorance, aus: Sie haben kein Wissen um die Einzelheiten der eigenen zukünftigen Stellung in der Gesellschaft, sie wissen nicht, ob sie durch ein jeweiliges Gesetz zu den Bevorzugten oder den Benachteiligten gehören werden; dies ist der berühmte „Schleier des Nichtwissens“, der nach Rawls den Egoismus der freien Entscheidungssubjekte in gemäßigte und rationale Bahnen lenkt.

Dieser „Urzustand“ impliziert aber meiner Meinung nach schon das von Kant hier herausgearbeitete Menschenrecht, denn in Rawls' Urzustand selbst, also in der Abstimmungssituation hinter dem Schleier des Nichtwissens wird schon akzeptiert und vorausgesetzt, dass dabei kein Subjekt die anderen unterdrückt oder ihre Freiheit, sich für die eine oder andere Alternative zu entscheiden, mit Gewalt, Erpressung oder anderen unfairen Mitteln aufhebt. Nur durch diese schon gewährleistete Anerkennung der Freiheit des anderen als Voraussetzung für den Urzustand kann man sich dann für Folgeformen von Gerechtigkeit als Fairness entscheiden. Kant würde also – und auch Rawls selbst weist ja darauf hin, dass er eigentlich Kantianer ist – argumentieren, dass man bei dem Versuch, das Menschenrecht zu fundieren, dieses immer schon voraussetzen muss. Hier geht es nicht darum, wofür oder wogegen man sich in Rawls' Urzustand als Folgegesetz für eine dann später einzurichtende faire Gesellschaft entscheiden würde, sondern es geht darum, wie der Urzustand selbst und die dort vorzunehmende Entscheidung aufgebaut ist. Und wenn Rawls den Urzustand selbst als einen Zustand konzipiert, der nicht durch Zwang, Macht, Unfairness oder Ungleichheit legitimiert wird, setzt er damit in gewissem Sinne das angeborene Menschenrecht à la Kant schon voraus. Es bildet die Legitimationsbasis, die nicht durch etwas anderes legitimiert werden kann, sondern die unhintergehbare Quelle von Rechtslegitimation auf der äußersten Entscheidungsebene darstellt.

Man kann Kant mit Rawls präzisieren: Die Unhintergehbarkeit von Menschenrechten und dass sie ein Letztes, ein Prinzip sind, zeigt sich daran, dass wir den Urzustand, also das äußerste Legitimationskriterium für zur Entscheidung stehende Gesetze, so konzipieren müssen, dass schon dort jenes Menschenrecht auf wechselseitige Freiheit bestehen muss. – Dies zeigt die Unhintergehbarkeit des Menschenrechts, wie es auch z. B. das Grundgesetz der BRD mit der Unantastbarkeit der Würde des Menschen herausstreicht. – Wenn also die wechselseitige Freiheit ein nicht sinnvoll aus dem Urzustand zu abstrahierendes Element bildet, zeigt das ihren Prinzipienstatus, und das impliziert, dass die wechselseitige Freiheit selbst nicht in einer legitimen Weise zur Disposition stehen kann. Das liegt an Folgendem: Jede Fundierung des Menschenrechts müsste selbst gerechtfertigt sein; also müsste auch eine kontraktualistische Fundierung gerechtfertigt sein, d. h., sie muss in einem Urzustand geschehen, der selbst schon wieder Gleichheit und Freiheit der entscheidenden Subjekte impliziert. Eine ungerechtfertigte und unfaire – z. B. aus bloßer Autorität oder unter Morddrohung geschehende – Begründung von Menschenrecht wäre eben keine gerechtfertigte Begründung. Man hätte mit ungerechtfertigten Mitteln Legalität begründet.

So weist auch der Urzustand von Rawls selbst schon Strukturen der Gerechtigkeit und Rechtsgleichheit auf, er schafft nicht nur Gerechtigkeit in Folgegesetzen für bestimmte Gesellschaften, das sicherlich auch, aber wenn Rawls bereits für die Abstimmungssituation des Urzustands für die Subjekte gleiche Bedingungen fordert oder wenn gefordert ist, dass dem sich entscheidenden rationalen Egoisten nicht unfair vorgeschrieben wird, wofür er sich im Urzustand entscheiden soll, ist das bereits die Anerkennung, dass die Freiheit des einen nicht die Freiheit des anderen aufheben darf. Wenn man im Rawlsschen Urzustand die Entscheidung für die einen oder anderen spezifischeren Gesellschaftsgesetze herbeiführen würde, indem man zulässt, dass die stärksten oder am besten bewaffneten Subjekte die Entscheidung für andere treffen können, dann wären weder die Folgegesetze noch die Urzustandssituation aus Rawls' Sicht gerechtfertigt. Daher kann man mit Kant für seine einfache Setzung des obersten Rechtsprinzips argumentieren, es ist eben die uneinholbare Quelle aller intersubjektiven, zwischenmenschlichen Rechtfertigung für Handlungsvollzüge und deswegen muss auch Rawls, der mit seinem „Schleier des Nichtwissens" eine äußerst abstrakte Situation im Urzustand konzipiert, bereits die Anerkennungsfreiheit voraussetzen. Man kann Kant und Rawls also zusammenführen, denn Rawls setzt implizit die apriorische Geltung des Kantischen Menschenrechts für seinen Urzustand voraus. Das gilt natürlich auch dann, wenn Rawls selbst ausführt, dass im Urzustand alles verhandelbar ist und es dort keine Tabus gibt; es könnten sogar Unfreiheit oder Gesetze der Unfreiheit gewählt werden. Aber diese Wahl selbst, so würde man mit Kant ausführen können, muss frei sein; sonst wäre sie eben nicht gerechtfertigt. – Allerdings steckt darin die Inkohärenz, aus Freiheit die Freiheit aufgeben zu wollen. Faktisch kann das zwar beschlossen werden, rechtslogisch ist es aber ein

Selbstwiderspruch, der zur Aufhebung des Vertrags führt, denn hinterher ist eine der Parteien kein juristisches Subjekt mehr. – Ein ähnliches Autonomie-Prinzip der Politik wie Rawls' Gerechtigkeitsprinzip, das der Legitimation aus dem Urzustand unterliegt, zeigt sich auch, wenn Kant in seinem berühmten *Aufklärungsaufsatz* postuliert, dass in einem Staat von der Regierung nur solche Gesetze legalerweise beschlossen werden können, die die Beherrschten, d. h. das Volk, sich auch selbst geben wollte.

Wenn Rawls allerdings für die Repräentanten hinter dem Schleier des Nichtwissens folgert, dass sie selbst und auch die, die sie repräsentieren, vorsichtige, risikominimierende rationale Egoisten sind, ist das meiner Meinung nach zuviel, denn dass Menschen in der original position oder auch danach vorsichtig sind und zu große oder unkalkulierbare Risiken scheuen, ist wenig plausibel. Es ist auch schon kritisiert worden, dass Rawls einem Hasardeur, der sich hinter den veil of ignorance verirrt, nicht viel entgegenzusetzen hat. Der Mensch scheint de facto gar kein Risiko zu scheuen, wenn nur das Gewinnversprechen groß genug ist. Das sieht man schon im Kleinen daran, dass trotz höchster Verlustwahrscheinlichkeit sehr viele Lotto spielen, im Großen zeigen das riskante Finanzgeschäfte oder riskante politische Strategien. Der Mensch ist kein Risikominimierer. A priori folgt die vorsichtige Natur auch nicht rein begrifflich aus der Vernünftigkeit. Um überhaupt Risiken einer bestimmten Art, seien sie nun groß oder klein, einzugehen, muss man vernünftig sein und Zusammenhänge erkennen. Auch derjenige, der große Risiken eingeht, erfüllt diese Minimalbedingung von Vernünftigkeit, er folgt einer selbst gemachten Vorstellung oder Regel im weitesten Sinne. Und wenn dann, was bei Risikofreudigen oft geschieht, versucht wird, die Kosten des Risikos auf andere abzuwälzen, erfüllt selbst das noch einen Minimalbegriff von Vernünftigkeit. Umgekehrt folgt aus dem reinen Vernunftbegriff aber auch nicht, dass der Mensch ein Risikomaximierer ist. Insofern müssen die original position, die Repräsentanten und die Repräsentierten eigentlich risikoneutral konstruiert werden; ob Menschen das Risiko lieben oder verabscheuen, dürfte für den Gesellschaftsvertrag keine Rolle spielen. Will man aber Risikobereitschaft in das Kalkül einbeziehen, ist die Strategie der Kontraktualisten Hobbes und Kant jedenfalls einleuchtender, nämlich vom worst case auszugehen und den Vertrag so zu konstruieren, dass selbst Hobbessche Wölfe oder Kantische Teufel zustimmen würden. So kann der Verdacht eines Wunsch- oder Zirkeldenkens, das einen manchmal bei der Lektüre von Rawls' *Theory of Justice* überkommt, vermieden werden.

3 Kants philosophischer Rechtsbegriff – Fortsetzung

Das Rechtsprinzip impliziert mit der Symmetrie die Gleichheit der Rechtssubjekte. Das drückt Kant in seinem Essay *Zum ewigen Frieden* (1795) so aus:

> Vielmehr ist meine äußere (rechtliche) Freiheit so zu erklären: sie ist die Befugnis, keinen äußeren Gesetzen zu gehorchen, als zu denen ich meine Beistimmung habe geben können. – Ebenso ist äußere (rechtliche) Gleichheit in einem Staate dasjenige Verhältnis der Staatsbürger, nach welchem keiner den anderen wozu rechtlich verbinden kann, ohne dass er sich zugleich dem Gesetz unterwirft, von diesem wechselseitig auf dieselbe Art auch verbunden werden zu können.[253]

Verbindlichkeit kann also nur dort bestehen, wo das Subjekt selbst hat zustimmen können, unter diesen Gesetzen zu stehen, es muss es nicht ausdrücklich tun, aber es muss es tun können, nämlich dann, wenn es vernünftig überlegen würde. Die Obligation sich an ein Gesetz zu halten, kann nur dort und nur von demjenigen gefordert werden, der für sich ebenfalls das Gesetz als verbindlich ansieht, insofern können nur rechtlich Gleichgestellte einander zur Einhaltung von Gesetzen verbinden. Einen Souverän, der über dem Gesetz steht, kann es in einem Rechtsstaat nicht geben, zumal in einem demokratischen Rechtsstaat, wo das Volk der Souverän ist. Stünde dort der Souverän über dem Gesetz, würde das bedeuten, das Volk stünde über dem Gesetz.

Das Prinzip des Rechtes, das angeborene oder apriorische Recht, hat in Kants Rechtsphilosophie somit verschiedene Bedeutungen: Erstens hat es axiomatische Bedeutung, denn es stellt als letzter Bezugspunkt die äußerste Grenze des Rechtes dar; etwas, auf das man sich in letzter Instanz berufen kann. Diese letzte Berufungsinstanz verweist in ihrer Letztheit darauf, dass sie ein Axiom des Rechtes im strengen Sinne ist, wenn sie aufgegeben würde, wäre die Autonomie der Vernunft mitaufgegeben. Das Rechtsprinzip ist in seiner axiomatischen Bedeutung eben nicht weiter auf andere Rechtsgesetze zurückzuführen. Zweitens hat das Prinzip des Rechtes aber auch systematische Bedeutung, denn aus ihm folgen andere Rechtsgesetze, d.h., das Prinzip generiert weitere Rechtsbestimmungen. Und drittens hat das Rechtsprinzip eine optimierende Bedeutung, denn es ist das Richtmaß, an dem man sich orientieren muss, wenn man möglichst große Freiheit zwischen Subjekten und d.h. letztlich in Gesellschaft und Staat realisieren will. Das Rechtsprinzip hat also a) axiomatische, b) systematische und c) optimierende Bedeutung. Aufgrund dieser drei Aspekte des Rechtsprinzips kann man Kant nicht vorwerfen, sein Rechtsprinzip sei unbegründet und es fehle eine Angabe von

---

253 Kant *Zum ewigen Frieden*, Hamburg 1992, 60, Anm.

Gründen, warum wir es akzeptieren sollten. Axiologische, systematische und optimierende Funktion des Rechtsprinzips legitimieren es.

4 Recht und Zwang

Begrifflich impliziert das Recht Zwang und damit auch Strafe bzw. Strafandrohung. Damit wird noch nicht gesagt oder spezifiziert, welcher Zwang oder welche Strafe durch das Recht gefordert ist und wie weit er/sie gehen darf. D.h., auch wenn Recht Zwang impliziert, folgt daraus nicht, dass man Personen auf eine gewisse Weise zwingen darf, Recht einzuhalten. Es folgt daraus auch nicht, dass Zwang dazu dient, begangenes Unrecht wieder gutzumachen oder begangenes Unrecht zu sühnen.

Das Zwangsrecht besteht in dem Recht, jemanden zu zwingen, das Recht anzuerkennen. Es stellt eine wesentliche Problemdimension des Rechts dar, Strafe bei Unrechtshandlungen zu legitimieren. Mit Kant kann man versuchen, es nicht einfach als Fakt hinzunehmen, dass Rechte einerseits mit Obligationen, Aufgaben, Befugnissen und Erlaubnissen verbunden sind, sondern umgekehrt andererseits auch das Zuwiderhandeln gegen Verbotsgesetze mit Strafe geahndet werden soll und somit die Ausübung von Zwang legitim ist, um Recht einhalten. Kants Gedanke zur Legitimation von Zwang, scheint auf den ersten Blick sehr verwickelt, kann aber kohärent aufgeklärt werden. Man muss sogar konsequenterweise mit Kant so weit gehen, dass der Zwang zum Recht eine notwendige Implikation des Rechtsbegriffs ist.

> Der Widerstand, der dem Hindernis einer Wirkung entgegengesetzt wird, ist eine Beförderung dieser Wirkung und stimmt mit ihr zusammen. Nun ist alles, was Unrecht ist, ein Hindernis der Freiheit nach allgemeinen Gesetzen; der Zwang aber ist ein Hindernis oder Widerstand, der der Freiheit geschieht. Folglich: wenn ein gewisser Gebrauch der Freiheit selbst ein Hindernis der Freiheit nach allgemeinen Gesetzen (d.i. unrecht) ist, so ist der Zwang, der diesem entgegengesetzt wird, als Verhinderung eines Hindernisses der Freiheit mit der Freiheit nach allgemeinen Gesetzen zusammenstimmend, d.i. recht: mithin ist mit dem Rechte zugleich ein Befugnis, den, der ihm Abbruch tut, zu zwingen, nach dem Satze des Widerspruchs verknüpft.[254]

Kant meint das Folgende: Die Wirkung des Rechts ist die äußere Handlungsfreiheit aller. Das Unrecht ist demzufolge und in der Umkehrung zu definieren als: die Aufhebung der äußeren Handlungsfreiheit zumindest einiger. Unrecht ist also ein Hindernis der äußeren Freiheit aller. Und daraus folgt wiederum, dass Unrecht

254 Kant *MdS RL*, § D.

Recht voraussetzt, denn man kann nur dann Unrecht begehen, wenn man die vorausgesetzte äußere Handlungsfreiheit des anderen aufhebt; Aufhebung setzt aber immer etwas voraus, das aufgehoben wird. Unrecht verhält sich parasitär zu Recht. Gelingt es also, das Hindernis der äußeren Freiheit, das Unrecht zu beseitigen, hat man die ursprüngliche Intention des Rechts, die äußere Handlungsfreiheit aller zu erhalten, geschützt und befördert. Zwang unterscheidet sich dadurch vom Unrecht, dass er eine doppelte Negation ist. Ist das Unrecht eine einfache Negation, nämlich die des Rechts, so ist der rechtlich legitime Zwang eine doppelte Negation, nämlich die Verhinderung eines Hindernisses!

Wenn Kant hier betont, dass der rechtmäßige Zwang, der dazu dient, die Freiheit sicherzustellen, nach dem „Satze des Widerspruchs" mit dem Recht verknüpft ist, dann ist damit gemeint, dass es eine logische, gedanklich notwendige Verknüpfung im Begriff des Rechts gibt, die zum Zwangsrecht führt. Das bedeutet natürlich nicht, dass es nach Kant nicht auch unrechtlichen Zwang geben kann. Denn er definiert den Zwang ja nicht als identisch mit dem Recht, sondern der Zwang wird von Kant als das Gegenteil der Handlungsfreiheit verstanden. D.h., Zwang kann sowohl legaler- als auch illegalerweise auftreten, Zwang ist nur dort legal, wo er die Freiheit schützt, und das heißt dort, wo er die Unfreiheit aufhebt. Sofern Zwang aber nur als Gegenteil von freier Handlungsausübung definiert ist, handelt es sich dort um illegalen Zwang, wo der Zwang nur dazu dient, eine solche „Freiheit" ausführen zu können, die die Freiheit des anderen nicht respektiert.

Kant ist daher nicht dazu gezwungen, der absurden These zuzustimmen, dass Zwang immer legal und immer gerechtfertigt ist; nur jener Zwang gehört zum Zwangsrecht und ist gerechtfertigt, der das Hindernis der wechselseitigen Freiheit behindert.

5 Der Übergang vom natürlichen Zustand in den bürgerlichen Zustand und Kants Konzeption des Rechtsstaates

Nach Kant besteht der natürliche Zustand des Menschen in einer Situation, in der es keine austeilende (distributive) Gerechtigkeit gibt,[255] d. h., es ist keine Instanz vorhanden, die für eine Verteilung der Gerechtigkeit sorgen könnte; im natürlichen Zustand, status naturalis, gibt es also keine distributive Gerechtigkeit. Dem natürlichen, vorstaatlichen Zustand ist jedoch nicht der Zustand der Gesellschaft entgegengesetzt – wie dies Achenwall deutete –, denn Gesellschaft und Gesell-

255 Vgl. Kant *MdS RL*, § 41.

schaften kann es auch außerhalb des Staates geben; so kann es z. B. eheliche, väterliche, häusliche Gesellschaftsformen auch ohne ein Staatsgebilde geben. Der Begriff der Gesellschaft ist einfach als ein artifizielles und durch Kontrakt geschaffenes Gebilde mehrerer Subjekte zu verstehen. Insofern ist der konträre Gegensatz zum natürlichen Zustand, status naturalis, nicht der Gesellschaftszustand, sondern allererst der bürgerliche Zustand, status civilis, und dieser ist durch das öffentliche Recht gekennzeichnet. Wenngleich schon im Naturzustand das Naturrecht gilt, so bedarf es doch einer Instanz der distributiven Gerechtigkeit, die dieses Privatrecht, das im Wesentlichen Besitzrecht ist, verbürgt. Der Unterschied zwischen einfachen Gesellschaften und dem bürgerlichen Zustand besteht darin, dass es keinerlei verbindliche Obligation gibt, in ein solches Gesellschaftsverhältnis einzutreten, man kann nicht zu Ehe, Häuslichkeit oder einem Taubenzüchterverein gezwungen werden; ein solcher Zwang folgt nicht aus dem Begriff des Rechts. Wohl aber lässt sich nach Kant a priori aus dem Begriff des Rechts ableiten, dass ein jeder, der a) seine äußere Freiheit gewahrt wissen will und b) in hinreichend nahen Kontakt zu anderen Personen treten will, auch in den bürgerlichen Zustand eintreten soll. Kant drückt dies als das Rechtspostulat aus:

> Aus dem Privatrecht im natürlichen Zustande geht nun das Postulat des öffentlichen Rechts hervor: du sollst, im Verhältnisse eines unvermeidlichen Nebeneinanderseins, mit allen Anderen, aus jenem heraus, in einen rechtlichen Zustand, d.i. den einer austeilenden Gerechtigkeit, übergehen. – Der Grund davon lässt sich analytisch aus dem Begriffe des Rechts, im äußeren Verhältnis, im Gegensatz der Gewalt (violentia) entwickeln. Niemand ist verbunden, sich des Eingriffs in den Besitz des Anderen zu enthalten, wenn dieser ihm nicht gleichmäßig auch Sicherheit gibt, er werde ebendieselbe Enthaltsamkeit gegen ihn beobachten. Er darf also nicht abwarten, bis er etwa durch eine traurige Erfahrung von der entgegengesetzten Gesinnung des letzteren belehrt wird; denn was sollte ihn verbinden, allererst durch Schaden klug zu werden, da er die Neigung der Menschen überhaupt, über andere den Meister zu spielen (die Überlegenheit des Rechts anderer nicht zu achten, wenn sie sich, der Macht oder List nach, diesen überlegen fühlen) in sich selbst hinreichend wahrnehmen kann, und es ist nicht nötig, die wirkliche Feindseligkeit abzuwarten; er ist zu einem Zwange gegen den befugt, der ihm schon seiner Natur nach damit droht. [...] Bei dem Vorsatze, in diesem Zustande äußerlich gesetzloser Freiheit zu sein und zu bleiben, tun sie einander auch gar nicht unrecht, wenn sie sich untereinander befehden; denn was dem Einen gilt, das gilt auch wechselseitig dem Anderen, gleich als durch Übereinkunft; aber überhaupt tun sie im höchsten Grade daran unrecht, in einem Zustande sein und bleiben zu wollen, der kein rechtlicher ist, d.i. in dem Niemand des Seinen wider Gewalttätigkeit sicher ist.[256]

Es handelt sich hierbei um ein Rechts*postulat*. Es ist eine bloße Forderung, weil hier ein Inhalt vorliegt, der zwar nicht vollständig deduziert werden kann, ob-

---

256 Kant *MdS RL*, § 42.

gleich er sinnvoll gewollt werden kann. Die Bedingung für dieses Postulat besteht darin, dass überhaupt jemand sich verbinden muss, unter öffentlichen Gesetzen stehen zu wollen. Wenn dies niemand machen würde, wenn also niemand in den bürgerlichen Zustand wechseln wollte, dann träte ein, was Kant bezüglich derer ausführt, die sich nicht in den bürgerlichen Zustand begeben wollen: Diese begehen in einem weiteren kontraktualistischen Sinn kein Unrecht gegeneinander, denn es gibt für sie ja gar kein Recht, dem sie sich zunächst unterworfen hätten und das sie dann hinterher brechen würden. In diesem Sinne ist es eben ein Rechts*postulat*, sich einer Besitzrechtssituation zu unterwerfen, solange das noch kein anderer gemacht hat. Aber in einem engeren Sinn tun sie sich doch Unrecht, weil diese Wesen zwar die Fähigkeit hätten, eine Rechtssituation herzustellen, aber hinter ihren Möglichkeiten zurückbleiben, sei es aus Trägheit, Liebe zur Gewalt oder aus Risikolust. Wenn sich jedoch zumindest eine Person unter das öffentliche Gesetz stellt und den Besitz eines anderen als Grenze seiner eigenen Handlungsbefugnisse akzeptiert, dann hat diese Person auch das Recht, dies von den anderen fordern zu können, sofern diese anderen mit ihr einen gemeinsamen Lebensraum bevölkern. Unrecht im eigentlichen Sinne kann nur dem angetan werden, der sich aus dem natürlichen Zustand heraus und in den bürgerlichen Zustand begeben hat.

Wenn also ein Subjekt einen Anspruch auf die Wahrung seiner Rechte einfordert, kann es das, solange es sich in einem vorstaatlichen, natürlichen Zustand befindet, höchstens mittels Gewalt oder List durchsetzen. Dies klingt bei Kant ganz ähnlich wie bei Hobbes; wir werden jedoch auch noch einen entscheidenden Unterschied in beiden Varianten des Kontraktualismus sehen. Eine Legitimation eines Rechtsanspruchs durch Gewalt widerspricht sich jedoch selbst, weil Gewaltanwendung eben die Abwesenheit von gegenseitig verbindlichen Rechtsgründen ist. Man kann nur dann von anderen einfordern, die eigenen Rechte anzuerkennen, wenn man auch in symmetrischer Weise deren Rechte anerkennt. Wenn man nur mittels von Gewalt den anderen dazu verbindet, jeweils die eigenen Rechte anzuerkennen, dann ist das kein Rechts-, sondern ein einfaches Naturverhältnis, wie es vielleicht für das Tierreich gilt. Erst die Symmetrie zwischen den Subjekten, von Kant als „gleichmäßig“ bezeichnet, führt zu der Verbindlichkeit des einen gegen den anderen. Wenn aber einer symmetrisch auch die Rechte des anderen anerkennt, kann er darauf Anspruch erheben, dass auch der andere symmetrisch die Rechte des ersteren anerkennt. Wenn man selbst von der Gewaltanwendung gegen den anderen zurückgetreten ist, weil man das Recht des anderen, Besitz zu haben, anerkennt, kann der andere das einem auch nicht abstreiten; wenn er es doch tut, ist das dann keine einfache natürliche Gewalt mehr, sondern ein unrechtlicher Gewaltakt. Insofern ist im Begriff des Rechts, spezifischer im Begriff des bürgerlichen Rechts, die Rechtsgleichheit der Rechtspersonen analytisch enthalten.

Der eigentliche Grund, weshalb man aus dem Naturzustand in den bürgerlichen Zustand wechseln soll, ist nicht ein empirisches Faktum.[257] Damit wendet sich Kant auch gegen Hobbes, der ja von einer tatsächlichen Verfassung des Menschen, von tatsächlichen anthropologischen Verhaltensweisen ausging – das kann man auch noch gegen Locke einwenden oder gegen eine Argumentation, die den Schritt in den Staat aus einer Ressourcenknappheit folgert. Daraus folgt für Kant jedoch, dass dies eine bloß empirische Begründung des Staates ist, die genau dann ihre Gültigkeit verliert, wenn sich herausstellt, dass sich die Menschen im Naturzustand, empirisch-faktisch gesehen, ganz anders verhalten als Hobbes sich das denkt. Es könnte ja auch sein, dass die Menschen im Naturzustand außerordentlich friedliebend und sanftmütig sind, und wenn das der Fall ist, funktioniert die gesamte Staatsbegründung von Hobbes nicht mehr. Also nicht eine bestimmte, empirische Situation, in der Menschen sich tatsächlich im Naturzustand befinden, sollte der Grund sein, einen Staat zu gründen, dann wäre die Existenz des Rechtsstaates auf dem dünnen Eis einer bloß hypothetischen Kalkulation mit Gültigkeit für eine bestimmte empirische Situation gebaut. Außerdem wäre die Einführung des Rechts vom jeweiligen Stand der urgeschichtlichen Anthropologie abhängig. Es gäbe keine allgemeingültigen oder vernünftigen Gründe, in einen Staat einzutreten. Kant will demgegenüber einen Vernunftgrund angeben, der a priori gilt, weshalb sich freie Wesen in einem bürgerlichen Zustand verbinden sollten. Für Kant zählt daher als eigentlicher Grund für den Übergang in den bürgerlichen Zustand nicht die empirische Erfahrung, dass wir tatsächlich von anderen Gewalt erfahren haben oder dass wir tatsächlich erfahren haben, dass andere bösartig gegen uns sind. Selbst wenn alle Menschen im Naturzustand rechtliebend und friedliebend wären oder wenn es immer genügend Ressourcen gäbe, bestünde der Vernunftgrund, sich in die bürgerliche Gesellschaft zu begeben. Erst dann ist der Grund a priori, wenn die tatsächliche Situation des Menschen im Naturzustand irrelevant dafür ist, sich rechtlich zu binden. Damit vollzieht Kant eine Begründung des Rechts, die jede Art von naturalistischem Fehlschluss vermeidet, die also gar nicht in die Gefahr kommt, von etwas das ist, auf das zu schließen, was sein soll. Gleichwohl erreicht er es, dass sein Rechtsprinzip für Subjekte gilt, die natürliche Wesen mit sinnlichen Bedürfnissen sind, d. h., er berücksichtigt die Einpassung des Rechts in die Natur. Hiermit gelingt ihm der komplizierteste Spagat des Kontraktulismus, einerseits die Naturalität des Menschen als notwendige Bedingung des Rechts zu berücksichtigen, zugleich

---

257 Vgl. Kant *MdS RL*, § 43.

aber mit der Freiheit als dem zureichenden Grund für den Rechtsstaat über die natürliche Basis hinaus zu gehen. Allerdings gibt auch Kant in seiner Abhandlung *Zum ewigen Frieden* zu, dass Hobbes darin wahrscheinlich richtig liegt, dass der Naturzustand ein Kriegszustand ist; aber als empirisch-faktischer Grund taugt das nicht dazu, einen *notwendigen* Übergang zu machen.

Der apriorische Grund besteht darin, dass im bürgerlichen Zustand eine Rechtssicherheit geschaffen wird, die verbindlich besteht und die auch unabhängig davon besteht, wie sich Menschen empirisch faktisch verhalten oder entwickeln. Es verändert die Situation vollständig, wenn man weiß, dass einem *kein Unrecht angetan werden darf*, oder wenn man, wie im Naturzustand, nur hoffen kann, dass einen tatsächlich hier und jetzt kein Unrecht trifft. Selbst wenn einem durch glücklichen Zufall ohne Rechtsschutz tatsächlich nie etwas passierte, wäre das immer noch etwas völlig anderes, als wenn man im Zustand der Rechtsgarantie lebt, dass einem nichts angetan werden darf. Thomas Nagel drückt einen ähnlichen Gedanken in seinem Aufsatz *Menschenrechte und Öffentlichkeit* aus, wenn er formuliert, dass es eine völlig andere Existenzform ist, zu wissen, man darf nicht unrecht behandelt werden, oder ob man nur weiß, man wird derzeit nicht unrecht behandelt.[258]

Im Naturzustand herrscht der Zustand der Rechtlosigkeit, zwar mag man angeborene Rechte haben, doch da die jeder uninstitutionalisiert hat, kann man sich vor der Errichtung eines Staates dessen nicht sicher sein, dass wechselseitige Anerkennung dieser Rechte Berücksichtigung finden soll und in legaler Weise gesichert wird. Recht gilt hier nur provisorisch. Der Naturzustand ist also zwar kein Zustand der Ungerechtigkeit, aber ein Zustand der Rechtlosigkeit.

Diese Rechtlosigkeit zeigt aber auch auf, dass schon der Naturzustand eine bloße Abstraktion ist, es ist aus der Perspektive vernünftiger Wesen ebenfalls schon eine Vernunftidee, von einem Naturzustand zu sprechen, in dem es noch keinen Rechtsstatus gegeben hätte. Kant führt damit den Kontraktualismus auf die abstrakte Ebene einer Vernunftkonstruktion; weder den Naturzustand, noch den tatsächlichen Kontrakt muss es de facto geben, sondern beide sind Vernunftideen, die für vernünftige Wesen die Gründung eines Staates legitimieren und ihn erforderlich machen. Damit steht die gesamte Staatsphilosophie auf nichtempirischen, apriorischen Beinen, wenngleich sie für Sinnenwesen gilt, also für Wesen die sich nicht nur im Raum der Gründe, sondern auch im sinnlichen Raum bewegen. Der Übergang vom Naturzustand zum bürgerlichen Zustand ist der Übergang von einem provisorischen Recht zu einem geltenden Recht. Es gibt

258 Vgl. Thomas Nagel *Menschenrechte und Öffentlichkeit*, in: ders. *Letzte Fragen/Mortal Questions*, Hamburg 2008, 331–359; bes. 332f.

insofern eine Modalitätsbestimmung des Rechts: Im Naturzustand gilt es problematisch, in der geschichtlichen Wirklichkeit assertorisch und im Raum der reinen praktischen Vernunft gilt es apodiktisch.

Die öffentliche Gerechtigkeit ist im Wesentlichen distributiv, d. h., sie teilt aus, worauf sich alle geeinigt haben. Diese Austeilung besteht in der institutionellen Versicherung der Rechtseinhaltung durch die Staatsmitglieder. Der Übergang vom Naturzustand zum bürgerlichen Zustand ist zu machen, weil man bei einem provisorisch problematischen Recht auf Besitz nicht stehen blieben kann. Wenn man ein Recht hat, dann nicht nur provisorisch und nur unter dem zufälligen Vorbehalt, dass einen keiner angreift, sondern dann will man auch ein tatsächlich verbürgtes Recht in Anspruch nehmen können,[259] man will den Übergang zum assertorischen Recht. Die Politische Philosophie macht deutlich, dass dieser Übergang für vernunftbefähigte Wesen apodiktisch ist, daraus resultiert der unüberschätzbare Wert und Nutzen der Politischen Philosophie, sie klärt auf, weshalb der Übergang gemacht werden *muss*.

Das distributive öffentliche Recht ist so definiert, dass seine Gesetze genau dadurch gelten, dass sie öffentlich bekannt gemacht werden.[260] Die Öffentlichkeit ist also eine grundlegende Kategorie des Rechtsstaates und die Promulgation ist dem Recht wesentlich. Das hat natürlich einige Berührungspunkte mit der Publizität, die Kant als Grundlage des Staates für die Aufklärung einfordert. Zur Promulgation muss der öffentliche Dikurs hinzukommen. Die Aufklärung bedarf, um als ein Korrektiv im Staat wirken zu können, des Rechts auf freie öffentliche Meinungsäußerung, also der Pressefreiheit. Diese Publizität ist mit der Promulgation selbst nicht zu verwechseln, denn Gesetze öffentlich zu machen und sie öffentlich zu diskutieren sind zwei unterschiedliche Sachen. Die Promulgation folgt unmittelbar aus dem Begriff des Rechts, die Publizität nur vermittelt, nämlich für eine solche Republik, die Aufklärung und Meinungsfreiheit will bzw. Aufklärung und Meinungsfreiheit zum Recht erhebt. Wenn Meinungsfreiheit und Publizität ein Rechtsanspruch werden, muss dieser natürlich auch wieder promulgiert werden.

Die Verfassung des Rechtsstaates ist Ausdruck des einen, das Volk vereinigenden Willens.

> Dieser Zustand der Einzelnen im Volke in Verhältnis untereinander heißt der bürgerliche (status civilis), und das Ganze derselben in Beziehung auf seine eigenen Glieder Staat (civitas), welcher, seiner Form wegen, als verbunden durch das gemeinsame Interesse Aller, im rechtlichen Zustande zu sein, das gemeine Wesen (res publica) genannt wird, in Verhältnis aber auf andere

---

259 Vgl. Kant *MdS RL*, § 43.
260 Vgl. Kant *MdS RL*, § 44.

> Völker eine Macht (potentia) schlechthin heißt (daher das Wort Potentaten), was sich auch wegen (anmaßlich) angeerbter Vereinigung ein Stammvolk (gens) nennt, und so, unter dem allgemeinen Begriffe des öffentlichen Rechts, nicht bloß das Staats-, sondern auch ein Völkerrecht (ius gentium) zu denken Anlass gibt; welches dann, weil der Erdboden eine nicht grenzenlose, sondern sich selbst schließende Fläche ist, beides zusammen zu der Idee eines Völkerstaatsrechts (ius civitatis gentium) oder des Weltbürgerrechts (ius cosmopoliticum) unumgänglich hinleitet: so, dass, wenn unter diesen drei möglichen Formen des rechtlichen Zustandes, es nur einer an dem die äußere Freiheit durch Gesetze einschränkenden Prinzip fehlt, das Gebäude aller übrigen unvermeidlich untergraben werden, und endlich einstürzen muss.[261]

Es ist also zwischen Staatsrecht, Völkerrecht und Weltbürgerrecht zu unterscheiden. – Wenn Kant hier die Kugelform der Erde als Argument für das Weltbürgerrecht angibt, erscheint diese planetarische Grundlage für eine Rechtsbegründung allerdings als Verletzung der apriorischen Deduktion; denn es handelt sich dabei bloß um ein empirisches Faktum. Diese planetarische Seite des Rechts belegt aber meine These vom apriorisch-aposteriorischen Zwischenstatus des Rechts und des Politischen und dass es eben für den Menschen als natürliches Wesen gilt. – Die drei bauen aufeinander auf. In dem Sinne, dass die Einhaltung des Rechtspostulats in der jeweils kleineren Einheit die notwendige Bedingung dafür ist, dass das Rechtspostulat auch in der nachfolgend größeren Einheit Geltung haben kann. Damit ein Völkerrecht gelten kann, dürfen einzelne Staaten nicht unrechtlich organisiert sein. Nur wenn in jedem einzelnen Staat das Rechtspostulat gilt, kann das Völkerrecht gelten; derjenige Staat, der sich nicht an rechtsstaatliche Maßstäbe hält, ist nicht geeignet, in einem Völkerbund als akzeptabler Partner aufgenommen zu werden, diese Situation ist strukturell analog zu einer einzelnen Person, die sich weigert in den Zivilstatus einzutreten.[262] Wie bei Einzelpersonen folgt: Die anderen Staaten haben, sofern sie in hinreichend großer Nähe oder hinreichend intensivem Austausch mit jenem sich verweigernden Gemeinschaftsgebilde stehen, ein Recht es aufzufordern ihre Rechtsform anzuerkennen. Diese Probleme zeigen sich z. B. in aktueller Perspektive bei Fragen der Aufnahme bestimmter Staaten in die Europäische Union. Noch deutlicher werden diese Probleme bei Staaten, die ganz direkt z. B. den Terrorismus unterstützen; diese können nicht als Vertragspartner in einem föderativen Staatenbund als gleichberechtigt anerkannt werden. Wiederum meint Kant offenbar auf der nächst höheren Stufe, dass das Völkerrecht notwendige Voraussetzung für ein Weltbürgerrecht ist. Kant betont die Souveränität des Staates trotz der rechtlichen

---

261 Kant *MdS RL*, § 44.

262 Vgl. hierzu Matthias Hoesch *Lässt Kants Völkerbund als Mitgliedstaaten nur Republiken zu?*, in: Kant-Studien (2012), 103/1, 114–125.

Verbindung mit anderen Staaten. Diese Betonung finden wir auch in Kants philosophischem Entwurf *Zum ewigen Frieden* (1795); dort führt er über die Souveränität des Staates im zweiten Präliminarartikel aus:

> ‚Es soll kein für sich bestehender Staat (klein oder groß, das gilt hier gleichviel) von einem anderen Staate durch Erbung, Tausch, Kauf oder Schenkung erworben werden können.'
>
> Ein Staat ist nämlich nicht (wie etwa der Boden, auf dem er seinen Sitz hat) eine Habe (patrimonium). Er ist eine Gesellschaft von Menschen, über die niemand anders als er selbst zu gebieten und zu disponieren hat. Ihn aber, der selbst als Stamm seine eigene Wurzel hatte, als Pfropfreis einem anderen Staate einzuverleiben, heißt seine Existenz als einer moralischen Person aufheben und aus der letzteren eine Sache machen, und widerspricht also der Idee des ursprünglichen Vertrags, ohne die sich kein Recht über ein Volk denken lässt.[263]

Das ist dieselbe Rechtslogik wie bei dem einzelne Subjekte betreffenden Rechts*postulat*, in den öffentlichen Zustand einzutreten. Man kann dem einzelnen Gemeinschaftsgebilde nicht beweisen, dass es zwischenstaatliche Anerkennung betreiben muss, aber es ist als sinnvoll zu Wollendes forderbar. Zwischen Staaten besteht, sofern sie in einem rechtlichen Verhältnis zueinander stehen, keine Hierarchie, denn sie sind gleichermaßen souveräne, durch Kontrakt freier Wesen entstandene abstrakte Gebilde. Sie haben die Dignität einer moralischen Person höherer Ordnung, die nicht verdinglicht werden darf. Genau das geschieht aber, wenn ein Staat den anderen seines Rechtes auf Selbstbestimmung beraubt. Daher kann der Staatenbund höchstens eine Föderation und kein Staat höherer Ordnung sein, der die anderen Staaten in sich enthält. Die Anerkennungsschwierigkeiten von Souveränität und gleichzeitiger Einheit von Saaten kann ebenfalls wieder sehr gut am Beispiel der Europäischen Union veranschaulicht werden. Die einzelstaatliche Souveränität muss in einer Staatenunion beibehalten werden. Alles andere würde dem Kontrakt der Bürger in den Einzelstaaten zuwiderlaufen oder ignorieren. Habermas hat diese Idee Kants produktiv weitergeführt, sofern nach ihm durchaus ein teilweiser Verzicht auf Souveränität seitens der einzelnen Staaten denkbar ist, ohne dass damit gleich deren gesamte Souveränität aufgehoben wäre.[264] Durch plebiszitäre Entscheidungen auf der Ebene der Union ist natürlich auch die Berücksichtigung der Souveränität der Einzelbürger erreichbar.

Auch auf zwischenstaatlicher Ebene kann man also sagen, dass ein Übergang vom Naturzustand, der sich als Kriegszustand oder auch nur als Zustand möglicher Kriege darstellt, stattfindet, nämlich ein Übergang vom Naturzustand der Staaten untereinander zu dem rechtsverbindlichen Zustand des Völkerrechts, der im Welt-

263 Kant *Zum ewigen Frieden*, 2. Präliminarartikel, 52.

264 Vgl. Jürgen Habermas *Kants Idee des ewigen Friedens – aus dem historischen Abstand von 200 Jahren*, in: *Die Einbeziehung des Anderen*, Frankfurt a.M. 1999, 192–236.

bürgerrecht gipfelt, das ein Ideal einer freien und friedlichen Welt darstellt. Diese konsequente Übertragung der Notwendigkeit eines Übergangs vom Privatmenschen in den bürgerlichen Zustand auf die Ebene der Staaten zueinander hatten weder Hobbes, Locke, Montesquieu noch Rousseau zuvor gesehen, geschweige gezogen. Bei Hobbes gehört es sogar zum Wesen der Souveränität eines Staates, dass er andere durch Krieg zu unterjochen in der Lage ist, sofern diese ihn bedrohen; wenn man jedoch diese Art des Verteidigungskrieges erlaubt, dann sind in der Leviathanlogik von Hobbes de facto alle zwischen Staaten sich abspielenden Kriege Verteidigungskriege, denn wenn zwischen Staaten der Naturzustand im Hobbesschen Sinne herrscht, dann gilt auch auf dieser Ebene, dass man immer zuerst zuschlagen muss, weil der andere Staat eine potentielle Gefahr ist, die im Naturzustand als tatsächliche Bedrohung durch einen anderen Wolf zählt. Carl Schmitt bezeichnet dies zärtlich als „Einhegung des Angriffskrieges" und wendet sich gegen einen „diskriminierenden Kriegsbegriff".[265] Wenn aber ohnehin jeder Krieg aus rechtslogischen Gründen ein Verteidigungskrieg ist, dann ist das keine „Einhegung", sondern eine spitzfindige Wegerklärung des Angriffskrieges, die zeigt, dass diese Rechtslogik einen Fehler macht, also keine Rechts*logik* war.

6 Repräsentationalismus und Republik

In dem berühmten Essay *Zum ewigen Frieden* (1795) erklärt Kant, dass ausschließlich ein republikanisch verfasster Staat der Idee des apriorischen Menschen- oder Naturrechts gemäß organisiert sein kann. Kant hat hier das folgende, an den Geist Montesquieus und Rousseaus gemahnende Schema vor Augen:

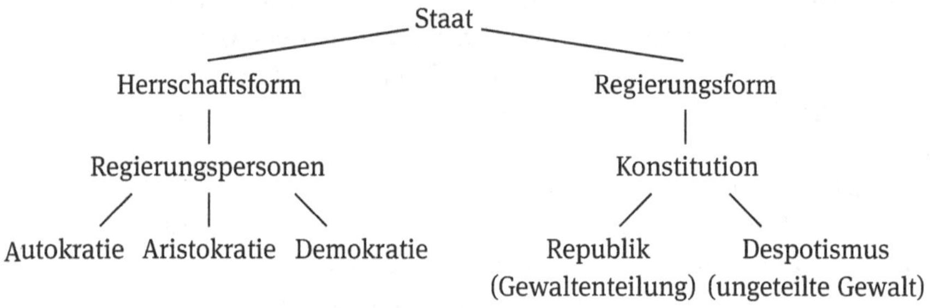

265 Vgl. sehr kenntnisreich zum Thema Sybille Tönnies *Souveränität und Angriffskriegsverbot*, in: *Das Parlament*, Beilage *Aus Politik und Zeitgeschichte* 22 (2005), 39–46. Eine interessante Weiterführung des Kantischen Kosmopolitismus findet sich in: Sybille Tönnies *Cosmopolis Now. Auf dem Weg zum Weltstaat*, Hamburg 2002.

Danach kann eine Demokratie eine Despotie sein! Kant hat hier wohl antike Demokratien vor Augen, die keine Gewaltenteilung kannten. In diese Einteilung Kants sind auch die Erlebnisse der Französischen Revolution eingegangen; eine Herrschaft des Pöbels kann durchaus despotisch sein und so zu einer Macht der Masse gegenüber der Minderheit werden, ohne dass deren Rechte gesichert sind. Mit einer solchen despotischen Demokratie geht das Prinzip des Rechtsstaates verloren. Das wird z. B. besonders deutlich im Übergangszustand zur Grande Terreur in der Französischen Revolution. Weil es so schockierend ist, darf das Zitat von Robespierre vom 5. Februar 1794 vor dem Nationalkonvent hier wiederholt werden: „Terror ist nichts anderes als strenge und unbeugsame Gerechtigkeit. Er ist eine Offenbarung der Tugend. Der Terror ist nicht ein besonderes Prinzip der Demokratie, sondern er ergibt sich aus ihren Grundsätzen, welche dem Vaterland als dringendste Sorge am Herzen liegen müssen." Terror als legitimes, ja sogar moralisch gefordertes Mittel der Politik ist natürlich auch in der „Diktatur des Proletariats" angelegt, die im real existierenden Kommunismus ihre Brutalität zeigte. Hiergegen würde sich Kant wohl mit dem Argument wenden, dass mit dem Versuch, einen rechtlichen Zustand herzustellen, die Ergreifung rechtsstaatlicher Mittel verbunden ist; einen Rechtsstaat unter Verwendung unrechtmäßiger Mittel zu errichten, die dem Begriff des Natur- bzw. Vernunftrechts widersprechen, ist ein rechtlich illegaler und illegitimer und daher abzulehnender Weg. Einen solchen Weg mögen in der Geschichte viele Staaten de facto immer wieder beschritten haben, das setzt sie aber nicht ins Recht. Wenn sich allerdings eine solche Revolution einmal de facto ereignet hat, darf man nach Kant, wie gesagt, ebenfalls nicht wieder unrechtliche Mittel einsetzen, um diese Revolution zu beseitigen. Damit spricht sich Kant gegen Konterrevolutionen aus.

Über die Republik als Regierungsform führt Kant mit durchaus klaren Worten gegen eine direkte Demokratie aus:

> Die zweite ist die Form der Regierung und betrifft die auf die Konstitution (den Akt des allgemeinen Willens, wodurch die Menge ein Volk wird) gegründete Art, wie ein Staat von seiner Machtvollkommenheit Gebrauch macht: und ist in dieser Beziehung entweder republikanisch oder despotisch. Der Republikanism ist das Staatsprinzip der Absonderung der ausführenden Gewalt (der Regierung) von der gesetzgebenden; der Despotism ist das der eigenmächtigen Vollziehung des Staates von Gesetzen, die er selbst gegeben hat, mithin der öffentliche Wille, sofern er von dem Regenten als sein Privatwille gehandhabt wird. – Unter den drei Staatsformen ist die der Demokratie im eigentlichen Verstande des Wortes notwendig ein Despotism, weil sie eine exekutive Gewalt gründet, da alle über und allenfalls auch wider Einen (der also nicht mitbestimmt), mithin alle, die doch nicht alle sind, beschließen; welches ein Widerspruch des allgemeinen Willens mit sich selbst und mit der Freiheit ist. Alle Regierungsform nämlich, die nicht repräsentativ ist, ist eigentlich eine

> Unform, weil der Gesetzgeber in einer und derselben Person zugleich Vollstrecker seines Willens [...] sein kann.[266]

Das trifft kritisch Rousseaus Idee des Bürgers, der im Abstimmungsvorgang zugleich Beamter ist, denn dies ist genau die schon zuvor problematisierte Personalunion von Legislative und Exekutive. Die Republik wird von Kant dagegen geradezu als das politische Gebilde definiert, welches eine Gewaltenteilung zwischen Exekutive und Legislative vollzieht. In diesem Sinne konzipiert Rousseau keine Republik! Kant spricht hiermit tatsächlich ein Problem der direkten Demokratie an, das jedoch in einer repräsentativen Demokratie gelöst ist, die er hier offenbar als Möglichkeit übersieht. Die Gewaltenteilung ist für die Republik konstitutiv und definitiv; Despotismus konstituiert und definiert sich dadurch, dass es keine Gewaltenteilung gibt. Das scheint auf den ersten Blick problematisch, aber es ist durchaus konsequent, man kann den Rechtsstaat durch Gewaltenteilung definieren. Im Despotismus gibt es keine „öffentliche Sache" (wie res publica wörtlich meint), denn die Herrschaft ist eigentlich eine Privatsache des Herrschers, denn er wird nicht durch die anderen Gewalten im Staat kontrolliert, kontrolliert im Sinne einer Möglichkeit auch des wirklichen Eingreifens und Vorgehens der einen Gewalt in/gegen die andere. Im Despotismus wird der Staat zu einer Privatsache, der im Herrscher vorliegenden Personalunion aller Staatsgewalten. Eine despotische Republik oder eine Republik ohne Gewaltenteilung ist also ein Selbstwiderspruch.

Im *Ewigen Frieden* unterscheidet Kant nur Exekutive und Legislative. In der *Rechtsphilosophie* (§§ 45–47) ist das anders: er unterscheidet dort die drei Gewalten Legislative, Exekutive und Judikative. – Auch diese hinzugekommene Differenzierung spricht gegen die These von der geistigen Vergreisung Kants. – Diese Dreiteilung entspricht der Ideengestalt des Staates. So wie Vernunftideen aus einem Syllogismus mit drei Sätzen und drei Termini bestehen, so besteht auch der Staat dieser Dreierordnung gemäß aus drei Gewalten; dies zeigt, dass der Staat eine Vernunftidee ist. Damit wird erwiesen, dass Gewaltenteilung und Republik für einen vernünftig eingerichteten Staat keine zufälligen Bestimmungen sind, die sich bloß aus geschichtlichen Kontingenzen ergeben hätten, sondern sie sind vernünftig zu legitimieren. Die Einheit der drei Gewalten: Legislative, Exekutive, Judikative ist Ausdruck des allgemeinen, vereinigten Willens aller im Staat. Wie moralische Personen sind sich im Staat auch die drei Gewalten beigeordnet, nicht untergeordnet; in dieser Hinsicht hat jede Gewalt die anderen zu ergänzen. Gleichwohl sind sie in anderer Hinsicht aber auch untergeordnet; d. h., sie sind

266 Kant *Zum ewigen Frieden*, 62.

eben nicht völlig gleich, sondern die Exekutive hat auszuführen, was die Judikative vorschreibt, und diese kann nur das Recht sprechen, das ihr die Legislative vorgibt. In dieser Hinsicht sind sich die drei Staatsgewalten also auch untergeordnet. Der Staat kann seine Rechtsfunktion erst dann tatsächlich ausüben, wenn die Gewalten gleichermaßen koordiniert und subordiniert sind. Koordination und Subordination sind also in einem funktionstüchtigen Staat zu synthetisieren; erst dann kann der Staat als eine distributive Gerechtigkeit betrachtet werden; d. h., der Untertan kann erst dann sein Recht erhalten, wenn die drei Gewalten voneinander unterschiedene Instanzen sind, wenn also Gewaltenteilung tatsächlich vollzogen ist und wenn gleichzeitig jede in Orientierung an den anderen ihre spezifische Funktion ausübt. Das nennt man heute nicht mehr nur Gewaltenteilung, sondern in der gegenwärtigen Staatsrechtsliteratur wird dies oft als Gewaltengliederung oder auch als Gewaltenverschränkung bezeichnet. – Eigentlich ist das nicht wirklich so neu, denn schon Montesquieu hat in seiner Analyse der Gewaltenteilung in England im *Geist der Gesetze* betont, dass die Gewalten einerseits unterschieden, andererseits aber auch miteinander verschränkt sein müssen, damit eine effektive Kontrolle der Gewalten möglich ist und eine Bestrafung einer Kompetenzüberschreitung vollzogen werden kann. Diesen Punkt von gleichzeitiger Trennung und Verschränkung betont unter ausdrücklicher Erwähnung Montesquieus James Madison in den für die amerikanische Verfassung so wichtigen *Federalist Papers*.[267] – Neben der horizontalen Gewaltenteilung kann man aus heutiger Sicht auch noch eine vertikale Gewaltenteilung feststellen. Das zeigt sich in föderativen Staaten wie der BRD an dem Unterschied zwischen solchen Behörden, die für den ganzen Bund und anderen, die nur für einzelne Länder zuständig sind. Auch eine zeitliche Gewaltenteilung ist mit der zeitlichen Begrenzung von Mandaten eingeführt. Im 20. Artikel des deutschen *Grundgesetzes* wird übrigens die horizontale Gewaltenteilung in Legislative (Bundestag, Bundesrat), Exekutive (u. a. Bundesregierung) und Judikative als unveränderlich festgelegt – dies ist die sog. „Ewigkeitsklausel“, sie ist also auch nicht z. B. durch einen demokratischen 2/3 Mehrheitsbeschluss veränderlich. Hier ist eine selbsterhaltende Grenze der Toleranz gegen die Intoleranz festgelegt. Die Republik mit Gewaltenteilung ist also insofern vernünftig, als sie mit ihren drei Gewalten wie eine syllogistisch strukturierte Idee der Vernunft aufgebaut ist. Daher gehört das Prinzip der Gewaltenteilung zum apriorischen Teil des Politischen und des Rechts.

---

267 Vgl. *The Federalist Papers*; Alexander Hamilton, James Madison, John Jay, Ed. C. Rossiter, New York 2003, No. 47 ff., 298 ff. Das interessante Problem besteht darin, bis zu welchem Grade die Überschneidung zum Zweck von Kontrolle und Bestrafung noch zulässig ist, ohne in die Gefahr eines Despotismus zu gelangen, der eben durch die Personalunion mindestens zweier Gewalten gegeben ist. Dies genauer auszuloten ist eines der Grundthemen der *Federalist Papers*.

Sofern die Republik durch Gewaltenteilung bestimmt ist, wird sie damit ebenfalls apriorisch gerechtfertigt.

Nach Kant ist die Legislative ausschließlich in den Händen des Volkes und spiegelt dessen vereinigten Willen. Sofern das Volk sich selbst das Gesetz gibt, kann es kein Unrecht gegen sich selbst verfügen.

> Also kann nur der übereinstimmende und vereinigte Wille Aller, sofern ein jeder über Alle und Alle über einen jeden ebendasselbe beschließen, mithin nur der allgemeine vereinigte Volkswille gesetzgebend sein. Die zur Gesetzgebung vereinigten Glieder einer solchen Gesellschaft (societas civilis), d.i. eines Staates, heißen Staatsbürger (cives), und die rechtlichen, von ihrem Wesen (als solchem) unabtrennlichen Attribute derselben, sind: *gesetzliche Freiheit*, keinem anderen Gesetz zu gehorchen, als zu welchem er seine Beistimmung gegeben hat; *bürgerliche Gleichheit*, keinen Oberen im Volk in Ansehung seiner zu erkennen, als nur einen solchen, den er ebenso rechtlich zu verbinden das moralische Vermögen hat, als dieser ihn verbinden kann; drittens das Attribut der *bürgerlichen Selbständigkeit*, seine Existenz und Erhaltung nicht der Willkür eines Anderen im Volke, sondern seinen eigenen Rechten und Kräften, als Glied des gemeinen Wesens, verdanken zu können, folglich die bürgerliche Persönlichkeit in Rechtsangelegenheiten durch keinen Anderen vorgestellt werden zu dürfen.[268]

Der Staatsbürger ist also durch die Eigenschaften: gesetzliche Freiheit, bürgerliche Gleichheit und bürgerliche Selbständigkeit definiert. Interessant ist hieran das politische Substanz-Attribut-Verhältnis, die Attribute sind Wesenseigenschaften, d. h., fehlt eines, ist das Wesen des Staatsbürgers aufgehoben, Wesen und Attribut stehen sich im Politischen nicht äußerlich gegenüber.

Es liegt aber auch eine Schwierigkeit darin, wenn Kant hier Freiheit, Gleichheit, Selbständigkeit als Konstituentien der bürgerlichen Persönlichkeit definiert und den Bürger wiederum als gesetzgebende Gewalt bestimmt, dann wird nämlich unklar, weshalb er sich generell gegen die Demokratie wendet. Eigentlich müsste er danach streben, eine solche Demokratie als Herrschaftsform zu entwerfen, die der Republik angemessen ist, also eine repräsentative Demokratie. Er wendet sich – neben dem Hauptargument: Demokratie ist Despotismus der Mehrheit – dagegen, weil unselbständige Menschen in seinen Augen keine Bürger im Vollsinn sein können. Wer nicht selbständig ist, könne kein Bürger sein. Kant folgert im Übrigen aus der Selbständigkeit bzw. Unselbständigkeit weitgehende Ausschließungen aus dem Kreise der bürgerlich-aktiven Personen (citoyens), denn alle, die nicht selbständig ihren Unterhalt besorgen können (Tagelöhner, Hausbediente, Ladendiener, „alles Frauenzimmer", Friseure, Kinder, Brennholzbearbeiter etc.), können nach ihm nur passive Staatsbürger sein. Bei den passiven Staatsbürgern

268 Kant *MdS RL*, § 47, 130; Hervorhebungen R.S.

unterscheidet Kant nochmals: es gibt solche der Natur nach – das sind Kinder, Frauen, wohl auch körperlich und geistig Behinderte – und solche, die zwar der Natur nach Staatsbürger sein können, denen aber das nötige Eigentum fehlt, um sich selbständig erhalten zu können (Tagelöhner, Hausbediente etc.). Unter Eigentum versteht Kant hier nicht nur Grund und Boden, sondern ebenso körperliche oder geistige Fähigkeiten, die man nutzen kann, um ein eigenes Werk herzustellen, das auf dem Arbeitsmarkt eingebracht oder angeboten werden kann. Jeder der eine Kunst, ein Handwerk oder eine Wissenschaft ausüben kann, um ein Werk herzustellen, und sich davon ernähren kann, kann aktiver Staatsbürger sein; wer nur abhängige Tätigkeiten ausüben kann, nicht. Erheiternd wird Kants Präzision dort, wo er z. B. unterscheidet, dass ein Friseur keine selbständige Tätigkeit ausübt, weil er auf die Haare seiner Kunden angewiesen ist, und der Perückenmacher unabhängig ist, weil er ein „opus verfertigt", daher könne er also aktiver Staatsbürger sein.[269]

Der aktive Staatsbürger nimmt an der Staatsgestaltung teil, während der passive nur darin existiert; auszeichnend für diesen ist, dass auch für ihn die Gesetze gelten, er sich an sie halten *darf*, er somit über den Dingen steht, die nicht einmal passive Staatsbürger sein können. Die Aktivität des aktiven Staatsbürgers besteht darin, „Mitgesetzgeber" zu sein, was schon durch den ursprünglichen Sozialkontrakt geschieht. Die „Selbständigkeit (sibisufficientia)"[270] des potentiellen Bürgers wird von Kant also nach dem Kriterium seiner Arbeitsbeschäftigung festgelegt. Das scheint mir ein recht beschränkter Begriff von Selbständigkeit und die Kriterien für Selbständigkeit und Unselbständigkeit sind auch recht willkürlich. Wenn man z. B. (wie es dann später bei Marx der Fall ist) die Arbeits- oder Körperkraft eines Menschen ebenfalls als einen in den Arbeitsmarkt einzubringenden Wert anrechnet, sind auch Tagelöhner „sibisufficient". Dass Frauen der Natur nach schon nicht selbständig sein können, ist natürlich reine Willkürsetzung und einfach frech. Dass ausgerechnet verbeamtete Wissenschaftler ein Werk anfertigen, das sie zu Selbständigen macht, ist ebenfalls eine Willkürsetzung, bei der man den Königsberger Philosophieprofessor selbst im Hintergrund zu sehen hat, der lieber aktiver Staatsbürger sein möchte. Hier ist dem großen Königsberger ein gedanklicher Klops unterlaufen.

Hätte Kant einen weiteren Begriff von Selbständigkeit (hätte er sich also selbst besser verstanden), wäre seine Konzeption des aktiven Staatsbürgers, der a priori durch die drei Aspekte: Freiheit, Gleichheit, Selbständigkeit ausgezeichnet ist, wesentlich tragfähiger. So jedoch geht bei Kant mit dem beschränkten Verständnis

269 Kant *Über den Gemeinspruch*, 27.
270 Kant *Über den Gemeinspruch*, 26.

von Selbständigkeit die Erfordernis einer weitgehenden Repäsentanz einher, aus der sich seine Ablehnung von direkter Demokratie erklärt: Je weniger Selbständigkeit Kant vielen Menschen zutraut, desto mehr muss er seinen Willen durch andere repräsentieren lassen. Man kann also eine gegenteilige Schlussfolgerung ziehen: Je selbständiger der aktive Bürger, desto weniger bedarf er der Repräsentanz. Das minimiert auch omnipräsente Gefahren der Repräsentanz, wie z.B. Korruption, weitgehenden Lobbyismus, Bevormundung etc. Analog zur Gewaltenteilung kann man sich durchaus ein Demokratiemodell denken, bei dem sich direkte und repräsentative Demokratie wechselseitg kontrollieren und begrenzen. Die Selbständigkeit muss aber auch nicht notwendigerweise (oder allein) durch die Selbsterhaltung durch Werke auf dem Arbeitsmarkt definiert werden, sondern kann auch z.B. durch soziale oder politische Kompetenz bestimmt sein. Denn aus einer Selbständigkeit auf dem Arbeitsmarkt folgt nicht notwendig eine Kompetenz in politischen Fragen. Diese folgt vielmehr – was Kant an anderen Stellen ja auch betont – aus Bildung, Information und Diskurs hinsichtlich öffentlicher Angelegenheiten, also aus Aufklärung. Man kann sich ohne viel Phantasie bemühen zu müssen, den selbständigen Chef vorstellen, der hinsichtlich des Gemeinwillens völlig unsensibel ist, und ebenso die alleinerziehende, arbeitslose Mutter, die sich bestens über die politischen Belange informiert hat und kompetent beurteilen kann, was das Beste für das Gemeinwesen wäre.

Neben den sicherlich bloß durch den historischen Kontext bedingten Unzulänglichkeiten des Kantischen Selbständigkeitsverständnisses wird aber ein grundsätzliches und philosophisches Problem deutlich, das für mein Konzept der gleichermaßen apriorischen und aposteriorischen Dimension des Rechtsstaates und des Politischen spricht: Kant hat zwar durchaus mit Freiheit, Rechtsgleichheit und Selbständigkeit die richtigen apriorischen und normativen Bestimmungen für den Rechtsstaat und den mündigen Bürger gefunden, aber die inhaltliche Erfüllung dieser apriorischen Bestimmungen ist gerade die entscheidende Schwierigkeit. Sie kann nicht vermieden werden. Jede geschichtliche Epoche muss jene apriorischen Bestimmungen inhaltlich erfüllen. Denn für sich gesehen, sind sie nur formal, und solange sie im apriorischen Reich der Begriffsnotwendigkeit bleiben, reicht diese Formalität auch hin, um einen Rechtsstaat gegen einen Schurkenstaat begrifflich abzugrenzen oder um einen mündigen Bürger von einem unmündigen zu unterscheiden, aber es leben wirkliche Menschen in wirklichen Staaten und genau hier kommt die empirisch-aposteriorische Seite des Politischen ins Spiel, denn die apriorischen Formen sind mit aposteriorischen Inhalten zu füllen; das Politische spielt sich nicht (ausschließlich) im Ideenreich ab. So ist z.B. die Selbständigkeit in apriorischer Hinsicht bloß als geistige Unabhängigkeit zu bestimmen und insofern noch recht unerfüllt, daher ist sie mit einer jeweiligen inhaltlichen und historisch gewordenen spezifischen Bestimmung von Selbständigkeit zu füllen. Dasselbe ist mit der Rechtsgleichheit zu machen: Konnte sich Kant noch ein Verhältniswahlrecht, das von der Höhe der entrichteten Steuern ausging, als mit der Rechtsgleichheit vereinbar denken, so ist das für uns Heutige schlicht ein rechtslogischer Widerspruch. Bürgerliche Gleichheit und Rechtsgleichheit implizieren Stimmgleichheit. Dem liegt ein diskursiver Aufklärungsprozess zugrunde. Mit einer Abwandlung von Kants berühmter Aussage über Anschauungen und Begriffe aus der *Kritik der reinen Vernunft*, kann man meine These zum Politischen so formulieren: Die apriorische Form (des Rechts, des Staates) bleibt abstrakt, also ohne aposteriorische Bestimmung leer, so wie die aposteriorische Bestimmung normativ blind und unlegitimiert bleibt ohne apriorische Form und apriorische Begründung. Und um die Analogie zur Erkenntnistheorie der *Kritik der reinen Vernunft* noch weiter zu treiben, kann man sagen, wie dort das Schema zwischen Anschauung und Begriff vermittelt, so ist der Rechtsstaat eine Art politischer Schematismus, der zwischen Freiheit und Geschichte vermittelt.

II Freiheit als Anerkennung in Recht und Staat bei Fichte: Krieg und Frieden – Staat und Nation

Der Krieg hat die abendländische Philosophie seit ihren Anfängen beschäftigt. Dies ist deutlich, wenn Heraklit seinen Gedanken, dass πόλεμος, der „Krieg" bzw. der „Streit" der Vater von allem ist, in dem folgenden Fragment ausführt: „Es gehört sich, dass man weiß, dass der Krieg/Streit etwas Allgemeines ist und Recht Zwiespalt und dass alles geschieht in Übereinstimmung mit Zwiespalt und so auch verwendet wird."[271] Bereits hier ist konzipiert, dass es zwischen Krieg und Recht einen inneren Zusammenhang gibt. Mit πόλεμος / Krieg / Streit ist bei Heraklit natürlich ein ontologisches Prinzip gemeint, das produktiv ist, weil es nicht im Gegensatz zur Harmonie steht, sondern vielmehr mit dieser Eines ist. Der Streit / Krieg hat hier zugleich einen normativen Aspekt, denn was ist, das soll auch sein, nämlich sofern es Produkt des Krieges ist, ist es legitimiert. Denn wenn der Krieg ein umfassendes ontologisches Prinzip ist, kann und soll es nach Heraklit gar nichts anderes geben, als das, was durch den Krieg produziert wurde. Das Recht kann hier wohl entweder so verstanden werden, dass dasjenige, welches einen Krieg überstanden hat, ein Existenzrecht erkämpft hat oder so, dass im Recht der Zwiespalt enthalten ist, in einem Prinzip der Gerechtigkeit zusammengefasst ist. Das Recht ist selbst ein Aspekt des Krieges.

---

271 Heraklit Fragment 51; in: *Die Vorsokratiker*, Bd. I, Hrsg. J. Mansfeld, Stuttgart 1991, 259.

Heraklit bringt auch schon Krieg und Freiheit in einen Zusammenhang, wenn er schreibt: „Krieg ist von allem der Vater, von allem der König, denn die einen hat er zu Göttern, die anderen zu Menschen, die einen zu Sklaven, die anderen zu Freien gemacht.“[272] Hier wird die Hierarchie des Politischen zum Paradigma kosmologischer Ordnung. Hätte Heraklit nicht eine solche Generalisierung im Sinn, könnte er nicht sagen, dass der Krieg der Vater von allem ist. Auch in dem zuerst zitierten Fragment spricht Heraklit davon, dass der Krieg allgemein sei und das meint nicht allgemein menschlich, sondern dass der Streit/Krieg kosmisches Prinzip ist. Das ist so zu deuten, dass der Streit/Krieg nicht aus einander entgegengesetzten Parteien (z. B. Götter-Menschen, Sklaven-Freie) allererst entsteht, sondern umgekehrt: Die Entgegengesetzten entstehen aus dem Krieg, sonst wäre er nicht der Vater von allem. Heraklit würde also sagen: Entgegengesetzte setzen den Krieg voraus und nicht der Krieg Entgegengesetzte. – Im Vergleich zu der bedeutenden antiken chinesischen Kriegskunstlehre des Sunzi, die etwa gleichzeitig mit Heraklits Fragmenten entstand, geht letzterer also bedeutend weiter, denn bei Sunzi ist die Kriegskunst ein Unterwerfungsmittel unter Menschen. –

In einer nicht mehr ontologischen, sondern transzendentalen Perspektive findet sich dieser Zusammenhang von Recht und Krieg auch bei Fichte wieder, denn dieser leitet in seiner Rechtsphilosophie einen „gerechten Krieg“, Grundzüge des Kriegsrechts sowie das Recht eines Staates auf den Krieg deduktiv ab. Fichte bringt in seiner Rechts- und Staatsphilosophie die praktischen Grundbestimmungen: Freiheit, Recht, Staat, Krieg und Frieden in einen transzendental-deduktiven Zusammenhang. Aufgrund dieses deduktiven Zusammenhangs bilden diese Bestimmungen nach Fichte eine apriorisch aufweisbare Einheit. Bereits in der *Grundlage des Naturrechts* von 1796 führt Fichte in einem Grundriss das Völker- und Weltbürgerrecht aus, in dem er die apriorischen Bedingungen für das Recht zwischen Staaten darlegt. Diesen Text hat Fichte offensichtlich für konsequent und kaum verbesserungsfähig gehalten, denn auch in seinem späten *System der Rechtslehre* von 1812 taucht dieser Passus fast unverändert wieder auf. Nun bezeichnet Fichte das Völkerrecht als „genetisch“ ableitbar. Damit ist beim späten Fichte eine Evidenz gemeint, die sich nicht auf Erfahrung, sondern auf reine apriorische Begriffszusammenhänge stützt, die rein in der Tätigkeit selbstbezüglichen Wissens begründet sind.

Von dieser rechtsphilosophischen Deutung von „Staat“ und „Krieg“ ist die populärphilosophische Deutung der „Nation“ bei Fichte sehr gründlich zu unterscheiden. Die populärphilosophische Sicht von Staat, Krieg und Nation wurde oft als Vorform der nationalsozialistischen Ideologie des Dritten Reichs gesehen.

272 Heraklit Fragment 50; a.a.O., 259.

So deutet z. B. Bertrand Russell nicht nur Fichte, sondern natürlich auch Nietzsche und Hegel undifferenziert als Vordenker und „geistige Väter" der NS-Ideologie. Diesem absurden Bild ist natürlich zu widersprechen, da einerseits Fichte in seinen an der Wissenschaftslehre orientierten philosophischen Schriften einen Staatsbegriff deduziert, der dem Begriff der Nation, den er in den populären Schriften entwickelt, widerspricht. Das ist der Grund, weshalb ich dafür votieren möchte, dass man bei Fichte wie überhaupt sonst auch zwischen „Staat" und „Nation" differenzieren muss. Andererseits möchte ich auch der Sicht widersprechen, dass Fichte in seinen bloß populärphilosophischen Schriften wie insbesondere den *Reden an die deutsche Nation*, tatsächlich schon eine NS-Ideologie vertritt. Vielmehr denke ich, dass dort das tragische Phänomen einer „Dialektik der Aufklärung" zu beobachten ist und Fichte in eine ähnliche Zwickmühle gerät wie Schillers Marquis Posa. Denn auch in den populären Schriften ist Fichte wie in den wissenschaftlichen Schriften von Aufklärung und Realisation der Freiheit begeistert, nur schlägt dieses in den *Reden an die deutsche Nation* eben in einen Deutschchauvinismus um sowie in einen pädagogischen Kontrollzwang, der die Menschheit zur Freiheit zwingen will. Das Wesen des Deutschen wird dort ausschließlich kulturell verstanden, insbesondere von der Sprachgemeinschaft her. Fichtes unbezweifelbarer Deutschchauvinismus hat also eine geistige Quelle, keine biologistische oder naturalistische wie die NS-Ideologie, bei Fichte spielen „Blut und Boden" keine Rolle. Provokant kann man sagen, dass nach Fichtes *Reden* jeder Mensch ein Deutscher ist, der frei ist und sich jener Sprache angemessen bedient. Es finden sich dort sogar Stellen, wo Fichte die Besonderheit des Deutschtums paradoxerweise gerade dadurch bestimmt, dass das Wesen des Deutschen in einem offenen Weltbürgertum bestehe; was mit einer NS-Ideologie sicherlich nicht vereinbar ist. Es ist natürlich nicht zu bestreiten, dass es eindeutige Nähen gibt, die im Rückblick für Fichtes Konzeption der „Nation" verheerend sind. Angefangen von seinen Erziehungscamps bis hin zu der Diffamierung alles Nicht-Deutschen als „ausländisch", dekadent, oberflächlich und nihilistisch. In dieser Hinsicht kann man in Fichtes *Reden* sicherlich auch eine interessante Quelle für einen Nihilismusbegriff sehen, der primär agitatorisch-propagandistische Züge trägt, in einem Kampf der Kulturen oder in Fichtes Sicht präziser, in einem Kampf von Kultur gegen Nicht-Kultur, Deutschland gegen Frankreich.

Somit lässt sich bei Fichte ein Unterschied zwischen „Staat" und „Nation" festhalten: Der „Staat" ist ein ausschließlich durch rechtlichen Kontrakt entstandenes Gebilde, das in Abhängigkeit von den rechtlichen Einzelsubjekten steht und die Funktion hat, die äußere Freiheit interagierender Rechtssubjekte durch Anerkennung zu schützen; wogegen die „Nation" ein Kulturgebilde ist, das eine Einheit höherer Ordnung gegenüber seinen Mitgliedern bildet und insbesondere als Sprachgemeinschaft zu verstehen ist. Die Nation ist ein überindividuelles Gebilde, das zwischen der transzendental-apriorischen Ebene der reinen praktischen Freiheit und der empirisch-aposteriorischen Realität vermittelt. Dagegen ist der Staat eine aus transzendental-apriorischen Prämissen folgende Vergemeinschaftung von Rechtssubjekten.

Das Programm der Rechtsphilosophie Fichtes sieht diesen Argumentationsgang vor: Zunächst wird aus der transzendentalen Freiheit der Begriff des Rechts abgeleitet. Dieser impliziert eine freie äußere Handlungssphäre des Subjekts, das sich in Interaktion mit anderen Subjekten frei setzen kann. Dies impliziert wiederum die sinnliche Außenwelt sowie den Leib des handelnden Subjekts. Hierbei ist die „Anerkennung" die zentrale rechtliche Kategorie. Diese Anerkennung enthält eine spezifische, formale Struktur, die einerseits bezüglich der Interaktion zwischen freien, vereinzelten Subjekten eine konstitutive Rolle dafür inne hat, jemanden als Rechtssubjekt, als Person des Rechts gelten zu lassen, und andererseits spielt die Anerkennung auch auf der Ebene des Verhältnisses von Staaten eine zentrale Rolle. Vom Begriff der Anerkennung folgert Fichte, dass in einem freien Verhältnis zwischen Subjekten „Treue und Glauben"[273] zentral sind. Doch der Begriff der Freiheit impliziert gleichfalls die Möglichkeit der Subjekte, sich gegen die Anerkennung des Anderen zu entscheiden, und daher wird nach Fichte das „Zwangsrecht" notwendig. Das Zwangsrecht ist die Rechtsbestimmung, die eine „Garantie" der Anerkennung oder doch zumindest die Unterlassung von Rechtsverletzung unter den vereinzelten Rechtssubjekten aufrechterhalten soll. Um das Zwangsrecht durchzusetzen, wird ein unabhängiges Subjekt notwendig, eine Institution, die unabhängig von den streitenden Rechtssubjekten in der Lage ist, eine Entscheidung zu fällen. Dies bildet den Anfang des Rechtsstaates. Dieser bezieht seine Legitimation ausschließlich von den einzelnen Rechtssubjekten, die ihn durch Kontrakt konstituieren. Zweck des Staates ist der Schutz der Rechtssubjekte voreinander und insbesondere des Eigentums. Insofern finden sich Elemente des Kontraktualismus bei Fichte, die bereits bei Hobbes, Locke, Rousseau oder Kant zu finden waren. Die beiden Rechtssubjekte müssen ihre Gewalt auf die unabhängige Rechtsinstanz übertragen. Hier ist die Anerkennung der entscheidende Begriff, den Fichte neu, tiefgründig und systematisch weiterführend durchdringt. Die Bildung derartiger aus dem Naturrecht folgender Gemeinwesen und Rechtsstaaten kann nun unabhängig voneinander ablaufen; d. h., in den verschiedenen Erdteilen bilden sich derartige Rechtsstaaten parallel zuein-

273 Fichte *Grundlage des Naturrechts*; in: *Fichtes Werke* Bd. III, 139, § 14; im Folgenden zitiert als *GdN*.

ander. Diese treten miteinander unvermeidlich in Interaktion und daher wird ein Völkerrecht notwendig, das zwischenstaatliche Beziehungen regelt.

1 „Anerkennung" als äußere Freiheit in Fichtes Rechtsphilosophie

Die Intersubjektivität besteht für Fichte in der aktiven Relation von verschiedenen vernunftbegabten, freien Wesen zueinander. Vernünftige Wesen können sich interagierend abstimmen; Dinge können dies nicht. Die Intersubjektivität ist eine zentrale Bestimmung für die sich verwirklichende Setzung des konkreten Selbstbewusstseins; so dass ein wirkliches und individualisiertes Selbstbewusstsein eine Gemeinschaft von verschiedenen anderen Subjekten bereits voraussetzt.

Die Intersubjektivität konstituiert sich in den Akten der „Aufforderung" und der „Anerkennung". Dabei ist Intersubjektivität nicht ein spezifisch rechtliches Verhältnis von Subjekten zueinander, sondern es gibt nach Fichte Intersubjektivitätsrelationen auch auf sittlicher und religiöser Ebene. Intersubjektivität ist damit eine notwendige, doch nicht gleichfalls eine hinreichende Bedingung für Recht, Sittlichkeit und Religion; in diesen drei Lebensbereichen findet jeweils eine Spezifikation der Intersubjektivitätsrelation statt: Im Recht wird eine wechselseitige Anerkennung von äußerer Handlungsfreiheit vollzogen, in der Sittenlehre wird die Eingliederung des Subjekts in das allgemeine moralische Reich der Vernunftwesen gefordert und in der Religion vollzieht sich die „Synthesis der Geisterwelt" als Verbindung der verschiedenen Subjekte in der Einen moralischen Weltordnung. Daran zeigt sich, dass Fichte eine Vielzahl verschiedener Typen von Intersubjektivitätsrelationen kennt, die auch alle für die konkrete Setzung und Verwirklichung von Selbstbewusstsein konstitutiv sind. Fichte vertritt also keinen egoistischen Solipsismus, der dem Phänomen der Intersubjektivität nicht gerecht werden könnte. Dies gilt auch schon für den frühen Fichte, der häufig als „monologisch" in der Sphäre des egoistischen Subjekts verbleibend gedeutet wird; die Intersubjektivität ist für den Ansatz des frühen Fichte gerade kein „Sprengsatz",[274] sondern ein konstitutives Moment der Verwirklichung des individuellen Selbstbewusstseins.

Das Verhältnis von Aufforderung und Anerkennung in Fichtes früher Ethik wird erstmals in der Schrift *Von den Pflichten der Gelehrten* von 1794 thematisiert.

274 Auf diese Weise deutet z. B. Axel Honneth: *Die transzendentale Notwendigkeit von Intersubjektivität (Zweiter Lehrsatz: § 3)*; in: *Johann Gottlieb Fichte: Grundlage des Naturrechts*. Hrsg. J.-C. Merle, Berlin 2001, 64.

Es handelt sich dabei um eine öffentliche und populäre Vorlesung vom Sommersemester 1794, die Fichte unter dem – sich natürlich an Ciceros Werk orientierenden – Titel: *De officiis eruditorum* hielt und die parallel zur Privatvorlesung des theoretischen Teils der *Grundlage der gesamten Wissenschaftslehre* entstanden ist. Die Thematik der Bestimmung des Gelehrten bearbeitet Fichte später noch zweimal, nämlich 1805 und 1811, diese Bearbeitungen des Themas sind allerdings stärker von einer religiösen Orientierung des Gelehrten bestimmt.

Aufforderung und Anerkennung mit ihren spezifisch interpersonalen Bedeutungen für die Setzung des Selbstbewusstseins deduziert Fichte in der *Grundlage des Naturrechts nach Prinzipien der Wissenschaftslehre* von 1796. Aufforderung und Anerkennung als zwei Konstituentien von Recht gehören in die von Fichte konzipierte „pragmatische Geschichte des Selbstbewusstseins", welche die Genese von konkret existierendem Selbstbewusstsein darstellen soll. Hier entwickelt Fichte allerdings Anerkennung und Aufforderung auf dem Boden des Rechts und nicht innerhalb der Ethik, wie noch zuvor in der *Bestimmung des Gelehrten* von 1794. Daher ist zunächst Fichtes Rechtsbegriff zu explizieren und anschließend ist die spezifische Form der rechtlichen Intersubjektivität als die rechtliche Aufforderung und Anerkennung zu untersuchen.

2 Fichtes Rechtsbegriff

„Recht" ist nach Fichtes Lehre in der *Grundlage des Naturrechts* ein apriorischer Vernunftbegriff,[275] der nicht durch die Erfahrung gegeben wird, sondern in dem vernünftigen Begriff des konkreten endlichen Selbstbewusstseins als intelligible Bestimmung angelegt ist. Das Recht ermöglicht – noch näher zu spezifizierende – intersubjektive Erfahrungen und ist in dieser Hinsicht also die Bedingung der Möglichkeit für bestimmte Erfahrungen. Daher handelt es sich um einen transzendentalen Begriff, denn er erklärt die Möglichkeit von bestimmten Erfahrungen. Daran wird auch deutlich, was im Begriff des „Naturrechts" die „Natur" bedeutet: Es handelt sich bei dem Recht nicht um eine dingliche Naturbestimmung, die z.B. einen einfältigen urtümlichen Zustand in der frühen Menschheitsgeschichte bezeichnet. Recht ist überhaupt keine Eigenschaft, die dem Einzelnen als solchem von seiner biologischen Anlage her zukommt. Es handelt sich vielmehr um einen wesensmäßig notwendigen und nicht abstrahierbaren apriorischen Begriff endlichen Selbstbewusstseins. Der späte Fichte findet daher die Bezeichnung „Naturrecht" unpassend und spricht nur noch vom „Vernunftrecht".

275 Vgl. Fichte *GdN*; in: *Werke* III, 7.

Im Sinne von Ursprünglichkeit und Wesensnotwendigkeit der Vernunft ist beim frühen Fichte in diesem Kontext also „Natur" zu verstehen. Das Recht muss nach Fichte mittels der Freiheit erarbeitet werden, es liegt nicht einfach in einem urtümlich-naiven Zustand vor. Daher deutet sich im Terminus „Natur" auch nicht ein bloßer Mechanismus des Rechts an, der analog zu mechanischen Naturgesetzen wäre; vielmehr ist es die Spontaneität und aktive Selbstentfaltung der Vernunft, die sich im Recht manifestiert. Um Missverständnissen vorzubeugen, ist es wichtig, diese spontane Seite gegen Hegels Kritik an Fichtes Naturrechtskonzeption hervorzuheben. Hegel hat bekanntlich im *Naturrechtsaufsatz* von 1802 Fichte für dessen „Rechtsmechanismus" barsch kritisiert.[276] Mit dieser Kritik trifft Hegel aber nur einen Aspekt von Fichtes Rechtsphilosophie und dies ist sicherlich der problematische Aspekt, nämlich das sog. „Zwangsrecht", das auch von Fichte selbst als mechanisch bezeichnet wird. Aber dieses Zwangsrecht ist bei Fichte nicht der eigentliche Kern des Rechts, es ist vielmehr eingebettet in jene spontane Rechtlichkeit.

Konkreter definiert Fichte das „Recht" folgendermaßen: „Der Begriff des Rechts ist sonach der Begriff von dem notwendigen Verhältnisse freier Wesen zu einander".[277] – Damit ist Fichtes Rechtsbegriff gleichbedeutend mit demjenigen Kants. Nach Kant ermöglicht das Recht die Koexistenz verschiedener freier Wesen, indem es die äußeren Handlungen eines jeden Vernunftwesens so begrenzt, dass auch der freie äußere Handlungsspielraum der anderen Vernunftwesen gewahrt wird. Die Vernunft postuliert nach Kant diese äußere Begrenzung der Handlungswillkür der Vernunftsubjekte und dieses Postulat ist nicht weiter zu beweisen, es wird von der Vernunft vielmehr als eine äußere Notwendigkeit und als anzuerkennendes Faktum gedacht; wenn die Vernunft Bestand haben soll, muss es Grenzen der äußeren Handlungen der Subjekte in ihren Interaktionen geben. Fichte geht aber darüber hinaus und will auch die Notwendigkeit der wechselseitigen Anerkennung der Freiheitssphären noch aus dem Begriff des Selbstbewusstseins deduzieren.

---

276 Vgl. Hegel *Über die wissenschaftlichen Behandlungsarten des Naturrechts*, in: ders.: Gesammelte Werke, Hrsg. H. Buchner und O. Pöggeler, Hamburg 1968, Bd. 4, 443 ff.; nach Hegel ist es der endliche und fixierende Verstand, der sich in Fichtes Rechtsmechanismus artikuliert. Hegel will einen solchen Mechanismus des Rechts von vornherein umgehen, mithilfe seiner Konzeption einer in sich alle Trennungen enthaltenden und überwindenden, lebendigen, spekulativen Vernunftsittlichkeit, die auch die Gegensätze von Rechtssubjekten nicht fixiert, sondern für ihre eigene Selbstgestaltung positiv nutzt.

277 Fichte *GdN*, in: *Werke* III, 8. Auch nach dem späten Fichte hat das Recht die Funktion, das „Zusammenleben mehrerer freier Wesen, in welchem alle frei sein sollen" zu regeln; vgl. Fichte: *Das System der Rechtslehre* (1812), in: *Werke* X, 496; vgl. auch a.a.O., 502: „Also Rechtsbegriff heißt die Denknotwendigkeit Aller als frei in der synthetischen Einheit des Begriffs Aller."

In einem Brief an Reinhold vom 29.8.1795 gibt Fichte seinem Unmut darüber Ausdruck, dass bei Kant und den Kantianern weder das Sittengesetz noch der Rechtsbegriff „gründlich deduziert" worden sei. Diese Lücke bei Kant sei ein prinzipielles Problem, das darin zum Ausdruck komme, dass Rechtsbegriff und Sittengesetz nur als Fakten, als Tatsachen des Bewusstseins Geltung hätten. Diese beiden grundlegenden Bestimmungen des praktischen Teils der Philosophie seien jedoch zu deduzieren.[278] Deduktion bedeutet für Fichte: Aufweis der Notwendigkeit einer Bestimmung für die Selbstsetzung des Selbstbewusstseins. D.h., wenn es zu zeigen gelingt, dass der Rechtsbegriff dafür notwendig ist, dass sich konkretes Selbstbewusstsein vollziehen kann, ist der Rechtsbegriff deduziert. Damit geht Fichte auch über den Deduktionsbegriff Kants hinaus, der lediglich den Ausweis der Rechtmäßigkeit für die Verwendung eines Begriffes fordert.

Zugleich geht Fichte auch in einem anderen Punkt über Kant hinaus, insofern als für ihn in der wechselseitigen rechtlichen Anerkennung der Subjekte deren Individuationsprinzip liegt. Fichte unterscheidet das individuelle Selbstbewusstsein vom absoluten Ich, das bloß reine Vernunfttätigkeit ist, ohne eine bestimmte, individuierende Direktion der Tätigkeit. Absolutes bzw. reines und ursprüngliches Ich weist numerische Identität auf, es ist zwar Eines, aber es ist nicht individuell. Die Individualität kommt nicht dem reinen Ich zu, sondern erst dem konkret-sinnlichen Selbstbewusstsein.[279] Das absolute Ich ist bloße Bestimmbarkeit, also noch nicht ein Bestimmtes. Für den Übergang von der bloßen Bestimmbarkeit zu einer bestimmten Tätigkeit bedarf es einer bestimmenden, einschränkenden Direktionsgebung für die Tätigkeit überhaupt. Die Tätigkeit ist dann auf einen bestimmten Bewusstseinsvollzug und auf einen bestimmten Gegenstand, der intendiert wird, gerichtet. Die Intention auf einen bestimmten Gegenstand ist für Fichte ein Zweckbegriff. Sich auf einen bestimmten Gegenstand zu richten und ihn zu intendieren ist eine zweckhafte Direktion des Bewusstseins. In der spezifischen Richtungsgebung für den Bewusstseinsvollzug und in der Spezifikation auf einen bestimmten Gegenstand hin ist die sinnliche Realisation der intelligiblen Bewusstseinsvollzüge mitenthalten, denn eine rein intelligibel bleibende Handlungsmöglichkeit wäre eben unverwirklicht und es käme kein realisiertes Selbstbewusstsein zustande. Daran zeigt sich allerdings noch nicht unmittelbar die Notwendigkeit anderer Subjekte außer mir, aber es zeigt sich die Notwendigkeit der Individualität: Sofern ein Selbstbewusstsein seine intelligiblen Vollzüge realisieren will, muss es dies in der Sphäre der Sinnlichkeit tun, also in

---

278 Vgl. Fichtes Brief an Reinhold vom 29.8.1795; in: *J.G. Fichte-Gesamtausgabe*, Hrsg. R. Lauth und H. Jacob, Stuttgart-Bad Cannstatt 1970, Abt. III/2, 385.

279 Vgl. Fichtes Brief an Reinhold vom 29.8.1795; a.a.O., Abt. III/2, 387: „Die Individualität drückt sich nur in der Sinnlichkeit aus, das reine, unendliche Ich ist Eins [...]".

der Auseinandersetzung mit welthaften Dingen. Dies vollzieht das Selbstbewusstsein mittels des eigenen Körpers. Der Leib ist also eine Realisationsbedingung für konkretes Selbstbewusstsein, das mittels des Leibes in der Sphäre der Sinnlichkeit seine konzipierten Begriffe, die gesetzten Zweckbegriffe realisieren kann. Durch diese mittels des Leibes realisierten Zweckbegriffe wird das Selbstbewusstsein in die Lage versetzt, sich selbst zu erfahren, denn sofern es dem Selbstbewusstsein gelingt, seine entworfenen Zweckbegriffe in der sinnlichen Welt zu realisieren, so dass sie nicht bloß mögliche Pläne bleiben, kann das Selbstbewusstsein sich selbst eine Tätigkeit zuschreiben. Dies ist ein realisiertes Selbstverhältnis der Subjektivität, denn das Selbstbewusstsein erfährt sich selbst in seiner Aktuosität vermittels der sinnlichen Veränderungen, die es gemäß selbst entworfenen Zweckbegriffen hervorgebracht hat. Die Tätigkeit kann das Selbstbewusstsein sich selbst zuschreiben, da die Bedingung für das Dasein der sinnlich-erfahrbaren Veränderung eines welthaften Dinges nur sein zweckhafter Entwurf und das durch den Leib realisierte Eingreifen in den Weltlauf ist.

Mit weiteren Spezifizierungen bildet das rechtliche Anerkennungsverhältnis zwischen verschiedenen Subjekten eine individuierende Direktionsbewegung für die Tätigkeit des Selbstbewusstseins. Durch die wechselseitige Anerkennung zwischen den Subjekten erfolgt also eine spezifizierende Direktionsgebung für die Vernunfttätigkeit der Subjekte. Hinzu kommt, dass die spezifische Vernunfttätigkeit eines derart gegen andere Subjekte abgegrenzten Selbstbewusstseins mittels eines spezifischen Leibes und an einer bestimmten Raum-Zeit-Stelle vollzogen und konkret realisiert wird. Die Individuation von Vernunftsubjekten erfolgt also einerseits durch die Aufforderung als interpersonale Spezifikation von Tätigkeit überhaupt zu einer bestimmten Tätigkeit eines Subjekts – somit im Übergang vom absoluten Ich der Tathandlung zu einem seiner selbst bewussten, dadurch aber auch begrenzten und bestimmten Ich – und andererseits durch den Leib und die spezifische Raum-Zeit-Stelle, mit denen die Tätigkeit des Subjekts konkret verwirklicht wird. In diesem Sinne schreibt Fichte am 30. August 1795 an Jacobi über das Rechtsverhältnis:

> Mein absolutes Ich ist offenbar nicht das Individuum: so haben beleidigte Höflinge und ärgerliche Philosophen mich erklärt, um mir die schändliche Lehre des praktischen Egoismus anzudichten. Aber das Individuum muss aus dem absoluten Ich deduziert werden. Dazu wird die Wissenschaftslehre im Naturrecht ungesäumt schreiten. Ein endliches Wesen – lässt durch Deduktion sich dartun – kann sich nur als Sinnenwesen in einer Sphäre von Sinnenwesen denken, auf deren einen Teil (die nicht anfangen können) es Kausalität hat; mit deren anderem Teile, (auf den es den Begriff des Subjekts überträgt), es in Wechselwirkung steht: und in sofern heißt es Individuum. (Die Bedingungen der Individualität heißen

> Rechte.) So gewiss es sich als Individuum setzt, so gewiss setzt es eine solche Sphäre; denn beides sind Wechselbegriffe.[280]

Die Sphäre der menschlichen Sinnlichkeit hat also zwei Bestandteile: a) den Bereich von Dingen in Raum und Zeit, denen keine Spontaneität zukommt, die daher „nicht anfangen" können, die also nicht selbsttätig Zwecke setzen können. In diesem Teil der Sinnensphäre hat das endliche Selbstbewusstsein Kausalität und kann sie nach eigener Willkür umfingieren. b) ein zweiter Teil der Sinnensphäre besteht dagegen aus Wesen, die von selbst anfangen können, die also autonome Selbstzwecke sind; auf diese darf das Selbstbewusstsein nicht seine willkürliche Kausalität ausüben, sondern es muss sich mit ihnen koordinieren und (kann sich) solidarisieren. Der Begriff der „Übertragung" spielt hier eine wesentliche Rolle. Ähnlich wie später in Husserls Theorie der Intersubjektivität, nach der das Subjekt bzw. die Monade einen Akt der „paarigen Appräsentation" vornimmt, projiziert auch nach Fichte das Subjekt auf ein Lebewesen, das einen ihm hinreichend ähnlichen Leib hat, seine eigene Struktur der Subjektivität. – Es kann natürlich kritisch hinterfragt werden, dass dies noch nicht zureichend sein kann, um Intersubjektivität tatsächlich zu begründen und aus der Sphäre des eigenen Selbst herauszutreten. Eine solche fundamentale Begründung von Intersubjektivität kann eigentlich nur dann gelingen, wenn man, wie Fichte dies später auch leistet, zu zeigen in der Lage ist, dass das alter ego Voraussetzung dafür ist, dass sich das eigene Selbst setzen kann. – Insbesondere die koordinierende Wechselwirkung mit anderen Subjekten individuiert das einzelne Ich. Durch die Mitgegenwärtigkeit anderer Subjekte muss sich das Ich in seiner Kausalität auf die Mitwelt einschränken. Es setzt sich durch den Akt der Einschränkung eine bestimmte, gegen andere begrenzte und andere berücksichtigende, spezifische Wirkungssphäre. Diese Bestimmtheit gebende Spezifikation ist die Individualisierung, die in der Anerkennung von Rechten besteht.

Nach Fichte – wie auch nach Kant – ist von der Sphäre des Rechts die Sphäre der Sittlichkeit zu unterscheiden.[281] Der kategorische Imperativ als ein Grundge-

---

280 Fichtes Brief an Jacobi vom 30.8.1795; a.a.O., Abt. III/2, 392.

281 Der späte Fichte nimmt allerdings für sich in Anspruch, die Rechtslehre früher und klarer als Kant in der *Friedensschrift* und in der Rechtslehre der *Metaphysik der Sitten* entwickelt zu haben; insbesondere die Selbständigkeit des Rechts gegenüber der Sittlichkeit sei klarer herausgearbeitet; vgl. *Werke* X, 498. Tatsächlich ist der erste Teil von Fichtes *Grundlage des Naturrechts* (März 1796) ein dreiviertel Jahr früher erschienen als Kants *Metaphysische Anfangsgründe der Rechtslehre*, die den ersten Teil der *Metaphysik der Sitten* bilden und Anfang 1797 erschienen sind. Allerdings hat Fichte 1796, nach Abschluss des ersten Teils der *Grundlage des Naturrechts*, Kants *Friedensschrift* und die darin enthaltenen Anmerkungen zum rechtlichen

setz der Sittlichkeit ist vom Rechtsgesetz zu unterscheiden, weil er nicht eine äußere Grenze der Handlungsfreiheit gegen andere Vernunftsubjekte fordert, sondern die innere Freiheit und die innere Gesetzmäßigkeit eines jeden Vernunftwesens aufgrund der ihm immanenten Vernünftigkeit gebietet. Die sittliche Verpflichtung durch den kategorischen Imperativ trifft jedes Vernunftsubjekt individuell und als einzelnes; dagegen ist das Rechtsgesetz auf alle Vernunftsubjekte in ihrer äußeren und interpersonalen Interaktion bezogen. Daher kann das Recht auch zwangsweise durchgesetzt werden, indem die äußeren Grenzen der Handlungen eines Subjekts zwangsweise beschnitten werden können; die Sittlichkeit lässt sich dagegen nicht zwangsweise durchsetzen, denn zu ihrer Realisierung ist die innere Einstellung des einzelnen vernünftigen Subjekts notwendig, sofern es *seine* Maximen aus Achtung vor dem Gesetz allgemeingültig machen will und

---

Erlaubnisgesetz rezipiert und geht darauf dann in der Einleitung ein (vgl. *Grundlage des Naturrechts*, 11–16). Aus den Andeutungen in Kants *Friedensschrift* leitet Fichte ab, dass, wie für ihn selbst, so auch für Kant, das Recht unabhängig von der Sittlichkeit konzipiert werden muss, da die Sittlichkeit unbedingt gebietet, das Recht jedoch bedingt erlaubt. Der zweite Teil von Fichtes *Grundlage des Naturrechts* ist dann aus verlagstechnischen Gründen erst im September 1797 erschienen (vgl. hierzu Fichtes Anm. in der *Grundlage des Naturrechts*, 11). Zu diesem Zeitpunkt hat Fichte dann bereits Kants Rechtslehre aus dem ersten Teil der *Metaphysik der Sitten* rezipiert. Fichtes Briefe an Reinhold vom 29.8.1795 und an Jacobi vom 30.8.1795 zeigen allerdings, dass Fichte bereits seit Mitte 1795 über einen eigenständigen, systematischen Rechtsbegriff verfügte. Dabei ist zu berücksichtigen, dass sich Fichte Mitte 1795 mit rechtsphilosophischen Arbeiten von Kantianern auseinandergesetzt hat, die insbesondere im Anschluss an Kants *Grundlegung zur Metaphysik der Sitten* und den kategorischen Imperativ eine Naturrechtslehre zu entwickeln versuchen. Dies zeigt Fichtes Entwurf zu einer Rezension von rechtsphilosophischen Schriften, die u.a. im von Fichte selbst mit herausgegebenen *Philosophischen Journal einer Gesellschaft Teutscher Gelehrter* erschienen waren; vgl. *Zur Rezension des Naturrechts für das Niethammersche Journal*; (in: *J.G. Fichte-Gesamtausgabe*, Hrsg. R. Lauth und H. Jacob, Stuttgart-Bad Cannstatt 1970, Abt. II/3, 395–406). Fichte hatte z.B. rezipiert: G. Hufeland *Lehrsätze des Naturrechts und der damit verbundenen Wissenschaften* Jena 1790); Th. Schmalz *Das reine Naturrecht* (Königsberg 1792); J.C. Hoffbauer *Naturrecht aus dem Begriffe des Rechts entwickelt* (Halle 1793); Salomon Maimon *Über die ersten Gründe des Naturrechts* (in: Philosophisches Journal, 2. Heft, 141–174); Johann Benjamin Erhard *Apologie des Teufels* (1795) (in: Philosophisches Journal, 2. Heft, 1–140) und ders. *Beiträge zur Theorie der Gesetzgebung* (in: Philosophisches Journal, 8. Heft, S. 263–282 und 9. Heft, 1–32); P.J.A. Feuerbach *Versuch über den Begriff des Rechts* (in: Philosophisches Journal, 6. Heft, 138–162) und D. Reinhard *Deduktion des Rechtsbegriffes* (in: Philosophisches Journal, 7. Heft, 204–233). Vgl. zum Verhältnis Fichtes zu der Rechtsphilosophie Kants und der Kantianer: W. Bartuschat *Zur Deduktion des Rechts aus der Vernunft bei Kant und Fichte*; in: *Fichtes Lehre vom Rechtsverhältnis*. Hrsg. M. Kahlo, E.A. Wolff, R. Zaczyk, Frankfurt a.M. 1992, 173–193; J.-C. Merle *Einführung*; in: *Johann Gottlieb Fichte: Grundlage des Naturrechts*. Hrsg. J.-C. Merle, Berlin 2001, 1–19; F. Oncina Coves *Wahlverwandtschaften zwischen Fichtes, Maimons und Erhards Rechtslehren*; in: Fichte-Studien 11 (1997) 63–84.

dadurch allererst wirklich aus Pflicht handelt. Des Weiteren kommt nach Fichte dem Rechts- und dem Sittengesetz auch ein unterschiedlicher Nötigungsgrad zu: Das Sittengesetz *gebietet* unbedingt und kategorisch ohne alle Ausnahme dem einzelnen Selbstbewusstsein; das Rechtsgesetz *erlaubt* dagegen die äußeren Handlungen, sofern die äußere Freiheit der anderen gewahrt wird. Das nötigende Gebot der Pflicht ist von bindenderem Charakter als die Erlaubnis zu Handlungen des Rechts.

Die Dimension des Rechts wird damit von der der Sittlichkeit grundlegend abgehoben, denn in letzterer geht es nach Fichte lediglich um das gebietende, innere Selbstverhältnis des praktischen Ich, in der Rechtslehre geht es dagegen wesentlich um die äußere, erlaubende Interpersonalitätsrelation als Bedingung der Möglichkeit für das Zustandekommen von konkret existierendem Selbstbewusstsein.

Weil das Rechtsgesetz die äußeren Handlungen der interagierenden Subjekte regelt, nimmt es nach dem späten Fichte eine Mittelstellung zwischen dem äußeren Naturgesetz und dem inneren Sittengesetz ein. Das Rechtsgesetz ist analog zu den Naturgesetzen regulierend für äußerliche raum-zeitliche Handlungen, zugleich aber auch analog zum Sittengesetz innere Freiheit eines Subjekts ermöglichend, sofern es die Freiheit aller in wechselseitiger Bezogenheit gewährleisten soll. Daraus folgt: Das Rechtsgesetz ist weder Natur- noch Sittengesetz, sondern ein zwischen Natur und sittlicher Freiheit vermittelndes Drittes.[282]

Dabei ist zu berücksichtigen, dass aus der Perspektive des konkreten Selbstbewusstseins die Rechtssphäre und die Sittlichkeit, wenn sie auch voneinander zu unterscheiden sind, dennoch miteinander verzahnt sind. Die sittliche Freiheit lässt sich im Rahmen der rechtlichen Freiheit *besser* verwirklichen, denn wenn die Subjekte untereinander ihre äußere Handlungsfreiheit anerkennen, können sie auch die innere Handlungsfreiheit ungehinderter entfalten. Dabei gilt allerdings nicht, dass die Rechtsfreiheit die sittliche Freiheit ermöglicht, wenn auch im konkreten Lebenszusammenhang die rechtliche Freiheit vorteilhaft für die Verwirklichung sittlicher Freiheit im Einzelnen sein kann. Sonst wäre es tatsächlich eine moralisch gerechtfertigte Ausrede, z. B. in einer Diktatur amoralische Taten begehen zu dürfen, unter dem Verweis auf die rechtlichen Konsequenzen, die es gehabt hätte, wenn der Betreffende sie nicht ausgeführt hätte. Also z. B. wäre es eine moralische Rechtfertigung zu sagen: „Ich musste an der Massenexekution unbewaffneter Zivilisten teilnehmen, da ich sonst selbst zum Tode verurteilt worden wäre." Und wenn dies eine moralische Rechtfertigung wäre,

282 Vgl. Fichte *Das System der Rechtslehre* (1812); in: *Werke* X, 496 f.

dann wäre es moralische Pflicht, unter solchen Bedingungen an Massenexekutionen unbewaffneter Zivilisten teilzunehmen.

3 „Aufforderung“ und „Anerkennung“ als rechtliche Interpersonalität und als Sprachspiele

„Aufforderung“ und „Anerkennung“ verhalten sich in Fichtes Rechtstheorie so zueinander, dass die Anerkennung in der Aufforderung analytisch-synthetisch enthalten ist und sich aus dem Akt der Aufforderung ergeben soll. Daher sei zunächst der Charakter der Aufforderung expliziert, um davon ausgehend den Begriff der Anerkennung zu gewinnen.

Soll sich ein Selbstbewusstsein konkret setzen, kann es zu diesem Selbstverhältnis nicht bloß durch das objektive und kategorial geregelte Erkennen von welthaften Dingen gelangen. Im Objektvollzug ist das Ich nämlich selbstvergessen, es ist intentional auf die Objekte der Welt gerichtet. Theoretisches Selbstbewusstsein ist also für diese Phase der Selbstsetzung des konkreten Ich allein nicht ausreichend. Darüber hinaus erfordert die Setzung eines konkreten Selbstbewusstseins auch ganz entscheidend ein Wissen um Freiheit, denn das Sich-zu-sich-Verhalten des konkreten Ich ist in einem relativen Sinne unbedingt. Diese Unbedingtheit kann das Ich nicht von den dinghaften Weltvorstellungen erlangen, sondern nur von einem selbst auch zumindest relativ unbedingten bzw. freien Wesen. Daher bleibt nur eine Möglichkeit, damit sich ein konkretes Selbstbewusstsein wirklich setzen kann, nämlich dass sich das Subjekt in seinem praktischen Willen seiner selbst bewusst wird. Die freie Wirksamkeit des Willens kann das Subjekt nicht den Objekten zuschreiben, denn die freie Wirksamkeit ist gerade nicht etwas Objektiv-Dingliches, denn Objektives wird nach Fichte immer vom „Gefühl der Notwendigkeit“ auf Seiten des Subjekts begleitet, freie Wirksamkeit ist dem Gefühl der Notwendigkeit aber entgegengesetzt.

Wie Fichte bereits in der *Grundlage der gesamten Wissenschaftslehre* von 1794/95 ausführt, besteht beim theoretischen Ich eine Kausalität des Nicht-Ich auf das Ich, die das Ich allerdings selbst setzt und umgekehrt besteht beim praktischen Ich eine Kausalität des Ich auf das Nicht-Ich. Das Wollen als reale Tätigkeit des Ich ist also dem theoretischen Vorstellen, der idealen Tätigkeit des Ich, entgegengesetzt; praktisches Selbstbewusstsein und theoretisches Bewusstsein bilden in dieser Hinsicht einen Gegensatz. Aber hier ergibt sich das Problem, dass sie sich zugleich auch wechselseitig voraussetzen: Das, was gewollt wird, muss auch vorgestellt werden, sonst wäre das Wollen unbestimmt, es gäbe nicht etwas, das im Akt des Wollens vorgestellt wird. Umgekehrt gilt aber auch, dass das, was vorgestellt wird, den Willen voraussetzt, denn der Akt des Vorstellens bedarf eines Vorstellenden, eines Ich, das sich selbst setzt. Sich selbst setzen ist aber ein Akt freier Wirksamkeit des sich selbst wollenden Ich. Hieran wird der Primat des praktischen Ich vor dem theoretischen Ich bei Fichte deutlich, das theoretische Vorstellen setzt den willentlichen Akt der Selbstsetzung voraus. Damit setzen sich Selbstbewusstsein (Wollen) und Bewusstsein (Vorstellen) wechselseitig voraus. Zirkulär implizieren sich die beiden entgegengesetzten Tätigkeiten des Ich. Dies ist ein notwendigerweise aufzuhebender Widerspruch, wenn Selbstbewusstsein wirklich sein soll. Der Widerspruch wird aufgehoben, indem beide – praktisches Selbstbewusstsein und theoretisches Bewusstsein – synthetisch vereinigt werden; beides muss in einem Akt vollzogen werden und vollziehbar sein.

Wie soll es aber möglich sein, dass etwas zugleich praktisch-selbstbewusst gewollt und theoretisch-bewusst vorgestellt wird? Der Aktvollzug des Subjekts müsste in eins und zugleich freie Wirksamkeit und gehemmt-begrenztes, theoretisches Vorstellen sein. In dieser Handlung des Subjekts müsste also meine freie Wirksamkeit mit der theoretischen Vollziehbarkeit vereint sein. Wenn konkretes Selbstbewusstsein verwirklicht werden soll, ist ein solcher notwendig zu vollziehender Akt vorauszusetzen und er besteht in einem „Bestimmtsein des Subjekts zur Selbstbestimmung".[283] Das „Bestimmtsein" ist dabei die theoretische Vorstellung; die „Selbstbestimmung" ist dagegen die freie Wirksamkeit des Willens. Diese synthetische Struktur macht nach Fichte insbesondere den Charakter der „Aufforderung" aus. Die Aufforderung darf kein Zwang sein, sonst könnte der Aufgeforderte sich seiner freien Wirksamkeit nicht bewusst werden, er würde sich dann lediglich als Objekt vollziehen und nicht als durch den eigenen Willen bestimmtes Subjekt. In der Aufforderung ist also die prinzipielle Möglichkeit zum Nicht-auf-sie-Reagieren enthalten; sie ist lediglich die Forderung, überhaupt tätig zu sein. – Ein solcher Akt wäre z. B., wenn ein anderes Subjekt mich auffordert, zur Bundestagswahl zu gehen, und mir die Intentionen der zur Wahl stehenden Parteien erklärt. Würde es mir vorschreiben, welche Partei ich wählen soll, wäre das nicht mehr das Sprach- oder Bewusstseinsspiel der Aufforderung. –

Die Aufforderung wird dem Subjekt im äußeren Sinn gegeben, d. h., sie wird von mir so vorgestellt, dass es einen Grund außerhalb meiner für sie gibt. Darin liegt der theoretische Aspekt der Aufforderung, es gibt einen Grund außerhalb des Ich, der das Ich bestimmt und begrenzt. Das Ich setzt sich selbst als bestimmt durch etwas außerhalb seiner. – Hierin ist Fichtes rechtsphilosophisch und praktisch gewendete Weiterführung von Kants „Widerlegung des Idealismus" aus der 2. Auflage der *Kritik der reinen Vernunft* zu erblicken. – Die Vorstellung dieses äußeren Grundes wird nun notwendig so vollzogen, dass dieser Grund ein ver-

283 Fichte *GdN*, in *Werke* III, 33.

nünftiges und freies Wesen ist: Der Zweck der Aufforderung ist es, in mir Erkenntnis, genauer Erkenntnis meiner selbst, zu erzeugen. Sich einen solchen Zweck setzen kann aber nur etwas, das selbst über Erkenntnis verfügt. Derartiges Erkennen setzt wiederum Selbstbewusstsein und damit einen Willen voraus. Damit muss ich, sofern ich mich als Aufgeforderten vorfinde, ein vernünftiges alter ego außer mir annehmen. Dies ist der praktische Aspekt der Aufforderung: Das aufgeforderte Ich muss sich selbst zu einer Handlung als Reaktion auf die Aufforderung bestimmen. Das Ich setzt sich darin als das Nicht-Ich bestimmend. Darin wird es sich der eigenen Tätigkeit bewusst. Fichte ist es damit gelungen, Interpersonalität als Bedingung der Möglichkeit konkreten Selbstbewusstseins zu deduzieren. – In diesem Akt der Aufforderung liegt auch die transzendentale Wurzel der Pädagogik. –

Indem Fichte die Implikate der Aufforderung zergliedert, gewinnt er den Begriff der „Anerkennung", der in seiner Vollendung darin besteht, dass sich vernünftige Wesen in allen Fällen gegenseitigen In-Kontakt-Tretens, jeweils wechselseitig (und nicht nur – wie bei der Aufforderung – zunächst einseitig) Sphären für ihre freien Handlungen einräumen, was für Fichte dann das Rechtsverhältnis definiert. „Anerkennung" ist also die *wechselseitige* Einräumung von äußerer Freiheit zwischen Vernunftwesen, die Aufforderung, die durch eine andere Aufforderung erwidert wird. – In diesem Akt der Anerkennung liegt die transzendentale Wurzel einer erfolgreichen Pädagogik. In gewissem Sinne könnte man sagen, dass die Pädagogik eine Spielart des Rechts ist. –

Im Akt der „Aufforderung" ist es gelegen, dass der Aufgeforderte einen Handlungsspielraum eingeräumt bekommt, in dem er frei wirken *kann*. Der Aufgeforderte kann erkennen, dass der Auffordernde dies nicht hätte tun müssen. Der Aufgeforderte kann also in einer *praktischen Erkenntnis* wissen, dass der andere seinen eigenen Handlungsspielraum eingeschränkt hat: Der Andere hat aus Freiheit seine eigene Freiheit eingeschränkt, um auch mir das Bewusstsein meiner selbst als eines freien Wesens zu ermöglichen. Mit einem Wort von Thomas Nagel liegt hier die „Möglichkeit des Alturismus" begründet, natürlich erklärt das auch die Möglichkeit des Egoismus, nämlich die versagte Selbsteinschränkung der eigenen Freiheit zu ungunsten des Anderen. Ein Egoist ist derjenige, der zu kurzsichtig ist, um zu erkennen, dass er von der Freiheit des Anderen mehr eigene Freiheit gewinnen könnte. Eine Beschränkung der eigenen Fähigkeiten und Möglichkeiten zugunsten eines anderen kann aber nur ein selbst schon freies Wesen vollziehen; ein reines Sinnenwesen kann sich nicht auf diese Weise beschränken. Für eine solche Selbstbeschränkung kann es keine kausal-determinierenden Ursachen geben. Die Beschränkung der eigenen Freiheit bei dem Auffordernden setzt voraus, dass dieser mich als den Aufgeforderten zunächst zumindest in hypothetischer Weise, also als ein der Möglichkeit nach freies Wesen gesetzt hat. Daraus folgt, dass der Auffordernde wissen muss, was Freiheit ist, denn sonst wäre es unmöglich, dass er die Freiheit eines anderen wahren wollen kann. Dies ist ein weiterer Beweis, den Fichte für die Interpersonalität und gegen den Solipsismus erbringt: Damit meine Freiheit möglich ist und ich mir meiner Freiheit bewusst werden kann, ist es notwendig, dass ein alter ego mir die Freiheit einräumt, damit ich sie aktiv ergreifen kann.

Aus dem Gesagten ergibt sich, dass der Aufgeforderte und der Auffordernde zwei verschiedene Handlungsspielräume für ihre jeweilige freie Wirksamkeit haben. Damit beginnt für Fichte der Prozess der Individuation, der in der Unterscheidung und Entgegensetzung von freier Wirksamkeit in verschiedene Handlungssphären im Raum durch den Leib besteht. Individualität ist damit ein Wechselbegriff, den es nur in der Relation vernünftiger, freier Wesen aufeinander geben kann, indem sie aufeinander handelnd eingehen. Das impliziert aber auch, dass der Aufgeforderte dem Auffordernden notwendig zeigen muss, dass er die Aufforderung verstanden hat, denn sonst könnte der Auffordernde nicht erkennen, dass der Aufgeforderte tatsächlich ein vernünftiges Wesen ist. Die Notwendigkeit der Reaktion des Aufgeforderten auf die Aufforderung, wodurch es zur Anerkennung kommt, ist jedoch „nur" mit logischer Konsequenz und nicht mit sittlicher Verpflichtung zu vollziehen. Es gibt keine sittliche Verpflichtung auf eine Aufforderung zu reagieren, auch das Nichtreagieren ist ein freier Entschluss. Ohne eine adäquate Reaktion des Aufgeforderten bliebe die freie Vernünftigkeit einseitig. Das heißt, der Aufgeforderte muss sich auf die Wechselwirkung mit dem alter ego tatsächlich einlassen, er muss eine der ihm vom anderen vorgegebenen Möglichkeiten ergreifen, erst dadurch erkennt der andere, der bis dahin lediglich problematisch und hypothetisch – aufgrund der leiblichen Gestalt des Aufgeforderten – den Aufgeforderten als frei gesetzt hat, dass dieser tatsächlich frei ist. Damit ist das Verhältnis der beiden freien Wesen zueinander nicht mehr einseitig, sondern es verwirklicht sich in seiner Wechselseitigkeit.

Die Individuation von Personen geschieht also durch intersubjektive Anerkennung; eine bloße Aufforderung würde zum Prozess der personalen Individuation noch nicht hinreichen. Daran zeigt sich die deduzierbare transzendentale Notwendigkeit der Anerkennung; bei der bloßen Aufforderung darf es nicht bleiben, wenn es zur personal-praktischen Individuation kommen soll.[284]

---

284 Vgl. hierzu W. Kersting *Die Unabhängigkeit des Rechts von der Moral*; in: *Johann Gottlieb Fichte: Grundlage des Naturrechts*. Hrsg. J.-C. Merle, Berlin 2001, 36 Anm., hat darauf aufmerksam gemacht, dass zuerst Johann Benjamin Erhard *Apologie des Teufels* 1795 (in: Philosophisches Journal, 2. Heft, 136 f.) das wechselseitige Rechtsverhältnis als „logische" Konsequenz gedeutet hat: „Das Recht entsteht daher aus der Forderung völliger Konsequenz, die die Menschen wechselweise aneinander machen (volenti non fit iniuria)".

Die beiden Subjekte sind im Prozess der praktisch-rechtlichen Anerkennung also nicht durch sittliche Verpflichtung einander verbunden, sondern durch die „logische" Konsequenz, die das äußerlich vermittelte praktische Wissen der Freiheit des je anderen möglich macht. Diese „logische" Konsequenz gilt natürlich immer und in allen Fällen, in denen freie Wesen miteinander in Wechselwirkung treten. Dies gilt natürlich nicht nur für ein alter ego, das mir als mich auffordernd begegnet, sondern für alle Vernunftwesen, also auch für jene, die mir gar nicht konkret begegnen. Damit wird die allgemeine Anerkennung erreicht. Diese gilt für alle Zeit, weil dasjenige, was anerkannt werden soll, die Freiheit eines vernünftigen Wesens ist. Freiheit ist aber etwas Gesolltes, das in der Gegenwart nicht realisiert ist: „Freiheit wird daher immer in die Zukunft gesetzt".[285] Der freie Wille bringt allererst die Zeitbestimmung der Zukunft im Rahmen seiner praktischen Zweckentwürfe hervor. Der Charakter der Zukünftigkeit der Freiheit impliziert damit die Notwendigkeit der Anerkennung meiner für alle kommende Zeit von allen vernünftigen Wesen, mit denen ich durch Handlungen in freie Wechselwirkung trete oder treten könnte. – Von hier aus könnte Fichte also für einen generationenübergreifenden Rechtsvertrag plädieren. Dieser kann in der Zeit aber immer nur in eine Richtung gehen, nämlich in die Zukunft. Vergangene Generationen rechtlich zur Verantwortung ziehen zu wollen ist absurd. Mit Fichte kann man dieses Phänomen erklären, „Freiheit wird immer in die Zukunft gesetzt". Das schließt nicht aus, dass wir vergangene Generationen nach Maßstäben unserer Rechtsbegriffe beurteilen, aber wir gehen deswegen nicht gerichtlich gegen sie vor. –

An dieser Gründungsposition des Rechts in den Akten Aufforderung und Anerkennung hat auch die Sprache ihren spezifisch rechtsrelevanten Ort. Fichte selbst reflektiert dies allerdings nicht mit. Natürlich gibt es auch andere Sprachspiele, die von der Rechtsstiftung völlig unabhängig sind, man kann also nicht sagen, dass sich die Sprache in Anerkennung und Aufforderung erschöpft. Wittgenstein hat bekanntlich die Abrichtung als anderes Sprachspiel herausgearbeitet. Aber Fichte verdeutlicht mit beiden Akten eine Rechtsdimension, die weit über das Juristische im engeren Sinne hinausgeht und freie Interpersonalität generell philosophisch auf einen Begriff bringt und diese ist sprachlich vermittelt. Aufforderung und Anerkennung sind selbst als Sprachspiele zu verstehen, Sprachspiele die Spielräume der Personalität in Koordination freisetzen. Diese Akte sind erstens deklarativ, sie deklarieren, dass ein Subjekt frei ist, reagiert das andere Subjekt angemessen, also mit rückwirkender Freiheitseinräumung, deklariert auch dieses Subjekt seine Freiheit. Zweitens sind diese Akte präskriptiv, denn dem Aufgeforderten oder Anerkannten werden Möglichkeiten vorgezeichnet,

---

285 Fichte *GdN*, in: *Werke* III, 51; vgl. auch a.a.O., 117 f.; vgl. auch: *Werke* X, 503.

wie er reagieren kann. In diesen beiden Hinsichten sind diese Sprachspiele diskursiv, der Dialog ist ihr angemessenes Sprachspiel. Zugleich deduziert Fichte den Leib in diesem Kontext der Anerkennung nicht ohne Grund, denn die Sprachspiele Aufforderung und Anerkennung erfordern äußerlich wahrnehmbare Zeichen um die Brücke zwischen den Subjekten schlagen zu können, Leiblichkeit ist also eine notwendige Bedingung für das Gelingen beider Akte. Hier hat die leiblich sinnliche Dimension von Sprache und Zeichen ihren Ort. Schon nonverbale Kommunikation kann anerkennend oder auffordernd sein. In einem weiterem Sinne ist hier also die Sprache des Sprachspiels zu verstehen. Als leibliche Erscheinung ist die Sprache daher drittens intuitiv. Als Sprachspiele stehen Aufforderung und Anerkennung mit ihrer reichhaltigen Stuktur in der Mitte zwischen Sinnlichkeit und Vernunft, denn es sind leibliche Wesen, die mit sinnlich wahrnehmbaren Zeichen interagieren, zugleich interagieren sie umwillen ihrer Freiheit, die sie nicht wahrnehmen können. Kantisch gesprochen kann man sagen, dass die Sprache des Rechts zwischen Anschauung und Begriff vermittelt, weil sie mit beiden homogen ist.

4 Zwangsrecht und kontraktualistisch legitimierter Staat – Das Sprachspiel der Abrichtung als defizienter Modus der Anerkennung

Die Anerkennung erfordert offensichtlich von beiden Subjekten ein hohes Maß an „Treue und Glauben". Doch dies kann in einer Gesellschaft bzw. in einer Gesellschaft freier Subjekte, die sich kontinuierlich für Aggression, das Böse oder das Verbrechen entscheiden können, gerade nicht einfach vorausgesetzt werden. Wenngleich die Anerkennung das rechtlich gesollte Verhalten der Subjekte ist, so haben die Rechtssubjekte doch immer die Freiheit, sich dagegen zu entscheiden und hinter ihren Möglichkeiten zu bleiben und sich selbst unfrei zu verhalten. Was bedeutet, dass sie nicht auf das Aufforderungsangebot eingehen, sondern den anderen z. B. repressiv behandeln. Wenn dies in einer Gesellschaft kontinuierlich geschähe, dann wird jeder Versuch der Aufforderung zu einem absurden Verhalten, das kontinuierlich enttäuscht werden muss, da das alter ego stetig zu betrügen versucht. Gegenseitiges Misstrauen wird der Regelfall. Diese Alternative ist zwar praktisch und pragmatisch nicht sinnvoll zu wollen, doch sie ist theoretisch möglich und daher muss ein Mechanismus gefunden werden, der diese Möglichkeit ausschließt, der Zwang, oder, mit dem Wort Wittgensteins, die Abrichtung.

Das „Zwangsrecht" wird notwendig: Denn derjenige, der mit „Treue und Glauben" dem anderen begegnet, muss vor dessen Freiheit zu Gewalt und Verbrechen geschützt werden können. Das verbrecherische alter ego ist aber kein

Rechtssubjekt wie der Auffordernde, d. h., ihm fehlen eben jene Treue und der gute Glauben, mich zum freien Subjekt machen zu wollen, daher lässt er sich auch nicht mit einem Verweis auf die Vorteile äußerer Freiheit für uns beide überzeugen oder von seinem Weg der Unfreiheit und des Verbrechens abbringen. Ergo wird ein Mittel der Abschreckung notwendig, das auch der Verbrecher einsehen kann, um die äußere Freiheit einzuhegen. Das Zwangsrecht definiert Fichte daher folgendermaßen: „Das Zwangsrecht soll so wirken, dass aus jeder Verletzung des Rechts, für den Verletzenden unausbleiblich, und mit mechanischer Notwendigkeit, so dass er es ganz sicher voraussehen könne, die gleiche Verletzung seines eigenen Rechts unausbleiblich erfolge."[286] Dieses Zwangsrecht entspricht offensichtlich nicht den gegenwärtigen Ansätzen der Verbrechensahndung und hat nicht schwerpunktmäßig z. B. eine Resozialisierung des Verbrechers oder den Schutz der anderen Bürger vor ihm vor Augen, sondern Vergeltung und Abschreckung durch das Vergeltungsprinzip. Mit der Betonung des „mechanischen" Aspekts des Zwangsrechts hat Fichte die Absicht, demjenigen eine klare Prognostizierbarkeit für die Konsequenzen seines Verhaltens vorzugeben, der zwar schon ein Rechtssubjekt ist, der aber noch nicht die zur wechselseitigen Freiheit führenden Vorteile des Rechts eingesehen hat und dieses nicht befolgt. Wenngleich man Willensmotivation und unterschiedliche Grade der Freiheit in die Bewertung von Handlungen einbeziehen muss und nicht immer mit Sicherheit sagen kann, welche Einstellung eines Subjekts seiner daraus folgenden Handlung zugrunde gelegen haben mag, so kann man doch mittels des Zwangsrechts wenigstens eindeutig prognostizieren, welche Konsequenzen auf einen Handelnden selbst zurückfallen, wenn er die Möglichkeit einer freien Interaktion ausschlägt und den Weg der kriminellen Unfreiheit bzw. einer einseitig egoistischen Freiheit/Ungebundenheit gehen will.

– In Wittgensteins anfänglich noch an Augustinus orienteirter Theorie des Sprachspiels „Abrichtung" aus den ersten §§ der *Philosophischen Untersuchungen* ist dieser Aspekt des Zwangs nicht angemessen mitbedacht: Wenn man jemanden abrichten will, muss Zwang im Spiel sein. D.h., der andere muss verstanden haben, dass er, wenn er nicht folgt, bestraft wird. Auf ihn wird ein zwanghaftes Regelfolgen appliziert. Wenn jemand dazu gebracht werden soll, einer Regel zu folgen, dann muss er vorgängig schon jenen Mechanismus Fichtes begriffen haben. Würde man auf einen Edukanten stoßen, der die Bestrafung für seine Handlung nicht als Konsequenz der Nichtbefolgung eines vorgegebenen Sprachspiels begeift oder nicht begreifen kann, dann hätten alle Abrichtungsversuche keinen Zweck. Natürlich würde Wittgenstein mit einigem Recht darauf

286 Fichte *GdN*; in *Werke* III, 144.

hinweisen, dass: „Folge der Regel oder Du wirst bestraft" auch schon wieder eine Regel ist, die gelernt werden muss. Er würde also auf das Regelfolgenproblem verweisen und darauf, dass man auf diese Regel doch auch schon abgerichtet worden sein muss. Darauf kann man mit Fichte weiterdenkend sagen: Ja, das ist richtig, aber jenes Lernen der Regel „Folge oder Du wirst bestraft" wird auf andere Weise gelernt, d.h., sie spielt sich auf einer anderen Ebene der Sprache ab, sie kann nicht mehr durch Abrichtung erlernt werden, sonst würde man zirkulär Abrichtung durch Abrichtung erklären. Mit Wittgensteins Worten, man würde dasselbe Exemplar einer Tageszeitung mehrfach kaufen, um eine Nachricht zu verifizieren. Dann wäre Abrichtung unsere Lebensform und wir könnten sie nicht weiter erklären, es ist halt so, dass wir abrichten, wir üben zwar Zwang aus, begreifen aber nicht warum wir dazu legitimiert sind. Wittgensteins Resultat wäre also, dass wir auch der Regel des Sprachspiels Abrichtung blind folgen. Aber dann würde man abrichten, ohne zu verstehen warum. Abrichtung ist doch ein zweckgeleites Verhalten, das in nur teleologisch zu verstehenden Sprachspielen Ausdruck findet. Wenn man nur ohne Grund abrichtet, käme das einer tierischen und kafkaesken Zirkusdressur oder dem Stöckchenspiel mit Hunden gleich. Vielmehr muss diese Regel beim Menschen durch die Akte Aufforderung und Anerkennung zuvor erlernt werden. Man kann eigentlich nur abrichten, wenn man anerkennt. Und das ist auch tatsächlich der Fall, man schickt Kinder zum Abrichten z.B. in die Schule, weil man zuvor anerkannt hat, dass sie abrichtungsfähige und potentiell freie, vernünftige Wesen sind, die durch diese Abrichtungen ihre Freiheit und Vernünftigkeit weiter entwickeln können. Das soll nicht ausschließen, dass es nicht auch ein blindes Abrichten geben kann, bei dem der Abzurichtende nicht einsieht warum, und er auch nicht vorgängig Anerkennung findet; aber dies ist offenbar ein defizienter Modus, schließlich fehlt einem etwas, wenn man blind ist. Das soll auch nicht besagen, dass die teleologische Grundlage des Abrichtens mit der Anerkennung nicht auch schon wieder ein Sprachspiel ist, aber es ist eines, das nur vernüftig und frei erklärbar ist. –

Es ist eine unparteiische Instanz notwendig, um zwischen zwei um Anerkennung oder Verletzung der Anerkennung streitenden Parteien das Zwangsrecht anzuwenden. Die beiden streitenden Parteien selbst können das Zwangsrecht nicht objektiv anwenden. Ergo wird eine unabhängige, dritte Instanz notwendig. Dies ist die Wurzel des Staates. Auch der Staat Fichtes wird durch einen Kontrakt gebildet, den die Rechtssubjekte miteinander schließen. Der Vertragsschluss muss nicht ausdrücklich vorgenommen werden, es reicht völlig aus, wenn die beiden Subjekte sich zueinander in räumlicher und zeitlicher Nähe befinden *können*, so dass der eine das Terrain des anderen tangieren kann. Wenn nämlich beide Rechtssubjekte im selben Raum-Zeit-Areal agieren *können*, dann folgt daraus bereits eine dem Zwangsrecht unterworfene Notwendigkeit der gegenseitigen

Beschränkung der Rechte. Daraus folgt eine unmittelbare planetarische Ausdehnung des Zwangsrechts. Der Staat ist insofern keine vorgegebene Instanz mit göttlicher Abstammung oder Legitimation, sondern ihn gibt es nur um des Schutzes der Rechtssubjekte willen. Der Staat hat – genau wie bei Hobbes – die gegenseitige Sicherheit von Leben und Eigentum der Rechtspersonen zu schützen. Wenn der Staat dies erfüllt, dient er dem *gemeinsamen Willen* der Rechtspersonen, da sein Inhalt die Sicherheit der Rechte aller ist. „Der Staat an sich ist nichts, als ein abstrakter Begriff; nur die Bürger, als solche, sind wirkliche Personen."[287] Das unterscheidet Fichte von Hobbes und Kant, die den Staat als Person höherer Ordnung betrachten, in Fichtes Rechtsphilosophie ist er nur ein Mittel, die Freiheit des Bürgers ist dagegen ein (Selbst-)Zweck.

Damit der Staat die Vertretung der Rechte unparteiisch verwalten kann, muss es nach Fichte eine Gewaltenteilung geben. – Hier findet sich Fichtes kritische Rezeption von Montesquieu. – Es muss nämlich eine Gewaltenteilung zwischen demjenigen, der Recht spricht, und demjenigen, der die Gesetzgebung überwacht, geben. Fichte bezeichnet die Instanz, die die Gesetzgebung überwacht als „Ephorat". – Das Ephorat war in der antiken Polis von Sparta ein Rat aus fünf Männern, der die Macht innehatte, eine Volksversammlung einzuberufen, die beiden Könige zu kontrollieren, mit ausländischen Gesandten zu verhandeln und Gesetze zu überprüfen sowie den Ältestenrat neu vorzuschlagen. Das Ephorat von Sparta legte die Richtung der Politik durch Abstimmungsmehrheit fest, war zugleich aber auch an den Ältestenrat gebunden. Sparta war eine subtile Mischung aus Monarchie (Doppelkönigtum), Aristokratie und Demokratie. Das soll natürlich nicht die problematischen diktatorischen Seiten von Sparta verleugnen, die es auch hatte und die Schiller in seinem schönen Vortrag *Lykurg und Solon – Eine zeitgemäße Vorlesung* brandmarkt. –

Fichte deklariert:

> Es ist sonach ein Fundamentalgesetz jeder vernunft- und rechtmäßigen Staatsverfassung, dass die exekutive Gewalt, welche die nicht zu trennende richterliche, und ausübende im engeren Sinne, unter sich begreift, und das Recht der Aufsicht, und Beurteilung, wie dieselbe verwaltet werde, welches ich das Ephorat, im weitesten Sinne des Worts, nennen will, getrennt seien; dass die letztere der gesamten Gemeine verbleibe, die erstere aber bestimmten Personen anvertraut werde. Kein Staat darf sonach despotisch, oder demokratisch regiert werden.[288]

---

287 Fichte *GdN*; in: *Werke* III, 368.
288 Fichte *GdN*, in *Werke* III, 158.

Das ist verwirrend, denn Fichte will offenbar Exekutive und Eporat trennen, ist dabei aber nicht klar, weil in diesem Bild die Gesetzgebung als eigentümlicher und souveräner Akt nicht mitbedacht wird. Fichte scheint hier einseitig auf die Überwachung fixiert. Die Exekutive ist durch Repräsentanten (Richter, Polizisten etc.) zu bilden, das Ephorat liegt in den Händen der gesamten Gemeinde, ist also nicht repräsentativ organisiert, hat aber nur Überwachungsfunktion. Genau genommen ist das aber doch eine direkte Demokratie, nämlich dann, wenn man die Überwachung der Gesetze so begreift, dass darin auch das Erlassen von Gesetzen enthalten ist, obgleich Fichte sich dagegen wendet, einen Staat demokratisch zu regieren. Daher erklärt sich vielleicht, weshalb Fichte bezüglich der Aufgabe des Ephorats nur von „Aufsicht und Beurteilung" spricht, das Ephorat soll offenbar doch keine Legislative sein. Bei Fichte bringt die Argumentation für das Ephorat jedenfalls eine Tendenz zum Ausdruck, die zwar die Mehrheit des Volkes und den allgemeinen Willen akzeptiert, gleichwohl aber eine Demokratie scheut, wie wir dies auch schon bei Kant beobachten konnten, sie erklärt sich aus der Angst vor Auswüchsen wie sie in der Französischen Revolution wucherten. Die eigenständige Funktion der Legislative wird hier nicht reflektiert. Wie gesagt spricht Fichte auch nur davon, dass die Gesetze durch das Ephorat beaufsichtigt und beurteilt werden sollen, das ist aber etwas ganz anderes als Gesetze zu erlassen. Fichte integriert vielmehr die Legislative in die Exekutive und in dieser Integration geht sie ihm verloren. Eine Integration mit rechtspolitisch absurden Konsequenzen, denn die höchste Überwachungsinstanz im Staat wird dadurch zugleich Gesetzgeber; oder wenn Fichte das nicht will: Wer ist denn dann die Legislative? Doch die Exekutive?

Der Sinn der geforderten Gewaltenteilung zwischen Ephorat und Exekutive sowie der Sinn, eine Instanz zu gründen, die eine gewisse Unabhängigkeit vom Volkswillen hat, besteht in Folgendem: Die Gemeinschaft aller Rechtssubjekte selbst kann theoretisch zwar, soll aber nicht unmittelbar Kontrollinstanz der Gesetzerhaltung sein – welches einer direkten Demokratie entspräche –, denn dies würde voraussetzen, dass sich die Gemeinschaft immer mit gutem Willen all jenen Gesetzen und Urteilen unterwirft, die sie über sich selbst früher gefällt hat. Das wäre ein irrealer Staat von geradezu heiligen Bürgern, die zudem eine konstante Kontrollaufgabe hätten. Diese Alternative direkter Demokratie lässt nämlich die Möglichkeit zu, dass die Gemeinde sich je nach Bedürfnis und Situation neue Gesetze geben könnte, die nun für sie gelten und die sie nie zwingen unangenehme Konsequenzen zu tragen. Der mehrheitliche Wille der Gemeinde kann auch verbrecherisch sein. Dies garantiert also keine unabhängige und keine rechtlich anerkennende Beurteilung. Die Gemeinde muss daher dieses Recht der Rechtsaufsicht und der Verwaltung der öffentlichen Macht an eine von ihr unabhängige Instanz veräußern. Es wird damit eigentlich eine repräsentative Demokratie erforderlich. Diese Unabhängigkeit der Repräsentanten darf jedoch auch keine vollständige sein, denn das wäre in Fichtes Sicht eine Despotie, in der der Herrscher nicht mehr der Bürgerschaft gegenüber Rechenschaft und Verantwortung trägt. Auch in diesem Fall wird nicht mehr der allgemeine Wille zur Ausführung gebracht; zumal es jederzeit widerspruchsfrei denkbar ist, dass der Repräsentant, der nicht mehr der Bürgerschaft gegenüber verantwortlich ist, sich gegen diese entscheidet und nur noch solche Gesetze beschließt, die zum Schaden der Bürgerschaft sind oder die Gesetzesunterworfenen nicht mehr als Rechtssubjekte anerkennen. Das letzte Wort über die Rechtsaufsicht muss also bei der Gemeinschaft aller Rechtssubjekte verbleiben; doch dieser allgemeine Wille soll in von ihm gewählten Repräsentanten seinen kanalisierten Ausdruck finden.

Gegen einen Aspekt der Gewaltenteilung von Montesquieu wendet sich Fichte offenbar, wenn er die legislative Gewalt nicht von der exekutiven Gewalt trennt. Fichte versteht im Folgenden unter der legislativen Gewalt aber nur die Rechtsprechung (die bei politisch klarer Beleuchtung als Judikative auch Gesetze nur anwendet und in diesem Sinne ausführt, aber nicht konstituiert), unter der exekutiven die Polizei. Nach Fichte ist eine tatsächliche Selbständigkeit einer Staatsgewalt darin begründet, dass sie in der Lage ist, einen eigenen Willen zu formulieren und gegen einen anderen Willen geltend zu machen. Die Exekutive darf aber in wohlgeordneten Rechtsstaaten keinen eigenen Willen in dem von Fichte bezeichneten Sinn haben, denn dann hätte sie die Macht sich gegen die Gesetze der Legislative und Judikative zu stellen. Hier droht bei Fichte ein wirklicher Polizeistaat, in dem die Rechtssetzung der Legislative als unabhängige Gewalt keine Rolle mehr spielt. Eine solche Selbständigkeit kommt der Exekutive gegenüber der Legislative aber nicht zu und darf ihr nicht zukommen. Schon rein vom Begriff her darf die Exekutive keinen eigenen Willen haben: Die Exekutive hat nur auszuführen, was durch die Legislative (und ihr Sprachrohr die Judikative) angeordnet wird; sie kann keine selbständige Gewalt im ursprünglichen Wortsinn sein; hätte die Exekutive einen solch selbständigen Willen und eine solch weitgehende selbständige Gewalt in der Rechtssetzung, würde die entscheidende Gewaltentrennung aufgehoben. Fichte bemerkt die Gefahren des Polizeistaates nicht, ihn beschäftigt nur, wie es möglich ist, jene Kontrolleure zu kontrollieren, nicht aber welche Rechte der Bürger gegen die Staatsgewalt hat.

5 Der gerechte Krieg im transzendentalen Völkerrecht

Im Folgenden möchte ich Fichtes Argumentationsgang nachzeichnen, der ihn zu der Schlussfolgerung bringt, dass es einen gerechten und sogar erforderlichen Krieg gibt, der Krieg also ein legitimes Mittel der Politik ist. Der Krieg oder die

Androhung des Krieges ist nach Fichte die einzige Möglichkeit, mit der ein Staat zu etwas gezwungen werden kann. – Dass das etwas phantasielos ist und z. B. Sanktionen als Zwangsmittel unberücksichtigt lässt, ist klar. – Der Zwang ist durch Anerkennung legitimiert, daraus ergibt sich eine Dialektik aus Freiheit, Staat, Recht, Krieg und Frieden.

In der Staatsbegründung aus der Rechtsphilosophie deduziert Fichte:

> Jeder Einzelne hat, nach obigem [gemeint ist das Zwangsrecht, welches versagte Anerkennung bestraft; Einf. R.S.], das Recht, den Einzelnen, den er antrifft, zu nötigen, dass er mit ihm in einen Staat trete, oder aus seiner Wirkungssphäre entweiche. Ist einer von beiden schon im Staate und der andere nicht, so zwingt der erstere den anderen, dass er mit seinem Staate sich vereinige. Wäre keiner von beiden schon im Staate, so vereinigen sie sich wenigstens zum Anfange eines Staats. Es folgt daraus der Satz: wer in keinem Staate ist, kann von dem ersten Staate, der ihn antrifft, rechtlich gezwungen werden, sich entweder ihm zu unterwerfen, oder aus seiner Nähe zu entweichen. Zufolge dieses Satzes würden allmählich alle Menschen, die auf der Oberfläche der Erde wohnen, in einem einzigen Staate vereinigt werden.[289]

Dieses aus begrifflichen Gründen planetarisch expansive Recht bedeutet nicht die nach Imperialismus oder Kolonialismus klingende Möglichkeit, dass sich ein Staat einfach andere Territorien aneignet. Fichte meint vielmehr, dass zur Ausübung von Rechten zwischen Individuen mit hinzugehört, dass man über einen Leib verfügt, der in Raum und Zeit eine bestimmte Position einnimmt, und dass man des Weiteren unter normalen Bedingungen dazu fähig ist, mit diesem Leib in einer bestimmten Sphäre seine rechtlich freien Handlungen auszuführen. Daher ist es notwendig, dass ein anderes Rechtssubjekt mir eine Raum-Zeit-Stelle einräumt, in der ich meine Wirkung frei entfalten kann, natürlich ohne die seine zu lädieren. Eine Freiheit ohne Wirkungssphäre wäre unfruchtbar und tot. Handlungsgrenzen, die zugleich Raum- und Zeitgrenzen sind, müssen also anerkannt werden. Wenn nun ein Subjekt anerkennt, dass ein anderes eine Wirkungssphäre hat, die sie sich teilen sollen, ohne dass der eine den anderen behindert, dann bilden sie schon einen gemeinsamen Staat. Erkennt die Person, die noch nicht in einem Staat ist, diese Grenze des anderen nicht an und will dennoch in derselben Wirkungssphäre verbleiben, greift das Zwangsrecht; die nicht anerkennende Person ist im Unrecht. Erkennt sie es nicht an und verlässt die Wirkungssphäre, folgt gar nichts; denn es entsteht keine Rechtskollision.

Aus diesem Recht folgt also nicht, dass sich ein Staat regellos andere Subjekte einverleiben kann, er muss ihnen vielmehr zunächst mit freier Anerkennung begegnen. Denn nach Fichtes krontraktualistischem Staatsbegriff bildet jeder

289 Fichte *GdN*; in *Werke* III, 366.

Zusammenschluss von Personen umwillen ihrer Freiheit, und sei er noch so klein oder ungewöhnlich legitimiert, bereits einen Staat, und ein Staat hat nicht das Recht, sich andere Staaten einzuverleiben; er hat nur das Recht, sich andere, staatenlose Subjekte entweder einzuverleiben oder diese aus seiner Wirkungssphäre zu vertreiben, sofern sie nicht diesen Staat und dessen Recht anerkennen, in dem sie leben oder den sie besuchen wollen. Ein Staat, der tolerieren würde, dass Subjekte, die auf seinem Territorium leben, die Rechte nicht anerkennen, würde zerfallen. Hier greift dieselbe Logik wie beim Schutz einer Demokratie, die nicht zulassen kann, dass in ihr undemokratische Parteien die Macht ergreifen können, oder dieselbe Logik wie bei der Toleranz, die Intoleranz nicht tolerieren kann.

Da auf der Erde aber nicht nur ein Staat existiert, sondern unabhängig voneinander eine Vielzahl von Staaten gebildet werden kann und gebildet wurde und die Personen dieser Staaten miteinander interagieren, obgleich sie unter einem jeweils eigenen Rechtsgesetz ihres Staates stehen, muss es dennoch möglich sein, dass sich verschiedene Staaten eine Garantie auf Sicherheit geben. Diese Rechtssicherheit können jedoch nicht die beiden miteinander interagierenden Einzelpersonen garantieren, das kann vielmehr nur der Staat, in dem sie jeweils leben, garantieren bzw. der Staat, in dem sich die Interaktion ereignet. Daher müssen sich die beiden Staaten, denen die Einzelpersonen angehören, zusammenschließen und beide Staaten müssen dem je anderen garantieren, dass sie dem durch einen ihrer Bürger begangenen Unrecht an einem Bürger des anderen Staates strafrechtlich nachgehen, so als hätte er gegen einen seiner eigenen Mitbürger ein Vergehen begangen. Damit sind sich die Staaten dann rechtlich wechselseitig verpflichtet. Der Staat hat einerseits seinen eigenen Bürgern Sicherheit zu garantieren, aber andererseits auch den Bürgern anderer Staaten, solange sie sich in seinen Grenzen aufhalten. „Die Kontraktsformel ist die: ich mache mich verantwortlich für allen Schaden, den meine Bürger den deinigen zufügen könnten, unter der Bedingung, dass du gleichfalls verantwortlich seist für allen Schaden, den deine Bürger den meinigen zufügen könnten.“[290] Das Verhältnis der „gegenseitigen Anerkennung“ findet sich hier wieder, nur ist es jetzt von der Ebene der Individuen auf die Ebene der Rechtsstaaten transponiert.[291] Die Staaten erkennen sich damit als wechselseitige Partner an, die in der Lage sind, rechtlich gegen solche Subjekte vorzugehen, die Personen des je anderen Staates Schaden zufügen. – Wenn also z. B. zwischen einem Israeli und einem Palästinenser auf palästinensischem Territorium ein Rechtsstreit stattfindet und der is-

290 Fichte *GdN*, in *Werke* III, 368.
291 Vgl. a.a.O., 369.

raelische Staat nicht sicher sein kann, dass seinem Bürger auf palästinensischem Gebiet Rechtssicherheit (insbesondere gleiche Rechtssicherheit wie jedem Palästinenser) gewährt wird, dann dürfte der israelische Staat nach Fichte das palästinensische Territorialgebilde nicht als Staat anerkennen. – Das gilt natürlich auch umgekehrt; falls man Palästina als Staat ansieht. Wäre Palästina kein Staat, hätte dieses Territorialgebilde natürlich auch nicht das Recht anzuerkennen oder nicht anzuerkennen. Würde in diesem Fall Palästina Israel nicht anerkennen, wäre das gar kein staatlich legitimierter Akt. – Daraus folgt nach Fichte nicht unmittelbar, dass beide Staaten Krieg führen sollten, aber doch das Postulat der Aufforderung für Recht und Freiheit der Bürger beider Staaten zu sorgen.[292] –

Dieser zwischenstaatliche Anerkennungsakt der Legalitätsfähigkeit von Staat zu Staat bedeutet aber nicht, dass sich der eine Staat in innere Angelegenheiten des anderen Staates einmischen darf. Es bedeutet nur, dass nach außen hin anerkannt wird, dass ein Staat Vergehen seiner Bürger nachgeht; wenn ein Staat dies nicht kann oder will, verwirkt er die Anerkennung anderer Staaten als eines rechtlichen oder gleichbe*rechtigt*en Gebildes. Ein Staat ist nicht legalisiert, in die innerstaatliche Gesetzgebung eines anderen Staates einzugreifen; denn das käme faktisch einer Annexion gleich und die Unabhängigkeit der Staaten wäre aufgehoben. Das Anerkennungsprinzip sowie die Nichteinmischung in innere Angelegenheiten bedeuten, dass ein Angriffskrieg nach Fichte grundsätzlich nicht rechtmäßig sein kann. „Der Staat kann den Bürger eines anderen Staates nicht nötigen, sich ihm zu unterwerfen: denn der benachbarte Staat hätte dann dasselbe Recht, welches sich widerspricht.“[293]

Fichte präzisiert, wie dieser Widerspruch aussieht, würde man ihn zulassen: Wenn ein Staat die Bürger eines anderen Staates nicht als selbständige Individuen anerkennt, erkennt er den gesamten anderen Staat nicht als solchen an, da er die den Staat konstituierenden Elemente nicht anerkennt, und setzt ihn damit außerhalb des Anerkennungsrahmens. Diese Nichtanerkennung durch einen Staat bedeutet, dass der andere Staat und dessen Bürger für ihn keine Rechtssubjekte sind, und wenn sie keine Rechtssubjekte sind, hat der nicht anerkennende Staat das Recht, sich diesen zweiten Staat, der ja eigentlich gar kein Staat ist, zu unterwerfen. Doch auf der Gegenseite gilt dasselbe, wenn auch der andere Staat den ersten nicht anerkennt, dann hätte auch dieser das Recht, einen Krieg gegen jenen in seinen Augen auch bloß scheinbaren Staat zu führen. Die Konsequenz eines

292 Vgl. hierzu aus gegenwärtiger und juristischer Sicht: Lars Schmitt *Das humanitäre Volkerrecht in modernen asymmetrischen Konflikten. Eine Untersuchung unter besonderer Berücksichtigung des Israel-Palästina-Konflikts*; in der Reihe: Schriften zum Völkerrecht, Bd. 198, Berlin 2012.

293 Fichte *GdN*, in *Werke* III, 369.

solchen gelebten Widerspruchs wäre, dass kein Staat mehr anerkannt würde und damit kein Staat mehr Selbständigkeit hätte. Dann würde letztlich überhaupt kein Staat mehr existieren. Denn wenn am Ende nur ein einziger „Staat“ existieren würde, der sich sämtliche Bürger der Erde durch Angriffskriege, die auf Nichtanerkennung beruhen, unterjocht hätte, würden in diesem „Staat“ auch die unterjochten Bürger nicht anerkannt werden. Also existierte kein Staat mehr. Der Widerspruch staatlicher Nichtanerkennung führt nicht nur zu einem Krieg aller Staaten gegen alle, sondern letztlich auch zur Auflösung des Staatsprinzips. „Die Verweigerung der Anerkennung gibt sonach ein gültiges Recht zum Kriege. Die Staaten sind notwendig unabhängig voneinander und selbständig.“[294] In der hier geschilderten Situation hat nicht der Staat ein Recht zum Krieg, der den anderen nicht anerkennt, sondern es gibt nur ein defensives Recht zum Krieg, das für den Staat vorliegt, der nicht anerkannt wird. Damit ist der Angriffskrieg zwischen Staaten per se unrechtmäßig, der Defensivkrieg aber erlaubt bzw. sogar geboten. – Eine Schwierigkeit entsteht, wenn einerseits ein „Staat“, der seine Anerkennung verletzt findet, nur in seiner eigenen Definition ein Staat ist, wenn es sich also aus der Sicht einiger anderer Staaten um einen „Scheinstaat“ handelt – der z. B. insofern kein eigenständiger Staat ist, als er nur von den Zuwendungen dritter Staaten abhängig ist oder dieser „Staat“ die freie Anerkennung seiner eigenen Bürger nicht garantieren kann oder wenn er keine selbständig gewählte und legitime Regierung hat – und wenn nun andererseits einige andere Staaten dieses Geblide doch als Staat anerkennen, weil sie z. B. niedrigere Standards für die freie Anerkennung von Bürgern oder für legitime Regierungseinsetzung anlegen. Dann ist eine Entscheidung über den Rechtsstatus zwischen diesen Staaten kaum möglich. –

Anders verhält es sich mit dem Kriegsrecht bei benachbarten Gebilden, von denen das eine eindeutig kein Staat ist:

> Auf ein Volk, das keine Obrigkeit hat, sonach kein Staat ist, hat der benachbarte Staat das Recht, es entweder sich selbst zu unterwerfen, oder es zu nötigen, dass es sich eine Verfassung gebe, oder es aus seiner Nachbarschaft zu vertreiben. Der Grund davon ist der: wer dem anderen nicht Garantie für die Sicherheit seiner Rechte leisten kann, der hat selbst keine. Ein solches Volk würde sonach völlig rechtlos.[295]

Gegen ein Gebilde, das eigentlich nur eine wilde Horde akkumuliert, gäbe es also ein Recht, Krieg zu führen. Doch nach Fichte ist eine solche Situation faktisch auszuschließen, da sich in jedem Gebilde in dem sich mehrere Menschen zu-

294 A.a.O., 370.
295 A.a.O., 370.

sammenschließen, irgendeine Ordnung entwickelt. Es gibt faktisch keinen so lockeren Zusammenschluss von Menschen, der nicht staatlich ist; „staatlich" in dem Sinne, dass eine fremde Institution eine Adresse findet, an die sie sich mit ihren Rechtsansprüchen wenden kann. Auch bei einem marodierenden und nomadischen Reitervolk findet sich ein politisch Verantwortlicher. Im Begriff eines Zusammenschlusses von mehreren Individuen zu einer Gemeinschaft liegt unmittelbar enthalten, dass es hier eine Ordnung gibt; wie steil oder flach die dort herrschende Hierarchie auch sein mag. Hier macht es sich Fichte etwas zu leicht, denn er will das Problem durch das einfache Kriterium lösen, dass man eine Adresse im anderen Staat findet, an die man sich mit seinem Rechtsanspruch wenden kann. Das ist aber eigentlich nicht das Problem zwischenstaatlicher Anerkennungsschwierigkeiten, denn die bestehen ja eigentlich darin, dass man zwar einen Ansprechpartner im fraglichen Staatsgebilde finden mag, der aber nicht angemessen darauf eingeht.

Die Staaten mögen in ihren inneren Rechten unterschiedlich sein, hinsichtlich ihres gegenseitigen Anerkennungsrechts sind sie nach Fichte gleich. Kein Staat hat mehr Recht auf Anerkennung als ein anderer. Dies bildet eine Konsequenz der zwischenstaatlichen Nichteinmischung und hat zur problematischen Folge, dass hinsichtlich der äußeren Anerkennung durch andere Staaten ein despotischer Staat oder ein Schurkenstaat nach Fichte genau dasselbe Anerkennungsrecht hat wie ein demokratischer, zumindest solange er sich nicht in andere Staaten einmischt oder sie bedroht. – Wenn z.B. ein Staat in den Vereinten Nationen eine Diktatur mit dem Argument der Nichteinmischung in innere Angelegenheiten schützt, liegt dies auf der problematischen Linie Fichtes. Man macht sich meiner Meinung nach aber z.B. auch dann zum Schurkenstaat, wenn staatlich institutionalisierte Repräsentanten z.B. die Existenz Israels als Staat nicht anerkennen, denn das wäre ein Akt feindseliger Einmischung. – Der Schutz der Bürger eines Staates obliegt nach Fichte nicht einem anderen Staat. Die staatsinternen Opfer einer Diktatur sind also bei ihm ungeschützt. Die Staaten haben nur das Recht zu kontrollieren, ob der koexistierende Staat seinen äußeren Rechtsverpflichtungen nachkommt. Eine solch rigide Lesart der Nichteinmischung legt die Weltgeschichte glücklicherweise nach und nach ad acta.

Man kann allerdings auch folgendermaßen – mit und gegen Fichte – argumentieren: Ein „Staat", der seine Bürger, also seinen eigenen Konstitutionsgrund despotisch und totalitär behandelt, erkennt seine eigenen Bürger nicht als Rechtssubjekte an. Es handelt sich daher bei einem totalitären System nicht um eine Durchsetzung von Zwangsrecht, das durch das Fundament der Anerkennung legitimiert wäre. Totalitäre Systeme erkennen gerade nicht die Mündigkeit ihrer Bürger an und sind daher auch nicht von anderen Staaten als Staaten anzuerkennen. Weil dieser „Staat" mit der Nichtanerkennung der eigenen Bürger schon bewiesen hat, dass er nicht anerkennt, ist davon auszugehen, dass er sich auch bezüglich der Anerkennung anderer Staaten problematisch verhält. Dies folgt umso mehr, als Fichte selbst den Staat rein kontraktualistisch begründet: „Der Staat an sich ist nichts, als ein abstrakter Begriff; nur die Bürger, als solche, sind wirkliche Personen."[296] Insofern kann man sogar eine Verbindlichkeit eines Rechtsstaates ableiten, ein anderes „Staatsgebilde", das totalitär oder despotisch ist, nicht anzuerkennen. Aus der rechtmäßigen Nichtanerkennung würde jedoch die Notwendigkeit folgen, dass sich ein Staat in die inneren Angelegenheiten jenes Pseudostaates einmischen *muss* und ihn entweder dazu zwingen muss, sich eine rechtsstaatliche Verfassung zu geben, die auf Anerkennung freier und mündiger Bürger beruht, oder der rechtliche Staat muss sich den despotischen Staat einverleiben. Ein Recht – in gewissem Sinne sogar die Verpflichtung – auf Krieg gegen unrechtmäßige Staaten oder Schurkenstaaten wäre die Folge.

Eine weitere problematische Situation besteht natürlich dann, wenn die Bürger eines Staates dessen Totalitarismus affirmieren. Wenn eine solche selbstverschuldete Unmündigkeit vorliegt, dann – so könnte man mit Fichte wohl argumentieren – ist ebenfalls das Zwangsrecht auf die Durchsetzung von rechtlicher Anerkennung der Bürger durch einen anderen schon rechtlich organisierten Staat durchzusetzen. Diese rechtlichen Verbindlichkeiten auf Einmischung in den zwischenstaatlichen Beziehungen gehen natürlich über Fichtes Intention hinaus, der eine strikte Nichteinmischung fordert, doch sein eigenes Argument macht eine Nichteinmischung problematisch. Denn eines seiner Argumente lautet, dass das Rechtssubjekt bzw. der Rechtsstaat gegenüber einem anderen Subjekt bzw. gegenüber einem anderen staatsähnlichen Gebilde das Recht hat, Sicherheit und Anerkennung einzufordern. Totalitäre Staaten können jedoch gar keine Rechtssicherheit garantieren, da sie nicht einmal Anerkennung der eigenen Bürger als Rechtssubjekte ausüben, wie sollte ein solches Staatsgebilde dann die Bürger anderer Staaten als Rechtssubjekte anerkennen können. Hieraus ergeben sich natürlich weitergehende Schwierigkeiten, z. B. das Recht der Bürger eines despotischen Staates auf Revolution oder die problematische Notwendigkeit, dass Rechtsstaaten kontinuierlich Krieg gegen Unrechtsstaaten führen müssten, oder, und das ist die realpolitisch vernünftigste Lösung, mit Diplomatie oder Sanktionen Einfluss nehmen. Man kann in diesem Kontext Diplomatie geradezu als Offerte einer kontinuierlichen Anerkennungsoption definieren.

Fichte legitimiert einen „Vernichtungskrieg" durch den Rechtsstaat:

> Der Bekriegte hat keine Rechte, weil er die Rechte des kriegführenden Staates nicht anerkennen will. – Er bittet etwa späterhin um Friede, und erbietet sich von nun an gerecht zu

---

296 A.a.O., 368.

> sein. Wie soll aber der Kriegführende überzeugt werden, dass es ihm Ernst sei, und dass er sich nicht bloß eine bessere Gelegenheit ersehen wolle um ihn zu unterdrücken? Welche Garantie kann er ihm geben? – Also der natürliche Zweck des Krieges ist immer die *Vernichtung des bekriegten Staates*, d.i. die Unterwerfung seiner Bürger.[297]

„Vernichtungskrieg" meint hier also offensichtlich nicht, Vernichtung des Lebens der Bürger der Gegenseite, auch nicht Vernichtung der kulturellen oder nationalen Eigenheiten, Fichte ruft nicht zu einem „totalen Krieg" auf. Es geht Fichte noch nicht einmal darum, die Soldaten der Gegenseite des Lebens zu berauben. Fichte überlegt sogar, dass es im rechtsstaatlich legitimierten Krieg eine Verbindlichkeit der Vernunft ist, Warnungen an die Soldaten der Gegenpartei zu schicken, die bekannt geben, wann und wo angegriffen wird und wann und wo ein Beschuss geplant ist, damit die Soldaten flüchten können oder, was in Fichtes Augen natürlich das Sinnvollste ist, dass sich die Soldaten ergeben.[298]

Der Akt der Ergebung besteht für Fichte in einer Art Transformation: Der Soldat, der seine Waffen niederlegt, wird unmittelbar zum Bürger, er hört auf, Feind zu sein, und wird damit automatisch zum Rechtssubjekt, das der kriegführende Staat anzuerkennen und dem er Schutz zu bieten hat. Die „Vernichtung" in diesem „Vernichtungskrieg" bezieht sich ausschließlich auf das „abstrakte" Pseudostaatsgebilde und dessen anerkennungsfreie Herrschaftsstruktur. Fichte schließt mit dieser Art von „Vernichtungskrieg" paradoxerweise z. B. einen „totalen Vernichtungskrieg", wie ihn Hitler im Russlandfeldzug proklamierte, aus. Die Perversion eines solchen Vernichtungskrieges besteht ja eben darin, den Unterschied zwischen Zivilist und Soldat aufzuheben und so jede Person als militärisches Ziel zu definieren. Eine Definition, die die Massenermordungen von Zivilisten hinter den Frontlinien scheinbar „rechtfertigte". Dies ist bei Fichte ausgeschlossen, denn ein Staat ist nur dann gerechtfertigt, einen Krieg zu führen, wenn dieser Staat selbst auf dem Anerkennungsprinzip basiert und ein anderer „Staat" dieses Anerkennungsrecht verletzt. Wenn dies jedoch der Fall ist, sind alle Bürger, die keine Waffe tragen, als schutzbefohlene Subjekte vom kriegführenden Staat anzuerkennen. All jene Bürger und all jene besiegten Soldaten, die sich auf unterworfenem Territorium befinden, sind nach Fichte vom Zeitpunkt dieser Unterwerfung an als Bürger des eigenen Staates anzuerkennen und dürfen daher nicht mit Kriegshandlungen bedrängt werden.[299] Dieser Gedanke verbietet auch alle Formen der Plünderung von besetztem Gebiet, denn ein solcher Staat würde die nun eigenen, neuen Bürger ausplündern. Aufgrund der Notwendigkeit, ehe-

297 A.a.O., 374.
298 Vgl. a.a.O., 375.
299 Vgl. a.a.O., 374.

mals gegnerische, nun aber entwaffnete Soldaten als Bürger anzuerkennen, kann es nach Fichte auch keine Kriegsgefangenen geben. Der Soldat, der sich tatsächlich und nicht nur zum Schein ergeben hat, darf als Bürger nicht mehr in Kriegsgefangenschaft genommen werden.

Messerscharf argumentiert Fichte gegen die traditionelle Kriegsführung:

> Die gewöhnliche Art Krieg zu führen, ist allerdings vernunftwidrig, und barbarisch. Der Eroberer verwüstet die eroberten Provinzen, um in der Eile so viel als möglich darauszuziehen, und dem Feinde so wenig als möglich darin zurückzugeben. Er rechnet also nicht darauf, sie zu behalten. Wenn dies ist, warum führt er denn eigentlich Krieg?[300]

Der „vernünftige Krieg", den Fichte entwirft, hat nur den Zweck der Selbstverteidigung und rechtliche Verhältnisse herzustellen; Fichte möchte eigentlich alle physischen Konsequenzen des Krieges vermeiden: „Der Zweck eines Kriegszuges ist gar nicht der, zu töten, sondern nur der, die Bewaffneten, die den Bürger, und sein Land bedecken, zu vertreiben, und zu entwaffnen."[301] Die Tötung eines gegnerischen Soldaten ist auch nicht dadurch legitimiert, dass der Staat seinen Bürgern dies befiehlt, denn der Staat hat prinzipiell kein Recht, eine Tötung oder einen Mord zu legitimieren. – Dann dürfte es auch keine Todesstrafe geben. – Wohl aber ist der Soldat berechtigt, sein eigenes Leben zu schützen und nur dieses Recht auf Selbsterhaltung legitimiert die Tötung feindlicher Soldaten. Damit schließt Fichte auch einen Partisanenkrieg, Terrorismus und die Tötung durch Scharfschützen aus, denn dort töten oft als Zivilisten getarnte Soldaten Menschen, ohne selbst unmittelbar bedroht zu sein. Auch der Abwurf z. B. der Atombomben über Japan wäre nach Fichte verboten, weil die Soldaten in den amerikanischen Flugzeugen weder direkt bedroht noch zur Tötung von Zivilisten berechtigt waren. Überhaupt wäre wohl der Einsatz von Massenvernichtungswaffen deswegen verboten.[302] Die Terroristen von 9/11 waren durch die friedlichen Bürger in den Flugzeugen und Hochhäusern unbedroht und hatten auch daher kein Recht, diese zu töten, und sie waren nicht einmal Soldaten.

Fichte fordert einen Völkerbund aller rechtmäßigen Staaten, die gegen diejenigen Staaten zu Felde ziehen, die nicht rechtsstaatlich organisiert sind. Da es in der empirischen Wirklichkeit oft so ist, dass unrechtmäßige Pseudostaaten große Macht und militärische Kraft besitzen, wird es notwendig, dass sich die Rechts-

---

300 A.a.O., 375.

301 A.a.O., 375.

302 Eine ähnliche Ansicht vertritt Thomas Nagel *Massenmord und Krieg*, in: ders. *Letzte Fragen*, Hamburg 2008, 83–109. Nagel plädiert dort für Direktheit und Relevanz als Kriterien für angemessene kriegerische Handlungen.

staaten in einem Bund zusammenschließen, der ein größeres Abschreckungsszenario darstellt.

> Die Formel dieses Bundes würde diese sein: wir alle versprechen mit vereinigter Macht denjenigen Staat, stehe er mit im Bunde, oder nicht, auszutilgen, welcher die Unabhängigkeit eines von uns nicht anerkennen, oder den zwischen einem von uns und ihm bestehenden Vertrag brechen will.[303]

Diese vereinigten Staaten können aber nicht als eine Instanz deduziert werden, die immer und a priori Recht spricht, es kann durchaus in der Empirie der Fall sein, dass ein solcher Staatenbund selbst zu einem Träger von Unrecht wird. Dagegen hat Fichte allerdings nicht viel als Schutzmechanismus vorzubringen, er führt nur aus, dass ein solches Staatengebilde sich vor der Weltöffentlichkeit rechtfertigen muss und dass es aus „Scham“ derartige Vergehen nicht begehen würde. Letztlich muss auch Fichte zugestehen, dass es nicht a priori auszuschließen ist, dass der Völkerbund selbst ein ungerechtes Urteil über einen anderen Staat aussprechen kann. Die Ausbreitung der Macht dieses Staatenbundes mit seinen Garantien auf Sicherheit soll – ganz wie bei Kant – zum „ewigen Frieden“ aller Staaten auf der ganzen Welt führen.[304] Dieser Frieden ist das eigentlich rechtliche Verhältnis von Staaten; der Krieg ist höchstens als Mittel zu diesem Zweck zu legitimieren; es kann nach Fichte keinen Krieg, sei er auch noch so sehr gerechtfertigt, als einen letzten Zweck oder als Selbstzweck geben. Nur der umfassende Frieden kann als Selbstzweck bezeichnet werden.

Selbstverständlich ist Fichtes rechtmäßiger Krieg nicht realistisch. Es handelt sich um das aus der Vernunft deduzierte Konzept einer rechtlich normierten Kriegsführung, die jede Eskalation von Gewalt vermeiden will. Insofern ist Fichte, was den tatsächlichen Krieg betrifft, natürlich nicht deskriptiv korrekt, er stellt vielmehr normative Prinzipien eines „vernünftigen“ Krieges auf. Selbstverständlich sind für reale Kriege vielmehr die Anwendung von Gewalt und deren irrationale Eskalation charakteristisch. Fast alle Staaten, die einen Krieg führen, bezeichnen diesen als Defensivkrieg und verteidigen sich nur; selbst Hitler behauptete dies, als er Polen angriff. Sofern eigentlich kein Staat von sich zugibt, einen aggressiven Angriffskrieg zu führen, ist das Postulat, nur Verteidigungskriege zuzulassen, unterbestimmt.

Carl von Clausewitz hat die Gründe für die Eskalation von Gewalt im Krieg sehr präzise und auch heute noch gültig beschrieben: Ein Kampf kann eskalieren, weil

---

303 Fichte *GdN*, in *Werke* III, 377.
304 Vgl. a.a.O., 379.

in ihm derjenige auf einen Sieg spekulieren kann, der die größere Rücksichtslosigkeit zeigt.

> Da der Gebrauch der physischen Gewalt in ihrem ganzen Umfange die Mitwirkung der Intelligenz auf keine Weise ausschließt, so muss der, welcher sich dieser Gewalt rücksichtslos, ohne Schonung des Blutes bedient, ein Übergewicht bekommen, wenn der Gegner es nicht tut. Dadurch gibt jeder dem anderen das Gesetz, und so steigern sich beide bis zum äußersten, ohne dass es andere Schranken gäbe als die der innewohnenden Gegengewichte. [...] Wir wiederholen also unseren Satz: der Krieg ist ein Akt der Gewalt, und es gibt in der Anwendung derselben keine Grenzen; so gibt jeder dem anderen das Gesetz, es entsteht eine Wechselwirkung, die dem Begriff nach zum äußersten führen muss. Dies ist die erste Wechselwirkung und das erste Äußerste worauf wir stoßen.[305]

Einen zweiten Grund für Gewalteskalation findet Clausewitz in mangelnder Kenntnis der Gegenparteien voneinander. Erst rückwirkend, vom errungenen Sieg her lässt sich bestimmen, wie weit die Beteiligten zu gehen bereit waren. „Solange ich den Gegner nicht niedergeworfen habe, muss ich fürchten, dass er mich niederwirft, ich bin also nicht mehr Herr meiner, sondern er gibt mir das Gesetz, wie ich es ihm gebe.“[306] Und schließlich ist auch die Undurchschaubarkeit der gegnerischen Motivstärke ein Grund, sich weiter hinauszuwagen und Gewalt eskalieren zu lassen, als man es in Kenntnis derselben täte. – Hierin findet man alle Bestimmungen der Eskalation von Gewalt, die schon Hobbes für den Naturzustand ausmachte. – Wie später Clausewitz will schon Fichte durch ein vernünftiges Kriegsrecht die Gewalt im Krieg begrenzen. Fichtes Konzept von einem vernünftigen Krieg ist also nicht durch Vorwürfe zu kritisieren, dass ein Krieg so unbrutal und so rational ganz und gar nicht ablaufe, denn Fichte argumentiert auf der normativen Ebene, die beschreibt, wie ein Krieg sein soll, nicht wie er ist.

6 Element und Medium des Politischen: Staat vs. Nation – Die Entstehung eines philosophischen Nationalismus bei Fichte

Von dem auf transzendentaler Ebene angesiedelten Staatskonzept weicht Fichtes Konzept der „Nation“ grundsätzlich ab. In den populären *Reden an die deutsche Nation* von 1808 bildet die „Nation“ eine kulturelle Einheit. Diese *Reden* sind selbstverständlich vor dem historischen Hintergrund der Französischen Revolution, der Kaiserkrönung Napoleons und seiner Kriegszüge durch Europa zu sehen. Napoleon ist für Fichte ein schon ins Metaphysische gesteigerter Ausdruck des

---

305 Carl von Clausewitz *Vom Kriege* (1832–34), I, 1, § 3, Berlin 2008, 28f.
306 A.a.O.

Bösen und der Despotie, gegen den sich die nach Freiheit strebende Menschheit zu erheben hat. Napoleon ist für Fichte die diabolische Erscheinung des „Namenlosen", der seinen individuellen Willen zum Weltgeist erklärt. Auch Fichtes eigene Denkentwicklung von der frühen Wissenschaftslehre zu einer modifizierten Position seiner Spätphilosophie steht im Hintergrund seiner Bestimmung der Nation.

Die „Nation" bzw. das „Volk" vermittelt zwischen den beiden Ebenen der apriorischen Übergeschichtlichkeit und der empirischen Geschichtlichkeit. Die Nation als Kulturgemeinschaft steht genau zwischen Apriori und Aposteriori, sie ist in gewissem Sinne ein januskopfiges Wesen, denn sie ist einerseits nicht individuell aposteriorisch, da sie die übergreifende, überindividuelle Einheit einer Gemeinschaft ist. Diese Überindividualität und Einheitlichkeit hat ihren Grund im Wesen der Sprache. Gadamer vorwegnehmend deutet Fichte, dass die Sprache das Individuum spricht und nicht umgekehrt das Individuum die Sprache. Das Individuum geht daher in der Nation auf, sie ist also in dieser sprachlich-kulturellen Hinsicht eine überindividuelle Instanz. Das Volk und die Nation bilden die geistige Umgebung, in der sich der Einzelne allererst konstituieren kann. Die Nation ist aber andererseits auch kein rein apriorisches Gebilde, denn die Sprache entwickelt und verändert sich als lebendiges Gut in der Geschichte. Die Nation vermittelt und kreuzt Apriori und Aposteriori.

Fichtes berüchtigter Deutschchauvinismus leitet sich daher, dass im modernen Europa seiner Ansicht nach ausschließlich die Deutschen (und wohl auch noch einige andere nordische Völker) ihren Sprachwurzeln treu geblieben sind; das restliche Europa ist insbesondere durch die romanischen Sprachen von seiner kulturellen Identität entwurzelt worden und damit der Oberflächlichkeit preisgegeben. Denn die Tiefe eines Weltverstehens bemisst sich an der Lebendigkeit und Geistigkeit der Sprache, mit der diese Welt dargestellt wird; „Geist und Welt" sind also durch die Sprache vermittelt. Wenngleich die alten Griechen auch noch eine lebendige Sprache besaßen und deswegen auch ihr Denken und Dichten authentisch war, so ist dies für Nationen, die sich mittels toter Sprachwurzeln verständigen, nicht möglich.

Über diese kulturelle Identität hinaus, die durch das Dichten und Denken in einer Sprache gestiftet wird, gibt es für das „Volk" und die „Nation" noch eine metaphysisch henologische Begründung in Fichtes *Reden*. Diese metaphysische Begründung von Volk und Nation macht deutlich, dass sich bei Fichte seit der frühen Wissenschaftslehre, die eine transzendentalphilosophische Konzeption bildet, etwa seit 1800 eine „metaphysisch henologische Kehre" ereignet hat. Fichte wird aus sittlichen und politischen Motiven immer mehr zum Platoniker bzw. zum Neuplatoniker. Das Volk ist nämlich das Medium, in dem sich das Göttliche/Eine offenbaren kann. Das Eine manifestiert sich nicht unmittelbar im Empirischen und Mannigfaltigen; sondern vermittels eines Mediums, das in sich eine überindividuelle Einheitsform bilden muss, denn sonst würde Einheit unmittelbar mit Mannigfaltigkeit zusammenprallen; dieses Vermittelnde ist die Nation. Die überzeitliche, nichtempirische Einheit, das Göttliche ist im Gegensatz zum empirisch Mannigfaltigen gesetzlich organisiert. Diese Gesetzlichkeit bildet sich im überindividuellen Charakter der Nation ab. Jede Nation bildet eine Art vorgegebene Gesetzlichkeit. So kommt der deutschen Nation nach Fichte z. B. die Gesetzlichkeit von Treue, Redlichkeit, Gründlichkeit, Freiheitsliebe etc. zu; die sog. „deutschen Tugenden". Diese „völkischen" Tugenden bilden eine Art sedimentierter Habitualität von Gemeinschaften. Dies gibt eine Struktur vor, in die hinein das Individuum sich fügt und aus der heraus es allererst zu dem wird, was es ist.

Fichte transformiert in einer fast fatalistisch klingenden Weise die Postulatenlehre Kants in einen Nationalismus: Denn der Einzelne findet die dreifache Möglichkeit seiner Freiheit, seines Fortlebens über den Tod hinaus und seines Glaubens an Gott in der ihn selbst konstituierenden Ordnung der Nation. Das Aufgehen in der das Individuum transzendierenden Ordnung, Einheit und Gesetzmäßigkeit der Nation führt bei Fichte offenbar zu einer Abwertung der Freiheit des Individuums, denn diese dient der Nation. Ist der Rechtsstaat um der Einzelnen willen da, so ist der Einzelne um der Nation willen da. Kritisch gegen und doch auch mit Fichte kann man hier einwenden, dass er sich in Widersprüche verstrickt, weil dann die Nation offenbar den Einzelnen nicht (rechtlich) anerkennt. Die Nation begeht Unrecht gegen den Bürger. Daher gibt es in der Gesamtkonzeption Fichtes einen grundsätzlichen und selbstzerstörerischen Konflikt zwischen Staat und Nation. Und einen realen Aspekt trifft Fichte ja auch tatsächlich, nämlich dass Staat und Nation nicht dieselben Dinge sind, sonst könnten nationale und staatliche Interessen nicht so oft divergieren.

Gleichwohl ist in Fichtes henologischem Konzept des Einen in der späten Wissenschaftslehre insgesamt und in den popularphilosophischen *Reden* insbesondere unmittelbar auch der Versuch zu beobachten, zwar eine Metaphysik mit den Mitteln des Platonismus aufzustellen, denn das Eine ist Prinzip, es bildet eine strenge, rein ideale Gesetzmäßigkeit, es ist einfach, einheitlich etc., andererseits will Fichte aber den Chorismos, also die Trennung von Ideenwelt und Sinnenwelt nicht in sein Konzept übernehmen. Der Chorismos ist ihm ein zu hoher Preis für die Differenz von metaphysischer Ewigkeitswelt des Einen und sinnlicher Mannigfaltigkeit der Erscheinungswelt. Fichte versucht in der Henologie seiner späten Wissenschaftslehre die Erscheinung als dem Wesen wesentlich zu denken. Das Eine ist unmittelbar zugleich seine Erscheinung. Wäre es sie nicht, würde nicht mehr tatsächlich das Eine Prinzip sein, sondern eben Dualität. Damit die Dualität kein Prinzip und keine übergeordnete Macht ist, die den Geltungsbereich des Einen einschränkt, muss es immanent im Einen selbst eine Erscheinungstendenz geben. Die Erscheinung des Einen ist nicht etwas, das zum Einen äußerlich hinzukommt. Eine Erscheinung, die vom Einen getrennt ist, wäre eine Dualität, diese können wir uns zwar denken, nämlich als bloße Mannigfaltigkeit oder als bloße Erscheinungswelt, doch sofern wir die empirische Erscheinungswelt als gesetzmäßig denken, z. B. in der Anwendung von Kategorien oder Naturgesetzen, haben wir sie schon als Manifestation des Einen gedacht. Dem Einen ist die Erscheinung also wesentlich. Darin liegt auch eine enorme Aufwertung der Erscheinung und auch des Einzelnen; denn er ist in gewissem Sinn die Rechtfertigungsinstanz dafür, überhaupt ein Eines zu denken. Sofern das Individuum diese Erscheinung des Einen ist, hat es auch eine zentrale Rolle. Erscheinung und Eines, Zeitlichkeit und Ewigkeit durchdringen sich selbst zu einer lebendigen Ein-Vielheit. Aber im Wesen des Platonismus steckt eine grundlegende Zwiespältigkeit gegenüber der Erscheinungswelt und der Mannigfaltigkeit, einerseits findet sich die soeben beschriebene Aufwertung, andererseits aber genauso eine Abwertung, denn es sind eben nur diverse und defiziente Erscheinungen des selben, des Einen, die ihr Wesen bloß in der Einheit des Einen haben, also keine Selbständigkeit beanspruchen können.

Die Vermischung von Henologie, metaphysischem Vitalismus, der das empirische Leben abwertet, überindividueller Transzendenzbewegung und konkreter Politik und Nation kommt zum Ausdruck, wenn Fichte die Liebe zum Volk bis in die äußersten Konsequenzen formuliert:

> Es ist Göttliches in ihm erschienen, und das Ursprüngliche hat dasselbe gewürdigt, es zu seiner Hülle, und zu seinem unmittelbaren Verflößungsmittel in die Welt zu machen; es wird darum auch ferner Göttliches aus ihm hervorbrechen. Sodann tätig, wirksam, sich aufopfernd für dasselbe. Das Leben, bloß als Leben, als Fortsetzen des wechselnden Daseins, hat für ihn [den Menschen; Einf. R.S.] ja ohnedies nie Wert gehabt, er hat es nur gewollt als Quelle des Dauernden; aber diese Dauer, verspricht ihm allein die selbständige Fortdauer seiner Nation; um diese zu retten, muss er sogar sterben wollen, damit diese lebe, und er in ihr lebe das einzige Leben, das er von je gemocht hat.[307]

Selbstverständlich liegt eine Argumentationsfigur vor, die im Namen des ewigen Lebens die Zerstörung des endlichen Lebens erlaubt und die es dem für die Nation Sterbenden ermöglicht, auch zahlloses anderes endliches Leben für das ewige Leben zu vernichten. Derartige Denkfiguren sind zur scheinbaren „Legitimation“ von Terror, Despotie, Krieg, Genozid und Tod und Mord fürs Vaterland geeignet. Hier ist die „Dialektik der Aufklärung“ am Werk, denn aus einem Streben nach Freiheit findet ein unmittelbarer Umschlag in Unfreiheit statt. Dass dies sittlich perfide ist, ist klar, doch darüber hinaus steckt darin auch einfach ein logischer

---

307 Fichte *Reden an die deutsche Nation*, Hamburg 2008, 132; hier zitiert als *Reden.*

Fehler und ein Selbstwiderspruch, der die gesamte Denkfigur aus argumentanalytischer Sicht widerlegt: Denn wenn einerseits der Tod des Individuums gerechtfertigt ist und andererseits das Individuum die „Quelle des Dauernden" sein soll, dann führt Fichtes Argument dazu, dass sich die Quelle selbst vernichtet und damit eben nicht mehr Quelle des Ewigen sein kann. Wenn die Erscheinung dem Wesen wesentlich ist und sich die Erscheinung selbst zerstört und auch die Mannigfaltigkeit anderer Erscheinungen zerstört, dann erleidet auch das Wesen/ Eine einen Schaden. Es gelingt Fichte auch nicht, überzeugend klar zu machen, wie Zeitliches Ewiges generieren können soll.

7 Exkurs zu Dostojewskijs *Dämonen* und zu Thomas Manns *Betrachtungen eines Unpolitischen*

Diese Art von Nationalismus, in der sich religiöse und „völkische" Motive mischen, ist natürlich im Europa des 19. Jh.s weit verbreitet. Z.B. hat Dostojewskij im *Idiot* und in den *Dämonen* trefflich die politische Richtung der „Slawophilen" dargestellt, die allein der slawischen „Rasse" die Errettung der Menschheit zutraut, weil einzig diese sich durch ihr Jahrhunderte andauerndes Leiden noch den wahren Glauben an Gott bewahrt hat, den die bereits zum Instrument des Teufels gewordene katholische Kirche und der Rest der Welt zu zerstören versuchen. Dostojewskij selbst changiert jedoch ein wenig zwischen ironisierender Verballhornung und Affirmation der Sonderstellung des „Russischen Wesens". Übrigens kommt für Dostojewskij das Wesen des Deutschen in deren wörtlich zu verstehendem „Protestantismus" zum Ausdruck, die Deutschen protestieren im Wesentlichen. – Mit reichlich Sarkasmus kann man in dieser Vereinseitigung auch noch den wichtigsten deutschsprachigen Beitrag zur neuzeitlichen Philosophie, die *Kritiken* Kants als Variante des deutschen Protestantismus verballhornen. –

Dostojewskij lässt in den *Dämonen* die Romanfigur Schatow eine besondere Variante des Slawophilismus ausführen. In dieser mischen sich Irrationalismus, Antiszientismus, Antiaufklärung, Nationalchauvinismus und Religiosität miteinander. Es sei ein längeres Dostojewskij-Zitat aus den *Dämonen* gestattet. Schatow führt aus:

> Kein einziges Volk [...], noch kein einziges Volk hat sich je nach den Grundsätzen der Wissenschaft und der Vernunft eingerichtet; dafür gibt es kein Beispiel, höchstens geschah das einmal auf kurze Zeit, aus Dummheit. Der Sozialismus muss schon seinem Wesen nach Atheismus sein, denn er verkündete gleich in seinen ersten Lehrsätzen, dass er eine atheistische Richtung sei und sich ausschließlich nach den Grundsätzen der Wissenschaft und der Vernunft aufzubauen beabsichtige. Die Wissenschaft und die Vernunft haben im Leben der Völker immer, heutzutage und seit Urzeiten, nur eine zweitrangige und dienende Rolle

gespielt; so wird es auch bis in alle Ewigkeit bleiben. Eine andere Kraft bildet und bewegt die Völker, eine gebietende und herrschende, deren Ursprung aber unbekannt und unerklärlich ist. Es ist die Kraft des unersättlichen Verlangens, bis ans Ende zu gehen, die gleichzeitig das Ende leugnet. Es ist die Kraft der fortwährenden und unermüdlichen Bejahung des eigenen Seins und die Verneinung des Todes. Der Geist des Lebens, wie die Schrift sagt, die Ströme des lebendigen Wassers, mit deren Versiegen die Apokalypse so sehr droht. Das ästhetische Prinzip, wie die Philosophen sagen, das sittliche Prinzip, wie sie es auch definieren. ›Das Suchen nach Gott‹, wie ich es am einfachsten nenne. Das Ziel jeder Volksbewegung, in jedem Volk und in jeder Periode seines Dasein, ist einzig das Suchen nach Gott, nach seinem Gott, unbedingt seinem eigenen, und der Glaube an ihn als den einzig wahren. Gott ist die synthetische Persönlichkeit des ganzen Volkes, von seinem Anfang bis zu seinem Ende. Noch nie ist es vorgekommen, dass alle oder viele Völker einen gemeinsamen Gott gehabt hätten, sondern immer nur hat jedes Volk seinen besonderen gehabt. Es bedeutet die Vernichtung des Volkstums, wenn die Götter anfangen, allgemein zu werden. Wenn die Götter allgemein werden, sterben die Götter und der Glaube an sie zusammen mit den Völkern selbst. Je stärker ein Volk ist, desto eigentümlicher ist sein Gott. Noch nie hat es ein Volk ohne Religion, das heißt ohne den Begriff des Guten und Bösen, gegeben. Jedes Volk hat seinen eigenen Begriff von Gut und Böse und sein eigenes Gut und Böse. Wenn die Begriffe von Gut und Böse bei vielen Völkern gemeinsam zu werden anfangen, dann sterben die Völker ab, und der Unterschied zwischen Gut und Böse fängt an sich zu verwischen und zu verschwinden. Niemals ist die Vernunft imstande gewesen, Gut und Böse zu definieren oder auch nur annähernd das Böse vom Guten abzugrenzen; im Gegenteil, sie hat sie stets schändlich und jämmerlich verwechselt. [...]

Ich hätte Gott zu einem bloßen Attribut der Nationalität herabgewürdigt? [...] Im Gegenteil, ich hebe das Volk zu Gott empor. Und ist es denn jemals anders gewesen? Das Volk ist Gottes Leib. Jedes Volk ist nur so lange ein Volk, als es seinen besonderen Gott hat und alle übrigen Götter der Welt unerbittlich ausschließt, nur solange es glaubt, dass es mit seinem Gott alle übrigen Götter besiegen und aus der Welt vertreiben wird. Das haben alle geglaubt, vom Anfang der Welt an, alle großen Völker wenigstens, alle bedeutenden, alle, die einmal an der Spitze der Menschheit gestanden haben. Gegen Tatsachen kann man nicht an. Die Juden haben nur dazu gelebt, um den wahren Gott zu erwarten, und hinterließen dann der Welt den wahren Gott. Die Griechen vergötterten die Natur und vermachten der Welt ihre Religion, das heißt Philosophie und Kunst. Rom vergötterte das Volk im Staat und vermachte den Völkern den Staat. Frankreich ist im Laufe seiner langen Geschichte nur die Verkörperung und Weiterentwicklung der Idee des römischen Gottes gewesen, und wenn es schließlich seinen römischen Gott in den Abgrund geworfen und sich dem Atheismus ergeben hat, der bei ihm vorläufig Sozialismus heißt, so einzig deshalb, weil der Atheismus immerhin gesünder ist als der römische Katholizismus. Wenn ein großes Volk nicht glaubt, dass allein in ihm die Wahrheit ist – gerade und ausschließlich in ihm allein –, wenn es nicht glaubt, dass es allein fähig und berufen ist, alle anderen mit seiner Wahrheit von den Toten zu erwecken und zu erlösen, so verwandelt es sich sofort in ein ethnographisches Material und ist kein großes Volk mehr. Ein wirklich großes Volk kann sich niemals mit einer zweitrangigen Rolle in der Menschheit zufrieden geben, ja nicht einmal mit einer erstrangigen, es muss unbedingt und ausschließlich an allererster Stelle stehen. Wer diesen Glauben verliert, ist kein Volk mehr. Aber es gibt nur eine Wahrheit, folglich kann auch nur ein

> einziges Volk den wahren Gott haben, wenn auch alle übrigen Völker ihre eigenen und großen Götter besitzen mögen. Das einzige ›Gottesträgervolk‹ ist das russische Volk [...].[308]

Man erkennt trotz aller Selbstwidersprüche und historischen Unwahrheiten dieser Ausführungen auch Parallelen zu dem Nationalkonzept von Fichte. Geradezu dämonisch interessant scheint mir auch zu sein, dass genau die Zeilen aus dem soeben vorgestellten Zitat aus den *Dämonen*, die behaupten, dass Vernunft und Wissenschaft im „völkischen" Leben nur eine zweitrangige Rolle spielen und dass es eine irrationale Kraft gebe, welche die Völker antreibt, bis zum Ende und darüber hinaus zu gehen von Joseph Goebbels „begeistert" aufgenommen wurden. Er hat sie über seine in Heidelberg angefertigte Dissertation von 1921 als Motto geschrieben und diese „Sentenz des russischen Dichters sein Leben lang beherzigt", wie der Goebbels-Biograph Helmut Heiber festhielt.[309] Eine Art „interkulturelle" Quellenanregung des deutschen Nationalismus aus dem russischen Nationalismus.

Übrigens ist interessant, in welchem Kontext Dostojewskij seine Romanfigur Schatow diese Ausführungen machen lässt. Sie sind nämlich bloßes Nachgerede von Gedanken, die ihm Nikolai Stawrogin – wohl mit Recht kann man sagen, einer der schrecklichsten und bösesten „Charaktere" der Weltliteratur – zuvor eingegeben hat. Dabei glaubt Nikolai selbst ganz und gar nicht an diese Worte, denn als Nihilist glaubt dieser an gar nichts, er empfindet nur einen gewissen experimentellen und showhaften Unterhaltungs- und Machtgenuss, wenn er andere Menschen in seine verderbliche Gewalt bringt; eine Extremform dessen, was Harry Frankfurt als „bullshitting" bezeichnet, die völlige Gleichgültigkeit von wahr und falsch, hier die völlige Gleichgültigkeit von gut und böse. In dieser Art eines völlig gleichgültigen Nihilismus, der nur nach Unterhaltung im Sinn von Michael Hanekes *Funny Games* sucht und dem dafür einfach jedes Mittel recht ist, kann man eine genaue Entsprechung zu Goebbels sehen.

Auch auf Thomas Manns *Betrachtungen eines Unpolitischen* (1918) hatten Dostojewskijs Gedanken zum Nationalismus einen prägenden Einfluss, denn Dostojewskijs Bestimmung, „der Deutsche und sein Deutschtum" seien wesenhaft durch den Protestantismus bestimmt, nimmt Mann in dieser während des Ersten Weltkriegs entstandenen Streitschrift auf.[310] – Wenn sich selbst zwei solche Genies und so subtil in die tiefsten Regungen der menschlichen Seele blickende Meister nicht ganz einem problematischen Nationalismus entziehen konnten, zumindest

---

308 Dostojewskij *Die Dämonen*, Düsseldorf 2008, 294 ff.

309 Vgl. Horst-Jürgen Gerigk *Nachwort*; in: *Die Dämonen*, a.a.O., 855.

310 Vgl. Thomas Mann *Betrachtungen eines Unpolitischen* (1918), Frankfurt a.M. 2009, 62 ff.

zeitweise nicht, ist das natürlich keine Entschuldigung für kleinere Geister ihm auch zu verfallen, aber es zeigt doch die große Schwierigkeit, dass selbst größte Intelligenz und Sensibilität nicht immer vor ihm schützen. Das verdeutlicht die besondere Verantwortung des Rechtsstaates, seine Bürger vor problematisch-chauvinistischem Nationalismus zu schützen. – Dostojewskij und in seinem Gefolge Mann verstehen Protestantismus allerdings in einem sehr weiten Sinn; für sie ist er eine Weltanschauung, die sich durch Ablehnung bestimmt; schon die Schlacht im Teutoburger Wald zeichnet die Germanen als Protestanten gegen Rom aus, ebenso wie Luther, der diese gegen Rom protestierende Weltanschauung nur in religiöser Hinsicht spezifiziert, auch die Haltung Deutschlands zur Französischen Revolution und zu Napoleon wird von Dostojewskij/Mann in dieser Hinsicht als Protest gedeutet. – Wollte man diese merkwürdig undifferenzierte Intuition noch weiter plausibilisieren, könnte man, wie schon gesagt, was Mann und Dostojewskij so nicht machen, in philosophischer Hinsicht auch noch Kants Methode der *Kritik* in dieser Weltanschauungsrichtung verbuchen oder genauer vereinnahmen. Kant kommt nur am Rande vor und eher mit Erwähnungen, die zeigen, dass sich Mann nicht alle Tiefen Kants erschlossen haben. Auch der hier untersuchte Deutsch-Nationalismus Fichtes ließe sich in dieser Protestrichtung gegen Frankreich trefflich verbuchen. Merkwürdigerweise geht er auf Fichte aber nicht ein, obgleich beide fast dieselbe deutsch-konservative Haltung einnehmen. Für Fichte zeigt sich gerade in der deutschen Übersetzung der Bibel durch Luther die sprachliche Lebendigkeit des deutschen Wesens; Luther hat Gott Deutsch sprechen lassen. –

Thomas Mann denkt den „ur-deutschen" Protestantismus allerdings mit „deutscher Gründlichkeit" in allerlei Filiationen weiter als Dostojewskij; er „differenziert" in seinem in ausschließenden Disjunktionen fortschreitenden Denken der *Betrachtungen eines Unpolitischen* ein großes Antinomiengeflecht aus Deutschtum gegen Franzosentum bzw. den Westen. Das Deutsche protestiert nämlich nicht gegen den Rückschritt und für den Fortschritt, sondern ganz im Gegenteil, es protestiert gegen Fortschritt, Demokratie und Aufklärung. Aufklärung, Rationalität und ein auf Gleichheit bzw. Verteilungsgerechtigkeit ausgerichtetes Prinzip sind Wesenselemente der westlichen/französischen Politik. Dagegen protestiert das Deutsche mit seiner genuinen Form des Konservativismus. Deutsch sein heißt nach Mann konservativ sein, wer nicht konservativ ist, ist ein willfähriger Unterstützer des Franzosentums. Mann möchte hier einen clash of cultures forcieren, der im Wesentlichen auf der Antinomie von Kultur und Zivilisation, Aristokratie und Politik besteht, wobei die Politik von Mann als Radikalismus verstanden wird, der eine umfassende Durchsetzung der Demokratie mit allen Mitteln intendiert.

Dem schematischen Denken Manns in den *Betrachtungen* angemessen, kann der folgende Dualismus aufgestellt werden. Dem Deutschtum kommt nach Mann das Folgende zu: unpolitisch, unaggressiv, Bildung, unsentimental, pessimistisch, fatalistisch, Kunst, Realismus, Unterwürfigkeit unter die Wirklichkeit, Freiheit und Pflicht, Konservativismus, Ästhetizismus, Kultur, Aristokratie, Individualismus, Protestantismus, Wissenschaft, Hierarchie, human, Ironie, Bürger/Bürgertum, stolzer Gehorsam, Kosmopolitismus, Leben, Hang zum Tod, Philosophie wird nicht mit Politik identifiziert, Krieg ist ein Zuchtmittel gegen den Materialismus und dient der Bewährung des Idealismus der deutschen Jugend, Rückwärtsgewandtheit ins 19. Jh., Religion und Metaphysik. Die Persönlichkeiten, die für dieses Gemisch von Thomas Mann als Gewährsleute herangezogen werden, sind z.B. einerseits seine drei Lieblinge: Schopenhauer, Nietzsche und Wagner, aber auch Goethe und Dostojewskij. Auf der Gegenseite steht der Feind, der Westen, das Französische, das er so charakterisiert: Politik, Zivilisation, Demokratie, Aggression, Revolution, Skepsis, reaktionär, Anarchie, Zentralisierung, antieuropäisch, atomistisch, Nationalismus, Materialismus, Entente, Gleichheit, Literatur, Fortschritt, Voluntarismus, Aktivismus, Intellektueller, Vernunft, Internationalismus, Aufklärung, Demagogie, Westlichkeit, demokratischer Individualismus, Bourgeois, Republik, Gassenmenschlichkeit, Identifikation von Philosophie und Politik, soziale Glückseligkeit, Puritanismus, Tugend-Staat, Exotismus, Ausrichtung auf Kompromisse und die Notdurft, Verdummung, Freiheitsgestikulantentum, Menschenrechtler, Tumultuant, Manifestant, Utilitarismus, Propagandisten, größtmögliches Glück für die größtmögliche Anzahl, „negerhafte Genusssucht", „zivilisierte Knallprotzerei", und der Geist steht im Dienst der Wünschbarkeit. Auf dieser Seite stehen Persönlichkeiten wie: Rousseau, Zola, Tolstoi, d'Annunzio und natürlich der Bruder Heinrich Mann.

Natürlich weiß auch Thomas Mann, dass sich hier auf beiden Seiten Bestimmungen finden, die sich intern widersprechen: Wie kann der Franzose z.B. Fortschrittler und Reaktionär gleichzeitig sein? Wie kann der Deutsche gleichzeitig Realist und Idealist sein oder Leben bejahen und mit Tod, Gruft und Kreuz sympathisieren? Doch nach Mann sind diese Widersprüche kein Problem, sondern sie zeichnen gerade das Persönliche und Lebendige aus. Mit dem Thomas Mann der *Betrachtungen* kann man den folgenden Merksatz formulieren: Je widersprüchlicher, desto persönlicher, lebendiger ist ein Phänomen. In dieser Hinsicht kann man sagen, dass die deutsche Seite persönlicher ist, sie ist nämlich widersprüchlicher – der Komparativ sei ausnahmsweise erlaubt. Eine wesentliche Schiefheit in Manns „komparatistischem Krieg-der-Kulturen-Szenario" besteht darin, dass ausschließlich die Demokratie Politik ist, Aristokratie oder Diktatur sind per se keine politischen Phänomene. Das ist sicherlich ein zu enger Politikbegriff, aber Mann muss das so sehen, sonst wären es ja keine Betrachtungen eines *Un*politischen. Natürlich hat Mann auch kaum Argumente oder gar eine Methode für die verschiedenen Zuordnungen von Eigenschaften, zumeist hat man das Gefühl, es handelt sich um eine Art Wunschkonzert, in dem Mann seinen Geschmacksurteilen freien Lauf lässt und in die Beschreibung geschichtlicher/ pseudoideengeschichtlicher Sachverhalte eine Beschreibung der eigenen Befindlichkeit sowie die Konkurrenz zu seinem zu diesem Zeitpunkt sehr erfolgreichen Bruder Heinrich einflicht, den Thomas als „Zivilisationsliteraten“ beschimpft, der sich französisierend und pazifistisch gegen das eigene Vaterland wende. Wie man allerdings aus Heinrichs frühen politischen Essays ersehen kann, war paradoxerweise zunächst Heinrich national-konservativ, was sich dann freilich gewandelt hat.

Es ist klar, dass Thomas Manns Thesen der *Betrachtungen* kriegstreiberisch waren, nicht zu retten und viel zu simplifizierend sind. Das gilt auch in der Thomas Mann-Forschung recht unumstritten. Zwar gibt es Versuche, die *Betrachtungen* ironisch zu lesen – was natürlich bei Manns umfassender und großartiger literarischer Ironie passend scheint –, doch das scheitert an eindeutig blutgierigen und kriegstreiberischen Äußerungen, die keine komischen Gefühle, die Manns Ironie doch sonst begleiten, aufkommen lassen; Äußerungen, für die er sich später geschämt hat und die in seiner Rede *Von deutscher Republik* von 1921 einer Anerkennung des Republikanismus weichen. 600 Seiten kultur-theoretischer *Betrachtungen* wären auch eine sehr weitläufige, umständliche und zähe Ironie. Das soll nicht bedeuten, dass nicht einzelne Stellen ironisch sind, so z. B. wenn Mann eine einfache deutsche Mahlzeit mit Rührei und Speck gegenüber den überfeinerten Gaumengenüssen der Franzosen lobt. – Dies ging auch in den *Zauberberg* ein, wo sich Mynheer Pieter Peeperkorn in einer Lobrede über genau diese einfachen Gaumenfreuden ergeht, die natürlich bei ihm mit reichlich Korn herunterzuspülen sind. In Settembrini ist der Zivilisationsliterat, Intellektuelle und Vertreter der westlichen Werte der *Betrachtungen* leicht zu erkennen. Gerade der *Zauberberg* ist bekanntlich Manns kritische Aufarbeitung seiner eigenen früheren Ansichten aus den *Betrachtungen*. Man kann sagen, dass der Zauberberg der „Gipfel“ des Unpolitischen im Sinne der *Betrachtungen* ist. Manns reflexive Größe zeigt sich daran, dass, z. B. mit der changierenden Figur Settembrinis, nicht einfach eine platte Affirmation von Aufklärung, Rationalismus und Demokratie vollzogen wird – das wäre ja auch nur opportunistisch –, sondern eine subtile, ironische Kritik an einer selbstgerechten, allzu simplen und Dogmatismus mit pädagogischem Eros bemäntelnden erstarrten Form „humanistischer Aufklärung“ geübt wird. Dieselbe Ironie trifft auch Settembrinis Gegenspieler Naphta, der die „konservative Revolution“ repräsentiert. –

Mann, der selbst in Friedenszeiten um 1900 schon nach drei Monaten als untauglich aus dem Dienst entlassen wurde, was in der genialen Musterungsszene aus dem *Felix Krull* einen Nachklang hat, hetzt in den *Betrachtungen* immer mehr und immer gewundener für Krieg und Blutvergießen, je aussichtsloser der Verlauf des Ersten Weltkriegs für Deutschland wird. Der Krieg ist ihm ein „exzentrisches Erlebnis", ein Prüfstein für den Idealismus und die Weltanschauung der Deutschen. Der Schrecken des Krieges bestehe nicht in der Verzehntausendfachung des Todes, weil ohnehin jeder seinen eigenen Tod stirbt und mancher Tod im heimischen Bett ebenso schwer ist wie der auf dem Feld der Ehre; der eigentliche Schrecken besteht für Mann in der drohenden Demokratisierung, sollte der Krieg verloren gehen. Aus dieser Perspektive kann man wohl auch besser einordnen, dass Mann gegen Ende der *Betrachtungen* die Ironie stärker betont, wohl unbewusst distanziert er sich schon von der eigenen Kriegshetze. Der affirmativen Haltung zum Deutschnationalismus und patriotischen Chauvinismus hat Mann bekanntlich später abgeschworen, als er an Faschismus und Nationalsozialismus sah, wohin eine solche Einstellung führt. Leider hat sein Antirepublikanismus, Antidemokratismus und Antipazifismus der *Betrachtungen* in den zwanziger Jahren wohl doch auf so manchen Kopf prägend gewirkt.

Später wird ästhetisch und im vollen Bewusstsein der Katastrophe des Deutschen im Nationalsozialismus im *Doktor Faustus* nochmals das Problem des „Deutschen" bzw. des „deutschen Wesens" berührt; hier werden die oben genannten Prädikate eigentlich beibehalten – das ist ja auch im *Zauberberg* der Fall –; ich würde also nicht sagen, dass Mann seine Prädikationen nun als falsch ansieht, sondern er schätzt sie anders ein, nämlich nicht mehr affirmativ, sondern als leicht „verführerisch" durch und für das Böse. Daran wird die changierende Haltung Manns zum Deutschen deutlich. Im *Doktor Faustus* hat sich das Deutsche im Teufelsbund von Adrian Leverkühn durch seinen Bund mit dem Bösen/Hitler so korrumpiert, dass es sich selbst aus Scham vor den eigenen Taten aus der Weltgemeinschaft auszuschließen hat und besser in der Einsiedelei der Provinz eingehegt lebt, statt andere für sich sterben zu lassen. Der deutsche Künstler Adrian Leverkühn treibt mit seinem düsteren Bund mit dem Teufel jene deutschen Prädikationen, die Thomas Mann schon in den *Betrachtungen* geltend machte, in metaphysische Höhen, die nun aber als negativ bewertet werden; sein Bund mit dem Teufel bringt ihn – in künstlerischer Hinsicht – zwar zu sich selbst, zu seinen höchsten Leistungen, der Teufelsbund ist insofern eine Art Heimkehr für das Deutschtum, gleichzeitig entmenschlicht es sich mit dieser Höhe aber auch und wird liebesunfähig. Mit dem *Doktor Faustus* literarisiert Mann in kritischer Absicht eine geistig kulturelle Genealogie der Entstehungsbedingungen des Nationalsozialismus seit dem letzten Drittel des 19. Jahrhunderts in Deutschland. Und auch noch die *Bekenntnisse des Hochstaplers Felix Krull* können in dieser Hinsicht einer gewissen Beibehaltung der Prädikate des Deutschtums der *Betrachtungen* gelesen werden. Zumindest wenn man die Person des Felix Krull als eine ins Komische gewendete Metapher für den Künstler und die Kunst versteht – so wie Adrian Leverkühn eine ins Tragische gewendete Metapher der Kunst ist. – Man kann den *Felix Krull* dann in der Linie einer – freilich ironisiert – schonungslosen Selbstoffenbarung von z. B. Augustins und Rousseaus *Bekenntnissen* lesen. – Felix Krull, meisterhafter Dilettant in einer spielerischen Zwischenexistenz, die sich aus Freiheitsliebe nicht stupide auf nur eine Identität festlegen will, ist schließlich auch unpolitisch, konservativ, hierarchisch, undemokratisch und aristokratisch gesonnen und vollzieht das Konzept des Lebens als Kunst bzw. der Kunst als Leben. Auf den Höhepunkt eines Künstlerromans oder genauer eines Romans über die Kunst wird der *Felix Krull* dadurch getrieben, dass Krull selbst als Autor seiner Bekenntnisse einen Künstler imitiert, also auch in dieser Hinsicht konsequent Hochstapler bleibt. Ins Komische gewendet erscheint Kunst als hochstapeln. Damit gelingt Mann eine Ironisierung seiner früheren Deutschtums-Prädikate.

Konstruktiv und positiv kann man also von dem Politik-Begriff Thomas Manns der *Betrachtungen* wenig lernen. Aber für mein Konzept des Politischen als Differenz-Einheit von Apriori und Aposteriori zeigt sich an seinen *Betrachtungen* und an Dostojewskijs Darstellung der Slawophilen, dass ein politisches Denken, das ausschließlich antinomisch oder in ausschließenden Disjunktionen operiert, sich selbst zerstört. Mann hat keine Theorie, die das Widersprüchliche auf Seiten des Konservatismus oder auf Seiten der Zivilisation oder zwischen beiden erklären und die Widersprüchlichkeit bändigen könnte. Nicht jeder Widerspruch ist produktiv, dialektisch oder politisch konstruktiv, es gibt eben auch solche Widersprüche, die schlicht falsch oder destruktiv sind. Mein Konzept führt nicht zu destruktiven oder falschen Widersprüchen, weil es *auch* das Moment einer liberalen Einheitlichkeit enthält, die in der Anerkennung von legitimen, d. h. freiheitsförderlichen, Ansprüchen Differenz integrieren und koordinieren kann. Wenn man also *einige* Widerspruchsmomente Manns heraushebt und nicht nur als ausschließenden Gegensatz, sondern auch als zwei unterschiedliche Momente begreift, die erst zusammengenommen und koordiniert ein sinnvolles Ganzes ergeben, gelangt man zu meinem Politik-, Freiheits- und Rechtsbegriff. Z.B. ist das möglich, wenn man den demokratischen Gleichheitsbegriff als Rechtsgleichheit begreift und dies mit dem Willen zur Kultur kombiniert. Die Freiheit des Individuums darf die Demokratie eben nicht nivellieren und in Gleichheit, die gleichmacherisch ist, verdummen, sondern gerade um demokratische Gleichheit herzustellen, ist eine individuelle Förderung von Fähigkeiten notwendig, was z. B. konkrete bildungspolitische und kulturpolitische Auswirkungen hat. Eine demokratisch angemessene Bildung macht nicht gleich oder orientiert sich an der Mehrheit oder an den Schlechtesten, sondern wirklich an den Fähigkeiten aller, also auch der Besten. Jeder sollte und muss das gleiche Recht auf diese Freiheit haben. – Was eine Ansicht ist, der der spätere Thomas Mann voll und ganz zustimmt. – Daran wird sogar deutlich, dass einige Eigenschaften, die aus Manns Sicht zur Zeit der *Betrachtungen* noch unproblematisch miteinander kombinierbar scheinen, sich in Wirklichkeit ausschließen; so hält Mann Individualismus und Aristokratie für miteinander vereinbar; wenn Individualismus aber nur einigen wenigen in voller Entwicklung zusteht, hebt sich eine solche „geschlossene Gesellschaft" in ihrem Konservativismus bald selbst auf, weil die Freiheit neuer Anregungen verloren geht. Paradoxerweise versuchte schon Fichte jenen Mannschen Konservativismus institutionell durch einen „geschlossenen Handelsstaat" – eine Art DDR des frühen 19. Jh.s – schmackhaft zu machen.

8 Staat vs. Nation – Fortsetzung

Dass Fichte aus seiner Konzeption von Nation und Volk ableitet, dass sich ein Sterben für das Vaterland vollkommen aus der Einheit von Ewigkeit und Zeitlichkeit bzw. aus der Einheit von Einem und Erscheinung rechtfertigt, wird auch mit folgendem Zitat klar:

> [...W]em Eins überliefert worden ist, und in wessen Gemüte Himmel und Erde, Unsichtbares, und Sichtbares sich durchdringen, und so erst einen wahren und gediegenen Himmel erschaffen, der kämpft bis auf den letzten Blutstropfen, um den teuren Besitz ungeschmälert wiederum zu überliefern an die Folgezeit.[311]

Abgesehen von dem abstrusen Nationalismus und dem Bellizismus – die beide größte Nähe zu Thomas Manns *Betrachtungen* haben – kann man Fichte vielleicht soweit folgen, dass, falls man überhaupt eine Henologie konzipiert, diese nicht in einen Dualismus zwischen dem Einen und der Erscheinungswelt auseinander fallen darf, weil sonst insofern ein Widerspruch vorläge, als zwar das Eine Prinzip ist, aber dennoch der Dualismus eine solche Macht haben könnte, das Eine vom Vielen zu separieren. Daraus folgt, dass Eines und Erscheinung nicht zwei voneinander getrennte Instanzen sein können. Doch wenn man daraus eine konstitutive Rolle der Erscheinung für das Eine folgert, impliziert dies einen Widerspruch, denn dann enthält dies den Gedanken, dass das Erscheinende zugleich dasjenige ist, welches die Erscheinung begründet. Grund und Begründetes bilden dann einen Zirkel oder selbst Eines. Wenn nämlich das individuelle Leben konstitutiv für die Erscheinung des Einen ist und des Weiteren die Erscheinung dem Einen wesentlich ist, kann auch das individuelle Leben nicht aufgegeben werden ohne das Eine wesentlich zu beschädigen oder gar aufzuheben. Wenn das indi-

---

311 Fichte *Reden*, 133.

viduelle Leben Erscheinungsgrundlage für das Eine ist, müsste es um so mehr als ein Zweck und Wert in sich selbst gesehen werden, der grundsätzlich und aus prinzipiellen Gründen zu schützen ist. All dies gilt jedoch nur, sofern man überhaupt dazu bereit ist, ein politisches Konzept der Nation auf die metaphysischen und damit aus erkenntniskritischer Sicht schwachen Beine einer Henologie zu stellen. Auf derart wackligen Beinen steht jedenfalls Fichtes rechtsphilosophische Konzeption des Staates nicht, da sie weder religiös-henologische noch national-chauvinistische Tendenzen hat. Im Bereich der Nation steht Fichte dem Gedanken Schillers aus dem Gedicht *Resignation* nahe, wo dieser dichtet: „Die Weltgeschichte ist das Weltgericht."

III Dialektische Aufhebung des Kontraktualismus: Die substantielle Sittlichkeit des Staates in Hegels Politischer Philosophie

1 Die frühen Jahre

Im Wintersemester 1788/89 tritt Hegel als herzoglicher Stipendiat in das Tübinger Stift ein und studiert an der Tübinger Universität Philosophie und Theologie. Häufig besucht er dort den von Studenten gegründeten „Politischen Clubb", der sich von den Ideen der Französischen Revolution eine sittliche Erneuerung Europas erhofft. Seit dem Wintersemester 1790/91 ist er gemeinsam mit seinen Freunden Schelling und Hölderlin auf einem Zimmer im Tübinger Stift untergebracht; Hegel ist – wie Hölderlin – besonders von Rousseau begeistert, der Mitstudent Leutwein bezeichnet Hölderlin und Hegel gar als „Jakobiner".[312] Die drei Freunde haben Losungen wie: „Reich Gottes", „Freiheit und Vernunft", als ihren „Vereinigungspunkt" sehen sie die „unsichtbare Kirche". Hegel studiert Klassiker wie Platon und Sophokles, er liest intensiv Rousseaus *Emile*, *Contrat social* und die *Confessions*, Schiller, Jacobi, Montesquieu, Herder und mit noch wenig Begeisterung Kant.

Nach dem Studium ist Hegel dann seit Oktober 1793 als Hauslehrer in der Familie des Patriziers Karl Friedrich von Steiger in Bern und Tschugg angestellt. In der Bibliothek der Steigers liest er Werke von Grotius, Hobbes, Hume, Leibniz, Locke, Machiavelli, Montesquieu, Shaftesbury, Spinoza und Voltaire. Hier entsteht auch sein erstes gedrucktes Werk, das sein vitales Interesse an politischen Themen zeigt, es ist die Übersetzung der *Lettres à Bernard Demural, sur le droit public de ce*

312 Vgl. hierzu Joachim Ritter *Hegel und die französische Revolution*, Frankfurt a.M. 1965.

Pays, et sur les événemens actuels (Paris 1793) des Juristen Jean-Jacques Cart, der die oligarchischen Zustände von Bern aus einer girondistischen Perspektive anprangert. Hegels Übersetzung hat den Titel: *Vertrauliche Briefe über das vormalige staatsrechtliche Verhältnis des Waadtlandes zur Stadt Bern. Eine völlige Aufdeckung der ehemaligen Oligarchie des Standes Bern* und erscheint mit Anmerkungen des Übersetzers versehen 1798 in Frankfurt. Hier übernimmt Hegel die girondistische Position und ordnet sie in eine umfassende historische Perspektive ein.

Das berühmte sog. *Älteste Systemprogramm des deutschen Idealismus*[313] stammt aus der Zeit zwischen dem Sommer 1796 und den ersten Monaten 1797. Obgleich es in Hegels Handschrift abgefasst ist, hat die Forschung auch Schelling oder Hölderlin als gedankliche Urheber vorgeschlagen; Hegel hätte es dann bloß niedergeschrieben. Otto Pöggeler votiert eindeutig und mit klaren Argumenten für die Urheberschaft Hegels.[314] Jedenfalls finden sich in dem Fragment, das mitten im Satz beginnt, sowohl Schellingsche, Hölderlinsche als auch Hegelsche Gedanken, insbesondere jedoch der Teil, der sich mit der Staats- und Politischen Philosophie beschäftigt, trägt Züge von Hegels frühem Denken:

> Von der Natur komme ich aufs *Menschenwerk*. Die Idee der Menschheit voran, will ich zeigen, dass es keine Idee vom *Staat* gibt, weil der Staat etwas *Mechanisches* ist, so wenig als es eine Idee von der *Maschine* gibt. Nur was Gegenstand der *Freiheit* ist, heißt *Idee*. Wir müssen also über den Staat hinaus! – Denn jeder Staat muss freie Menschen als mechanisches Räderwerk behandeln; und das soll er nicht; also soll er *aufhören*. Ihr seht von selbst, dass hier alle die Ideen vom ewigen Frieden usw. nur *untergeordnete* Ideen einer höheren Idee sind. Zugleich will ich hier die Prinzipien für eine *Geschichte der Menschheit* niederlegen und das ganze elende Menschenwerk von Staat, Verfassung, Regierung, Gesetzgebung bis auf die Haut entblößen. Endlich kommen die Ideen von einer moralischen Welt, Gottheit, Unsterblichkeit, – Umsturz alles Afterglaubens, Verfolgung des Priestertums, das neuerdings Vernunft heuchelt, durch die Vernunft selbst. – Absolute Freiheit aller Geister, die die intellektuelle Welt in sich tragen und weder Gott noch Unsterblichkeit *außer sich* suchen dürfen.[315]

Damit stellt der frühe Hegel seinen programmatischen Grundriss der Politischen Philosophie dar. Diese lehrt offenbar, dass Freiheit der einzige Gegenstand der Idee ist. Der Staat sei zu überwinden, sofern er ein bloß mechanisches Gebilde ist. In der philosophischen Geschichte der Menschheit sind die Stationen der Me-

---

313 Vgl. *Georg Wilhelm Friedrich Hegel: Werke*. Hrsg. E. Moldenhauer und K.M. Michel, Theorie-Werkausgabe, 20 Bde., Frankfurt a.M. 1971 (im Folgenden zitiert als TW; die *Enzyklopädie* und die *Grundlinien der Philosophie des Rechts* werden jeweils nach den entsprechenden Paragraphen zitiert); TW 1, 234 ff.
314 Vgl. Otto Pöggeler *Hegel, der Verfasser des ältesten Systemprogramms des deutschen Idealismus*, in: Hegel-Studien Beiheft 4 (1968) 15 – 27.
315 Hegel TW 1, 234 ff.

chanisierung des menschlichen Lebens in äußerlich gewordenen Formen darzustellen, nämlich in den Formen von Staat, Verfassung, Regierung, Gesetzgebung, die der Autor des Systemprogramms „bis auf die Haut entblößen“ möchte. Dann kommt das Programm darauf zurück, dass auch die moralischen Ideen des Anfangs innerhalb der geschichtlich bestehenden Religion veräußerlicht wurden und einer Kritik zu unterziehen sind. – Für denselben Gedanken wie den hier zuletzt geäußerten musste sich kurze Zeit später Fichte dem Vorwurf des Atheismus stellen und wurde zur Verantwortung gezogen, indem er seine Jenaer Professur mit dem Einverständnis der Sittenwächter niederlegte, was man geradezu als Bestätigung der hier im *Systemprogramm* angeprangerten geheuchelten Vernunft und des Afterglaubens sehen kann. – In dem *Systemprogramm* findet jedenfalls eine eigentümliche Vermischung aus politischem Enthusiasmus, Kantischer Postulatenlehre und Fichtescher Innerlichkeit statt.

Zwischen 1800 und 1802 beschäftigt sich Hegel intensiv mit der Verfassung Deutschlands und mit Rechtsphilosophie. Die Ansätze zu seiner systematischen Staatsphilosophie entstehen damals. Offenbar verwandelt er sein vitales Interesse an politischen Themen in einen philosophischen Ansatz. Angesichts der Verfassung des *Heiligen Römischen Reiches Deutscher Nation* kritisiert Hegel barsch die reale politische Situation: „Deutschland ist kein Staat mehr“.[316] Mit Voltaire nennt er die geltende Verfassung eine Auflösung des Staates und eine bloße Anarchie, da ihr die leitende Idee fehle. Hegel versucht, die konkrete Verfassungssituation, den Zeitgeist auf den Begriff zu bringen, indem er die konkrete Situation mit dem Zweck, d.h. mit der Idee des Staates kontrastiert. Zwar beweise die Unterschiedlichkeit der Landesteile des Reiches den besonderen Freiheitswillen der Deutschen – damit nimmt Hegel einen zentralen Gedanken Fichtes aus den *Reden an die deutsche Nation* von 1808 vorweg –, doch sie vermögen es nicht, diese regionalen Verschiedenheiten in einer Verfassung unter einer Idee zu synthetisieren. Die herrschende Verfassung spiegle veraltete Sitten wider, die den veränderten Sitten der Gegenwart nicht mehr angemessen seien.

Daher studierte Hegel auch mit großem Interesse das 1794 eingeführte *Allgemeine Preußische Landrecht* und begrüßte z.B. in den Abschnitten über das „Gefängniswesen“ die Abschaffung der Leibesstrafen sehr. Dies ging ihm jedoch noch nicht weit genug, er fand auch den Freiheitsentzug noch sehr „Irokesenmäßig“, eine Methode, Menschen möglichst lange zu quälen, da bei Freiheitsentzug die „moralische Wollust des Strafens und die Absicht der Besserung [...] nicht viel verschieden [ist] von der Wollust der Rache, und von der Absicht der Veredelung [ist es] sehr abstehend, Grausamkeit zu zeigen, denn nichts abrutiert

316 Hegel TW 1, 461.

und macht so abscheulich als der Anblick derselben. Abschneidung der Kommunikation ist gerecht, denn der Verbrecher hat sich selbst isoliert. Mit kaltem Verstande die Menschen bald als arbeitende und produzierende Wesen, bald als zu bessernde Wesen zu betrachten und zu befehligen, wird die ärgste Tyrannei, weil das Beste des Ganzen als Zweck ihnen fremd ist, wenn es nicht gerecht ist."[317] Leitend für den Strafvollzug ist für Hegel also die Idee der Gerechtigkeit – ganz im Geiste Montesquieus begreift er die Grausamkeit des Strafens als Abstumpfung des Menschen, die ihn nicht veredelt. An diesem Beispiel des Strafvollzuges wird deutlich: Hegel begreift den Staat als ein organisches Gebilde, in dem der Mensch nicht auf die Verbesserung einzelner Aspekte ausgerichtet werden darf, sondern der Staat muss auf die Vervollkommnung des Menschen als eines Ganzen gerichtet sein; wenn also eine Politik partikuläre Verbesserungen anstrebt und nur bestimmte Aspekte des Menschen fördert – wie z. B. heute seine ökonomische Kompatibilität – dann wird der Staat seiner eigentlichen Aufgabe nicht gerecht, den Menschen zu einem Ganzen in Freiheit heranzubilden. Ganzheit und Freiheit des Menschen gehen Hand in Hand, weil ein partikularisierter Mensch, der nur Einzelteile ausbildet, bedingt ist und nicht sein gesamtes Potential für seine Tätigkeit einsetzen kann. Hegel hat nun ein organologisches Politikkonzept.

2 Hegels Rechts- und Staatsphilosophie

In Berlin arbeitet Hegel zunächst seine *Grundlinien der Philosophie des Rechts* aus. Das Werk erscheint 1821 und hat einen Doppeltitel: *Naturrecht und Staatswissenschaft im Grundrisse. Zum Gebrauch für seine Vorlesungen – Grundlinien der Philosophie des Rechts*. Dieser Doppeltitel macht deutlich, dass Hegel hier – wie bereits seine *Enzyklopädie* von 1817 – einen fortlaufenden Leitfaden zu seinen rechts- und staatsphilosophischen Vorlesungen vorlegt. Da das Werk Hegels gesamte praktische Philosophie beinhaltet, also den objektiven Geist als einen sich realisierenden freien Willen, darf man es nicht „bloß" als Leitfaden zu den Vorlesungen sehen, sondern eben als eine systematische Darstellung seiner praktischen Philosophie.

Das Recht ist deswegen für diese praktische Philosophie von zentraler Bedeutung, weil es die verwirklichte Freiheit des Willens darstellt.[318] Freiheit und

---

317 Hegel TW 1, 443.

318 Es ist unangemessen, zu erwarten, man könne einen isolierten Beweis für die Freiheit des Willens führen oder auch einen Gegenbeweis des Determinismus gegen die Freiheit des Willens. Vielmehr ist die Gesamtentwicklung der praktischen Philosophie allererst der Beweis für die Freiheit des Willens. Wenn man also z. B. mittels der Libet-Experimente anhand der Bewegung

Wille stehen in einem essentiellen Verhältnis, d. h., der Wille ist Freiheit, wie die Freiheit Wille ist. Damit argumentiert Hegel dafür, ein äußerliches Verständnis des Verhältnisses von Wille und Freiheit zu überwinden, denn es existiert nicht ein Wille als zugrundeliegende Substanz, der die Eigenschaft frei zu sein zukommt (oder auch manchmal nicht zukommt), vielmehr ist Wille ohne Freiheit kein Wille, wie auch umgekehrt Freiheit nicht Freiheit wäre, würde sie nicht von einem Willen vollzogen, realisiert. Der Wille ist insofern frei, als er in der Lage ist, sich auf sich selbst zu beziehen und sich nicht durch Anderes seiner selbst determinieren zu lassen. Ist der Wille primär auf sich bezogen, kann er sich auf das Andere seiner selbst beziehen und es sich selbst gemäß bestimmen. Diese Selbstbezüglichkeit ist nicht als Unterdrückung des Anderen zu verstehen oder als einseitige Perspektive, die den Anderen vereinnahmt; sie ist jenseits der Disjunktion von Egoismus oder Altruismus. Die freie Selbstbezüglichkeit des Willens ist eine allgemeine Struktur, d. h., wer sie bei sich selbst begreift, begreift zugleich, was den freien Willen des Anderen ausmacht, und kann sich in ihn a) hineinversetzen und b) möglicherweise anerkennen. Dies ist eine dialektische und begriffliche Grundlage für dasjenige, was Husserl „paarige Einfühlung" nennen würde.

Die Selbstbezüglichkeit des Willens, darf also nicht als eine Beziehung auf die je eigenen Partikularitäten eines individuellen Menschen missverstanden werden, denn damit wäre der Wille auf etwas bezogen, das er nicht in sich selbst findet, sondern auf etwas, das ihm z. B. eine besondere körperliche Konstitution oder das zufällige soziale Umfeld diktieren. Sofern der Wille frei ist, darf nur er selbst sich etwas diktieren. Im Anschluss daran kann die Vernünftigkeit und Freiheit dessen analysiert werden, was der Wille realisiert hat. Nur in dieser Hinsicht gilt: „Was vernünftig ist, das ist wirklich; und was wirklich ist, das ist vernünftig."[319] Diese Ansicht machte Hegel schon in den Augen seiner Zeitgenossen und der direkten Nachfolger zum reaktionären Apologeten des restaurativen preußischen Staates, denn sie scheint zu implizieren: Wie schlecht der Staat auch sein möge, immer noch ist er vernünftig, weil wirklich.[320] Hegels Ansicht bedeutet aber nicht, dass es

---

eines Fingers und des vorgängigen Vorhandenseins eines Gehirnstroms festzustellen versucht, ob der Wille frei ist oder nicht, dann ist das aus Hegels Perspektive viel zu kurz gesprungen, denn es wird der Komplexität der Gesamtstruktur des sich Realität gebenden freien Willens nicht gerecht. Die gesamte geschichtliche Entwicklung von Rechtssystemen, Kontraktualismen, Moralsystemen, Staats-, Sittlichkeits- und Gesellschaftsformen zusammengenommen bildet erst einen Beweis für die Freiheit des Willens. Wenn man im Gehirn nach Freiheit sucht, sucht man am falschen Ort; man muss sie in den Bildungen der Geistesgeschichte suchen.

319 Hegel TW 7, 24.

320 So deutete schon Rudolf Haym *Vorlesungen über Hegel und seine Zeit*, Berlin 1857, 357 ff.; Hegel sei „philosophischer Dictator über Deutschland", machte die Philosophie zur „wissenschaftlichen Behausung des Geistes preußischer Restauration" und gab dem „politischen Con-

nicht auch kontingent Wirkliches, Schlechtes oder Böses als Wirkliches geben kann, das unvernünftig ist. Vielmehr ist gemeint, dass die essentielle Wirklichkeit vernünftig ist. Hiergegen kann man natürlich einwenden, diese Ansicht sei eine Tautologie, die auf analytische Weise wahr ist, sofern man die essentielle Wirklichkeit als etwas versteht, das als Nicht-Sinnliches, Nicht-Zufälliges ohnehin schon Vernünftigkeit impliziert. Dann bedeutet Hegels Satz nur, dass das essentiell Vernünftige vernünftig ist. Aber diese zwar wahre, doch uninformative Tautologie ist auch nicht der Sinn von Hegels Gedanke. Vielmehr ist gemeint, dass Vernünftigkeit und Wirklichkeit eine dialektische Einheit bilden. Die Wirklichkeit, also die äußere Erscheinung, kann eine Manifestation einer wesentlichen Bedeutung sein. Sie muss es nicht sein, dann bleibt es bei der Äußerlichkeit und es gibt nichts Wesentliches zu erkennen. Sie kann aber auch Manifestation von Wesentlichem sein. Wenn das der Fall ist, treten in der Wirklichkeit Äußerlichkeit und Innerlichkeit (Wesen) in ein dialektisches Verhältnis. Das Wesen bedarf einer Manifestationsplattform, sonst hätte es keine konkrete Gestalt. Insofern ist die Erscheinung dem Wesen wesentlich. Aber damit es eine erkennbare und informative Erscheinung ist, ist der Erscheinung auch das Wesen wesentlich. Die mannigfaltigen Erscheinungswirklichkeiten hätten nämlich keinen Halt, keine Einheit und Bedeutung, wäre in ihnen nicht ein Wesen am Werk. Daher ist nur dasjenige als vernünftig-wirklich zu bezeichnen, welches begrifflich strukturiert und damit als wesentlich legitmiert ist. Eine unbegriffliche Wirklichkeit, die nur äußerlich und nur Erscheinung ist, ist uninformativ für uns, sie sagt uns nichts Wesentliches. Erst wenn wir etwas Wesentliches in der Erscheinung ausmachen, erkennen wir. Das, was wir als wesentlich erkennen, muss begreifbar (im Sinne von begrifflich) sein. Bei Hegels Satz handelt es sich also deswegen nicht um eine uninformative Tautotlogie, weil sie die äußerliche, erscheinende und konkrete Gestalt und das (vernünftige) Wesen in einen spezifischen Zusammenhang setzt, bei dem beide Seiten einander brauchen. Bezüglich meiner These vom apriorisch-aposteriorischen Status des Politischen und des Rechts besagt dies: Das apriorische Wesen (Recht/Freiheit) bedarf des positiven aposteriorischen Rechts und konkreter politischer Entscheidungen, aber das aposteriorische positive *Recht* bedarf, als Recht im anspruchsvollen Sinne, auch des apriorischen Wesens, d.h. der Freiheit.

Man kann nach Hegel am Recht ablesen, wie frei der jeweilige geschichtlich sich realisierende Wille ist, der sich in einer bestimmten Gestalt eines Rechts-

servativismus, Quietismus und Optimismus“ die „absolute Formel“, sowie eine „wissenschaftlich formulierte Rechtfertigung des Karlsbader Polizeisystems und der Demagogenverfolgung“. Mit dieser Deutung setzt sich J. Ritter *Hegel und die französische Revolution*, a.a.O., 7 ff., sehr gründlich und genaue Widerlegungen bietend auseinander.

systems manifestiert. Eine Idee von Recht und Freiheit, die sich damit begnügt, bloß möglich zu sein, und sich dann kritisch resignierend, z. B. mittels einer bloß „negativen Dialektik“, gegen die Wirklichkeit wendet, die es also nicht darauf abgesehen hat, auch wirklich zu werden, ist in Hegels Sicht eitel, keine wirklich philosophische Idee, sondern ein Hirngespinst. Allerdings muss man hinsichtlich der wirklichen Idee nochmals differenzieren, welche Gestalt die Wirklichkeit dieser Idee hat. Ein und dieselbe Idee kann sich in unendlich vielen Gestalten Wirklichkeit geben. So kann z. B. der Gedanke, dass der Staat die Funktion hat, seine Bürger zu schützen, in den verschiedenen Epochen der Weltgeschichte unterschiedliche Formen annehmen, weil der Schutz jeweils unterschiedlich begriffen wird. Oder aus heutiger Sicht kann man sagen, dass auch die Idee der Gewaltenteilung unendlich viele verschiedene Erscheinungsformen haben kann. So gab es auch in antiken Staaten Gewaltenteilung; dort hatte sie aber Effizienzgründe, wogegen in der Moderne die politische Gewaltenteilung eine Legitimation staatlicher Gewalt bildet.

War im *Systemprogramm* von 1797 noch zu lesen, der Staat müsse zugunsten einer neuen Schönheitsmythologie der Zukunft überwunden werden, so nimmt sich das Staatskonzept des späten Hegel gleichfalls affirmativer und differenzierter aus: In seiner Rechtsphilosophie bestimmt er nun den Staat als die Wirklichkeit der sittlichen Idee.[321] Das bedeutet, der Staat stellt die Synthese der bürgerlichen Gesellschaft mit der Familie dar, der beiden ihm vorangehenden Stufen des objektiven Geistes. Familie und Gesellschaft haben die Sittlichkeit in noch vorläufigen Formen realisiert, erst ihre Synthese im Staat führt sie zur Vollendung. Obzwar der Staat eine Synthese aus Familie und Gesellschaft darstellt, darf man ihn nicht mit der Gesellschaft oder einer Familie verwechseln. Die Sitten, Gefühle und Gewohnheiten, die in der Familie eine Einheit verbürgen, sind im Staat nicht mehr als vereinzelte Sitten oder gefühlsmäßige Zuneigung vorhanden, sondern als eine nach Allgemeingültigkeit strebende Vernünftigkeit. Die Allgemeingültigkeit von Sitten kann durch die gefühlsmäßige Bedingtheit in Familien nur eine sehr begrenzte Gültigkeit beanspruchen, die Familie ist daher nur „empfindender Geist“.

Die unsichtbare und im Geheimen arbeitende Vernunft wird zwar in der bürgerlichen Gesellschaft schon auf mehrere teilnehmende Personen ausgedehnt, sie wird aber erst im Staat explizit. In der bürgerlichen Gesellschaft scheint jeder auf seinen individuellen Vorteil bedacht, scheinbar atomisieren sich die Subjekte in eine unverbundene Pluralität – Hegel leitet hieraus das Prinzip der Arbeitsteilung ab – und die die Menschen verbindende Einheitlichkeit ist als ein nur

---

321 Vgl. Hegel TW 7, 398.

unwillkürlicher, latenter, wie nebenher erreichter Zweck der Vernunft verdeckt. Dieser Zweck, der dem einzelnen Bürger „zunächst und zumeist" verborgen bleibt, solange er sein Augenmerk darauf richtet, nur vermittels der Arbeit *seine* Bedürfnisse zu befriedigen, besteht darin, dass, wenn der Bürger dieses Recht *für sich* einfordert, eigentlich impliziert ist, dass *jeder* das Recht hat, seine Bedürfnisse zu befriedigen und also eigentlich eine Allgemeingültigkeit des Rechts angestrebt ist. Wenn man die eigene Freiheit als moralisch berechtigten Zweck ansieht, kann man das anderen nicht abschlagen. Im Staat werden diese Strukturen sich realisierender Vernunft explizit gemacht. Diese Explizitmachung von Vernunft geschieht im Recht, das den Staat wesentlich bildet, und die Vernunft zeigt sich in einer neu eintretenden Form von Allgemeingültigkeit, die über die empfundene Einheitsallgemeinheit in der Familie und über die atomisiert aufgespaltene Einheit der vielen freien Bürger in der Gesellschaft zu einer substantiellen Allgemeinheit der Freiheit im Staat hinausgeht.

3 Recht und Verbrechen – der Richter

Die Philosophie des Geistes – die Hegel im dritten Teil der *Enzyklopädie* darlegt – bildet den Abschluss und die Vollendung des Systems der Wissenschaft. Sie nimmt ihren Anfang bei dem Ende der „Natur", nämlich mit den natürlichen Aspekten des Menschen. Ausgehend von den biologischen Gegebenheiten und den durch das Habitat des Menschen bedingten Grundlagen, beginnt Hegel seine Geistphilosophie und arbeitet sich zu immer idealeren, virtuelleren Bestimmungen des Geistes hinauf. Im wahrsten Sinne des Wortes kann man also sagen, dass bei Hegel der Geist nicht vom Himmel fällt. Hegel ist in dieser Hinsicht durchaus ein Naturalist, wobei der Naturalismus des Geistes in einem Prozess der Virtualisierung aufgehoben wird. Die Virtualität ist das „natürliche Habitat" des Geistes. Hegel geht vom subjektiven Geist – biologische Gegebenheiten des Menschen sowie seine theoretischen Erkenntnisweisen – zum objektiven Geist – praktische Philosophie, die sich in abstraktem Recht, Moralität und Sittlichkeit (mit den Stufen: Familie, bürgerliche Gesellschaft, Staat) manifestiert – bis hinauf zum absoluten Geist – der die Phänomene: Kunst, Religion und Philosophie beinhaltet. In diesem Aufstieg durch die Gestalten des Geistes spielt die Freiheit eine besondere Rolle, denn sie ist das eigentliche Wesen des Geistes, zu dem hin er sich entwickelt. Es geht dem Geist darum, seine Freiheit nicht nur zu haben, sondern auch zu wissen.

Der Geist hat die ihm grundlegend zukommende Eigenschaft, tätig und damit prozessual zu sein. Dieser Prozess besteht in einem Selbstverhältnis. Das Sich-zu-sich-Verhalten des Geistes ist keine sterile Selbstidentität, sondern eine Selbstbezüglichkeit, die auch ein Sich-zum-Anderen-ihrer-selbst-Verhalten einbezieht. Ein Geist, der nur starr bei sich selbst bleibt, ist unfrei. Nur derjenige Geist kann frei sein, der sich in seiner konkreten Fülle weiß, in die eben auch das Andere seiner selbst einfließt. Der Geist ist also für das Andere seiner selbst offen und wird erst dadurch zu einem erfüllten, lebendigen und freien Prinzip, indem er alles, was essentielle Bedeutung hat, in sich zu integrieren – aufzuheben – in der Lage ist. Das Im-Anderen-seiner-selbst-bei-sich-Sein erfährt an konkreten Sachverhalten seine Verwirklichung, nicht in der sterilen Abstraktion klinischer Reinheit. Insofern bedarf es der wirklichen Geschichte, damit sich der Geist zu sich entwickeln kann. Das Zusichkommen, welches der Geist ist, soll im Folgenden an Recht und Staat dargestellt werden.

Das Recht ist die erste Stufe in Hegels Philosophie des objektiven Geistes. In der Rechtsphilosophie stellt Hegel die geistigen Grundlagen des Kontraktualismus dar, d. h., der Vertrag in einem weiteren Sinne bildet das Fundament des Rechts. Der freie Wille strebt danach, sich Wirklichkeit zu geben. Das geschieht zunächst auf einer ersten Stufe des Geistes in einer noch unmittelbaren und abstrakten Form. Der Wille ist noch keine durch moralische oder politische Aufgaben gereifte Größe, er ist vorerst nur eine einfache Willkür – hier nimmt Hegel Kant auf. Die Einfachheit und Unmittelbarkeit dieser Willkür drückt sich darin aus, dass der Wille seine eigene Bestimmung zunächst darin findet, dass er Dinge zu seinen Akzidenzien macht. D.h., die Willkür schreibt sich selbst Sachen als ihren Besitz zu: „X ist meines". Die „Meinigkeit" ist eine spezifisch praktische Prädikation, die das Verhältnis einer Person zu einer Sache anzeigt. Der praktische Wille überwindet das Ding an sich und macht es zum Ding für mich. Immerhin objektiviert sich die Willkür hierin, denn im Ding spiegelt sich der freie Wille des Subjekts, das mit dieser Besitzergreifung zur Person wird. Die ersten Bestimmungen des Rechts sind daher Freiheit, Person und Besitz/Eigentum. Hier wird deutlich, wie Hegel eine Locke-Kant-Mischung an den Anfang des Rechts setzt.

Die unmittelbare Einfachheit dieser Beziehung von Person und Ding wird dadurch überwunden, dass eine intersubjektive Relation eintritt. Auch andere erheben solche willkürlichen Ansprüche auf Eigentum und diese treten offenbar mit ebensolcher Kraft auf wie mein eigener Anspruch. Daher sind diese Ansprüche zu koordinieren, es ist ein Zustand zu installieren, der die Ansprüche nebeneinander bestehen lässt. Wenn eine solche symmetrische und konstante Relation zwischen mehreren Personen mit ihren Ansprüchen auf Eigentum geschaffen wird, tritt das Phänomen der „Anerkennung" ein. – Nun kommt also Fichte ins Spiel. – Die Personen sind nun nicht mehr in einer einfachen Form durch das Ding auf sich bezogen, sondern durch den komplexeren Bezug auf andere Personen und deren freie Willen sind sie auf sich bezogen. Dieses Bei-sich-Sein, das andere Personen integriert, ist eine „unendliche Beziehung meiner auf mich". D.h., hier liegt ein spekulativer dialektischer Widerspruch vor: Ich bin bei mir, indem ich andere berücksichtige, also zugleich bei anderen bin. Da dieses Verhältnisse der Vernunft sind, stehen sie in einer syllogistischen Struktur zueinander. Das ist ganz ähnlich wie in der Rechtsphilosophie Kants; dort stehen z. B. die drei Gewalten der Republik: Exekutive, Judikative und Legislative in einem Verhältnis des Syllogismus und dadurch wird die Gewaltenteilung formell legitimiert. Es ist ein Zeichen der Vernünftigkeit eines Phänomens, wenn es eine syllogistische Struktur hat. – Zumindest hinsichtlich der formalen Seite und auch nur, wenn es sich um einen wahren Schluss handelt. – Hegel sieht zwar in dieser Einordnung des Staates in die kontraktualistischen Anfänge des Rechts einen fundamentalen Fehler der Politischen Philosophie der Neuzeit, er hält aber offenbar daran fest, dass der objektive Geist auf seiner ersten Stufe des Rechts bereits syllogistische Strukturen aufweist. Daher spricht Hegel in diesem Kontext davon, dass sich die Person im Eigentum mit sich zusammenschließt, dass einzelne Bestimmungen des Rechts „Extreme“ oder die „Mitte“ bilden, d. h., sie nehmen wie Begriffe in einem Syllogismus in einer Prämisse die Position eines Ober-, Unter oder Mittelbegriffs ein.

> *Enzyklopädie* § 488:
> Der Geist in der Unmittelbarkeit seiner für sich selbst seienden Freiheit ist *einzelner*, aber der seine Einzelheit als absolut freien Willen weiß; er ist *Person*, das Sichwissen dieser Freiheit, welches als in sich *abstrakt* und *leer* seine Besonderheit und Erfüllung noch nicht an ihm selbst, sondern an einer äußerlichen *Sache* hat. Diese ist gegen die Subjektivität der Intelligenz und der Willkür als ein Willenloses ohne Recht und wird von ihr zu ihrem Akzidens, der äußerlichen Sphäre ihrer Freiheit gemacht, – *Besitz.*

> *Enzyklopädie* § 489:
> Das für sich bloß praktische Prädikat des *Meinigen*, welches die Sache durch das Urteil des Besitzes zunächst in der äußerlichen Bemächtigung erhält, hat aber hier die Bedeutung, dass ich meinen persönlichen Willen in sie hineinlege. Durch diese Bestimmung ist der Besitz *Eigentum*, der als Besitz *Mittel*, als Dasein der Persönlichkeit aber *Zweck* ist.

Das Eigentum ist also eine besondere Form des Besitzes, nämlich sein höchster Ausdruck; denn aufgrund der willentlichen Besitzergreifung ist der Wille der Person in der Sache selbst anwesend. Dieses Eigentum kann aber auch als Tauschware betrachtet werden, dann wird der Besitz zu einem bloßen Mittel, zu etwas, das man gegen anderes, welches ihm quantitativ äquivalent ist, eintauschen kann. Betrachtet man den Besitz aber als die Verwirklichung des freien Willens, dann ist er nicht mehr bloß Mittel, sondern er kann für den Betreffenden ein Zweck sein, z. B. für einen Landwirt, der sich im Laufe seines Lebens einen großen Hof erarbeitet hat und es als Erfüllung seines Lebens betrachtet, dies geschaffen zu haben.

Enzyklopädie § 490:
In dem Eigentum ist die Person mit sich selbst zusammengeschlossen. Aber die Sache ist eine abstrakt äußerliche und Ich darin abstrakt äußerlich. Die konkrete Rückkehr meiner in mich in der Äußerlichkeit ist, dass Ich, die *unendliche* Beziehung meiner auf mich, als Person die Repulsion meiner von mir selbst bin und in dem *Sein anderer Personen*, meiner Beziehung auf sie und dem Anerkanntsein von ihnen, das gegenseitig ist, das Dasein meiner Persönlichkeit habe.

Enzyklopädie § 491:
Die Sache ist die *Mitte*, durch welche die Extreme, die in dem Wissen ihrer Identität als freier gegeneinander selbständiger Personen sich zusammenschließen. Mein Wille hat für sie ein *bestimmtes erkennbares Dasein* in der Sache durch die unmittelbare körperliche Ergreifung des Besitzes oder durch die Formierung oder durch die bloße Bezeichnung derselben.

Die Äußerung der Willkür, des freien Willens in der Besitzergreifung erfährt mit dem Vertrag eine Festigung. Der Vertrag ist eine symmetrische Relation zwischen Personen, die ihren Willen miteinander koordinieren. Diese symmetrische Koordination von persönlichen und freien Willen bildet das Phänomen der Anerkennung. Die persönliche Freiheit kann sich auf diese Weise durch den Vertrag als ihr Mittel interpersonal entwickeln.

Die vertragliche Vereinbarung und damit die rechtliche Anerkennung ist ein in sich komplexes Phänomen, denn sie setzt den Unterschied zwischen der Willkür des Einzelnen und dem, was beide gemeinsam und gleichermaßen wollen, voraus. Das, was beide Parteien gemeinsam und gleichermaßen wollen, ist nach Hegel ein allgemeiner Wille, der die Koordination der beiden freien Willen will. Diese Voraussetzung müssen die beiden Vertragsparteien nicht bewusst machen, sie kann auch implizit und den beiden verborgen bleiben. Diesen gemeinsamen, allgemeinen Willen der Anerkennung der Freiheit aller Vertragsparteien bezeichnet Hegel auch als „Recht an sich" oder als „substantiellen Willen". Er ist substantiell, weil er den einzelnen abschließbaren Verträgen als Grundgerüst des Rechts zugrunde liegt. Wer spezifische Verträge über diesen oder jenen Gegenstand abschließen will, muss zuvor den Geist des Vertrags überhaupt anerkannt haben, nämlich dass mit dem Vertrag die Freiheit von mindestens zwei Parteien koordiniert wird. – Selbst die verbrecherische Pervertierung des Vertrags, z. B. durch einen Betrug, setzt diese Akzeptanz voraus, denn wenn immer beide Vertragsparteien wüssten, dass sie gerade einen Vertrag abschließen, an den sie sich von vornherein nicht halten wollen, dann würde niemand mehr einen Vertrag unterzeichnen. Der Betrug setzt gerade die Rechtgläubigkeit von dem Opfer des Betruges voraus. In dieser Hinsicht verhält sich der Betrug zum Recht „parasitär" und unterhöhlt den Sinn von Recht und Vertrag. Der Hitler-Stalin-Pakt ist beispielhaft für die parasitäre und selbstwidersprüchliche Haltung eines wissentlich einen Vertragsbruch voraussetzenden Verbrechers. –

Die vertragliche Vereinbarung ist auch in der folgenden Hinsicht ein komplexes Phänomen: Der Vertrag setzt den Unterschied der Güter voraus, um die es im Vertrag geht. Dasselbe gegen dasselbe zu tauschen ist ohne Vorteil für die Vertragsparteien. Die Güter haben a) eine qualitative Beschaffenheit, eine Substanz des Dinges, also z. B. eine Ziege. Doch wird diese qualitative Beschaffenheit nun ignoriert, von ihr wird abstrahiert und das Ding wird b) nur in quantitativer Hinsicht gesehen. D.h., obgleich von unterschiedlicher Substanz, wird nun die eine Ziege als Hühnern äquivalent gesehen und man kann *eine* Ziege gegen *zwanzig* Hühner eintauschen. Durch diese geistige Abstraktionsleistung entsteht der Tauschwert und damit die Ware: Qualitativ verschiedene Dinge werden als äquivalent gedeutet. Durch die Meinigkeit wurde das Ding an sich zum Ding für mich und durch die Abstraktion zur Ware, wird es nun zum Ding für uns. Die Tauschware hat durch diese quantifizierende Perspektive einen Wert und wird damit zu einer allgemeinen Sache, einem abstrakten Ding; wofür Geld das wohl anschaulichste Beispiel ist.

Nach Hegel gibt es die folgenden Arten von Verträgen (hierin folgt er Kants Vertragsrechtstheorie):[322]

I. Schenkungsvertrag
  a. Sache
  b. Leihen einer Sache
  c. Dienstleistung (z. B. Aufbewahrung von Eigentum)
II. Tauschvertrag
  a. der Tausch als solcher
    α) Sache gegen Sache
    β) Verkauf von Sache gegen Geld
  b. Vermietung
    α) Sache
    β) allgemeine Sache; z. B. Geld, Anleihe, Aktie
  c. Lohnvertrag = Veräußerung meines Produzierens
III. Verpfändung; ich bin zwar noch Eigentümer, aber nicht mehr im Besitz; z. B. Hypothek, Bürgschaft

Die Entstehung des Unrechts bildet nach Hegel den nächsten dialektischen Schritt im Rechtsverhältnis. Es gibt nämlich einerseits ein Recht an sich – dieses ist ein allgemeiner Wille, der in der beiderseitigen Anerkennung des Willens der Vertragspartner besteht, diese Anerkennung geht über den partikulären Willen des Einzelnen hinaus – und andererseits gibt es die existierenden Willen, meine

322 Vgl. Hegel *Grundlinien der Philosophie des Rechts* § 80.

vereinzelte Willkür und die der anderen Person. Es sind diese vereinzelten Willen, die dem allgemeinen Willen Dasein geben, denn ohne die Anerkennung durch die einzelnen Willen würde der über sie hinausgehende allgemeine Wille nicht existieren.[323] Im Rechtsvertrag schließen sich also unmittelbar existierende Personen miteinander zu einem allgemeinen Willen zusammen, sie bleiben aber auch besondere Personen, die mit Willkür und Zufälligkeit behaftet sind. Diese Zweiseitigkeit des Rechts macht den besonderen Willen zu einem Für-sich-Sein, das sich von einem An-sich-Sein differenziert. Der besondere oder einzelne Wille kann sich nun gegen den allgemeinen Willen, den Rechtsvertrag wenden. Diese Abwendung bildet das Unrecht. Unrecht ist also die Disharmonie von allgemeinem Willen und besonderer Willkür. Den Vertragspartnern wird mit der Erkenntnis dieser Möglichkeit von Unrecht deutlich, dass der Rechtsvertrag ihre Besonderheit bzw. Willkür partikulär außer Kraft setzt; was zugleich impliziert, dass ihre Besonderheit nicht generell außer Kraft gesetzt ist, sondern nur hinsichtlich besonderer Sachen. Die Geltung des Rechts wird durch die Entstehung des Unrechts aber nicht destruiert, sondern spezifiziert; d. h., sie gelangt zu einer höheren Stufe der Bestimmtheit.[324] Das Recht tritt in ein Verhältnis zum Unrecht und geht nicht in es über, so dass es nun kein Recht mehr gäbe.[325]

Unrecht tritt also auf, weil es individuell verschiedene Personen sind, die Rechtsverträge miteinander abschließen. Hier gibt es verschiedene Formen, in denen jene Disharmonie auftreten kann:

1. Die Personen erkennen zwar ein Recht an sich an, wollen es auch, interpretieren es jedoch aus ihren besonderen Perspektiven heraus unterschiedlich. Hier entsteht eine Rechtskollision, ein Rechtskonflikt. Mehrere Rechtsgründe werden von den im Interessenkonflikt stehenden Individuen erhoben. Dies bildet ein „unbefangenes Unrecht".[326] Der Schein von Recht entsteht dadurch, dass innerhalb der im Konflikt befindlichen Interessen jeder besondere Wille denkt, sein Wille sei der rechte, allgemeine Wille. Jeder besondere Wille gibt sich damit den Schein, er sei der allgemeine Wille, und damit gibt er zugleich dem alter ego den Schein des Unrechts. Von dem Schein des allgemeinen Rechts im individuellen Willen ist aber die tatsächliche Geltung des allgemeinen Rechts/Willens zu unterscheiden. Der Konflikt zeigt sich als bürgerlicher Rechtsstreit, in dem zwei negative Urteile aufeinander treffen. Hier wird ein unparteiisches Urteil notwendig, den Streit zu entscheiden. Der Schein des Rechts im besonderen Willen bildet die erste Negation des Rechts. In dem Urteil des unabhängigen Dritten wird diese

323 Vgl. Hegel *Grundlinien der Philosophie des Rechts*, TW 7, § 81; im Folgenden als *GPR* zitiert.
324 Vgl. Hegel *Enz.*, § 495.
325 Vgl. Hegel *GPR*, § 99.
326 Hegel *Enz*, § 496.

Negation wiederum negiert, eine doppelte Negation, die als der nächste dialektische Schritt das Recht wieder herstellt und den Schein als Schein aufhebt.

2. Der Betrug bildet die zweite Form des Unrechts. Die Person will bewusst den Schein des Rechts und des allgemeinen Willens. Die Person erkennt zwar das Recht an sich an, als etwas, das im Unterschied zu dem partikulären Willen und unabhängig von ihm besteht. Dennoch negiert dieser besondere Wille das allgemeine Recht/Willen zugunsten seines partikulären Willens. Diese Person will den *Schein* des allgemeinen Rechts und gibt ihn für den allgemeinen Willen aus. Dies bildet den Tatbestand des Betrugs. Hiermit entsteht eine erste, noch nur abstrakt-rechtliche Form des Bösen.[327] Wieder liegt eine erste Negation des Rechts vor, die durch eine zweite Negation aufzuheben ist. Die Grenzen zwischen unbefangenem Unrecht und Betrug sind übrigens fließend und oft hängt es von dem Stand der rechtsgeschichtlichen Entwicklung einer Zivilisation und der juristischen Praxis ab, ob ein Verhalten als unbefangenes Unrecht oder schon als Betrug gewertet wird. Hier sind also nicht einfach allgemeine, die Zeitgeschichte übergreifende Kriterien durch die Philosophie aufzustellen.

3. Das Verbrechen ist die höchste und eigentliche Stufe des Unrechts. Unbefangenes Unrecht, bürgerlicher Rechtsstreit und Betrug sind nur Vorformen des eigentlichen Verbrechens als der äußersten Negation des Rechts. Im Verbrechen findet eine Tat statt, die sowohl das Recht an sich als auch seinen Schein negiert. Es sind die Phänomene: Gewalt, Rache, Unrecht, Zwang, Strafe, die im Verbrechen zusammenkommen und das Recht in die nächst höhere Stufe des objektiven Geistes aufheben, in die Moralität.

Auch die verbrecherische Tat ist nicht ein Erstes, keine positive Setzung, sondern eine Negation. Das Positive und die erste Setzung war vielmehr das Recht. Die verbrecherische Tat negiert dies, insofern ist das Verbrechen nichtig. Man kann geradezu sagen, das Verbrechen ist die Nichtigkeit, denn sie ist die Unfähigkeit, einen positiven Wert zu setzen. Die wechselseitige Anerkennung des Rechtsverhältnisses wird vom Verbrecher bewusst versagt. Insofern liegt hierin nicht mehr nur eine rechtliche Form des Bösen vor, sondern schon eine moralische Entscheidung zum Bösen. Die innere Struktur des bösen Willens und die Nichtigkeit, die dem bösen Willen zugrunde liegt, verdeutlicht Hegel in der *Enzyklopädie* (§§ 500–501), indem dort das Verbrechen begrifflich-philosophisch bestimmt wird:

> *Enzyklopädie* § 500:
> Solche Handlung ist als Verletzung des Rechts an und für sich nichtig. Als Wille und Denkendes stellt in ihr der Handelnde ein aber formelles und nur von ihm anerkanntes Gesetz

327 Vgl. Hegel *Enz*, § 498; sowie *GPR*, § 87.

auf, ein Allgemeines, das *für ihn* gilt und unter welches er durch seine Handlung zugleich sich selbst subsumiert hat. Die dargestellte Nichtigkeit dieser Handlung, die Ausführung in *einem* dieses formellen Gesetzes und des Rechts-an-sich, zunächst durch einen *subjektiven* einzelnen Willen, ist die *Rache*, welche, weil sie von dem Interesse *unmittelbarer, partikulärer* Persönlichkeit ausgeht, zugleich eine neue Verletzung, *ins Unendliche fort*, ist. Dieser Prozess hebt sich gleichfalls in einem dritten Urteil, das ohne Interesse ist, *der Strafe*, auf.

Enzyklopädie § 501:
Das sich Geltendmachen des Rechts-an-sich ist vermittelt α) dadurch, dass ein besonderer Wille, der Richter, dem Rechte angemessen ist und gegen das Verbrechen sich zu richten das Interesse hat (was zunächst in der Rache zufällig ist), und β) durch die (zunächst gleichfalls zufällige) Macht der Ausführung, die durch den Verbrecher gesetzte Negation des Rechts zu negieren. Diese Negation des Rechts hat im Willen des Verbrechers ihre Existenz; die Rache oder Strafe wendet sich daher 1. an die *Person* oder das *Eigentum* des Verbrechers, 2. und übt *Zwang* gegen denselben aus. Der Zwang findet in dieser Sphäre des Rechts überhaupt, schon gegen die Sache in der Ergreifung und in Behauptung derselben gegen die Ergreifung eines anderen, statt, da in dieser Sphäre der Wille sein Dasein unmittelbar in einer *äußerlichen Sache* (als solcher oder der Leiblichkeit) hat und nur an dieser ergriffen werden kann. – Mehr nicht als *möglich* aber ist der Zwang, insofern ich mich als frei aus jeder Existenz, ja aus dem Umfange derselben, dem Leben, herausziehen kann. Rechtlich ist er nur als das Aufheben eines ersten, unmittelbaren Zwangs.

Der letzte Satz besagt, dass nur der vermittelte Zwang – sofern er als Strafe Negation der Negation ist – rechtlich legal sein kann, niemals die erste Negation, die der Verbrecher mit seiner Ausführung der verbrecherischen Tat begeht und die selbst in einer Ausübung von Zwang besteht. Die zwanghafte Handlung des Verbrechers ist aber – sofern es sich um die Handlung einer Rechtsperson handelt – eine Regel; das ist darin begründet, dass der Verbrecher als ein Vernunftwesen handelt und alle Handlungen von Vernunftwesen nicht nur Taten in Raum und Zeit sind, sondern zugleich Ausführungen eines Gedankens. Ein ausgeführter Gedanke ist ein Urteil. Die Handlung hat also einerseits empirisch überprüfbare Aspekte und andererseits vernünftig bewertbare und zu beurteilende Aspekte. Die Regelhaftigkeit und Zwanghaftigkeit bedeuten nicht, dass der Verbrecher ein Gewohnheitstäter ist, sondern nur, dass immanent in jeder einzelnen Handlung, die ein Vernunftwesen ausführt, eine Allgemeinheit und ein Anspruch auf Allgemeingültigkeit mitgesetzt wird. So stellt z. B. der Räuber für sich die Regel auf: „Ich darf anderen etwas gewaltsam wegnehmen“. Dabei besteht die Allgemeinheit dieser Handlung in ihrer Nichtigkeit. Ob bewusst oder unbewusst affirmiert der Wille des Verbrechers hiermit eine sich selbst zerstörende Handlungsweise. So müsste er es selbst z. B. auch richtig finden, wenn der Nächste auf ihn und seine Beute dieselbe Regel anwendet. Der Begriff des Eigentums und damit der des Rechts wird dadurch völlig unterhöhlt und zerstört. Die Freiheit, die ja ihr Dasein in der eigentümlichen Ergreifung von Dingen hat, wird damit destruiert. Dieser

Sachverhalt fordert das Opfer zur Rache heraus. Zwar mag schon die erste Ergreifung einer Sache als Eigentum einen gewissen Zwang darstellen, doch dieser Zwang richtet sich nur gegen eine Sache, die jemand in seinen Besitz überführt. Nur einer äußerlichen Betrachtung kann schon diese erste Ergreifung einer Sache als Eigentum als Unrecht oder Zwang erscheinen. Das ist aber in vernünftiger Perspektive nicht der Fall, weil es hier die vertragliche Vereinbarung, die symmetrische Anerkennung zweier Willen gibt. Erst der Verbrecher übt Zwang gegen eine andere Person aus, die sich an ihm dann in zufälliger Weise rächen kann. Zufällig, weil die Ausübung dieser Rache nur darin begründet ist, ob das betroffene Opfer selbst das willkürliche Interesse hat, die Tat zu verfolgen oder nicht. Es gibt auf dieser Stufe des abstrakten Rechts noch keinen Staat, der die Verfolgung von Straftaten exekutieren würde. Aber es wird immerhin deutlich, dass es einen unabhängigen Dritten, einen Richter geben sollte, der weder Täter noch Opfer ist, sondern einfach nur ein Interesse daran hat, dass der allgemeine Wille und das Recht an sich wieder zur Geltung kommen können.

Äußerlich betrachtet ist die Tat des Verbrechers etwas positiv Daseiendes; vernünftig und dialektisch gesehen ist sie jedoch eine bloße Negation, eine Nichtigkeit. Diese Nichtigkeit manifestiert sich in der Art der Tat: Sie ist Zwang, genauer ein Zwang gegen ein freies Wesen. Die Freiheit besteht darin, dass ein Wille seinen Rechtsanspruch auf ein Ding geltend macht, wird dieser verbrecherisch negiert, geschieht das durch Gewalt. Der Zwang gegen Personen hat also seinen Ausgangspunkt beim Verbrecher, nicht beim Recht.

Das Phänomen der Rache kommt auf verschiedenen Ebenen zur Geltung. Zunächst tritt es beim Verbrecher auf. Er sieht sich evtl. sogar im Recht – d. h. in seinem „Willkürrecht“ – jemand anderem sein Eigentum abzunehmen. Nun rächt sich aber auch wieder das Opfer am Täter. Diese Rache ist wieder von einem besonderen Willen, eben dem des Opfers, erfüllt. Auch diese Rache ist nicht die Erfüllung eines wahrhaft allgemeinen Willens. Rache steht gegen Rache, partikulärer Wille gegen partikulären Willen und die Rache kann sich auf diese Weise iterieren; wie dies z. B. bei einer Vendetta der Fall ist. Auf diese Weise wird das Recht nicht wiederhergestellt, sondern immer nur aufs Neue verletzt.

Das Recht kann nur durch ein unabhängiges, drittes Urteil wiederhergestellt werden. Dies ist dialektisch und vernünftig gesehen die Negation der Negation des Rechts. Das dritte Urteil ist die Strafe für den Verbrecher. Die Strafe kann aus äußerlicher Perspektive zwar wieder als Rache angesehen werden, denn gegen den Zwang, den der Verbrecher ausübt, wird ein neuer Zwang – der des Richterurteils – ausgeübt. Doch die beiden Zwänge (respektive drei: wenn man die erste Ergreifung eines Dinges als Eigentum auch schon als Zwang ansieht) unterscheiden sich wesentlich, denn der eine versucht, Freiheit und Recht zu destruieren, wogegen sie der andere Zwang wiederherstellt bzw. sie sogar auf höherer Stufe restituiert. Äußerlich kann zwar auch die vom Richter verhängte Strafe als Rache betrachtet werden, sieht man sie jedoch aus einer dialektischen Perspektive der Vernunft, dann wird deutlich, sie ist Gerechtigkeit, nämlich der Zwang, der den Zwang aufhebt.

In den *Grundlinien der Philosophie des Rechts*[328] wendet sich Hegel gegen die Auffassung der Strafe von Ernst Ferdinand Klein,[329] denn dieser sah in der Strafe nur die Setzung eines Übels gegen ein anderes Übel, ein Übel werde bloß in einer kontingenten Weise gegen ein anderes Übel eingefordert. Hegel sieht dagegen die Notwendigkeit einer vernünftigen, d.h. rechtlich legitimierten „Theorie der Strafe". Eine solche Theorie hat den vernünftigen Begriff der Strafe herauszuarbeiten und dieser besteht wie gesehen darin, dass Strafe „Aufhebung des Verbrechens" ist. Durch diese Aufhebung ist die Strafe des Richters Gerechtigkeit, denn Gerechtigkeit besteht in der Einführung einer Strafe, die das Unrecht aufhebt. Die Strafe ist daher aus Hegels Sicht kein Übel, sie ist vielmehr der von allen Vernunftwesen zu fordernde und gerechte Schutz des Rechts. Da die Strafe von allen Vernunftwesen, von allen Rechtspersonen einzufordern ist, hat sogar der Täter selbst das Recht, seine gerechte Strafe einzufordern. Die auf sich genommene Strafe bildet die Wiederherstellung der Ehre einer Person. „Strafen [ist] an und für sich gerecht". Hegel differenziert allerdings verschiedene Formen des Strafens, so gibt es z.B. auch in der Pädagogik Strafen, die aber ihren vernünftigen Grund nicht darin haben, gegen ein Unrecht Recht wiederherzustellen, sondern den Zögling zu motivieren.

Sofern die Strafe eine doppelte oder bestimmte Negation ist, erhält sie ihre Bestimmtheit von der verbrecherischen Tat selbst her. Paradoxerweise ist also die Tat (etwas Unvernünftiges) das Maß für die Strafe und man kann sogar sagen, dass der Täter mit seiner Handlung über sich selbst das Urteil spricht. – Man kann hiergegen aber auch folgendermaßen argumentieren: Wenn die verbrecherische Tat eine unvernünftige Handlung ist, dann darf gerade sie nicht Maßstab der Strafe sein, weil sonst auch der Strafende unvernünftig wird, und sich diese Unvernunft auch noch vom Täter aufdiktieren lässt. Ein Staat hat, um seine Würde als Vernunftinstitution und reale Idee zu erhalten, mit vernünftigen Strafen auf unvernünftige Taten zu reagieren. – Dieser Sachverhalt, das Verbrechen als Maß der Strafe zu nehmen, wird dadurch ergänzt, dass in Handlungen zugleich auch immer ein Urteil enthalten ist. Der Richter macht dieses in der verbrecherischen Tat latente Urteil explizit und kehrt es gegen den Täter selbst. Die Tat des Verbrechers

---

328 Hegel *GPR*, § 99, Anmerkung.
329 Vgl. Ernst Ferdinand Klein *Grundsätze des gemeinen deutschen peinlichen Rechts*, Halle 1795, § 9.

richtet sich selbst. Die Ehrung des Verbrechers durch die Strafe und die richterlich hergestellte Gerechtigkeit besteht geradezu darin, dass die Tat selbst zum Maßstab für die Strafe genommen wird.[330] In diesem Kontext plädiert Hegel für die Todesstrafe für einen Mord.[331]

Die Strafe ist also eine „Wiedervergeltung" nach dem Prinzip der Gleichheit von Tat und Strafe und in dieser Gleichheit erblickt Hegel die Gerechtigkeit. Die Frage ist nun, wie diese Gleichheit überhaupt fest- und hergestellt wird. Beim Mord scheint das „einfach", denn dort wird ein Leben für ein anderes genommen. – Böse Zungen könnten sagen, damit wird das Leben zur Tauschware, auch im Hegelschen Sinn. – Doch wir befinden uns im abstrakten Recht und damit in der Sphäre vertraglicher Verrechenbarkeit. So wie im Vertrag der Wert von den Sachen abstrahiert wird und eigentlich ungleiche Gegenstände gegeneinander aufgerechnet werden können, ist es auch bei Tat und Strafe. Eine Tat kann innerhalb einer bestimmten Zivilisationsstufe als einer andersgearteten Strafe adäquat angesehen werden. Man kann also den „Wert" einer Tat festsetzen, indem man dasselbe quantifizierende Verfahren wie bei dem Vertrag anwendet. Daher kann z. B. der „Wert" einer Straftat wie Raub oder Diebstahl in einer Freiheitsstrafe bestehen, für geringere Vergehen können Geldstrafen verhängt werden. Hätte Hegel diese quantifizierende Verrechung von Tat und Strafe auch auf den Mord angewendet, hätte er erkennen können, dass auch hier sein Prinzip der Wiedervergeltung zu anderen Ergebnissen als zur Todesstrafe führen kann. Denn es kann durchaus, wie es gegenwärtig ja in Europa der Fall ist, ab einer bestimmten Zivilisationsstufe eingesehen werden, dass ein lebenslanger Freiheitsentzug einem Mord äquivalent ist. Allgemeine, alle Zeiten übergreifende Kriterien, welche Strafe welche Tat erfordert, kann es auch nach Hegel nicht geben, denn diese hängen im Einzelnen vielmehr von dem gegenwärtigen Stand der gesellschaftlichen Konvention ab und dem dort erreichten moralischen Standpunkt. So sind z. B. Leibstrafen wie Steinigung oder Auspeitschung früher als Straftaten äquivalent angesehen worden und heute in Europa nicht mehr.

Solange es in einer Gesellschaft noch keine institutionalisierten Richter, Gesetze, Legislative und Exekutive gibt, bleibt die Strafe eigentlich nur Rache; zur wirklichen Gerechtigkeit und Wiedervergeltung nach dem Prinzip der Gleichheit von Tat und Strafe kommt es somit erst in der Person des Richters. Die Rache des Opfers ist die erste, unmittelbare Form der Strafe, die aber noch unvollkommen ist, weil das Moment der Gerechtigkeit fehlt.[332] Wegen dieser Unvollkommenheit

330 Vgl. Hegel *GPR*, § 100 Anm.
331 Vgl. Hegel *GPR*, § 101 Zusatz.
332 Vgl. Hegel *GPR*, § 102.

iteriert sich die Rache selbst; sie partizipiert eben noch am Unrecht, denn es ist bei der Rache immer noch die besondere Willkür (der individuelle Wille des Opfers) vorhanden, welche die Rachetat ausführt.

Der dialektische Widerspruch der Gerechtigkeit besteht also zunächst darin, dass – aus äußerlicher Perspektive – Unrecht durch Unrecht vergolten wird. Nur durch die Einführung der Person des Richters hebt sich dieser problematische Widerspruch auf, denn der Richter verwandelt die Willkür der Rache in ein vernünftiges Maß. Im Richterurteil wird Rache in „strafende Gerechtigkeit" verwandelt. Die strafende Gerechtigkeit wird dadurch erreicht, dass der Richter kein partikuläres Interesse an einer der beiden im Streit befindlichen Seiten hat. Die Überparteilichkeit bildet den Ausweg aus der Bekämpfung von Unrecht durch neues Unrecht. – Dorfrichter Adam schlägt völlig aus der Art. – Der Richter ist allerdings nicht völlig interesselos, denn auch er ist ein konkreter Mensch, doch ist sein Interesse, seine Willkür auf die Wiederherstellung des allgemeinen Willens und der Freiheit des Vertragsrechts ausgerichtet. Der Richter *will* den Schein des Rechts zugunsten des Seins des Rechts überwinden.[333] Als Person hat er ebenfalls einen partikulären Willen und eine Willkür. Nur setzt er seinen partikulären Willen darein, das allgemeine Recht zu realisieren. Der Richter hat dabei ein Bewusstsein a) vom allgemeinen Willen, b) von seinem partikulären Willen, c) von der Differenz zwischen a) und b) und überdies hat er ein Bewusstsein von d) der eingeforderten Identität, die a) und b) in seinem Richterurteil haben sollen, wenn er eine gerechte Strafe verhängt. In der Figur des Richters wird deutlich, dass der subjektive Wille aufgefordert ist, sich als allgemeinen Willen zu wollen. Dass dies nicht immer der Fall ist und ein Richter z. B. in innere Konflikte kommt oder nicht immer leicht zu entscheiden ist, ob ein Wille tatsächlich oder nur scheinbar ein allgemeiner bzw. allgemeingültiger Wille ist, diese Schwierigkeiten sind keine Einwände gegen Hegels Theorie, sondern eher Bestätigungen für sein Konzept, denn diese Schwierigkeiten lassen sich nur erklären, wenn man jene geforderte Einheit schon voraussetzt.

Die Einheit von subjektivem Willen und allgemeinem Willen ist in der Gestalt des Richters nicht nur ein abstraktes Postulat, sondern Wirklichkeit in einer konkreten Person, realisierte Freiheit. Der freie Wille ist hierin nicht nur an sich, sondern auch für sich, die Freiheit wird sich auf einer höheren und thematischeren Stufe ihrer selbst bewusst. In dieser größeren Bewusstheit der Freiheit liegt auch eine systematische Transformation vor: Die Entwicklung von der Person, welche der freie Wille des Rechts ist, zu einem Subjekt, welches der freie Wille der Moralität ist. Mit diesem Übergang in die Moralität wird die innerliche, im strengsten

---

333 Vgl. Hegel *Enz*, § 501, α.

Sinne unveräußerliche Sphäre der Freiheit aufgeschlossen, die sich selbst bestimmende Gewissensfreiheit, die Freiheit im „europäischen Sinne".[334] Daher steht die Moralität über dem abstrakten Recht, weil sie die innere Einstellung eines Subjekts bei seiner Tat mitberücksichtigt. Wenn also der Richter in sein Urteil bei der Schuldzumessung Kategorien wie Verantwortung, Zurechenbarkeit, Vorsatz, Absicht, Fahrlässigkeit, niedrige Gesinnung, Motivation etc. einfließen lässt, dann fügt er den äußerlich konstatierbaren Zwängen und Taten auch noch die Sphäre der freien Innerlichkeit des Täters hinzu und kann so gerechtere und angemessenere Strafen verhängen. Gleichwohl wird damit aber auch eine neue Sphäre des objektiven Geistes erreicht, die Moralität. Die innere Gewissensfreiheit der Subjekte findet ihre angemessene Schutzform in der Institution des sittlichen und ebenfalls freien Staates. Insofern ist die Gewissensfreiheit ein „europäischer" Gedanke, als es der in den vorangegangenen Kapiteln untersuchten Tradition bedarf, um zu erkennen, dass es sie einerseits gibt und sie andererseits durch eine spezifische Staatsform entfaltet werden muss.

4 „Europäische Freiheit" und der sittliche Staat

Der Staat hat nach Hegel eine sittliche Substanz, sofern er die Funktion hat, Freiheit und Sittlichkeit seiner Bürger zu bewahren. Die innere Gewissensfreiheit von Subjekten ist eine solch zarte Pflanze, dass sie sich Schutz suchen muss. Es beweist die Geistigkeit und die Selbsterkenntnis der Gewissensfreiheit, dass sie sich ihrer Schutzbedürftigkeit bewusst ist und Verteidigungsinstrumente erschafft. „Diese subjektive oder moralische Freiheit ist es vornehmlich, welche im europäischen Sinne Freiheit heißt."[335] Die Essenz des Staates ist die Einhegungsfunktion jener Gewissensfreiheit der Subjekte, er wird damit zu einem selbst freien Träger von Freiheit. Indem der Staat realisierte Freiheit ist, erlangt er eine eigenständige Allgemeingültigkeit, die in Hegels Perspektive nicht von Zufälligkeit abhängig sein darf. Man würde den Staat jedoch von der Zufälligkeit abhängig machen, wenn man ihn davon abhängig macht, ob ihm die einzelnen Bürger zustimmen oder nicht. Er wäre dann vom Partikularwillen und der Willkür des Einzelnen abhängig. Damit richtet sich Hegel gegen das die Neuzeit und das liberale Verständnis des Staates dominierende Staatskonzept. Er wendet sich gegen den Kontraktualismus. Dieser Utilitarismus und Pragmatismus ist für Hegel ein bloß mechanisches und verstandesmäßiges Erfassen des Staates, das zu kurz

334 Vgl. Hegel *Enz*, § 503 Anm.
335 Hegel *Enz*, § 503 Anm.

greift, um zu erklären, inwiefern der Staat sittlich ist. Der Kontraktualismus ist nach Hegel höchstens geeignet, die Realgenese des Staates nachzuzeichnen. Ebenso kann man den Staat aus der Gewohnheit oder der Schutzbedürftigkeit der Menschen in seiner tatsächlichen Entstehung nachzeichnen. Doch die Philosophie hat von vornherein eine andere Aufgabe als die empirischen Politikwissenschaften oder die Soziologie, denn ihr geht es um das Wesen des Staates, also um seine vernünftige Idealgenese.

Doch Hegels Hauptargument gegen das kontraktualistische Staatskonzept scheint mir problematisch und dem Kontraktualismus nicht gerecht zu werden. Sein Hauptargument lautet, der Staat wird etwas Bedingtes und bloß Kontingentes, wenn er von der Willkür der Einzelnen abhängt. Des Weiteren wird er dadurch bloß ein mechanisches Instrument. Doch wenn man z. B. den Kontraktualismus Lockes, Rousseaus, Kants oder Fichtes genauer analysiert, dann ist der Staat nicht nur von Willkür abhägig. Bei Locke ist es die Erkenntnis, dass Gesetze Freiheit ermöglichen und nicht reduzieren, die den Einzelnen zur Zustimmung zum Staat bringt, bei Rousseau ist es die volonté générale im Einzelnen, die ihn verbindet, bei Kant ist es der Wille zur Koordination äußerer Freiheit und bei Fichte die Anerkennung. Dies sind bereits sittliche Phänomene und nicht bloße Willkür. Letztere spielt sicherlich eine gewichtige Rolle, wie Kant herausgestellt hat, aber das eigentlich Verbindende in diesen Formen des Kontraktualismus ist eben nicht nur der Partikularwille, sondern durchaus auch eine Sittlichkeit in einem weiteren Sinne. Damit ergibt sich die Möglichkeit, Hegel auf zweierlei Weise zu interpretieren: a) er will nur darauf aufmerksam machen, dass eigentlich und in dialektischer Weise der Kontraktualismus jene Sittlichkeit des Staates längst anerkannt hat und Hegel möchte dies nur auf den Begriff bringen, um die Differenz zwischen jener sittlichen Dimension und dem Kontrakt im engeren Sinne zu verdeutlichen, oder b) er wendet sich eben vom Kontraktualismus vollständig ab und hat nur eine eigentlich substantielle Sittlichkeit des Staates im Auge, die jene kontraktualistische Dimension als Irrtum entlarven will. Hegels Äußerungen und sein berühmter Mehrfachsinn von „Aufhebung“ lassen beide Deutungen zu. Das dialektische Prozessdenken Hegels kann auch wohl beides miteinander kombinieren. Der im engeren Sinn (mechanisch-willkürliche) Kontraktualismus des Staates ist nur eine abstrakte Anfangsstufe der Staatswerdung, die sich in den sittlichen Staat aufhebt. Und tatsächlich ist es ein Fortschritt, wenn man von dem Gedanken, dass der Staat Leben und Eigentum der Bürger schützt, zu dem Gedanken aufsteigt, dass der Staat Freiheit und Sittlichkeit der Bürger schüzt. Aber bei Hegels Konzept bleibt natürlich der unangenehme Beigeschmack eines Antiindividualismus und Antiliberalismus bestehen, da jene sittliche Substanz des Staates bei Hegel überindividuell und nicht von der Zustimmung der Willkür Einzelner abhängig sein soll. Das ist insbesondere in der zweiten Deutungsalternative prävalierend. Man kann Hegel sicherlich darin folgen, dass es etwas anderes ist, den Staat aus der Notdurft von Leib- und Eigentumsschutz zu begründen oder ihn aus Freiheit und Sittlichkeit heraus zu legitimieren. Doch dieser Schritt, gestattet nicht eine Ablösung des Staates von der Freiheit und der Zustimmung des Einzelnen. Um aber nicht bei diesem negativen Resultat stehen zu bleiben, hat man meiner Meinung nach ein Recht des Kontraktualismus auf höherer Ebene einzuräumen, also einen Kontraktualismus höherer Ordnung. Man muss nämlich wiederum kontraktualistisch begreifen, wie jene Sittlichkeit entsteht und wodurch sie legitimiert ist. Es kann nicht der blinde Geschichtsprozess sein, der die Existenz des Staates legitimiert. Auch das wäre wieder ein bloß empirisches Bedingtsein des Staates, gegen das sich Hegel mit Recht wendet. – Hegel selbst konzipiert daher, dass die Geschichte eben nicht bloß ein zufälliges Geschehen ist, sondern dass die Weltgeschichte vernünftig ist. Diese These ist aber sicherlich zu voraussetzungsreich und dafür gab es zu viele Rückschläge, um auf allgemeine Akzeptanz zu stoßen. – Jene Sittlichkeit des Staates muss auch wiederum etwas sein, das von der freien Zustimmung des Individuums abhängt; dies führt zu einem sittlichen und zugleich liberalen Kontraktualismus auf höherer Ebene. Der erste (Willkür-)Kontraktualismus und dieser sittliche Kontraktualismus schließen sich aber nicht aus, sondern ein. Wenn ein Staat z.B. Rechtsstaatlichkeit mit Sozialstaatlichkeit kombiniert, sind beide Elemente des Kontraktualismus in ihm enthalten. Der deklarative Akt freier Akzeptanz kann aus beiden Gründen gleichzeitig oder nacheinander vollzogen werden. Wie wir noch sehen werden, bezeichnet Hegel jene Zustimmung zur sittlichen Substanz des Staates durch den Einzelnen als eine „vermittelte Existenz" jener Sittlichkeit des Staates. Der Kontraktualismus höherer Ordnung würde jedoch betonen, dass der Einzelne vielmehr der eigentliche Ort der Existenz jener Sittlichkeit ist oder genauer: sein sollte.

Der Staat ist nach Hegel eine substantielle, nicht bloß abstrakte Einheit höherer Ordnung. Er ist kein natürliches Gebilde – darin hat Hobbes Recht, er verdeutlichte ja den Unterschied zwischen menschlichem Staat und tierischen Gemeinschaften noch durch einen Vergleich –, sondern der Staat ist ein geistiges Gebilde. Er ist aber auch keine bloße Abstraktion – in dieser Hinsicht hatten Hobbes und Fichte Unrecht –, dafür be- und durchherrscht der Staat mit seinen Institutionen viel zu konkret unser wirkliches Leben und er bildet auch ein Eigenleben im Verhältnis zu anderen Staaten aus. Schon Rousseau wendet sich im *Contrat social* mit seinem Gedanken einer volonté générale gegen die ethikneutrale Lesart des Kontraktualismus und versucht den Staat als Einheit höherer Ordnung zu begreifen. Hegel stimmt Rousseau insofern zu, als der (vernünftige) Wille den Staat konstituiert, aber – auch hier hat Rousseau Recht – es darf nicht der Partikularwille des Einzelnen sein, der bestimmt, was der Staat ist und ob er existieren soll.[336] Wenn es nicht der Partikularwille sein darf, der den Staat bestimmt, dann darf es natürlich auch nicht einfach die Summe aller Partikularwillen sein, denn das wäre wieder keine vernünftige und allgemeingültige Grundlage des Staates. Die Summe aller Einzelnen ist und verbürgt noch keine Allgemeingültigkeit. Die Vernünftigkeit des Staates muss nach Hegel vielmehr von der Partikularität und möglichen Unvernunft, die die Einzelwillen beherrscht, abgekoppelt gesehen werden. Nur derjenige Wille darf den Staat bestimmen, der wirklich allgemein(gültig) ist.

Sofern der Staat vernünftige Realisation des freien allgemeinen Willens ist, hat er schon durch sich selbst eine gewisse Existenzberechtigung. Daran wird nach Hegel die Objektivität des objektiven Geistes deutlich, er hängt nicht von der Zustimmung partikulärer Individuen ab. Es changiert dann zwischen einer blinden Affirmation des Staates – Hegel kann hier als konservativer Denker der preußischen Restaurationsphase gedeutet werden, der den Staat vergöttlicht – und der tatsächlichen sittlichen Achtung vor dem Staat als Realisation der Freiheit, wenn Hegel in den *Grundlinien der Philosophie des Rechts* ausführt:

Der Staat

§ 257 Der Staat ist die Wirklichkeit der sittlichen Idee – der sittliche Geist, als der *offenbare*, sich selbst deutliche, substantielle Wille, der sich denkt und weiß und das, was er weiß und insofern er es weiß, vollführt. An der *Sitte* hat er seine unmittelbare und an dem *Selbstbewusstsein* des Einzelnen, dem Wissen und Tätigkeit desselben, seine vermittelte Existenz, so wie dieses durch die Gesinnung in ihm, als seinem Wesen, Zweck und Produkte seiner Tätigkeit, seine *substantielle Freiheit* hat. [...]

§ 258 Der Staat ist als die Wirklichkeit des substantiellen *Willens*, die er in dem zu seiner Allgemeinheit erhobenen besonderen *Selbstbewusstsein* hat, das an und für sich *Vernünftige*. Diese substantielle Einheit ist absoluter Selbstzweck, in welchem die Freiheit zu ihrem höchsten Recht kommt, so wie dieser Endzweck das höchste Recht gegen die Einzelnen hat, deren *höchste Pflicht* es ist, Mitglieder des Staates zu sein.

Wenn der Staat mit der bürgerlichen Gesellschaft verwechselt und seine Bestimmung in die Sicherheit und den Schutz des Eigentums und der persönlichen Freiheit gesetzt wird, so ist *das Interesse der Einzelnen als solcher* der letzte Zweck, zu welchem sie vereinigt sind, und es folgt hieraus ebenso, dass es etwas Beliebiges ist, Mitglied des Staates zu sein. – Er hat aber ein ganz anderes Verhältnis zum Individuum; indem er objektiver Geist ist, so hat das Individuum selbst nur Objektivität, Wahrheit und Sittlichkeit, als es ein Glied desselben ist. Die *Vereinigung* als solche ist selbst der wahrhafte Inhalt und Zweck, und die Bestimmung der Individuen ist, ein allgemeines Leben zu führen; ihre weitere besondere Befriedigung, Tätigkeit, Weise des Verhaltens hat dies Substantielle und Allgemeingültige zu seinem Ausgangspunkte und Resultate. – Die Vernünftigkeit besteht, abstrakt betrachtet, überhaupt in

336 Vgl. Hegel *GPR*, 400.

der sich durchdringenden Einheit der Allgemeinheit und der Einzelheit und hier konkret dem Inhalte nach in der Einheit der objektiven Freiheit, d.i. des allgemeinen substantiellen Willens und der subjektiven Freiheit als des individuellen Wissens und seines besondere Zwecke suchenden Willens – und deswegen der Form nach in einem nach *gedachten, d.h. allgemeinen* Gesetzen und Grundsätzen sich bestimmenden Handeln. – Diese Idee ist das an und für sich ewige und notwendige Sein des Geistes. – Welches nun aber der *historische* Ursprung des Staates überhaupt oder vielmehr jedes besonderen Staates, seiner Rechte und Bestimmungen sei oder gewesen sei, ob er zuerst aus patriarchalischen Verhältnissen, aus Furcht oder Zutrauen, aus der Korporation usf. hervorgegangen und wie sich das, worauf sich solche Rechte gründen, im Bewusstsein als göttliches, positives Recht oder Vertrag, Gewohnheit und so fort gefasst und befestigt habe, geht die Idee des Staates selbst nicht an, sondern ist in Rücksicht auf das wissenschaftliche Erkennen, von dem hier allein die Rede ist, als die Erscheinung eine historische Sache; in Rücksicht auf die Autorität eines wirklichen Staates, insofern sie sich auf Gründe einlässt, sind diese aus den Formen des in ihm gültigen Rechts genommen. – Die philosophische Betrachtung hat es nur mit dem Inwendigen von allem diesem, dem *gedachten Begriffe* zu tun. In Ansehung des Aufsuchens dieses Begriffes hat *Rousseau* das Verdienst gehabt, ein Prinzip, das nicht nur seiner Form nach (wie etwa der Sozialitätstrieb, die göttliche Autorität), sondern dem Inhalte nach *Gedanke* ist, und zwar das *Denken* selbst ist, nämlich den *Willen* als Prinzip des Staates aufgestellt zu haben. Allein indem er den Willen nur in bestimmter Form des *einzelnen* Willens (wie nachher auch Fichte) und den allgemeinen Willen nicht als das an und für sich Vernünftige des Willens, sondern nur als das *Gemeinschaftliche*, das aus diesem einzelnen Willen als *bewusstem* hervorgehe, fasste, so wird die Vereinigung der Einzelnen im Staat zu einem *Vertrag*, der somit ihre Willkür, Meinung und beliebige, ausdrückliche Einwilligung zur Grundlage hat, und es folgen die weiteren bloß verständigen, das an und für sich seiende Göttliche und dessen absolute Autorität und Majestät zerstörenden Konsequenzen. Zur Gewalt gediehen, haben diese Abstraktionen deswegen wohl einerseits das, seit wir vom Menschengeschlechte wissen, erste ungeheure Schauspiel hervorgebracht, die Verfassung eines großen wirklichen Staates mit Umsturz alles Bestehenden und Gegebenen nun ganz von vorne und vom *Gedanken* anzufangen und ihr bloß das *vermeinte Vernünftige* zur Basis geben zu *wollen*; andererseits, weil es nur ideenlose Abstraktionen sind, haben sie den Versuch zur fürchterlichsten und grellsten Begebenheit gemacht. – Gegen das Prinzip des einzelnen Willens ist an den Grundbegriff zu erinnern, dass der objektive Wille das an sich in seinem *Begriffe* Vernünftige ist, ob es von Einzelnen erkannt und von ihrem Belieben gewollt werde oder nicht, – dass das Entgegengesetzte, die Subjektivität der Freiheit, das Wissen und Wollen, das in jenem Prinzip *allein* festgehalten ist, nur das *eine*, darum einseitige Moment der *Idee des vernünftigen* Willens enthält, der dies nur dadurch ist, dass er ebenso *an sich* als dass er *für sich* ist. [...]

[...; Zusatz:] Bei der Idee des Staates muss man nicht besondere Staaten vor Augen haben, nicht besondere Institutionen, man muss vielmehr die Idee, diesen wirklichen Gott, für sich betrachten. Jeder Staat, man mag ihn auch nach den Grundsätzen, die man hat, für schlecht erklären, man mag diese oder jene Mangelhaftigkeit daran erkennen, hat immer, wenn er namentlich zu den ausgebildeten unserer Zeit gehört, die wesentlichen Momente seiner Existenz in sich. Weil es leichter ist, Mängel aufzufinden, als das Affirmative zu begreifen, verfällt man leicht in den Fehler, über einzelne Seiten den inwendigen Organismus des Staates selbst zu vergessen. Der Staat ist kein Kunstwerk, er steht in der Welt, somit in der Sphäre der Willkür, des Zufalls und des Irrtums; übles Benehmen kann ihn nach vielen Seiten

> defigurieren. Aber der hässlichste Mensch, der Verbrecher, ein Kranker und Krüppel ist immer noch ein lebendiger Mensch; das Affirmative, das Leben, besteht trotz des Mangels, und um dieses Affirmative ist es hier zu tun.

Wenn Hegel einerseits ausführt, man dürfe hinsichtlich der Idee des Staates nicht besondere Staaten im Blick haben und er dennoch die modernen Staaten „unserer Zeit" anführt, ist das problematisch. Der moderne Staat darf höchstens als ein evtl. gelungenes Beispiel für die Idee figurieren. Hegel kennt natürlich die modernen totalitären Staaten des 20. Jh.s nicht, bei denen von bloßer „Defiguration" zu sprechen eine zynische Verharmlosung wäre. Es wäre aber auch problematisch, mit Hegel eine andere Alternative zu wählen und zu sagen, diese Staaten seien dann eben gar keine Staaten gewesen, auch das erscheint als zynische Verharmlosung. Wenn aber auch jene modernen totalitären Staaten des 20 Jh.s Staaten waren, ist es offenbar falsch, den Staat (spätestens seit Beginn der Moderne) als Verwirklichung der sittlichen Freiheit zu definieren. Das trifft Hegels Staatskonzeption insofern, als er in überhistorischer Perspektive beansprucht, den Gedanken oder die allgemeingültige Idee des Staates erfasst zu haben. Daher kann man durchaus historisch spätere wirkliche Staaten als Argument gegen Hegel vorbringen, auch wenn er selbst diese natürlich nicht kennen konnte. Da die antiken Staaten zumeist auf der Sklaverei basierten, hatte es Hegel in dieser Hinsicht leichter, sie vom Staatsbegriff auszuschließen, der dann als Staat im engeren Sinne ein Phänomen der Moderne ist, weil nur diese einen angemessenen Freiheitsbegriff hat. Aber schon das Beispiel eines einzigen wirklichen modernen Staates, der keine Verwirklichung der Sittlichkeit und Freiheit ist, widerlegt Hegels Konzept.

Wenn Hegel hier den Staat als „wirklichen Gott" bezeichnet, ist das wohl auch eine Anspielung auf Hobbes, der im *Leviathan* den Souverän als „sterblichen Gott" bezeichnet.[337] Jedenfalls macht Hegels Beispiel des hässlichsten oder verruchtesten Menschen, der immer noch ein Mensch ist, deutlich, dass bei Vernunftgebilden tatsächlich nicht einfach deren Achtung erfordernde Sittlichkeit verschwindet. Aber es muss eben eine vernünftig-dialektische Idee hinter der Vereinigung der Bürger stehen; fehlt diese, ist es gar kein Staat. Das verdeutlicht Hegels Verweis auf das Frankreich der Terreur. In solchen Fällen liegt dem „staatsähnlichen" Gebilde in Hegels Sicht nur eine Abstraktion, ein vereinseitigter Gedanke zugrunde; z. B. Gleichheit, bei der von Brüderlichkeit und Freiheit abstrahiert wird; jemanden den Kopf wegen seiner Abstammung abzuschlagen, ist weder brüderlich noch respektiert es seine Freiheit. Ein anderes Beispiel wäre ein staatsähnliches Gebilde, in dem man die Abstraktion einer reinen Rasse oder eine

337 Vgl. Hobbes *Leviathan*, Teil 2, Kap. XVII.

bestimmte berufliche Entwicklungsmöglichkeit vorschreibt, Bildung verhindert etc. Daraus folgt, dass man im Sinne Hegels zwischen Gebilden, die gar kein Staat sind, obgleich sie staatsähnlich erscheinen, und Staaten im eigentlichen Sinne unterscheiden muss. Staaten im eigentlichen Sinne können offenbar zwar defigurieren und noch Staaten sein, bevor sie vollständig verunsittlichen und gar keine Staaten mehr sind.

In dem den Staat behandelnden Abschnitt der *Enzyklopädie* klingt Hegels Definition des Wesens des Staates in § 537 dann auch wie Rousseaus ethisches Staatskonzept und eine – freilich in Hegels Sinne – „vernünftige", allgemeingültig-einheitliche *volonté générale*, aber minus Kontraktualismus:

> *Enzyklopädie* § 537:
> Das Wesen des Staates ist das an und für sich seiende Allgemeine, das Vernünftige des Willens, aber als sich wissend und betätigend schlechthin Subjektivität und als Wirklichkeit Ein Individuum. Sein Werk überhaupt besteht in Beziehung auf das Extrem der Einzelheit als der Menge der Individuen in dem Gedoppelten, einmal sie als Personen zu erhalten, somit das Recht zur notwendigen Wirklichkeit zu machen, und dann ihr Wohl, das zunächst jeder für sich besorgt, das aber schlechthin eine allgemeine Seite hat, zu befördern, die Familie zu schützen und die bürgerliche Gesellschaft zu leiten, – das anderemal aber beides und die ganze Gesinnung und Tätigkeit des Einzelnen, als der für sich ein Zentrum zu sein strebt, in das Leben der allgemeinen Substanz zurückzuführen und in diesem Sinne als freie Macht jenen ihr untergeordneten Sphären Abbruch zu tun und sie in substantieller Immanenz zu erhalten.

D.h., der Staat hat zwei Aufgaben: a) das Recht auf Selbsterhaltung und die Möglichkeit des individuellen Wohls eines jeden Bürgers zu sichern – aufgehobener Hobbes –. Dies geschieht, indem der Staat die Familie als hohes Gut ansieht und sie unter rechtlichen Schutz stellt und die bürgerliche Gesellschaft leitet, d. h., der Staat hat z. B. die Grenzen wirtschaftlicher Ausbeutung zu regulieren. Und b) hat der Staat die Aufgabe, die Freiheit des einzelnen so mit der Freiheit aller zu koordinieren, dass die Freiheit des einen nicht die Freiheit des anderen lädieren kann – aufgehobener Locke und Kant –.

Das beinhaltet allerdings die Problematik, dass es dem Staat erlaubt wird, ja zu seiner Pflicht wird, der Freiheit des Einzelnen „Abbruch" zu tun, um eine solche kollektive Freiheit zu erreichen und um seine eigene substantielle Sittlichkeit zu realisieren. Hegel konzipiert damit zumindest keinen individual-liberalen Staat im Sinne von Locke oder Rawls, erst recht keinen libertaristischen Minimalstaat im Sinne von Robert Nozick, bei dem die größtmögliche Freiheit des Einzelnen das Maß für die Minimalisierung des Staates ist. Die allgemeine Freiheit steht für Hegel über der Freiheit des Einzelnen, ist aber auch in ihrer Legitimität davon abhängig, dass die Einzelnen ihr vernünftigerweise zustimmen können:

> Der Staat ist die Wirklichkeit der konkreten Freiheit; die *konkrete Freiheit* aber besteht darin, dass die persönliche Einzelheit und deren besondere Interessen sowohl ihre vollständige *Entwicklung* und die *Anerkennung ihres Rechts* für sich (im Systeme der Familie und der bürgerlichen Gesellschaft) haben, als sie durch sich selbst in das Interesse des Allgemeinen teils *übergehen*, teils mit Wissen und Willen dasselbe und zwar als ihren eigenen *substantiellen Geist* anerkennen und für dasselbe als ihren *Endzweck tätig* sind, so dass weder das Allgemeine ohne das besondere Interesse, Wissen und Wollen gelte und vollbracht werde, noch dass die Individuen bloß für das letztere als Privatpersonen leben und nicht zugleich in und für das Allgemeine wollen und eine dieses Zweckes bewusste Wirksamkeit haben. Das Prinzip der modernen Staaten hat diese ungeheure Stärke und Tiefe, das Prinzip der Subjektivität sich zum selbständigen Extreme der persönlichen Besonderheit vollenden zu lassen und zugleich es in die substantielle Einheit zurückzuführen und so in ihm selbst diese zu erhalten.[338]

Zwischen Staat und Individuum hat also eine gegenseitige Anerkennung als Selbstzweck stattzufinden, die in uniformen, totalitären „Staaten" sicherlich nicht gegeben ist, da dort „Bürger" zu ununterschiedenen, unfreien Mitteln nivelliert werden.

Diesen Gedanken einer wechselseitigen freien Anerkennung zwischen Staat und Individuen kann man in zwei verschiedenen Weisen deuten: entweder in einem starken Sinn, dann ist Hegels Staatskonzept antiliberal, oder in einem schwächeren, alltäglichen Sinn, dann ist Hegels Gedanke durchaus heutzutage eine Selbstverständlichkeit und ein wesentliches Merkmal des modernen Rechtsstaates, denn jedes Mal, wenn ein rechtsstaatliches Gericht z. B. einen Straftäter zu Freiheitsentzug verurteilt, geschieht genau das, was Hegel als Wesensmerkmal und Aufgabe des Staates fordert, die Freiheit aller wird über die Freiheit des Einzelnen gestellt. Dasselbe geschieht, wenn dem Staat das Gewaltmonopol zugebilligt wird. Man kann sogar für demokratische Mehrheitsentscheidungen noch diese schwache Lesart von Hegels sittlicher Substanz des Staates unterbringen: Die Mehrheitsentscheidung selbst setzt nämlich voraus, dass sich zuvor mindestens implizit *alle* damit einverstanden erklären, dass die Entscheidung der Mehrheit zu akzeptieren sei. Für diese vorgängige Entscheidung für Mehrheitsentscheidungen reicht eine bloße Mehrheitsentscheidung nicht aus – es wäre eine zirkuläre Erklärung –, dafür ist eine höhere Form von Allgemeingültigkeit notwendig, nämlich die vernünftige und sittliche Einsicht von wirklich allen, dass das Mehrheitsprinzip zu akzeptieren ist und man höchstens mit rechtsstaatlich akzeptierten Mitteln dagegen kämpfen darf, wenn sich die Mehrheit einmal falsch entschieden hat.

---

338 Hegel *GPR*, § 260.

Man kann Hegels Staatskonzept tatsächlich in beide Richtungen deuten, denn er liefert Argumente für die antiliberale Lesart wie auch für die Selbstverständlichkeitslesart. Jedenfalls kann man folgern, dass der Staat genau dann sittlich wertvoll ist, wenn er eine koordinierte Freiheit aller erreicht. Zumindest mit der schwächeren Lesart kann man die z. B. von Russell und von Popper vertretene, aber auch sonst weit verbreitete These widerlegen, dass Hegel ein Denker des Totalitarismus und ein „Feind der offenen Gesellschaft" sei. Nur dasjenige Gebilde kann in Hegels Sinn als Staat bezeichnet werden, das sittlich ist, und die Sittlichkeit eines Staates legitimiert sich aus der allgemeingültig realisierten Freiheit seiner Bürger. Nur ein freier Staat ist vernünftig.

Es ist bezeichnend, dass die totalitären Staaten des 20. Jh.s, indem sie den Unterschied von Staat und Gesellschaft aufzuheben trachteten, versuchten, ein neuartiges Staats(Un-)Wesen zu erschaffen, das nicht mehr mit den traditionellen und auch Hegelschen Kategorien politischen Denkens zu erfassen ist. Diese Differenzverwischung von Staat und Gesellschaft in modernen totalitären Staaten ist aber nicht ein bloßer Zufall, sondern zeigt Essentielles für Totalitarismen an, ein totalitärer Staat, der neben und unabhängig von sich eine Gesellschaft duldet, wäre eben nicht totalitär. Für den traditionellen und auch Hegelschen Begriff des Staates ist dagegen eine Differenz zwischen Staat und Gesellschaft essentiell, die in jenen totalitären Staaten aufgehoben werden sollte/musste; weder im Faschismus noch im (real existierenden) Kommunismus gab und gibt es die Differenz von Staat und Gesellschaft. – Selbst der dem Nationalsozialismus nicht gerade fern stehende Carl Schmitt sah in der Aufhebung des Staates, sofern er sich in seiner Totalisierung mit der Gesellschaft identisch macht, eine Gefahr. – Auch die Idee der Allgemeingültigkeit des Rechts ist dort aufgehoben; das Gesetz wird zum Befehl degradiert, der eben nicht allgemein gilt, sondern z. B. nur für bestimmte ausgegrenzte „biologische" oder ideologische Gruppen. Ob Hegel dies noch als „Defiguration" oder als gänzliche Abschaffung des Staates bezeichnet hätte, ist eine spannende Frage. Jedenfalls hätte Hegel es sicherlich nicht als „Aufhebung" im Hegelschen Mehrfachsinn gedeutet, wenn sich eine Republik in einen totalitären Staat verwandelt. Sofern dort von realisierter Freiheit nicht die Rede sein kann, hätte Hegel sicherlich eher der These einer gänzlichen Destruktion der Staatsidee in diesen Kontexten zugestimmt.

Die Philosophie hat zum einen die Aufgabe, festzustellen, ob eine solche Wirklichkeit eines vernünftigen Staates überhaupt denkbar ist, und zum anderen hat sie diese zu analysieren. Erst wenn diese beiden Aufgaben erfüllt sind, kann die Philosophie eine kritische Funktion gegenüber wirklichen Staaten bekommen, nämlich dann, wenn sie Inkonzinnitäten zwischen der postulierten Idee und der wirklichen Gestalt in einer Epoche entdeckt. Nur ist dies eben immer erst möglich, nachdem die Wirklichkeit bereits ihre Wirkungen entfaltet hat. Die politische

Kritik der Philosophie kann dann höchstens der nächsten Epoche dienen. Insofern ist es nicht Aufgabe der Philosophie, der Wirklichkeit und der Weltgeschichte vorzuschreiben, wohin es zu gehen hat. Die Aufgabe der Philosophie ist begrenzter, was Hegel in den berühmten Schlussworten der Vorrede zur *Rechtsphilosophie* ausdrückt:

> Um noch über das *Belehren*, wie die Welt sein soll, ein Wort zu sagen, so kommt dazu ohnehin die Philosophie immer zu spät. Als der *Gedanke* der Welt erscheint sie erst in der Zeit, nachdem die Wirklichkeit ihren Bildungsprozess vollendet und sich fertig gemacht hat. Dies, was der Begriff lehrt, zeigt notwendig ebenso die Geschichte, dass erst in der Reife der Wirklichkeit das Ideale dem Realen gegenüber erscheint und jenes sich dieselbe Welt, in ihrer Substanz erfasst, in Gestalt eines intellektuellen Reichs erbaut. Wenn die Philosophie ihr Grau in Grau malt, dann ist eine Gestalt des Lebens alt geworden, und mit Grau in Grau lässt sie sich nicht verjüngen, sondern nur erkennen; die Eule der Minerva beginnt erst mit der einbrechenden Dämmerung ihren Flug.[339]

Die Philosophie ist also scheinbar nur eine graue Fotografie mit der epistemischen Funktion der Nachberichterstattung. Das klingt ähnlich wie Goethe im *Faust I*, wenn er Mephisto sagen lässt: „Grau, theurer Freund, ist alle Theorie, Und grün des Lebens goldner Baum." (V 2038) Vor dieser Theoriebescheidenheit Mephistos muss man sich natürlich hüten und das ist die eigentliche Botschaft Goethes, die oft als vitalistische Theoriekritik und Aufforderung zur Hinwendung zum Konkreten missverstanden wird. Aber das Genie Goethe lässt das eben Mephisto sagen und dieser hat, als stets verneinender Geist, mit diesem Ausspruch die Intention, Wissenschaft und Geist, das Edelste des Menschen schlecht zu machen und klein zu reden, er will Verwirrung stiften; so ist auch unklar, ob der Baum, das Konkrete, dem man sich zuwenden soll, nun golden oder grün ist. Weiterhin verwirrt Mephisto, weil natürlich die Paradiesszene mit der Wahl zwischen dem Baum der Erkenntnis und dem Baum des Lebens sowie der Sündenfall im Hintergrund stehen; es ist teuflisch, dass der Verführer diesmal den Baum des Lebens empfiehlt. Hegel hat ein noch viel unbescheideneres Bild von Theorie und Philosophie, wie einerseits die Philosophie als absoluter Geist und andererseits das Schlusszitat der *Enzyklopädie* mit Aristoteles' Bestimmung der Theoria als göttlicher Tätigkeit zeigen. Ganz ähnlich wie Goethe geht es Hegel an der berühmten Stelle aus der *Rechtsphilosophie* mit der Eule der Minerva nicht darum, die Philosophie oder die Theorie schlecht zu reden, sondern darum, „das Belehren, wie die Welt sein soll" in die Schranken zu weisen, weil es oft entweder naiv oder demagogisch ist. Wie schon Hobbes sagte, muss man sich hüten, wenn die Volksmeinung „mit den Ansichten ihrer Doktoren vollgekritzelt" wird. Das Konkrete bedarf selbstre-

339 Hegel *GPR*, 27 f.

dend der theoretischen Interpretation, nicht des blinden Regelfolgens, denn es ist oft selbst blind, nur muss sich die Interpretation von den Fakten belehren lassen und darf nicht über sie hinwegreden.

Gegen Marx' berühmtes Diktum, die Philosophen hätten die Welt nur verschieden interpretiert, es komme jedoch darauf an, sie zu verändern, kann man mit dem Gedanken Hegels kontern, dass der, dem es ausschließlich darum geht, die Welt zu verändern, und nicht, sie zu interpretieren, eben kein Philosoph mehr ist, die Fakten nicht mehr denkt – ein Einwand, den später auch Heidegger gegen Marx erhebt, wobei es Marx selbst sicherlich nicht gestört hätte, kein Philosoph zu sein, erst recht kein Philosoph im Hegelschen oder Heideggerschen Sinn –, er ist vielmehr Politiker und damit Teil des Bildungsprozesses der Weltgeschichte, er kann daher aus Hegels Perspektive auch nicht im Medium des vernünftigen Denkens, also jenseits des Prozesses, aus der Position der Philosophie die substantielle Gedankengestalt erfassen; da er Teil des Prozesses und der Realgenese ist, kann er ihn nicht mehr aus einem view from nowhere überblicken. Jenen reinen Gedankenblick der Philosophie hat Marx daher auch konsequenterweise als unmöglich abgelehnt, da er die Befangenheit in den Produktionsverhältnissen der eigenen Zeit nicht berücksichtigt. Das ist aber eigentlich kein treffender Einwand gegen Hegel, denn das geschichtliche Werden reinen Denkens ist eben seine Pointe. Man kann daher nicht gegen Hegel einwenden, dass nach ihm die Theorie vor der Wirklichkeit kapituliert habe, da sie ohnehin immer zu spät komme, um etwas zu ändern, was man leicht mit Fatalismus verwechseln kann. Allein schon die Quantität von Marx' Schriften zeigt, dass er selbst auch viel interpretiert hat.

Das Hegelsche Verhältnis von Recht, Idee, Freiheit, Geschichtswirklichkeit aufnehmend und die Funktion der Philosophie bedenkend, kann man z. B. Platons *Politeia* interpretieren: Mit dem Grundgedanken, dass Gerechtigkeit eine Ideentugend ist, die ihre äußere, abbildhafte Wirklichkeit in einem Staat erhält, erfasst Platon, dass die Idee ihre Wirklichkeit nicht nur im Ideenkosmos hat, sondern in der Rechtswirklichkeit ein reales Abbild gewinnt, andererseits fordert Platon mit dem Höhlengleichnis nicht nur den Ausgang des Philosophen aus der Höhle, sondern auch seinen Abstieg in dieselbe. Hier hat der platonische Philosoph seine kritische Funktion und Partizipationspflicht an der Wirklichkeit des Staates – selbst, wie das Beispiel des Sokrates zeigt, mit Akzeptanz eines ungerechten Todesurteils. Nur derjenige Philosoph hat die Idee der Gerechtigkeit wahrhaft begriffen, der in die Höhle wieder absteigt, um alle aufzuklären. Diese kritische Funktion der Philosophie zeigt sich an Platons Konzept des Philosophenkönigs. Immerhin ist aber Platon selbst mit dem Versuch, einen Philosophenkönig zu realisieren, zweimal gescheitert. In dieser Hinsicht könnte man mit Hegel sagen, entdeckt Platon zwar einerseits das immanente Verhältnis von Wirklichkeit und Idee im Staatsdenken, aber andererseits überschätzt er die konkrete Wirkmächtigkeit der Ideen-Philosophie für die politische Wirklichkeit, denn eigentlich bildet ein *Philosophen-König* einen problematischen Widerspruch, der politische König muss sich auf die Welt der unsicheren Doxa einlassen und darf nicht sicheres Wissen erlangen wollen, um etwas ausführen zu können, der Philosoph kann dagegen seine zur Episteme führende Dialektik immer erst durchführen, nachdem die politische Handlung schon ausgeführt wurde. Das soll natürlich nicht bedeuten, es sei das Wesen der Politik, reflexionslos und blind zu handeln, aber es ist zumindest nach Hegel das Wesen der Philosophie, vollständig und konsequent zu reflektieren, und wenn man das tut, erscheint es aus der Perspektive der Realpolitik eben so, dass der Philosoph seinen Gedankenflug immer erst in der einsetzenden Dämmerung beginnt, nachdem das Tagesgeschäft bereits ausgeführt wurde. Der sich einmischende engagierte Philosoph ist im Moment der Einmischung und des Engagements nicht mehr Philosoph, sondern Politiker und er ist natürlich auch politisch verführbar, wie an Sartres Haltung zum Gulag zu sehen ist. Mit Hannah Arendt – oder genauso schon mit Aristoteles –: So wie die vita activa eine genuine Qualität gegenüber der vita contemplativa hat, so gilt es auch umgekehrt, daher folgt nicht, dass der für die vita contemplativa geeignete Mensch auch der bestgeeignete für die vita activa ist. Um politisch aktiv sein zu können, bedarf es *mitunter* einer gewissen reflexiven Blindheit. Um im Bild von Platons Höhlengleichnis zu bleiben, sollte der Philosoph à la Hegel am Ausgang der Höhle warten und das Geschehen in der Höhle auf den Begriff bringen; das kann dann anderen, die auch den Höhlenausgang gefunden haben, doch weniger gründlich philosophisch, dafür mehr politisch veranlagt sind, helfen, wenn sie in die Niederungen der Höhle zurückkehren. Der angemessene politische Philosoph hätte also genau am Höhlenausgang – zwischen Apriori und Aposteriori – auf interessierte Höhlenbewohner zu warten und dort sein aufforderndes und anerkennendes Dialogangebot über ein Recht, das aus Freiheit gemacht ist, anzubieten.

Das von Platon entdeckte Verhältnis von Wirklichkeit und Idee ist nach Hegel natürlich auch nur eine der mannigfaltigen Gestalten, die eine Wirklichkeitsidee annehmen kann; die auf Sklaverei beruhende Idee eines durch Gesetze organisierten Staates ist sicherlich nicht die höchste Gestalt, die sich eine solche Idee geben kann. Hegel scheut sich nicht, die gesamte Geisteswelt der Antike wegen ihrer Akzeptanz der Sklaverei zu verwerfen. Wer weiß, wie sehr er die antiken Denker liebte und bewunderte, kann sich vorstellen, wie schwer gerade ihm dies gefallen sein muss. Hierin liegt dann eher das kritische Potential der Philosophie; sie ist in der Lage, die Mannigfaltigkeit der geschichtlichen Realisationsmöglichkeiten der Idee zu durchleuchten, und sie kann eine pluralistische Hierarchie aufstellen – man bedenke nur die Vielfalt sittlicher Phänomene, die Hegel in seiner Rechtsphilosophie berücksichtigt: Vertrag, Verbrechen, Analyse der Familie, des Systems der Bedürfnisse, also der bürgerlichen Gesellschaft, Analyse von gesellschaftlichen Institutionen wie Polizei, Korporation, das Verhältnis von Staat, Freiheit, Sittlichkeit und Religion etc. –, und von der Erkenntnis dieser Pluralität kann z. B. ein Staat, der sich eine Vielzahl sittlicher Errungenschaften versagt, kritisiert werden, weil er der Differenziertheit der Idee nicht angemessen ist. In der Übertragung auf gegenwärtige Verhältnisse kann man mit philosophischen Mitteln z. B. einen Staat, der selbst den Anspruch erhebt, ein Sozialstaat oder ein Rechtsstaat zu sein, kritisieren, sofern man diese Staaten an den Ideenkriterien für Sozialität oder Rechtlichkeit misst. Diese Kritik kann dann politisch praktisch werden, wenn der abendliche Flug der Eule beendet ist und ein neuer Morgen anbricht. Das ist immer dann der Fall, wenn sich z. B. ein Politiker, Richter oder Journalist von philosophischen Gedanken inspirieren lässt. Hegel ist also in dieser Hinsicht nicht einfach ein Apologet des bestehenden Staates, er hat auch staats- und gesellschaftskritisches Potential, aber es handelt sich dabei weder um eine schwärmerische Kritik, die meint, mit philosophischer Analyse bereits die Wirklichkeit zu gestalten, noch um eine revolutionäre Kritik, die meint, die philosophische Ebene der Besinnung, die vita contemplativa – die in Hegels Augen immer ein Spätphänomen und eine Vollendungsgestalt ist – überspringen zu können.

Hegel redet jedoch keinem Kollektivismus das Wort und er affirmiert auch nicht einfach jede geschichtliche Wirklichkeit a priori, weil sie Teil der Realisation der Freiheit des Willens sei, vielmehr sind Allgemeinheit und Allgemeingültigkeit im Willen des Einzelnen zu finden, sofern er seine partikulären Besonderheiten – die ihm durch sein individuelles Gefühlsleben gegeben sind – überwindet. Es ist im Rahmen der Weltgeschichte auch möglich, dass der freie Wille sich eine seiner selbst unwürdige Gestalt geben kann. Ob der Geist sich eine würdige oder eine unwürdige Gestalt gegeben hat, entscheidet die Weltgeschichte in ihrem weiteren Fortgang. Es gibt insofern für die realen Gestalten des Willens keine transzendente Richterinstanz, nur der Geist kann sich selbst richten. Hegels Philosophie vollzieht diese Selbstrichtung als eine „geschichtliche Kritik des Geistes" nach. In dieser Hinsicht ist – das Wort aus Schillers Gedicht *Resignation* aufnehmend – „die Weltgeschichte das Weltgericht"; ein Wort, das Hegel mehrfach – auch in seiner Vorlesung über die Weltgeschichte – affirmativ zitiert.

Die praktische Philosophie Hegels entwickelt sich von einem noch abstrakten Recht auf Eigentum, durch Vertrag und das Unrecht, das durch Vertragsverletzung entsteht, zur Moralität weiter, die über das abstrakte Vertragsrecht hinausgeht, indem sie Vorsatz, Schuld, Wohl, das Gute und Absichten sowie das Gewissen berücksichtigt; darüber entwickelt sich die Sittlichkeit hinaus, denn der Wille kann in seinem angestrebten Prozess der Realisation der Freiheit nicht bei einer subjektiven Willensimmanenz stehen bleiben, er muss sich vielmehr in der konkreten Geschichte eine Gestalt geben; d. h., das, was der Wille will, muss sich in die Gestalt eines an sich seienden Gesetzes hinein manifestieren. Erst die ansichseiende Gesetzgebung in einer wirklich vorhandenen Verfassung eines Staates zeugt davon, dass hier ein freier Wille am Werk ist. Die Freiheit muss um die Dimension der Wahrheit bereichert werden. Das nur innerlich Subjektive der Moral muss auch äußerlich wirklich werden, denn so kann innere Freiheit in Übereinstimmung mit äußerer Freiheit gebracht werden und eine dem freien Willen gemäße Form von Adäquatheit erreicht werden. Hier kommt auch die Thematik einer Deduktion der Freiheit des Willens zu ihrem angemesseneren Ort, als das bei einzelnen physiologischen (Libet-)Experimenten der Fall ist, denn erst die Analyse der Bedeutung der Gesetze eines Staates gibt einen Beweis für die errungene Freiheit. Dabei hilft das Messen von Gehirnströmen wenig, die Objektivität des freien Willens wird dort an der falschen Stelle gesucht, nämlich nicht in der Geistesgeschichte. In der Entwicklung und Manifestation in den geistigen Stationen: Familie, bürgerliche Gesellschaft und Staat zeigt sich die objektivierende Freiheit des Willens.

5 Staat und Religion: Hegels dialektisches Plädoyer für den Laizismus

An der Deutung des Verhältnisses von Staat und Religion bei Hegel scheiden sich bekanntlich grundsätzlich die Geister, nämlich in den Links- und den Rechtshegelianismus.[340] Ist der Staat der Religion oder die Religion dem Staat unterzuordnen? In gewissem Sinne hätte Hegel selbst wohl eine dialektische Synthese aus Rechts- und Linkshegelianismus angestrebt und wäre daher vielleicht bei einem ähnlichen Konstrukt gelandet wie es die gegenwärtige BRD praktiziert. Die Gegenwärtigkeit Hegels ist evident und es wäre verdienstvoll, wenn die große Aktualität und z. B. der Bezug und das kritische Potential von Hegels Staatsphilosophie auf christlichen oder islamischen Fundamentalismus herausgearbeitet würde.

Hegels Position schwankt auch noch in seinen letzten Lebensjahren zwischen einer a) liberalen und laizistischen Alternative und b) einer Fundierung des Staates durch die Religion und auch innerhalb der letzteren Alternative liegen noch verschiedene Deutungsvarianten vor. In dieser Hinsicht sind die einschlägigen Texte der *Rechtsphilosophie*,[341] der *Enzyklopädie*, und verschiedene Vorle-

340 Vgl. hierzu z. B. den Sammelband: *Staat und Religion in Hegels Rechtsphilosophie*; (Hrsg.) Andreas Arndt, Christian Iber und Günter Kruck, Berlin 2009.
341 Besonders: Hegel *GPR*, § 270 mit Anm.

sungen Hegels zu berücksichtigen. Durch eine Hinsichtenunterscheidung können die verschiedenen Positionen Hegels wohl miteinander kompatibel gemacht werden. Indem zusätzlich berücksichtigt wird, dass Hegel sie an verschiedenen systematischen Orten ausspricht und dass es durchaus sein kann, dass innerhalb der Rechts- und Staatsphilosophie ein anderes Verhältnis in Anschlag zu bringen ist als in der Religionsphilosophie oder in der Philosophie der Weltgeschichte oder beim Auftauchen der Religion im absoluten Geist, der über dem objektiven Geist steht, ist weitere Kohärenz herstellbar.

Hegels Analyse der geschichtlichen Entwicklung des Verhältnisses von Staat und Religion in der *Rechtsphilosophie* (§ 270) betont, dass Religion und Staat zwei Formen derselben unendlichen Ideenstruktur sind, nämlich jeweils Verwirklichungen des Vernünftigen und der Freiheit. Der Unterschied zwischen beiden besteht aber darin, dass der moderne Staat seine Form der wirklichen Vernünftigkeit mit Bewusstsein und Erkenntnis in institutionalisierter Sittlichkeit objektiv und mit endlicher Bestimmtheit *weiß*, wohingegen die Religion mit ihrer innerlichen Gewissheit und emotionalen Rückbindung an eine höhere Macht *glaubt* und somit dem subjektiven Meinen näher steht. Daher kann letztere auch so leicht in Fanatismus umschlagen und die Besonderheiten und Unterschiede der mannigfaltigen Meinungen anderer in Intoleranz zu nivellieren suchen und sich damit Macht auch über den Staat anmaßen. Religiöser Fanatismus besteht geradezu darin, die Partikularität der eigenen Meinung zu verabsolutieren und aus dieser Art der Ungebildetheit resultiert, wie Hegel sagt, „Zertrümmerung aller sittlichen Verhältnisse, Albernheit und Abscheulichkeit". Da der Staat sich jedoch gegenüber einseitigen Meinungen neutral zu zeigen hat, sich nicht auf einzelne Inhalte einlassen darf und vielmehr die objektive Sittlichkeit aller abbilden *soll*, muss er gegenüber einzelnen religiösen Meinungen liberal sein. Die Freiheit eines guten und starken Staates geht sogar so weit, dass er in der Lage ist, einzelne subjektive Glaubensrichtungen in sich auszuhalten, die ihm direkt entgegenzuarbeiten versuchen. Diese dürfen freilich quantitativ nicht überhand nehmen, aber solange sie das nicht tun, kann der Staat seine lebendige Identität trotz dieser Gruppierungen aufrechterhalten und diese ertragen. Staat und Religion sind also zu trennen und es muss aus der Perspektive der Staatsphilosophie der Staat sein, der der Religion ihre Spielräume zuweist. Unter der Leitung der Religion *kann* ein Fanatismus entstehen, der, wie z. B. in „orientalischen Despotien", nicht mehr zur Einheit von Staat und Religion führt, sondern unter der Diktatur der Religion die Freiheit und Sittlichkeit des Staates zerstört. Die Konfessionsspaltung im Christentum ist insofern ein wichtiger geschichtlicher Schritt gewesen, als die betreffenden Staaten durch diesen Aufweis der Begrenztheit der Religion ihren sittlichen, freiheitlichen und rechtlichen Eigenwert erfahren konnten. Der späte Hegel hält allerdings allein die protestantische Religion für geeignet, die Freiheit des Staates angemessen anzuerkennen, weil diese sich ausdrücklich staatlicher Macht enthalten will.

Es ist hervorzuheben, dass Hegel dem Protestantismus einen Freiheitssinn gibt, der weit über das von Luther vorgesehene Maß hinausgeht, dieser hatte sich schließlich im Streit um das liberum arbitrium gegen Erasmus ganz auf die Seite von Augustinus gestellt und auch die Luthersche Gehorsamsethik – man gehorcht Gott, indem man den Gesetzen der Obrigkeit folgt – ist evidentermaßen das Gegenteil von freier Selbstbestimmung. Hegel hebt mit seiner Auffassung den Protestantismus von einer theologischen Doktrin zu einer historisch-politischen Interpretation auf; in seiner Säkularisierungstheorie wird der Verfassungsstaat zur Verwirklichung der christlichen (protestantischen) Prinzipien Selbstbewusstsein und Freiheit. Dieser „guten“ Verweltlichung steht eine „schlechte“ gegenüber, bei der eine bloß äußerliche Verweltlichung eintrete, z. B. in der katholischen Scholastik, eine Metaphysik, die in der göttlichen Transzendenz den Gegensatz von Endlichkeit und Unendlichkeit zu zementieren sucht. Die Luthersche Aufhebung des Unterschieds von Priester und Laie betont nach Hegel nicht nur die Gleichheit aller Menschen in der Anerkennung der Erlösungsbedürftigkeit aller, sondern ist zugleich die Emanzipationsmöglichkeit der freien Völker gegenüber einer bloß jenseitig begründeten Macht.

6 Exkurs zu Marx und Walter Benjamin

Man kann Marx’ Analyse des Verhältnisses von Staat und Religion – in: *Zur Judenfrage* – als Weiterführung und Differenzierung gegenüber Hegels Analyse sehen. Marx betont dort, dass das Verhältnis von Staat und Religion hinsichtlich a) der historischen Bedeutung, b) immanent in der Moderne oder c) bezüglich des gesellschaftlichen Inhalts untersucht werden kann. Letzteres impliziert die Fragestellung, welchen Zweck die moderne Gesellschaft verfolgt, wenn sie beide voneinander trennt und jenes Opiat duldet? Wenn sie die Religion zu einer bloß subjektiven Sache macht und alle Religionen gleichstellt, befolgt die moderne Gesellschaft nach Marx den Zweck der Optimierung von Warenproduktion und -austausch. Andererseits kritisiert Marx mit einiger Berechtigung, dass – mit einem treffenden Wort von Wolfgang Wagner[342] – Hegels Konzeption des Verhältnisses von Staat und Religion nur eine „hinkende Trennung“ beider entwirft, weil sich

342 Vgl. Wolfgang Wagner *Religion zwischen Rechtfertigung und Aufhebung. Zum systematischen Ort von Hegels Vorlesungen über die Philosophie der Religion*, in: *Hegels Logik der Philosophie in der Theorie des absoluten Geistes*, (Hrsg.) D. Henrich u. R.-P. Horstmann, Stuttgart 1984, 129.

Hegel zwar für die Trennung des Staates von einer bestimmten Religion ausspricht, aber nicht für die vollständige Trennung von Staat und Religion überhaupt. Analog dazu sieht Marx in der bloßen Gleichstellung der verschiedenen Religionen eine Inkonsequenz und Widersprüchlichkeit des modernen Staates, dem es dadurch nicht gelingt, die Religion vollständig aufzuheben. Wie so oft bei Marx stellt sich hierbei die Frage, ob das normativ oder deskriptiv gemeint ist, denn vielfach gehen seine Analysen historischer Zustände ohne klare Kennzeichnung in normativ gemeinte Kritik über bzw. es mischt sich in seine Analyse des Seins das Sollen ein.

Das zeigt sich auch in der Hauptkritik Marx' an Hegel bzw. am modernen Staat;[343] nämlich, dass im modernen Staat die Freiheit bloß monadisch als Freiheit des Einzelnen begriffen wird. Jeweils wird sie als eine institutionell geschützte Einschränkung von mir und meinem Bereich, in den andere nicht eingreifen dürfen verstanden, bzw. auch umgekehrt als eine Freiheit des anderen, in die ich nicht eingreifen darf. Dies ist eine bloße Absonderungsfreiheit, gegen die Marx – zugleich mit und gegen Hegel – Freiheit nicht als Schranke sieht, sondern darin, im anderen die eigene Freiheit in der Verwirklichung zu kontinuieren. Freiheit ist hiernach eine soziale und gleichberechtigte Emanzipationsbewegung der Bürger einerseits vom Staat und aufeinander zu und andererseits von der Religion. – Es ist natürlich richtig, wenn Christian Iber in diesem Kontext hervorhebt,[344] dass Marx' Zielvorstellung des Menschen weder meint, dass er jede Art von Fremdbeziehung abbrechen soll, weil diese immer entfremde, noch will er einen bloß unegoistischen, altruistischen Menschen, sondern einen solchen, der in sich selbst als Individuum die Gattung findet. Die Religion ist nach Marx' Deutung ein Bewusstseinsdefekt, eines Selbstbewusstseins, das sich entweder noch nicht selbst gefunden oder schon wieder verloren hat, jedenfalls ein Ausdruck verkehrter, entfremdeter Herrschaft, die in Transzendenzfiguren ein Quietiv zur Entlastung von der Kontingenz sucht und damit der Freiheit als Kontinuierung im anderen entgeht. – Ein solcher Freiheitsbegriff müsste freilich allererst begründet und genauer bestimmt werden, denn die Frage stellt sich, ob das überhaupt ein politischer Freiheitsbegriff ist oder ein anthropologischer, religiöser, sexueller, ästhetischer, ethischer, sozialer, psychologischer etc. Ein Staat kann durchaus *auch* eine sinnvolle Funktion hinsichtlich des Rechts auf monadische Freiheit haben, und diese könnte dann z. B. eine notwendige Bedingung sein, die zunächst für jenen anderen Marxschen Freiheitsbegriff erfüllt sein muss, bzw. sogar von ihm

---

343 Vgl. hierzu Christian Iber *Über Religion, Staat und Gesellschaft bei Marx mit Blick auf Hegels Rechtsphilosophie*, in: *Staat und Religion in Hegels Rechtsphilosophie*; (Hrsg.) Andreas Arndt, Christian Iber und Günter Kruck, Berlin 2009, 133 – 145.
344 Vgl. a.a.O., 144 f.

nicht aufgehoben werden darf. Der Kontinuierungsbegriff von Freiheit, ist vielleicht weder gesellschaftlich – wie Marx meint – noch staatlich – was wohl Rousseau fordern würde – durchzusetzen, weil es eine letztlich frei vom einzelnen Subjekt zu treffende Entscheidung ist, ob es seine eigene Freiheit in der Freiheit der Anderen bzw. genauer: spezifisch dieses oder jenes Anderen kontinuieren will und man sollte auch den anderen fragen, ob er das möchte. Die Idee einer Verfassung oder Gesellschaft, die vorschreibt, dass man in der Freiheit des Anderen/der Anderen seine eigene Freiheit verwirklicht zu finden hat, scheint mir entweder dogmatisch setzenden oder gar totalitären Charakter zu haben. Es soll durchaus auch solche Subjekte geben, mit deren Freiheit man sich nicht verwirklichend vereinigen will. Hier droht natürlich der Zwang des Kollektivs, das nicht nur den Eigenbrödler und Misanthrop zu seinem Glück im Kollektiv zwingt. Jedenfalls muss man wohl die Prämisse der gesamten Argumentation, Religiosität zeuge von einem unfreien Bewusstsein, kritisch hinterfragen, schließlich kann religiöser Glaube auch umgekehrt als eine Form freier Selbstbestimmung gesehen werden.

In diesem Kontext stellt Walter Benjamins These, dass der Kapitalismus selbst eine Religion ist, eine pünktliche Weiterführung dar.[345] Benjamins Gedankengang ist komplex und brillant. Trefflich sind die vier Merkmale mit denen Benjamin seine These untermauert: 1. Der Kapitalismus ist reine Kultreligion, d. h., alles hat nur Bedeutung durch den Bezug auf den Kultus des Kapitals, hierzu hat er weder eine spezielle Dogmatik noch eine spezielle Theologie nötig. 2. Der kapitalistische Kultus wird in Permanenz zelebriert, d. h., jeder Tag ist Festtag und die Verehrenden sind damit zu permanenter Anstrengung für ihren Kultus eingebunden. 3. Der Kapitalismuskultus ist nicht eine Erlösungsreligion, er entsühnt nicht, sondern führt dazu, dass Schuld universal wird, d. h., alle verschulden sich. Und 4. Der Gott dieser Religion muss/will verheimlicht werden, obgleich er keine Transzendenz bildet, sondern (welt)immanent ist. – Hier die Aktualität hervorzuheben wäre trivial. – Dieser Gott des Kapitalismus ist zwar in das geschichtliche Schicksal des Menschen einbezogen, aber immer nur als zukünftiges Ziel einer vorgehaltenen Überwindung des Menschen in den Übermensch. Dem Weltzustand zunehmender Verzweiflung und Verschuldung entspricht so ein werdender Gott (bzw. ein Heilsversprechen), der also nicht schon fertig irgendwo existiert, sondern dieser Gott wird erst, d. h., das kapitalistische Heilsversprechen geht – mit einem Wort von Hegel – in „schlechter Unendlichkeit" immer weiter, es ist kein

345 Vgl. Walter Benjamin *Kapitalismus als Religion*; in ders.: *Kairos. Schriften zur Philosophie.* Ausgewählt und mit einem Nachwort von R. Konersmann, Frankfurt a.M. 2007, 110–113; dies ist ein Fragment von 1921. Vgl. hierzu Andreas Arndt: *Staat, bürgerliche Gesellschaft und Religion – Anmerkungen zu Hegel und Walter Benjamin*, in: *Staat und Religion in Hegels Rechtsphilosophie*; a.a.O., 147–155.

Ende religiös-finanzieller Verschuldung abzusehen; oder mit einem Wort Derridas: dieses Ende nimmt kein Ende. Man kann vielleicht mittels Inflation, Krieg oder einer neu eingeführten Währung eine Art „reset" machen, aber sowie der eine den ersten Gewinn macht, verschuldet sich der andere. Obgleich dieser Gott also nicht transzendent ist, kann man sich nach Benjamin von ihm kein Bild und keinen fertig werdenden Gedanken bilden. Das ist meiner Meinung nach auch mit dem Aspekt zu verbinden, dass es das „Wesen" des Kapitalismus ist, Bedürfnisse zu wecken, die er dann nicht befriedigt, sondern nur mittels scheinbarer Ersatzbefriedigungen in das Marktgeschehen einbindet. Aber: Indem das Begehren immer nur anderes Begehren hervorbringt, iteriert sich dieser Prozess in einer schlechten Unendlichkeit. Der immanente Gott des Kapitals lebt dann in dem Abklatsch der Bedürfnissteigerung in schlechter Unendlichkeit immer weiter. Wenn man diesen Gedanken Benjamins ernst nimmt – und angesichts seiner Plausibilität und phänomenalen Präzision spricht nichts dagegen – und wenn man gleichzeitig den Laizismus ernst nimmt, muss man Staat und Kapitalismus trennen, weil letzterer eine Religion ist. Ein Phänomen wie Lobbyismus oder eine wirtschaftsfreundliche Gesetzgebung sind daher Zeichen für die religiöse Unterwanderung des Rechtsstaates. Der Gott des Kapitals duldet keine Politik neben sich.

7 Staat und Religion bei Hegel – Fortsetzung

In einer Deutung von 1920 führt Franz Rosenzweig in seinem Buch *Hegel und der Staat* eine interessante – und meiner Meinung nach zutreffende – Hegel-Deutung aus:[346] Beim späten Hegel ist das berühmte Diktum aus der Vorrede zur *Rechtsphilosophie* von der Wirklichkeit des Vernünftigen, vor dem Goldgrund der christlichen Offenbarung zu verstehen. Das Christentum besteht in der Forderung eines Gottesreiches auf Erden und wird so zur Forderung, die Sittlichkeit in der Geschichte der Menschheit zu realisieren. Staat und Religion sind Manifestationen desselben, nämlich der Freiheit, jedoch bezogen auf unterschiedliche Ebenen, einmal bezüglich der Freiheit des Einzelnen in der Religion und einmal bezüglich des Allgemeinen, der Sittlichkeit und des Volkes im Rechtsstaat. In letzterer Perspektive entscheidet nach Hegel (bzw. nach Hegels Aufnahme des Gedankens von Schiller) die „Weltgeschichte als das Weltgericht" über den Fortgang der Freiheit und des Freiheitsbewusstseins. Die Erkenntnis, dass die Weltgeschichte das Weltgericht ist, stellt das Wissen um die Wirklichkeit des Vernünftigen dar. Der

346 Vgl. Franz Rosenzweig *Hegel und der Staat*, (Hrsg.) Frank Lachmann, Berlin 2010, 440 ff.

Staat kann sich daher auch nicht von der Religion überhaupt trennen, sondern nur von einer bestimmten, weil die Religion die Befreiung des Einzelnen vorantreibt. – Sollte man mit Benjamin Kapitalismus als Religion verstehen, kann man sich gegen Hegel fragen, ob bei dieser Religion mit ihrer universellen Verschuldung nicht die Freiheit verloren geht? Andererseits wäre es von hier aus auch möglich, zu argumentieren, dass, da ein Laizismus in dieser Lesart ohnehin problematisch wäre, der Staat also mit der Religion dialektisch verbunden ist, der Staat den Kapitalismus als Religion durchaus fördern kann und sollte... – In dieser Hinsicht kann man dann nicht von einer „hinkenden Trennung" oder einem unvollständigen Laizismus sprechen; weil nur ein solcher Staat als vernünftig angesehen werden kann, der auch die Freiheit des Einzelnen bestehen lassen und fördern will.

Freilich kann man über die Prämisse der Argumentation streiten – ganz analog zur oben dargelegten Prämisse von Marx –, dass Religion die Freiheit des Einzelnen befördert; aber wenn man sie akzeptiert, dann kann man kohärenterweise auch nicht eine vollständige Distanzierung des Staates von der Religion fordern, die ja zuließe, dass alle Bürger ihre Freiheit im Einzelnen aufgeben könnten.

Dialektisch interessant wird diese Debatte dort, wo man erkennt, dass auch der Atheismus noch eine Form des Glaubens ist und auch dieser eine Form der Freiheit des Einzelnen ist. Denn ich denke, dass auch der Atheismus eine metaphysische Glaubensthese ist und daher auch er in dieser Perspektive noch eine „Religion" ist; auch in Walter Benjamins These vom Kapitalismus als Religion kann man die Lebendigkeit der Religion in der säkularisierten Welt erblicken. Man muss bei unseren modernen Formen säkularisierter Religion klar machen, dass sie uns „zunächst und zumeist" in unserem Alltag so nahe stehen, dass wir sie übersehen. Eine gegenwärtige „Philosophie der Mythologie" hätte die alltägliche Praxis auf ihre Religiosität, d. h. auf ihre Rückbindung an eine übermenschliche Macht, sichtbar zu machen. – Sicherlich, in vielen Hinsichten auf bestehende Religionen ist der Atheismus eine Anti-Religion, aber als solche ist er auch noch Religion, denn dass es Gott/die Götter nicht gibt, ist selbst eine metaphysische These, die sich empirisch nicht erhärten lässt; der Atheismus ist in dieser Hinsicht also unverträglich mit dem Empirismus, der höchstens beteuern kann, dass wir Gott nicht als raum-zeitliche Empfindung gegeben haben. Wenn man einen solchen Atheismus vertritt, der nur meint, dass man Gott empirisch noch nicht an sich selbst erfahren hat, dann ist das kein wirklicher Atheismus, denn der behauptet ja eben mit einem generellen Anspruch, dass Gott überhaupt nicht existiert, er sagt ja nicht nur, dass Gott in meinem persönlichen Erfahrungsfeld nicht vorkommt; das ist eine triviale These, der sogar Gottgläubige zustimmen können. Ein wahrer Atheist, der die These wagt, das Gott nicht existiert, fällt ein kategorisches apodiktisches negatives Urteil, das sein eigenes Erfahrungsfeld weit transzendiert, und damit äußert er sich über etwas, das er prinzipiell nicht erfahren kann, und er ist insofern ebenso ein metaphysisch Glaubender wie derjenige, der an einen metaphysischen Gott glaubt. Wenn wir dies auf das dialektische Verhältnis von Staat und Religion bei Hegel zurückführen, kann man meiner Meinung nach durchaus den Hegelschen Laizismus dahin gehend erweitern, dass der Staat auch noch den Atheismus zulassen kann, denn letztlich ist auch der Atheismus nur eine Form der religiösen Freiheit des Subjekts, für deren Möglichkeit der Staat Sorge zu tragen hat, aber der Staat darf sich (gerade) dann nicht vom Atheismus beherrschen lassen.

In Rosenkranz' zutreffender Hegel-Rekonstruktion bedarf Staatsfreiheit – bestehend aus Religionsfreiheit, Kulturschutz, Wissenschaftsentfaltung, Schutz der Freiheit des Bürgers etc. – der durch die Religionen beförderten Freiheit des Einzelnen und umgekehrt bedarf auch die Freiheit des Einzelnen in der Religion des Schutzes des Staates, der – in Orientierung am Friderizianischen Preußen – Religionstoleranz institutionell realisieren soll. Die Einheit von Religion und Staat zielt bei Hegel auf umfassende, unbedingte menschliche Freiheit, die „europäische Idee der Freiheit". Der Staat ist dabei die substantielle, unerlässliche Schutz-Form der Freiheit für die bestimmten Inhalte der Freiheit – Religion, Kultur/Kunst, Wissenschaft. Sollte man fordern, dass Staat und Religion eine noch engere (inhaltliche) Bindung eingehen, wie das z. B. einige Romantiker machten, dann landet man nach Hegel im „orientalischen Despotismus", wo der Staatsgedanke mit seiner Forderung einer würdigen Gestalt in allgemeinverbindlichem Recht, freier Sittlichkeit etc. nivelliert und nicht aufgehoben ist. Despotismus ist also nie eine Erscheinungsform der Vernünftigkeit des Wirklichen, sondern eine Perversion und Abstraktion dieser Einheit, welche von der Weltgeschichte gerichtet wird, wie man an der Forderung freier Selbstbestimmung und eines freien Staates gegen „orientalische Despoten" gegenwärtig in den nordafrikanischen Staaten beobachten kann. Die Gefahr bei einem Richten durch die Weltgeschichte besteht natürlich darin, dass sich der neu konstituierende Staat selbst auch wieder missverstehen und eine inhaltliche Vereinigung von Staat und Religion einfordern kann.

Die Sittlichkeit des Staates besteht nur, und genau nur dann, wenn er die Freiheit im Allgemeinen und im Einzelnen befördert. In dieser Hinsicht besteht eine Einheit von Apriori und Aposteriori im Politischen, sofern es vermittels des Rechts nach Freiheit strebt.

Resümee

Meine These, dass das Politische ein Inter-esse aus Apriori und Aposteriori ist, habe ich versucht, durch die sieben Stationen neuzeitlich-moderner Politischer Philosophie zu verfolgen. Die sieben Stationen sind sozusagen die sieben Tage der Schöpfung des modernen Rechtsstaates. Wesentliche Themen, in denen sich die Kreuzung von Apriori und Aposteriori im Politischen zeigte, waren 1. die kontraktualistische Freiheit *zum* Staat (Hobbes), 2. die Freiheit *im* Rechtsgesetz (Locke), 3. die normative und deskriptive Seite des Gesetzes sowie die Gewaltenteilung im Staat (Montesquieu), 4. die Ethik des Gesellschaftsvertrags selbst (Rousseau), 5. die transzendentale Koordination freier Personen im Begriff des Rechts (Kant), 6. Anerkennung als Grundlage rechtlicher Politik sowie die politische Differenzierung von Staat und Nation (Fichte) und 7. der Rechtsstaat als europäische Idee der Freiheit (Hegel). In der Analyse dieser sieben konstitutiven Elemente des Politischen begleiteten uns ständig politische Phänomene wie: Demokratie und Nomokratie, Souveränität, Krieg, Friedenspolitik, Liberalismus, Eigentum, Gesetzlichkeit, Recht, Unrecht, Verbrechen, Gewaltenteilung, Gemeinwille, Anerkennung und Religion. Dies hat bestätigt, dass das Politische eine Verknüpfung von Apriori und Aposteriori auf verschiedenen Ebenen und mit komplexen Interdependenzen ist.

Dass ich für die Erhärtung meiner These Positionen aus der frühen Neuzeit, der Aufklärung und der klassischen Moderne heranziehen konnte, legitimiert sich folgendermaßen: Die Philosophiegeschichte unterscheidet sich wesentlich von der Geschichte als solcher, weil sie ein vernünftiger Diskurs, ein in der Zeit auseinandergezogenes Gespräch von Vernünftigen ist. In der Geschichte zählt oftmals nicht das vernünftige Argument, das unterscheidet die Philosophiegeschichte von der politisch-gesellschaftlichen Geschichte und macht sie weniger kontingent, befähigt sie dazu, dass wir auch in Zukunft von ihren vernünftigen Vertretern lernen können. Insofern kann man bezüglich der Philosophiegeschichte durchaus davon sprechen, dass hier das Vernünftige wirklich und das Wirkliche vernünftig ist, von der politischen Realgeschichte lässt sich das eben nicht immer sagen. Jedenfalls wird in der Philosophiegeschichte das Unvernünftige als solches kritisiert und vielfach aufgehoben.

Das Politische ist, sofern es durch einen anspruchsvollen Rechtsbegriff eingegrenzt und gehegt wird, eine Entfaltungsmöglichkeit für die Freiheit des Menschen. Der Staat ist in einer Nomokratie eine aposteriorische Institutionalisierung der apriorischen Rechtsfreiheit politischer Personen. Insofern hat der Rechtsstaat den Status eines Inter-esses für uns alle, er hält die Mitte zwischen Apriori und Aposteriori.

Literaturverzeichnis

Primärliteratur

Achenwall, Gottfried *Jus Naturae*, Göttingen 1763.

Arendt, Hannah *Vita activa oder Vom tätigen Leben*, Müchen/Zürich 2011, 1. Aufl. 1967.

Aristoteles *Politik*, (Übers.) Olof Gigon, Zürich 1955.

Augustinus *De civitate Dei/Vom Gottesstaat*, (Übers.) Wilhelm Thimme, München 2007.

Badiou, Alain *Über Metapolitik*, Zürich/Berlin 2003.

Benjamin, Walter *Kairos. Schriften zur Philosophie*. Ausgewählt und mit einem Nachwort von R. Konersmann, Frankfurt a.M. 2007.

Bobbio, Norberto *Rechts und Links – Gründe und Bedeutungen einer politischen Unterscheidung*, Berlin 2006.

Clausewitz, Carl von *Vom Kriege* (1. Aufl. 1832–34), Berlin 2008.

Derrida, Jacques *Gesetzeskraft. Der „mystische Grund der Autorität"*, Frankfurt a.M. 1991.

Derrida, Jacques *Schurken*, Frankfurt a.M. 2003.

Dostojewskij, Fjodor *Die Dämonen*, Düsseldorf 2008.

Erhard, Johann Benjamin *Apologie des Teufels*, in: Philosophisches Journal (1795), 2. Heft, 1–140.

Erhard, Johann Benjamin *Beiträge zur Theorie der Gesetzgebung*, in: Philosophisches Journal (1796), 8. Heft, 263–282 und 9. Heft, 1–32.

Feuerbach, P.J.A. *Versuch über den Begriff des Rechts*, in: Philosophisches Journal (1796), 6. Heft, 138–162.

Fichte, Johann Gottlieb *Gesamtausgabe der Bayerischen Akademie der Wissenschaften*. (Hrsg.) R. Lauth u. H. Jacob, Stuttgart-Bad Cannstatt 1962.

Fichte, Johann Gottlieb *Reden an die deutsche Nation*, Hamburg 2008.

Fichte, Johann Gottlieb *Von den Pflichten der Gelehrten*, Hamburg 1971.

Fichte, Johann Gottlieb *Werke* (Hrsg.) Immanuel H. Fichte, Berlin 1971.

Friedrich der Große *Politisches Testament von 1752*, Stuttgart 2007.

Grotius, Hugo *Drei Bücher vom Recht des Krieges und des Friedens*, Hrsg. Walter Schätzel, Tübingen 1950; *De iure belli ac pacis*, 1625.

Habermas, Jürgen *Faktizität und Geltung. Beiträge zur Diskussion des Rechts und des demokratischen Rechtsstaats*, Frankfurt a.M. 1994.

Habermas, Jürgen *Theorie des kommunikativen Handelns*, Frankfurt a.M. 1984.

Hamilton, Alexander; Madison, James; Jay, John *The Federalist Papers*, Ed. Clinton Rossiter, New York 2003; sowie *The Anti-Federalist Papers*, Ed. Ralph Ketcham, New York 2003.

Harrington, James *The Commonwealth of Oceana* (1656); (dt.) *Oceana*, Stuttgart 1991.

Hegel, Georg Wilhelm Friedrich *Gesammelte Werke*, in Verbindung mit der Deutschen Forschungsgemeinschaft hg. von der Rheinisch-Westfälischen Akademie der Wissenschaften, Hamburg 1968.

Hegel, Georg Wilhelm Friedrich *Werke*, (Hrsg.) E. Moldenhauer und K.M. Michel, Theorie-Werkausgabe, 20 Bde., Frankfurt a.M. 1971.

Heraklit Fragmente; in: *Die Vorsokratiker I*, (Hrsg.) J. Mansfeld, Stuttgart 1991.

Hobbes, Thomas *Critique du De Mundo de Thomas White*, (Hrsg.) Jean Jacquot u. H.W. Jones, Paris 1973.

Hobbes, Thomas *De Cive/Vom Bürger*, Hamburg 1994.

Hobbes, Thomas *Leviathan*, Hamburg 1996.
Hobbes, Thomas *Naturrecht und allgemeines Staatsrecht in den Anfangsgründen*; Darmstadt 1976.
Hobbes, Thomas *The Questions concerning Liberty, Necessity and Chance*, in: ders. *The English Works*, (Ed.) Sir William Molesworth, Bd. V, London 1841.
Hoffbauer, J.C. *Naturrecht aus dem Begriffe des Rechts entwickelt*, Halle 1793.
Hufeland, G. *Lehrsätze des Naturrechts und der damit verbundenen Wissenschaften*, Jena 1790.
Humboldt, Wilhelm von *Ideen zu einem Versuch, die Grenzen der Wirksamkeit des Staats zu bestimmen*, Stuttgart 2010.
Kant, Immanuel *Gesammelte Schriften*. (Hrsg.) (Königlich) Preußische (später Deutsche) Akademie der Wissenschaften. Bde. I-XXVIII, Berlin 1910.
Kant, Immanuel *Metaphysik der Sitten*, Hamburg 1986.
Kant, Immanuel *Über den Gemeinspruch: Das mag in der Theorie richtig sein, taugt aber nicht für die Praxis*, Hamburg 1992.
Kant, Immanuel *Zum ewigen Frieden*, Hamburg 1992.
Klein, Ernst Ferdinand *Grundsätze des gemeinen deutschen peinlichen Rechts*, Halle 1795.
Locke, John *Über die Regierung/The Second Treatise of Government*, Stuttgart 2005.
Maimon, Salomon *Über die ersten Gründe des Naturrechts*, in: Philosophisches Journal (1795), 2. Heft, 141–174.
Mann, Thomas *Betrachtungen eines Unpolitischen*, (1. Aufl. 1918), Frankfurt a.M. 2009.
Marx, Karl *Die Frühschriften*, Stuttgart 1953.
Marx, Karl; Engels Friedrich *Werke*, (Hrsg.) Institut für Maxismus-Leninismus beim ZK der SED, Berlin 1972.
Marx/Engels *Manifest der Kommunistischen Partei*, Stuttgart 2010.
Montesquieu, Charles de *Vom Geist der Gesetze*, (Übers.) E. Forsthoff, 2 Bde., Tübingen 1951.
Montesquieu, Charles de *Vom Geist der Gesetze*, (Übers.) K. Weigand, Stuttgart 2003.
Nagel, Thomas *Letzte Fragen/Mortal Questions*, Hamburg 2008.
Nozick, Robert *Anarchy, State, and Utopia*, New York 1974; (dt.) *Anarchie Staat Utopie*, München 2006.
Paine, Thomas *Rights of Man*, Hertfordshire 1996.
Platon *Sämtliche Werke*, (Übers.) Rudolf Rufener u. Olof Gigon, 8 Bde., Zürich 1974.
Rawls, John *A Theory of Justice* (1971); (dt.) *Eine Theorie der Gerechtigkeit*, Frankfurt a.M. 1979.
Reinhard, D. *Deduktion des Rechtsbegriffes*, in: Philosophisches Journal (1796), 7. Heft, 204–233.
Rorty, Richard *Solidarität oder Objektivität?*, Stuttgart 2001.
Rousseau, Jean-Jacques *Abhandlung über den Ursprung und die Grundlagen der Ungleichheit unter den Menschen*, Stuttgart 1998.
Rousseau, Jean-Jacques *Emile oder Über die Erziehung*, Stuttgart 2009.
Rousseau, Jean-Jacques *Ich sah eine andere Welt. Philosophische Briefe*, (Hrsg.) H. Ritter, München 2012.
Rousseau, Jean-Jacques *Œuvres complètes*, Paris 1959.
Rousseau, Jean-Jacques *Schriften*, (Hrsg.) H. Ritter, Frankfurt a.M. 1988.
Rousseau, Jean-Jacques *Träumereien eines einsam Schweifenden*, (Hrsg.) S. Zweifel, Berlin 2012.
Rousseau, Jean-Jacques *Vom Gesellschaftsvertrag oder Prinzipien des Staatsrechts*, (Hrsg.) Hans Brockard, Stuttgart 1994.

Schiller, Friedrich *Lykurg und Solon. Eine zeitgemäße Vorlesung von Friedrich Schiller*, (Hrsg.) E. Korrodi, St.Gallen 1940.
Schmitt, Carl *Der Begriff des Politischen*. Text von 1932 mit einem Vorwort und drei Corollarien (1963); (7. Aufl.) Berlin 2002.
Schmitt, Carl *Der Leviathan in der Staatslehre des Thomas Hobbes. Sinn und Fehlschlag eines politischen Symbols*, (1. Aufl. 1938), (Hrsg.) G. Machke, Köln 1982.
Schmitt, Carl *Politische Theologie*, (1. Aufl. 1922), (9. Aufl.) Berlin 2009.
Schmitt, Carl *Der Nomos der Erde*, Berlin 2009.
Schopenhauer, Artur *Sämtliche Werke*, (Hrsg.) A. Hübscher, Wiesbaden 1972.
Weber, Max *Politik als Beruf* (1919), Stuttgart 2008.
Weil, Simone *Anmerkungen zur generellen Abschaffung der politischen Parteien*, Zürich/Berlin 2009.

Sekundärliteratur

Adickes, Erich *Kants opus postumum*, Kant-Studien Ergänzungsheft 50 (1920), 234–251.
Althusser, Louis *Montesquieu. La politique et l'histoire*, Paris 1959.
Arndt, Andreas *Staat, bürgerliche Gesellschaft und Religion – Anmerkungen zu Hegel und Walter Benjamin*, in: *Staat und Religion in Hegels Rechtsphilosophie*; (Hrsg.) Andreas Arndt, Christian Iber und Günter Kruck, Berlin 2009, 147–155.
Bartuschat, W. *Zur Deduktion des Rechts aus der Vernunft bei Kant und Fichte*; in: *Fichtes Lehre vom Rechtsverhältnis*. Hrsg. M. Kahlo, E.A. Wolff, R. Zaczyk, Frankfurt a.M. 1992, 173–193.
Becker, M. / Schmidt, J. / Zintl, R. *Politische Philosophie*, Paderborn/München 2006.
Böckenförde, Ernst-Wolfgang *Recht, Staat, Freiheit. Studien zur Rechtsphilosophie, Staatstheorie und Verfassungsgeschichte. Erweiterte Ausgabe*; (1. Auf. 1991), Frankfurt a.M. 2006.
Brandt, Reinhard *Das Titelblatt des Leviathan und Goyas El Gigante*, in: (Hrsg.) Bermbach, U., Kodalle, K.-M. *Furcht und Freiheit. Leviathan-Diskussion 300 Jahre nach Thomas Hobbes*, Opladen 1978, 203–231.
Brandt, Reinhard *Rousseaus Philosophie der Gesellschaft*, Stuttgart-Bad Cannstatt 1973.
Bubner, Rüdiger *Rousseau, Hegel und die Dialektik der Aufklärung*, in ders.: *Innovationen des Idealismus*, Göttingen 1995, 97–109.
Cavell, Stanley *Der Anspruch der Vernunft. Wittgenstein, Skeptizismus, Moral und Tragödie*, Frankfurt a.M. 2006.
Chénier, André *Jamben*, (Übers.) John Roger Kohr, Heidelberg 1946.
Coves, F. Oncina *Wahlverwandtschaften zwischen Fichtes, Maimons und Erhards Rechtslehren*; in: Fichte-Studien 11 (1997), 63–84.
Cox, Richard *Locke on War and Peace*, Oxford 1960.
Derathé, Robert *Le rationalisme de Jean-Jacques Rousseau*, Paris 1948.
Dunckmann, Karl *Soziologie der Arbeit*, Halle 1933.
Durkheim, Émile *Le „Contrat social" de Rousseau*, in: Revue de métaphysique et de morale 25 (1918), 1–23 u. 129–161.
Fetscher, Iring *Rousseaus politische Philosophie. Zur Geschichte des demokratischen Freiheitsbegriffs*, (8. Aufl.) Frankfurt a.M. 1999.

Finley, Moses I. *Democracy Ancient and Modern*; (dt.) *Antike und moderne Demokratie*, Stuttgart 2005.
Foucault, Michel *Archäologie des Wissens*, Frankfurt a.M. 1973.
Gloy, Karen *Kants Schrift ›Zum ewigen Frieden‹*, in: *Recht und Frieden in der Philosophie Kants*. Bd. 4, (Hrsg.) Valerio Rohden u. a., Berlin 2008, 335–348.
Habermas, Jürgen *Kants Idee des ewigen Friedens – aus dem historischen Abstand von 200 Jahren*, in: *Die Einbeziehung des Anderen*, Frankfurt a.M. 1999, 192–236.
Haym, Rudolf *Vorlesungen über Hegel und seine Zeit*, Berlin 1857.
Hereth, Michael *Montesquieu*, Hamburg 1995.
Hoesch, Matthias *Lässt Kants Völkerbund als Mitgliedstaaten nur Republiken zu?*, in: Kant-Studien (2012), 103/1, 114–125.
Höffe, Otfried *Demokratie im Zeitalter der Globalisierung*, München 1999.
Höffe, Otfried *Ist die Demokratie zukunftsfähig?* München 2009.
Höffe, Otfried *Kant's Cosmopolitan Theory of Justice and Peace*, Cambridge 2006.
Honneth, Axel *Die transzendentale Notwendigkeit von Intersubjektivität (Zweiter Lehrsatz: § 3)*; in: *Johann Gottlieb Fichte: Grundlage des Naturrechts*, (Hrsg.) J.-C. Merle, Berlin 2001.
Iber, Christian *Über Religion, Staat und Gesellschaft bei Marx mit Blick auf Hegels Rechtsphilosophie*, in: *Staat und Religion in Hegels Rechtsphilosophie*; (Hrsg.) Andreas Arndt, Christian Iber und Günter Kruck, Berlin 2009, 133–145.
Ilting, Karl-Heinz *Gibt es eine kritische Ethik und Rechtsphilosophie Immanuel Kants?*, in: Archiv für Geschichte der Philosophie 63 (1983), 125–140.
Kersting, Wolfgang *Die politische Philosophie des Gesellschaftsvertrags*, Darmstadt 1996.
Kersting, Wolfgang *Die Unabhängigkeit des Rechts von der Moral*; in: *Johann Gottlieb Fichte: Grundlage des Naturrechts*, (Hrsg.) J.-C. Merle, Berlin 2001.
Kersting, Wolfgang *Einleitung: Die Begründung der politischen Philosophie der Neuzeit im „Leviathan"*, in: *Thomas Hobbes Leviathan oder Stoff, Form und Gewalt eines kirchlichen und bürgerlichen Staates*, (Hrsg.) W. Kersting, Berlin 2008, III-XXX.
Kersting, Wolfgang *Gesellschaftsvertrag, Volkssouveränität und „volonté générale". Das systematische Zentrum der politischen Philosophie von Jean-Jacques Rousseau*, in: *Die Republik der Tugend. Jean-Jacques Rousseaus Staatsverständnis*; (Hrsg.) W. Kersting; *Staatsverständnisse*, Bd. 4, Baden-Baden, 2003, 11–26.
Kersting, Wolfgang *Jean-Jacques Rousseaus „Gesellschaftsvertrag"*, Darmstadt 2002.
Kersting, Wolfgang *Kant über Recht*, Paderborn 2004.
Kersting, Wolfgang *Zur Logik des kontraktualistischen Arguments*, in: *Der Begriff der Politik. Bedingungen und Gründe politischen Handelns*, (Hrsg.) V. Gerhardt, Stuttgart 1990, 216–237.
May, Stefan *Kants Theorie des Staatsrechts zwischen dem „Ideal des Hobbes" und dem „Bürgerbund" Rousseaus*, Frankfurt a.M./New York 2002.
Merle, J.-C. *Einführung*; in: *Johann Gottlieb Fichte: Grundlage des Naturrechts*, (Hrsg.) J.-C. Merle, Berlin 2001, 1–19.
Neuhouser, Frederick *Pathologien der Selbstliebe. Freiheit und Anerkennung bei Rousseau*, Frankfurt a.M. 2012.
Pöggeler, Otto *Hegel, der Verfasser des ältesten Systemprogramms des deutschen Idealismus*, in: Hegel-Studien Beiheft 4 (1968), 15–27.
Rang, Martin *Rousseaus Lehre vom Menschen*, Göttingen 1959.
Reinhardt, Volker *Machiavelli oder Die Kunst der Macht*, München 2012.

Riley, Patrick *A Possible Explanation of Rousseau's General Will*, in: The American Political Science Review 64 (1970), 86–97.
Ritter, Joachim *Hegel und die französische Revolution*, Frankfurt a.M. 1965.
Rüthers, Bernd *Rechtstheorie. Begriff, Geltung und Anwendung des Rechts*, München 1999.
Schlosser, Hans *Montesquieu: Der aristokratische Geist der Aufklärung*, Berlin 1990.
Schmalz, Th. *Das reine Naturrecht*, Königsberg 1792.
Schmitt, Lars *Das humanitäre Volkerrecht in modernen asymmetrischen Konflikten. Eine Untersuchung unter besonderer Berücksichtigung des Israel-Palästina-Konflikts*; in der Reihe: Schriften zum Völkerrecht, Bd. 198, Berlin 2012.
Shackelton, Robert *Montesquieu. A Critical Biography*, Oxford 1961.
Sofsky, Wolfgang *Die Ordnung des Terrors: Das Konzentrationslager*, Frankfurt a.M. 1997.
Spaemann, Robert *Rousseau – Mensch oder Bürger. Das Dilemma der Moderne*, Stuttgart 2008.
Starobinski, Jean *Montesquieu*, München 1995.
Strauss, Leo *Natural Rirght and History*, Chicago/London 1953; (dt.) *Naturrecht und Geschichte*, Frankfurt a.M. 1977.
Strauss, Leo *Thoughts on Machiavelli*, Glenoce 1958.
Strauss, Leo *What is Political Philosophy?*, Glencoe 1959.
Sturma, Dieter *Jean-Jacques Rousseau*, München 2001.
Taylor, Robert *Reconstructing Rawls. The Kantian Foundations of „Justice as Fairness"*, Pennsylvania 2011.
Thiele, Ulrich *Demokratischer Pazifismus. Aktuelle Interpretationen des ersten Definitivartikels der Kantischen Friedensschrift*, in: Kant-Studien (2008/2), 235–252.
Tönnies, Sybille *Cosmopolis Now. Auf dem Weg zum Weltstaat*, Hamburg 2002.
Tönnies, Sybille *Der westliche Universalismus. Die Denkwelt der Menschenrechte*, (3. Aufl.) Opladen 2001.
Tönnies, Sybille *Souveränität und Angriffskriegsverbot*, in: *Das Parlament*, Beilage *Aus Politik und Zeitgeschichte* 22 (2005), 39–46.
Tuck, Richard *Hobbes*, Freiburg, Basel o.J., Reihe: Meisterdenker.
Wagner, Wolfgang *Religion zwischen Rechtfertigung und Aufhebung. Zum systematischen Ort von Hegels Vorlesungen über die Philosophie der Religion*, in: *Hegels Logik der Philosophie in der Theorie des absoluten Geistes*, (Hrsg.) D. Henrich u. R.-P. Horstmann, Stuttgart 1984, 137–158.

Personenregister

Sachregister